U0686838

王伯祥日记

第七册

张廷银 刘应梅 整理

中国近代人物日记丛书

中华书局

第七册目录

1940年（民国二十九年）

1月1日[①]（己卯岁十一月小建丙子廿二日　癸卯）星期一

晴。上午六一，下午六三。

竟日未出，硕民来饭。午后以校中开同乐会故即辞去。六姨、文权、濬儿、顯孙、漱石、德镛先后来，晚饭后各去，惟六姨留，与清、漱诸儿共住。夜与雪村、曙先往铎所，赴宴饮之约。近八时入坐，到予同、健吾、巴金、剑三、调孚、东华等。十时许乃散归。途中与予同同车，承怂恿出任教席，力为推毂于大夏大学教中国通史六小时，予允考虑再答。挚情可感，而予劣薄，明日终当函辞之。《申报》、《新闻报》俱停刊休息，须三天，《中美日报》等仍出版。

报载要闻：蒋总裁发表文字，策励国民。此外各要人亦多发表论文，阐明今日当前之责任。国府循例颁给勋章。寇机轰炸柳州，我空军应战，击落寇机八架。粤北战事激烈，寇图犯翁源及韶关。豫北我军猛攻沁阳。湘北克大沙坪、青山口、五里牌。鄂中战事加烈。赣北我军进击奉新以北据点。苏、寇渔约问题成立临时协定。

1月2日（十一月廿三日　甲辰）星期二

晴。上午五九，下午六一。

---

①底本为："容堂日记第八卷"。原注："上章执徐三月戊申书巢自署。"

清晨入馆,遇调孚,知其尊人敎定先生肝气陡发,势甚危殆,来馆电告其女弟后即归去。午后金才来,带到字条,调孚果遭大故矣。索非、阳生、振甫当即前往襄助,二时许即移灵于康脑脱路世界殡仪馆,定四日午刻大殓云。办杂事,写呈经济部文。午饭于同华楼。致予同,辞谢教史。夜归小饮。

报载要闻:鄂南通城、通山一带克据点多处。鄂北我乘胜进迫岳口,钟祥之寇已被围。寇机侦察衡阳,被击落。伪和平军司令王天木被丁默村枪毙。苏、寇渔业协定满期,双方签订临时办法。中东路付款亦成立折衷方案。寇方竟图借此要胁美国。美国会对禁运军火入日事积极行动,俟美、日商约满期时即提出。加拿大远征军第二批到达英国。苏军集中芬境前线,萨拉附近发生激战。苏机在芬各区轰炸。德迟不发动攻势,图乘机整军。希脱拉决攻荷、比,多数将领劝勿操切。德轮泰哥玛号在乌拉圭被监视,又将自行凿沉。

1月3日(十一月廿四日　乙巳)**星期三**

晴。上午五九,下午六一。

依时入馆办事。午饭民乐园。致雪山,寄所得税公函,属就地应付。呈经济部文寄渝处转递。写挽敎定先生联,向系雪村撰,"桑梓染腥膻,西归净土将毋洁;烝尝荐芬苾,北定中原会有期。"夜归小饮。六姨于是日去。

报载要闻:赣北克复滩溪、白石,冲入奉新。粤北我军南追,先后克复白鹅潭、白石坳等处。晋克潞城、侯王。豫北冲入沁阳。寇机袭柳州、兰州,被击落十七架。我空军猛炸丰台,中寇军火库。北平大震。新傀儡汪政府将出现,先召开政治会议,王克敏、梁鸿志二逆均参加，然后组织伪中央政府云。工部局预备队昨晚遭暴徒袭击。土耳其地震后洪水为灾。美国会今日开会，对日制裁将付讨论。意、苏对立，愈见尖锐，互召回大使。苏军密集大队，向芬孟纳兴防线突攻。

1月4日(十一月廿五日　丙午)星期四

晴。上午六〇，下午六五。

清晨出，与雪村、孑如、均正往吊徐公。由七路电车转七路公共汽车行。到世界殡仪馆未久，丏尊别偕其夫人及雪村夫人、叔琴夫人与珏人同至，盖径雇汽车直来者。有顷，予等四人先行，乘十路公共汽车到馆。已十时许矣。在馆办事，接梦九信，告为我购得牛角冻石两方，价六元。即复书谢之，并告硕民近状。午饭于老民乐园。夜归小饮。

报载要闻：犯粤北翁源之寇中伏大败，窜至良圩口，全被歼灭，数逾万人。赣北克祥符观，冲入乾州街，毁寇军火库。湘北、鄂南我军亦在猛进中。晋南激战，一度复长子。桂南围攻邕郊三要隘。美舆论对日制裁，其国会将以中立法制日。德、苏藉口英、法援芬，将在北欧加强合作。传德将改变政制，有希脱拉任总统，戈林任总理说。

1月5日(十一月廿六日　丁未)星期五

晴暖。上午六二，下午六五。

依时入馆办事。校吕诚之《通史》。午饭民乐园。调孚于午后来馆，盖事冗莫能多假也。夜归，本仍在家少饮，以先过坚吾，遂为所拉，同登马上侯酒楼共饮焉。据谈所制笔杆销行尚佳，近又有四用笔杆之发明云。近十时始归。接圣陶十二月廿六日发蜀沪廿九号航信。

报载要闻:粤北血战两昼夜,我克复英德、翁源,寇部全线总退却,死亡万人。衡阳空战,击落寇机一架。合肥寇兵车中地雷炸毁。闽省我军收复平潭。平汉线我军一度攻入石家庄。英大使寇尔抵渝。民食调节协会决设平粜委员会。美海军新司令贝克上校抵沪。美国会复会,总统致词。

1月6日(十一月廿七日 戊申 戌初二刻十一分小寒)**星期六**

晴暖。上午六二,下午六五。

依时入馆办事。编发每周通讯录第五十三号。致洗人、颉刚。午饭同华楼。夜与丏尊、曙先、雪村饮永兴昌,遇良才,因同席。八时散归。

报载要闻:粤北大捷后已进抵源潭,将乘胜攻广州。广州踞寇戒严。桂南我军收复邕钦路邕江南岸之蒲庙。鄂中我军猛攻钟祥。我江防炮兵又击沉二寇舰。绥西连日有激战。平粜委员会昨成立。美总统向国会提新预算,军费扩张颇巨。匈外长抵威尼斯,与意外长进行重要谈判。

1月7日(十一月廿八日 己酉)**星期**

晨阴霾欲雨,近午开朗,仍暖。上午六三,下午同。

晨起正在书巢补作日记,而硕民来,陪谈至午,因与共饮。饭甫毕而允言踵至,又谈至二时,二人偕去。复入书巢,振铎来,复辍。三时许铎去,予乃得补足六日来日记,写竟已四时许矣。夜小饮。文权、濬儿仍来。顯孙则清晨已饬仆妇送至。夜后乃去。

报载要闻:粤汉路我军乘胜南进,广州踞寇戒严。桂南之寇仍在包围中。鄂北激战。南昌城内大火。鲁省克复方家营。遗产税条例公布。工部局总裁费利浦昨在沪西海格路遇刺,未受伤。英内阁局部更动,陆相倍立夏辞职,史丹莱继之。苏、寇勘界会议在哈尔滨举行。

1 月 8 日(十一月廿九日　庚戌)星期一

晴。上午六二,下午六三。

依时入馆办事。是日开始带饭,由清儿携行。接予同、梦九信。复圣陶,编沪蜀第廿二号。午后予同、振铎来。谈近日沪上诸鬼魃状。硕民来,告十二日返苏。夜归小饮。

报载要闻:粤北我军长驱直入,清远、源潭均有激战。琶江口之寇又见惨败。粤东枫溪、西塘等处连日发生激战。深圳我军克复南头。豫南平昌关激战甚烈。晋东南血战四昼夜,我军冲入汾阳,寇退出长子。江北、鲁南、豫东我军各有进展,连克阜宁、泗阳、郯城、汜水等地。我军袭击南昌,毁寇机场及所储汽油等物。平粜委员会发表宣言,征募捐款。费利浦遇险案昨无进展。陈玉钦在大沽路遭暗杀。意、匈两外长谈话结束。罗马尼亚王决心保卫东疆。苏空军进袭芬中部、南部各城市。

1 月 9 日(十二月大建丁丑初一日　辛亥)星期二

阴霾,大风,颇有雪意。上午六一,下午五八。

依时入馆办事。诚之来,谓《先秦史》将由商务收回交开明出版,并告宾四近状。夜归小饮。

报载要闻:粤各路大军继续南进,正攻源潭。邕钦路沿线,我续克崩桥镇等地。湘北一度收复羊楼司。鄂边寇炮兵阵地被我袭击。河北我军攻大名。潜江马家台发生剧烈炮战。沪米号业公会决议接受委托,办理平粜。善团联会今晚起,在跑马厅西一带施赈馒头。英大使访晤王外长。英轮三艘失事。巴尔干协商各国举行常设政治会议。

1月10日(十二月初二日　壬子)**星期三**

阴,午后放晴。上午五八,下午五七。

依时入馆办事。为雪村、耕莘写挽联三副。接斐云信,知《清代文史笔记篇目索引》契约已寄守和,待径复。接洗人信,告到家安善,且主结账后看情形加薪或酌提股息。夜归小饮。接晓先信。知雪村得士敏家报,已于三日举一孙男。

报载要闻:晋东南战事激烈,长子附近寇股败走。粤北克进和墟,正向银盏坳挺进。桂克九塘,向南宁进逼。我围攻信阳,前锋数度突入城关。豫北我军向博爱进攻。平昌关我克重要据点。费利浦被刺案工部局将提强硬抗议。各银行承做米粮押款。寇陆相畑俊六要求其总理阿部辞职。荷、德边境形势紧张。

1月11日(十二月初三日　癸丑)**星期四**

阴润,巳刻开霁。上午五六,下午六〇。

依时入馆办事。望道、振铎来。复曹冰岩。夜归小饮。饮后入书巢,补记五日来日记。

报载要闻:蒋抵桂林指挥军事。南宁郊外争夺战甚烈。湘北冲入赵李桥。鄂北克花山。粤北猛攻增城。信阳战事仍在猛烈进行中。我炮兵在九江上游击沉寇舰一艘。晋省猛攻张店。平粜委员会定十八日开办平粜。我军在两路迭建战绩,沪杭客车中地雷。寇中风潮愈烈,阿部内阁难维持。美海军部向国会重提加强关岛设防案。英邮船邓巴堡号误驶入英埋雷区,触雷沉没。

1月12日(十二月初四日　甲寅)星期五

昙,闷暖,夜雨。上午六〇,下午六一。

依时入馆办事。林五来洽梦九子女入浙就学事,予详告经过,即复梦九。复晓先、迪康,备明日附筑处信去。夜归小饮,允言来,因共酌。据告硕民已返苏,于其教课发言诸事颇致不满。予两解之。饭后值雨,谈至九时乃辞去。

报载要闻:桂省连日进克吴村等要隘,加紧进攻南宁。粤北我军两路渡江。湘北我军袭击三眼桥。鄂北、豫南我军克魏家庄,控制随县外围据点。青岛附近发生激战。四批分币券即日流通市面。美大使下周自平南来。沪租界人口减少,据查不足四百万。寇阿部内阁将于日内辞职。美史汀生主张禁军用品输日。英商船两艘被德机击沉。

1月13日(十二月初五日　乙卯)星期六

阴,午后开霁,旋又霾。上午六一,下午同。

依时入馆办事。编发每周通讯录第五十四号。致冼人,陶毓英前日遣人来告贷,今日饬金才送十元去。夜归小饮。

报载要闻:鄂中连战皆捷,猛攻随县。粤北克从化及银盏坳。海南儋县附近发生激战。赣北收复马迴岭。晋南收复樊镇。沪杭路王店炸车案发生后,当地踞寇惨杀无辜。沪米号公会对平粜已筹备竣事。传寇政府照会法国,要求停止滇越路货运。(连日轰炸,路断,近甫修复。)欧西天空晴朗,德军纷袭伦敦。

1月14日(十二月初六日　丙辰)**星期**

晴。上午五八,下午五六。

珏人挈清、润、滋三儿往濬儿所,幽若、业熊、士勬俱往。午饭惟与静甥及湫、湜两儿对坐,殊觉寂静。饭前后均在书巢看书,闲翻考订诸籍,颇见烦碎,因思勒一程限,区分类别而后逐项涉猎,庶不致泛滥无归。但此程限甚不易定,容当深思以决之。夜小饮。珏人等八时许归。

报载要闻:我军由粤北三路南进。鄂北克据点六处。潜江击毙寇联队长北治。桂南我军进攻寇设机械化部队根据地。赣北德安西郊发生激战。财政部通知市商会,发行新辅币。滇越铁路恢复通车。寇阁阿部信行定今日辞职,各方仍推近卫文麿出马,但尚未说妥。美众院通过紧急国防费。美对华信用借款一千万美金,将次成立。

1月15日(十二月初七日　丁巳)**星期一**

阴,午后遂雨。上午五八,下午五五。

依时入馆办事。校吕著《通史》。接香港饶宗颐书,寄所为《新书》四十卷之目录来,商榷体例。并属转致丕绳一缄,因即作书转去,就询宗颐何字,便复书。夜酒会,在同华楼举行,到廉逊、俊生、绍先、良才、丏尊、雪村及予七人。八时散归。

报载要闻:粤北我攻花县。鄂中冲入潜江。绥省东南大获胜利。蒋提倡储蓄。鲁省复双羊店、景沟镇。沪各界联请市商会抑平米价。日商公共汽车发生罢工风潮。寇阁倒,由海军大将米内光政接组新阁。比宣布戒严。荷取消官兵例假。

1月16日（十二月初八日　戊午）**星期二**

阴，微雨乍止。上午五八，下午同。

依时入馆办事。曙先来，午刻与雪村偕饮于永兴昌。夜归小饮。

报载要闻：粤中我军在军田附近大捷，寇退官窑，我正兼程向广州急进中。鄂中包围孙桥镇，鄂南猛攻蒲圻。南宁东北炮战甚烈。鲁南冲入沭水镇。沪平粜会改定廿一开始平粜。叶封（俞姓）昨晚在更新舞台被刺殒命。寇阁米内已组成。德在荷边集兵百万，德、荷交通已全锁。苏联对瑞、挪两国反苏运动提抗议。

1月17日（十二月初九日　己未）**星期三**

阴。上午五六，下午五五。

依时入馆办事。上颚右侧之尽根牙脱去。此牙摇动已久，一年来牙痛时作，即此为患，今无痛而捽，遂去一累，快甚。接香港饶宗颐书，即转函丕绳询何字，今得电话，谓亦不知，只知为禹贡学会会员而已。夜归发《禹贡会员录》检之，知字伯濂，缓日当作书复之也。晚小饮。

报载要闻：鄂中寇反攻失败，死伤三千。寇汽车队之由钦县北犯者，在小董遭我军袭击。粤北我军进攻军田、官窑。赣北我军夜袭奉新。鄂南大捷，冲入大冶。蒋发表致全国小学校长及社会人士电。美大使詹森离平。沪平粜委员会明日开会，讨论推进劝募工作。西捕头巡逻菜市被殴，以在虹口特殊区之故。寇阁发表施政方针。美总统请国会增拨军备用费。

1月18日（十二月初十日　庚申）**星期四**

阴，酿雪。上午五五，下午五四。

依时入馆办事。校吕著《通史》。接汉儿四日昆明发信，知安抵后即逃警报，现尚安谧，且被派暂管收银。接颉刚九日发信，请即草拟契约寄渠，俾商定签署，印行齐鲁大学诸刊物。夜归小饮。

报载要闻：我军包围南宁。粤北收复官窑，寇退守新街，我军乘胜向广州推进。晋南我攻入浮山。美大使今日到沪。《申报》副总主笔张蕴和（葆元）昨日逝世。寇新阁要求议会休会。罗斯福声明中立法不适用于中、日与苏、芬。美陆海军均要求增加军费。海峡殖民地禁非金镑国货入口，沪国货团体提出交涉。

1月19日（十二月十一日　辛酉）**星期五**

阴翳。上午五三，下午同。

依时入馆办事。仍校吕《通史》。致晓先，寄添印照片，并附还底片。须明日附筑处信去。夜归小饮。

报载要闻：鄂北、鄂中分路围攻踞寇，鏖战甚烈。桂南已收复九塘。粤北我前锋已克龙塘，距广州仅六十里。晋东南又有激战。（有阎锡山部与八路军合流，阎因反共之说。）冀各地战事激烈。平汉路寇军车被我袭击。洋米二万包到沪。英国会讨论经济战问题。荷、比边境紧张，系德故布疑阵。荷女王下令扩大戒严区。

1月20日（十二月十二日　壬戌）**星期六**

雪，入夜兼雨。上午四八，下午五一。

依时入馆办事。编发每周通讯录第五十五号。复颉刚、伯濂、芷芬、汉儿。致洗人告本周近况。夜归小饮。连日看《通俗编》,已尽两卷,颇有所得。

报载要闻:粤北猛进,寇纷退广州,寇图袭平潭岛,为我军击退。晋东南我冲入长子西关。壶关之寇南犯,展开血战。鄂南我军围攻通城。随县附近剧战,寇死伤达三千人。美大使来沪后将有外交活动。越界筑路交涉警务问题已有妥协。(工部局不恤与伪市府洽。)日本人民因生活困难,要求新阁改善民生。美参议员提出禁军火原料输日案。伦敦北郊火药厂爆炸。(疑有奸宄。)

1月21日(十二月十三日　癸亥　午正三刻七分大寒)**星期**

雪,下午止,未开霁。上午五一,下午五三。

晨写字一页。看《通俗编》。饭后二时许,韵锵来,出示高安来电,其父病重,望速往云。予劝其行,属即准备。略坐便去。又写字两页。四时前,振甫来,谈移时去。欲借马宛斯《绎史》,以毁于"一二八"之难,无以应,深感愤歉之交并也。夜小饮。宏官来,晚饭后去。知幽若在震渊所,正寄信悦之寻事也。

报载要闻:桂南我军获胜。晋长子外围战烈。豫北我军进击博爱。随县东北战亟。通城之寇陷入重围。粤北我军冲入增城。吴忠信宣慰西藏,已抵拉萨。工部局总办费利浦将远游,辞职则系谣传。米号百家今日开始平粜。虞和德发表谈话。美孤立派要人波拉逝世。毕德曼发言警告日本,各公团主张禁止对日输出。

1月22日(十二月十四日　甲子)**星期一**

晨阴,风急,旋降雪。上午五一,下午五二。

依时入馆办事。校《左传》排样一批。接雪山十一日信,洗人十三日信。夜归小饮。阅夜报,知杭州踞寇于昨晨冒雪偷渡钱塘江东犯萧、绍。宁、绍两属恐难保矣,奈何!同人多绍人,闻耗将大为不安也。

报载要闻:粤中我克增城、新街,直捣广州,距城仅十五公里。高宗武、陶希圣在港揭发汪兆铭上年十二月三十日与寇方所订协定条件,其苛酷甚于曩年之“廿一条”。(汪逆卖身卖国并卖及万世子孙,其肉固不足食,然此等拭秽之废纸,谁其视之;寇方百计求和,玩此刍狗,其知又下汪逆一等矣。)湘北一部冲入官塘驿。我长江沿岸炮队又击沉寇舰一艘。美大使詹森今日离沪赴汉。费利浦昨赴新加坡。英海相邱吉尔演说,要求弱小中立国共同抵抗侵略。苏机轰炸芬境,投弹三千枚。

1月23日(十二月十五日　乙丑)**星期二**

晴,沍寒。上午四九,下午五一。

依时入馆办事。散馆后与丏尊、曙先、雪村饮同华楼。七时许归。

报载要闻:广州已在我军包围中。汪、寇所订约文,全部发覆。蒋接见英大使寇尔。重庆附近发生覆轮惨剧。随县东北殷家店一带激战。陇海路克复罗王。豫北克李封车站。杭寇已渡钱塘东犯,萧山陷落。民食调节会二批办米千吨,已电西贡订购。面粉、豆油狂涨,工部局将加制裁。美牧师及名流宣言援助中国及英、法。英驱逐舰格伦维尔号在北海被炸沉没。寇船浅间丸被英巡舰检查,所载德人悉数捕去。

1月24日(十二月十六日　丙寅)星期三

晴,冱寒如昨。上午四九,下午五〇。

依时入馆办事。为硕民取得江苏银行存款八十二元,书告之,并询是否交慰元带苏。允言来。文权电话约饮,散馆后漫步赴其家。濬儿适买青鱼一尾,因即煮头尾及卷菜佐饮。八时许乃归。

报载要闻:蒋为寇、汪协定事发表告友邦人士及全国军民书。钱塘江东战亟,登陆之寇被围。(但知寇锋已及钱清。)粤汉正面,我军续向广州推进。胶济线发生激战。长子、壶关南犯之寇已被击退。平粜委会积极募捐,持久办理。迈尔西爱路昨晨发生暗杀案。寇伪布告,今日开放南市。寇对浅间丸事件将举行反英示威。

1月25日(十二月十七日　丁卯)星期四

晴,浓霜,稍回暖。上午四九,下午五一。

依时入馆办事。清儿病,发微热,告假未入馆。夜归,悦之夫妇在,盖接幽若去信,特来面晤也。未几,幽若至,姊弟间大闹,予两解之。悦之等即去,幽若则晚饭而后行。予为此大恚,竟减饮。(怀之家事,屡来纠缠,拂之不去,累莫大焉。)

报载要闻:犯萧山之寇继续增加,分扰义桥、龛山。鄂北我军获胜,寇死伤万二千馀人。粤省我军前锋入广三线。通城附近,我军进攻。陶希圣发表赴港经过。法租界毗连南市铁门,昨又续开三处。上海美总领事将由洛克赫德继任。民食调节会发表告市民书。美政府拒绝与寇方谈判临时商约。寇方消息,英舰搜查寇船龙田丸。

1月26日(十二月十八日　戊辰)**星期五**

阴霾。上午四八,下午四九。

依时入馆办事。清儿仍假。望道、丏尊来馆,约饮未应。夜归小饮。

报载要闻:鄂北我军乘胜追击,连克各要地。粤省我军分路向广州市疾进。浙东在绍兴附近接触,传渐见稳定。晋东南我围攻长子。鲁南我围攻高密。桂南我克复唐报。钱业公会议决总结束期办法。法商电车加薪问题解决。张伯伦在下院重行声明,英国负有保障比国之义务。德机轰炸苏格兰北部设得兰岛。美、日商约今日起失效。续订无期。

1月27日(十二月十九日　己巳)**星期六**

晴寒。上午四七,下午四八。

依时入馆办事。清儿虽解热起床,仍在假休息。夜竟失寐甚苦,岂此疾亦为遗传耶。编发每周通讯录第五十六号。复雪山,告浙东近闻及此间现状。致洗人,告本周情形,并促将眷出申。致芷芬、汉儿,告近状兼询彼中近状。夜归小饮。饮后宏官来,告昨日于震渊所遇幽若及悦之夫妇,今日已返朱家阁矣。(幽若仍留,许接济之。)九时乃辞去。

报载要闻:浙东收复钱清,战局已趋稳定。诸暨、桐庐、嵊县等处,寇机大施空袭。鄂北寇被围。湘北、鄂南仅有炮战。长江沿岸我军炮击寇舰。晋南收复高平。沪各界今日追悼马相伯。寇外务省对美、日商约失效发表声明书,仍企图订新约。美国民将普遍要求对日禁运军火。

1月28日(十二月二十日　庚午)**星期**

阴霾,旋见雨。晚雪。上午四八,下午五〇。

晨入书巢,补写一周来日记。写字一页。饭后晤雪村,谓涤生适来,言向日往来开明之兰花客人某甲昨自甬乘德平轮抵沪,告渠曾闻警返绍省视,城中已搬空,寇踪尚未及。又云,今日为"一二八"纪念,两租界间又布铁丝网示警戒。看翟灏《通俗编》。并及李塨《小学稽业》。又写字一页。怀之自苏来,为宏官馈师。顺告翼之近状。夜小饮。怀之以七时辞去,将宿震渊所,明晨即须返苏云。

报载要闻:钱江南岸我军反攻,萧山、龛山均有激战。我机袭击南京。鄂北各路我军均占优势。桂南我已攻抵南宁东北。晋省续克荫城镇及八义镇。菲列宾邮船奎松总统号沉没。寇舰擅扣英轮案,英当局拟提抗议。英海相邱吉尔演说,制胜具有把握。美对日贸易问题,多主张授权国务院办理。

1月29日(十二月廿一日　辛未)**星期一**

阴,午后微雨,兼见雪。上午五一,下午五三。

依时到馆办事。清儿入馆销假。校诚之《通史》排样。接颉刚十七日航快,告齐鲁大学校长刘书铭即将到沪,印书事可面洽。散馆归,接硕民复信,属将款交托慰元带苏。夜小饮。

报载要闻:浙东克复龛山,攻入萧山,城内巷战甚烈。鄂中迭获胜仗,寇分路退应山、安陆。晋东南战况剧烈,各路寇股均被击退。桂南冲入小董。寇偷渡黄河,被击退回包头。宁、绍电告安谧。沪各业赶办旧年关结帐。英政府统制全国邮船。芬兰山部战事剧烈。美对日取缓进态度，静俟在华权益能否得保障为转移。

1月30日（十二月廿二日　壬申）**星期二**

雪。上午五一，下午五二。

依时入馆办事。校毕吕《史》一批，致书诚之送阅，并告颉刚之意，属转函宾四来会刘校长。接晴帆廿一日丽水防次信，未及浙东现状，只云夏末秋初必有颜色示人耳。送款八十二元及复硕民信一封与慰元，托带苏。并书告硕民，已照办。夜归小饮。

报载要闻：钱江南岸迭克要隘，密围萧山，城外已无寇踪。鄂境我军进展甚速。赣北进攻元宝山。津浦、胶济两路我军活跃。美大使詹森昨始抵汉。沪西局势益劣，伪警公然持械恫吓公共汽车职工，南市房屋多被土棍串伪组织分子霸占。日本列车失事，死伤三百馀人。德向南斯拉夫提出警告。苏对芬开始冬季总攻。苏、伪勘界谈判停顿。

1月31日（十二月廿三日　癸酉）**星期三**

阴，夜雨达旦。上午五二，下午五四。

依时入馆办事。复晴帆。接诚之书，谓宾四处已先告，得复须俟刘到乃来。还来青阁书账四十六元，托调孚带去。接汉儿信，告近状，并从调孚处得芷芬信，拟于二月廿五或三月十七结婚。属转请予示夺。予维迫促结婚，实感突兀，珏人尤必伤怀，至为不怡。夜饮就卧，竟为此失眠。

报载要闻：萧山附近展开剧战。宁波方面安谧。浙军进袭杭州。江北犯高邮之寇已被击退。鄂军分攻麻城、广水。豫北猛攻沁阳。绥西展开二次血战。统一公债八次本息今日起贴现付款。

宋子文抵港。寇加紧垄断中国航运。沪、瓯航行不易。《中美日报》被工部局警务处勒停二星期,须二月十四日始可续出,原因大抵为攻击伪大学教职员联合会事。美国会提议贷华新借款。其参院外交委员会今日讨论对日禁运军火问题。德机群大举袭击英商船。

2月1日(十二月廿四日　甲戌)星期四

阴雨。上午五三,下午同。

依时入馆办事。致书诚之取校样。夜归小饮。

报载要闻:我军围攻萧山,城外已肃清。鄂中寇增援,京钟路展开激战。鄂北我进迫随县。桂南前线又发生激战。晋南之寇纷纷北退。重庆国际电台今日起开始播音。川滇公路定今日通车。经济部核准国货证明办法。永生轮被扣案(上星期三在闵洋遭扣十五小时,即前记擅扣英轮案,船今抵沪,始由船长报告英领),英向日提出交涉。德国社党秉政七周年纪念,希脱拉演说,二期战事已开始。

2月2日(十二月廿五日　乙亥)星期五

大雪竟日,入夜不休。上午五三,下午四七。

依时入馆办事。接诚之信、起潜信。起潜前为予转向希白借印《辛亥以来藏书纪事诗》,兹获复音。一时检不出,只得作罢云。寄书洗人,告本周近状,并促即速出申。夜归小饮。

报载要闻:桂南全线反攻,白崇禧赴前线督战。琼崖各地时有激战。冀、晋、豫边境连日激战,豫东冲入开封车站。钱江以东克毛山尖,一部突入萧山。京钟路一带战事仍在进行中。经济部电沪商会,考察纺织品原料来源。一元券又运到五百万元。昨晚山西路盗劫,中西探捕与剧盗鏖战,黎明犹未戒除警戒。寇国会开幕,米内、有田相继报告政策,于中、日战事仍无法结束。英外次表示遵守《九国公约》。

2月3日(十二月廿六日 丙子)**星期六**

晴,融雪未尽,沍寒。上午四七,下午同。

依时入馆办事。编发每周通讯录第五十七号。致晓先,询前寄各件到否。复起潜,谢代借书。致洗人,寄通讯录并转高平信。饭时,接孙彦衡重庆二日下午一时四十分电,知有一百十元电汇来,托转寄百元到苏。俟款到,当为转汇孺忱。致雪山,托于芷、汉结婚时,代表予主婚。顺示对芷芬此举不满。夜归祀先,聚家人吃年夜饭,瀋儿来拜,并参与此席。八时许,幽若来,为我家购得生彘肩一,计法币十二元。犒馆役三人,计四元五角。

报载要闻:桂南战事极剧烈,我军已完成包围布置,并克复石埠潭、白朗圩、那齐等处。鄂中冲入京山。绍兴等地稳定,我军正严密监视中。寇机炸滇越路,死百人,交通梗阻。教育部拟救济失学青年。樊克林否认外传越界筑路谈判已经签字说。寇议会展开质问战。巴尔干会议昨日开幕。芬兰准备谈判和平。

2月4日(十二月廿七日 丁丑)**星期**

阴霾,夜雨达旦。上午四七,下午五〇。

晨间珏人不舒,腹胀作吐,予大为不安。旋入书巢补作日记。十时,致觉挈其女来,雪村、丏尊先后来会。谈移时,各去。午独自小饮。饭后仍坐书巢闲翻,坚吾来访,有同业妒其牌号,欲用“利达”注册，特就商如何对付之策。予告以先向同业公会交涉，然后再谋其他。谈移时去。夜小饮。

报载要闻：南宁外围战事益剧，我军获胜，犯宾阳之寇已击退。鄂北馒头庵有激战。晋西寇犯稷山。鲁南沂水一带有激烈战事。绥西战剧，西犯之寇被阻。沿江我军袭击寇舰。工部局总董樊克令赴大连。美大使詹森明日将由汉到沪。寇议员斋藤隆夫质问政府事已引起风潮，众院决议交付惩戒。（议会政治早成刍狗，军阀横恣，不可一世已。）

2月5日（十二月廿八日　戊寅　辰初初刻三分立春）**星期一**

雨。上午五〇，下午五一。

依时入馆办事。接守和滇函，寄签署《清代文史笔记篇目索引》印行契约来，并声谢接受印行之忱。允言来，索文选目录，少坐即去。午后坚吾复为牌号交涉事来访，谓已与黄仲明接洽，属补一书面去，予因拟一稿予之。夜归小饮。

报载要闻：犯宾阳之寇陷重围，歼三千馀人。我军先后克复甘棠圩、永淳。鄂中展开激战，我军克车儿岭。寇机袭炸滇越路事，美、法已提出交涉。詹森昨晚抵沪，定八日赴渝。越界筑路问题，工部局将与伪市府签订警务协定。南市开放后已成第二“歹土”。罗马尼亚外长发表演说，巴尔干未受威胁。（今日起至十日止，《申报》、《新闻报》均停刊休息。《中美日报》又以揭发伪大学教授联合会事，被工部局警务处勒停两星期。一切消息只《神州》、《大美》等报耳。）

2月6日（十二月廿九日　己卯）**星期二**

阴，风作，放晴。上午五〇，下午五一。

依时入馆办事。接洗人上月三十日信,知此间十三所发信已到。上虞尚安谧,如沪、甬交通未梗,即将出来。接圣陶廿四发蜀沪第三十号信,复告近状。并告青石弄屋已由红蕉决定,即以所收租金酬陈妈看屋之劳云。孙彦衡电汇之款到,取出尚有手续,即托孑如办理。永兴昌酒账付讫,计三十九元。(连先付二十元计,竟达六十元矣。)夜径与清儿赴文权、濬儿约,盖全家在彼吃年夜饭也。八时许归,珏人挈湜儿乘车行,清、漱径行入学,予率诸儿步归。

报载要闻:桂南加紧围歼中,寇尸山积,血流成渠。南宁踞寇迭电东京乞援。绥西犯寇,后路切断。皖南我炮兵击伤四寇舰。晋东南我军猛攻长治、壶关,寇将总崩溃。行政院孔副院长报告,寇、汪密约发表后,中国更坚决抗战。国府明令,青海灵童拉木登珠准袭西藏第十四辈达赖喇嘛。斋藤隆夫质问后,米内定下周发表宣言。浅间丸事件往返牒文将于今日公布。南斯拉夫京城举行之巴尔干会议今闭幕,决努力维持和平,土、希、罗三国代表返国。

2月7日(十二月三十日　庚辰)**星期三**

晴寒。上午五〇,下午同。

依时入馆办事。致孺忱,代转百元去。午后无事,四时半即散。夜小饮。接汉儿信。今为大除夕,予不能耐坐,十时即就卧。

报载要闻:宾阳仍在我军手,寇遭前后夹击,已陷支离破碎之境。绥西我军攻安北、包头、归绥。沿江流动炮兵大展神威。鄂中寇犯大洪山,损失惨重。行政院决褒扬马玉仁、乔金清(绥远清水河县长,抗战殉难者也),通缉附逆之鲍文樾、叶蓬。美参议员多人主张对日绝交。英、法第五届联席会议,五日在巴黎举行。法海长谈,德潜艇大部遭击沉。美舰队将在太平洋举行春季演习,程序及地点均严秘。

2月8日(庚辰岁正月大建戊寅初一日　辛巳)**星期四**

晴朗。上午五〇,下午五六。

今日起,馆中休假四天。清晨起,进汤圆一碗,入书巢试笔,书红一纸。旋补记四日来日记。文权、濬儿全家来,晚饭后去。道始来,谈移时去。午、夕均小饮。看《有正味斋骈文》。夜诸儿打扑克为戏,予旁观多时,十时就寝。

报载要闻:绥西之寇由包头受创败退后改由安北犯乌石浪口,后路为我军截断,被围乌拉山中。桂南我反攻得手,寇由宾阳南西窜。粤南我军袭三水,毁海关仓库。寇、汪密约之内容寇方将公表。对第三国在华租界拟嗾使伪政权收回。法报斥责寇方,炸坏滇越路显系危害第三国权益。英、法、土、葡、荷、比、瑞士、阿根廷等十国代表七日在海牙集议,谋组一新团体,与国联合作。

2月9日(正月初二日　壬午)**星期五**

晴朗。上午五一,下午五五。

竟日未出。接硕民片,知慰元带款已到。午后勖初来,纵谈至薄暮始去。命漱、静偕湜往仲弟所拜年,傍晚归,知仲弟尝至苏,小年夜始返沪云。午、夕均小饮。夜饭后与珏人接龙为戏,十时就卧。(岁初几成恒例矣。)看《寄园寄所寄》。

报载要闻:桂南寇增援,猛扑榛良,宾阳西南一带有激战。豫南克信阳之五里店。美参院外交委员会通过新法案,准备对华放款二千万美金。寇众院预算会议,议员质问中国伪政权问题。寇外相有田倡议,美侨须退出中国。甘地要求真正独立,英、印双方仍难接近。苏、德缔结铁路协定。巴黎便衣警员搜查苏联机关。南、匈两国传将订立不侵协定。英实行统制铁路。苏机炸沉瑞典船只,瑞典举国愤懑。

2月10日(正月初三日 癸未)星期六

晴朗。上午五三,下午六〇。

晨看《寄园寄所寄》,并写字一张。健安来,少坐即去。涵、淑两侄来拜年。阳生有电话至,谓光华大学通知,齐鲁大学校长已到沪。但无住址,而予等又在假,只索俟十二开馆再说。饭后,宏官来拜年。薄暮,漱石至。予以久坐不舒,挈同儿漫步近街,入夜乃归。夜集诸戚团饮,晚饭后,乃陆续辞去。十时就寝。

报载要闻:桂南寇攻势甚猛,侵入宾阳,但为我军各个击破,分裂为三部,失去控制力,入宾阳者已陷重围。晋南伪军千馀现已全部反正。昨寇方宣传,我机将轰炸门司。今日我当局宣称,断不效颦寇行,轰炸无辜人民。中央银行公表,截至上年年底止,四行所发钞票总额为三十亿八千一百七十八万七千二百九十五元。寇众院开秘密会,说明所谓和平条件。议员纷纷反对战时增税。美对远东时局坚决反对片面行动,准备随时制裁日本。前日重光葵访英外次,谈英、日关系及中国局势。又,《夜报》载:浙东我军克复萧山,寇向江岸溃退。桂南寇犯武鸣,邕宾路之寇始终被困于宾阳以南。绥西西犯之寇陷乌拉山荒原中。美国务副卿韦尔士奉派赴欧,考察现行局势。赫尔向若干中立国进行非正式谈话。英、法将签订重要商务协定。德军集中比边境。美大使詹森一行八日离沪赴港飞渝。工部局总办费利浦返沪。蔡晓和今晨在跑马厅路寓所被人枪杀。武进陶湘七日在沪逝世。

2月11日(正月初四日 甲申)星期

宿雨未消,沉霾,夜又雨。上午六〇,下午六一。

晨作书与阳生,托业熊带去,属如有齐大人来可留地址俟明日往答访。珏人率清、润、滋三儿往仲弟所拜年。饭后四时归。静甥归省其母兼往其姑母处拜年。晚饭时归。予与漱、湜在家未出。午、夕均小饮。看故宫影本《耕织图》。

报载要闻:浙东我军大举进攻,已克萧山。宾阳之寇犯黎塘圩,被我击退。雷平击落寇机两架。大洪山麓连日均有激战。我军再攻开封。晋南我军连战皆捷。美决定对华新放款二千万元。苏对芬开始全面进攻。

2月12日(正月初五日 乙酉)星期一

阴霾,夜雨。上午六一,下午同。

依时入馆办事。编发每周通讯录第五十八号。致洗人、雪山,告周来近事。齐大校长刘书铭偕吕诚之、钱宾四来访,谈印行齐大刊物。开明宴之于东邻一家春,雪村、调孚及予陪坐。约定俟刘校长返蓉后再订契约,稿子不妨先送来。饭后诚之、宾四复过开明长谈,移时乃去。夜归小饮。夜大吐,欠眠。

报载要闻:浙东镇海、蟹浦、龙山附近寇企图登陆,已被我击退。桂南黎塘之寇败退宾阳,我军猛烈反攻,上林附近展开激战。鄂中进攻潜江。湘北乘胜进击。国府准备召开国民代表大会。美大使抵港。沪市物价飞涨,各方要求市商会抑制。罗斯福演说,攻击苏联独裁制,当援助芬兰。巴尔干四国进行参谋谈话。

2月13日(正月初六日　丙戌)**星期二**

终日阴霾,仅一露晴色。上午六〇,下午五八。

依时入馆办事。刘、吕、钱三君来谈。予连夕欠安睡,为勉应三君故,仍赶早到馆,谈至十一时许,予不支,即辞归。刘君午刻本请雪村、调孚及予在西侨青年会吃饭,予竟缺席,下午且请假高卧焉。适盈儿感冒卧床,遂骈睡共息矣。接内表弟嘉源十一信。傍晚雪村归,告到宴者有起潜、泉澄、丕绳及榆生,俱为我熟人,殊失畅谈之机,不无遗憾也。夜仍强坐小饮。

报载要闻:桂南克宾阳、九塘。晋南围攻壶关、长治。闽、粤边界发生激战。浙东海道,寇舰仍逗留未去。沪市商会函面粉业公会,要求抑平粉价。(煤业将集议稳定煤价。)望志路发生血案,黄志得者被杀。寇议会中因惩戒斋藤问题发生新纠纷。澳洲、纽丝纶远征军开抵埃及。美各界名流请政府对日征惩戒税。

2月14日(正月初七日　丁亥)**星期三**

上午五六,下午五七。

依时入馆办事。宾四来,告书铭即去,已亦拟本日即返苏。起潜来,询制版各事。接济群三日綦江航函,告近驻川东,碧霞办事已调离渝。并告当地物价。且托调查大时代书局规模。夜归小饮。

报载要闻:桂南乘胜追击,寇向南宁总退却。沪寇亦认宾阳战败。鄂中大胜,克宋河附近据点。萧山正面,战况沈寂。赣北各路均有激战。晋中猛攻太原。绥西乌拉山麓发生血战。蒙伪边界又起冲突。沪市民联会要求评定物价。(米市昨开红盘,洋米价格每包达四十八元。)德轮华加玛号自行凿沉。苏、芬前线展开激战。

2月15日(正月初八日 戊子)星期四

晴。上午五七,下午五八。

依时入馆办事。校吕《史》排样。接颉刚五日航函,寄还约稿。属就近与刘校长签定。接雪山四日信、芷芬四日信。接洗人六日信,谓有船即出,半月后当可到沪。接章君度十三日信,转梦九与周林五函,谓梦九托周代办学校补证事宜,今周已逝世,只得转托及予云。林五不久晤及,奄化之速如此,令人怅惘无已。夜归小饮。失寐。

报载要闻:我军反攻南宁,已抵郊外,白崇禧亲赴前线指挥。寇机炸滇越路,发生遭遇战。鄂北、鄂中激战未已,我军迫近京山、应城。绥西克复善坝,冲入临河。萧山以南发生炮战。沪寇宣布开放交通,今日起,苏州河北及闸北、浦东者取消通行证。国府发行两种公债。美参院通过借款与中国及芬兰各二千万。传德、苏签定防守同盟条约。喀莱里亚地峡战事益烈。

2月16日(正月初九日 己丑)星期五

晨雨,旋晴,乍阴,晚又晴。上午五七,下午五五。

依时入馆办事。仍校吕《史》。拟呈声复经济部。(为增资登记有所询问事。)复袁守和。接梦九一月廿九日信,即复,并以林五事告之。赙调孚尊人四元。复君度,告已函梦九,正托人打听代办。夜归小饮。是夕仍失寐。

报载要闻:我军向南宁挺进,思陇一带寇已肃清。绥西克临河后仍有剧战。沿江炮兵再击中寇舰。美大使离港赴渝。米号业公会议决继续办平粜。(煤米昨又高涨。)寇外务省声称开放长江障碍甚多。美众院委会通过舰队扩张案。英海相宣布充分武装商轮。德对去年十月间巴拿马泛美大会宣言(美洲大陆周围划作安全区)声明立场。

2月17日(正月初十日　庚寅)**星期六**

晴。上午五七,下午六〇。

依时入馆办事。编发每周通讯录第五十九号。复晓先、雪山、洗人、芷芬、济群。陆伯云来,代宾四交款五百元与予,备将来为齐大购书之需,即寄存孑如处。硕民来,送光绪间广东翻刻《苏写陶诗》三册,为予五十寿,甚感谢之。夜归小饮。是夕睡眠尚好。

报载要闻:绥西我军续进,五原之寇东退。皖北克合肥。浙东战事转紧,寇有增援,甬属戒严。寇机又炸滇越路。闽东山岛战烈,寇伪将不支。粤南收复茶山。南宁区寇总退却。沪爱多亚路物品交易所大火。工部局对沪西越界筑路协定昨已签字。法、日商约即将满期。芬兰孟纳兴防线一部被突破。传德、苏商定军事合作办法。

2月18日(正月十一日　辛卯)**星期**

晴,午后转阴,入夜雨。上午五九,下午六三。

上午十时,硕民来。饭后去,予乃入书巢补日记并看《十八家诗钞》中苏七古。接六姨宝珍信,知去岁底归苏后足疾加甚,现正由针科疗治。同上午往省濬,饭后归,谓权、濬候予往饮,坚欲即行。予惮出,即属珏人挈同、复往应之。夜小饮,饮后听书,至八时后,珏等乃归。

报载要闻:桂南我军大胜,寇纷向钦州退走。传我军已重入南宁城。闽东山岛收复。寇续渡钱塘江,浙东战事又紧,我军直薄萧山城。绥西我军分路袭五原。沪米市价回跌甚微,煤球查有囤积者二万馀吨。租界当局定明日起平卖面粉一个月。有盐业中人卢达者在圣母院路被人枪杀。美国务副卿韦尔士启程赴欧。英舰在挪威领海搜查德辅助舰。

2月19日(正月十二日　壬辰)**星期一**

阴,傍晚微雨,即止,夜半又雨。上午六〇,下午五九。

依时入馆办事。丕绳、宽正来谈,移时去。吕《史》校毕一批即送去。旋有书来,属为齐大往北平图书馆办事处取《宋会要》。四时,偕雪村往静安寺吊徐翁。遇丏尊、予同、振铎、文祺、曙先诸君并诸同仁,珏人与雪村夫人亦在焉。观放焰口,夜饭而后归。是夕失眠。

报载要闻:南宁城区展开激战,已控制全局。闽南东山岛踞寇已被驱退,但又在海澄登陆。赣北高安、奉新均有战事。炮兵轰击风陵渡寇阵地。新生活运动六周纪念,蒋广播演说,勖勉全国民众。煤球厂业议决,明日起煤球平价出售。芬军向樊堡撤退。德方宣称准备对英实施报复。

2月20日(正月十三日　癸巳　丑正三刻十二分雨水)**星期二**

阴晴乍忽,时见细雨。上午五九,下午五八。

依时入馆办事。为梦九呈请证明毕学文凭遭乱遗失,须刻印章,爰代属印人刊一石章,约明日取。复圣陶,列沪蜀第二十三号。复颉刚,详陈晤见书铭、宾四各情及此后印行之意见,计六大纸。

日来体气颇感不舒,又兼牵动失眠,写信少详,大见吃力,及归,竟觉微烧。夜仍小饮,卧后仍不寐。窘甚。

报载要闻:南宁近郊仍在混战中。浙东战局稳定。鄂中克平坝,包围三阳店。寇在山东半岛登陆,企图遮绝游击。焦作西北战事剧烈。晋东南向绛县围攻。市商会劝市民勿囤积。抑平煤球米面价格,生活恐慌仍未已。中央旅社昨有血案,陆雨亭被枪杀。美议员主张对日报复。英驱逐舰勇敢号被德鱼雷击沉。苏军进抵芬兰湾西海岸。

2月21日(正月十四日　甲午)**星期三**

阴寒。上午五六,下午五五。

扶病强行入馆。续送校样与诚之。送印文与硕民,托允言即为梦九进行此事。石莼来谈,久不晤矣,长谈至二时乃去。夜归仍小饮,惟吸烟已停止。眠仍不安。

报载要闻:浙东克临浦后继续进展。南宁大火未熄,三塘现有主力战。蒋发表致全国各校长电。鲁东登岸之寇进犯文登。成都华西大学失慎。行政院通过设置中心奖学金。制止沪商操纵,将以法律制裁。沪西特别警队今日会商组织。美总统巡视科斯太黎加海。寇谋积极推行南进政策。挪威外长指摘英舰侵犯中立。

2月22日(正月十五日　乙未)**星期四**

晴明。上午五五,下午五七。

昨夜热已略退,惟咳呛增剧,清泗涟洏为可厌耳。依时入馆办事。校《左传》排样一批。遵雪村教,购服"维他赐保命"丸剂。一百粒装,价八元四角五分。(以信谊出品,在华美买,较便宜,若纯系舶来或换一家买,必不止此也。)允言来,为郑文商榷数事,予因以印章交托之,任听如何办理矣。谈次知硕民亦正感冒难上课也。夜归仍小饮。卧后咳增剧,百骸不舒,但眠尚好。

报载要闻:南宁北再克三塘,前锋向城区挺进。浙东分路向萧山进攻。鄂南收复官埠桥。袭闽南之寇已击退。平郊克门头沟。渝各界今日遥贺新达赖坐床。工部局警务处布告,明起续办平粜。法租界当局将厉行抑平物价。平价煤球无形限制出售。(奸商狡狯,可恶之至。)白克路大火,焚毙七人。美外委会讨论禁运军火问题。德轰炸机队袭击英海岸。

2月23日(正月十六日 丙申)星期五

晴朗。上午五七,下午六一。

依时入馆办事。续校《左传》。接梦九十五信,晓先十一信,迪康六日信,彦衡十三信。夜归仍小饮,卧后复少眠,且有寒热。

报载要闻:浙东进击萧山,城外已肃清。桂南三塘附近战事甚烈。绥西分路追击。寇机连续轰炸滇越路,法、日外交关系趋紧张。寇对各国侨民将取严厉措置。上海美领事等昨庆祝华盛顿诞辰。渣华轮五艘承运巨额洋米。寇众院通过空前庞大预算日金一〇三万万元。瑞典为边境巴杰拉镇被炸事向苏提抗议。

2月24日(正月十七日 丁酉)星期六

晴寒。上午五七,下午六二。

依时入馆办事。体仍不舒,熬坐而已。编发每周通讯录第六十号。复雪山,告周来近状。夜归仍小饮,饮后少坐即睡,甚安。

报载要闻:浙东我军进展,各路之寇退回萧山。皖南江岸发生战事。南宁寇犯扶南,未逞,向龙头败退。五原外围已肃清。英大使署否认英、日订密约。(日来传说极盛,虽出寇方单面之词,然空穴来风,英国态度之暧昧实足启之耳。)沪面食营业商今日复业。米内承认对华事件尚难解决。苏红军大举攻维堡。芬北海岸发见英舰队,英、苏形势紧张。

2月25日(正月十八日　戊戌)**星期日**

昨夜雨,晨来阴霾风寒,午后晴。上午六二,下午同。

晨起精神稍佳,爰入书巢写日记。十时许,维文见过,谓适在本坊某号看房子,有楼下一间出赁,索月租百元云。随谈至十一时去。天然自去岁底患牙疾,迄今迭延三医诊治,迄无痊象,今更增重,其家属决议送广慈医院矣。午后写信复嘉源、葆珍,并致语怀之,属专代珏人往候内舅父,送十元为购奉食物之需。硕民来,四时许始去,盖感冒已愈矣,甚慰。文权、濬华来,傍晚去。夜仍小饮。漱石、幽若来,漱入夜即去,幽晚饭后九时去。

报载要闻:寇股二千扰扶南,被我歼灭,残寇退苏圩。芜湖湾沚东犯之寇被我围攻。奉新五步城发生激战。冀省各地战事激烈。国民大会定期召集。美大使离滇赴渝。上海法租界统制物价已派定负责委员。公共租界工部局亦将组设抑制物价会。节约会发起戒除烟酒运动。美众院通过互惠商约程序延长三年案。张伯伦演说战事与和平之目标。

2月26日(正月十九日　己亥)**星期一**

晴。上午五八,下午五九。

依时入馆办事。校吕《史》。珏人于饭后偕幽若、漱石入虹口探视故居,并巡行于提篮桥一带,垂暮方归。接嘉源昨发快信,告内舅父已于廿四夜三时逝世。闻之殊为伤悼。夜小饮。眠尚好。

报载要闻:南宁寇增援反攻,邕宾路上发生激战。绥西克复五原、包头间扒子、补隆等各要点。万县上空发见寇机。皖南克繁昌、郎溪。豫南围攻信阳。工部局发布,七月起,总捐及附加税均须加百分之五十以上。歹人钱人龙被杀于仙乐舞宫。寇议员斋藤隆夫要求发布演词全文。希脱拉在慕尼黑发表演说,中欧不容他国染指,德国需要海外殖民地。德、意签订经济协定。

2月27日(正月二十日　庚子)星期二

阴霾,垂暮雨。上午五七,下午五八。

依时入馆办事。校毕诚之《中国通史》上册,作书送之,请速作下册。接校《左传》。四时三十五分即归,以惮雨故。夜小饮。

报载要闻:桂南战事侧重邕钦线,我已克据点多处。豫南、鄂北我军与游击队联络作战。津浦路上寇兵车倾覆。晋南炮兵轰击寇阵。工部局拟加捐事引起中外人士责难。法公董局货物评价委员会华委人选已发表,陆高谊等与焉。越南总督正式否认禁止运米来华之谣,沪法领重述此旨,洋米居奇之谋遂破。威尔士抵罗马,开始正式访问。美国务院公布蓝辛、石井协定秘密文件。

2月28日(正月廿一日　辛丑)星期三

昨夜雨达旦,晓来阴霾风寒,午后竟飘雪。上午五七,下午五六。

依时入馆办事。校《左传》排样。下午三时,洗人来馆,甫自甬乘德平轮抵埠也。谈别后事甚悉,于内地情形颇致嗟叹。将散班,丐尊至,因与洗、村、丏共过同华楼小饮。酒仍唤自永兴昌,质大劣,几不能上口,大氐酒价激昂,遂以次货相混耳。然究非对待老顾客之道,想其营业前途不无危惧已。八时归。睡尚好。

报载要闻:南宁寇北犯被击退,三塘附近之寇被围歼,我军仍坚守原阵地。三水、江门发生激战,我反攻得手。萧山方面之寇复向东南进犯。五原外围现仍有激战。去年出口货物值港币三万万元。沪法总领署公布评定物价办法。九江路发生枪杀案,刘仲英中弹死。罗斯福准备三度竞选总统。威尔士昨自罗马赴柏林。芬兰承认放弃科维斯吐群岛。

2月29日(正月廿二日　壬寅)**星期四**

风雪以霰,竟日不辍。上午五五,下午五四。

依时入馆办事。校毕《左传》一批。接梦九廿三信,复告林五身后情形并催托补办证书事。致道始,为弘一募资刻《护生画续集》,受丏尊敦属也。晚归小饮。夜睡尚好。

报载要闻:蒋对桂南战事拟定计划,派陈诚赴桂面授机宜。粤垣附近我军毁寇方航空修械厂。湘、鄂、赣我军冒寒分途出动。豫南我袭信阳城。高宗武、陶希圣又发表梁逆鸿志与寇方所订各条件。美议员告日本,应尊重美国在华权益。工部局考虑设置抑平物价会。市商会召集燃料业会议,决设平卖煤球委员会。樊克令否认辞职。法租界捐税暂时不致再增。(一月份起已加收。)苏大军猛攻维堡。浅间丸被俘德人九名定今日释放。(英已与寇妥协之征。)

3月1日(正月廿三日　癸卯)**星期五**

阴,午后晴。上午五四,下午五三。

依时入馆办事。接伯濂十四日书,商《新书》书法。接怀之廿八书,告王衙弄已去过,业将问疾之资移作赙仪矣。夜归小饮。

报载要闻:南宁战事因雨暂停,我已完成包抄形势。粤便衣队夜袭新会。风陵渡炮战剧烈。晋东我猛攻长子。美大使詹森抵渝。公共租界公共汽车昨罢工。法租界货物评价会昨开首次会议。美众院通过贷款与中国、芬兰案,并通过联邦进出口银行增资案。加拿大志愿兵开抵芬兰。

3月2日(正月廿四日　甲辰)星期六

阴霾,偶露晴光。上午五四,下午同。

依时入馆办事。续校《左传》。编发每周通讯录第六十一号。接雪山信,即复。接汉儿信,定三月十七日在滇结婚。复晓先,兼及迪康。晚归小饮,与珏人、清华生气。盈儿夜发热,屡醒。

报载要闻:白崇禧抵邕北,商讨桂南作战计划。寇败退那禁。粤东反攻潮汕得手。晋南浮山战烈。我军切断五原、包头间交通,正围歼踞寇。英、美、法、苏四大使留渝,将举行会谈。美贷款华、芬案,总统返京即可签字。工部局公布恢复苏州河北警权之协定。(在北四川路以东,兆丰路以西,武昌路以北地段并北端越界筑路一带,设置特警区,区署长由寇方推荐,警长等俱用日籍,无异立一日租界也。工部局能如此隐忍,可见英实媚寇。)公共汽车仍罢工,公司用白俄司机行驶。外界各方正协谋解决。市商会、煤业公会、机制煤球业公会、柴炭行业公会联合通告,今日起平售煤球。威尔士昨抵柏林,与德外长会谈。土耳其总理宣称,对苏关系不变。

3月3日(正月廿五日　乙巳)**星期**

宵来风雨不辍,竟日阴霾。上午五五,下午五六。

竟日未出。午后硕民来,少坐便去,盖恐雨雇车停门也。写字一页。夜小饮。齿痛。眠尚好。

报载要闻:桂南寇犯三塘,被我军包围痛击。粤东潮、汕附近又发生激战。晋南战事,我占优势。赣省战事,我在奉新以北获胜。镇海口景升轮失事(为寇机袭击之警,乘客慌乱搅沉),全部乘客遇难。公共汽车工潮经调解,定今日恢复行使。苏军攻入维堡。威尔士昨谒希脱拉。

3月4日(正月廿六日　丙午)**星期一**

阴,时见细雨。上午五六,下午五五。

依时入馆办事。硕民来,取折件去。询悉梦九事尚有问题,一时未必即能复之也。写挽联两付,俱送庄百俞。一为雪村款,一为调孚及予款。夜归小饮,齿仍痛。眠亦欠佳。

报载要闻:邕宾线我军已进逼三塘。粤东犯澄海西南郊之寇被我击退。浙东我军正三面包围萧山之寇。甬景升轮搭客四百馀,获救者甚少。晋南连日激战。鲁省迭战皆捷。公共汽车昨已恢复,今日磋商条件。米市场奉谕逐日造报销数。有人建议工部局发行上海市政奖券。美总统批准进出口银行增资案。威尔士在柏林与赫斯、戈林晤谈。芬兰军移转阵地。

3月5日(正月廿七日　丁未)**星期二**

阴,午后放晴。上午五六,下午同。

依时入馆办事。午刻,洗人、雪村及予邀徐秋生饮高长兴。天然牙症转溃疡,送广慈医院已多日,今日形势大变,恐将不起,其三姊兮向珏人借二百元暂应急需。下午三时许竟在院逝世。予得电话,即归,偕雪村、阳生同往上海殡仪馆临视。待红蕉久不至,七时许乃见来,谈明日料理各事略妥,遂归饭,仍小饮以辅气。夜失眠。

报载要闻:桂南冒雨冲锋,击退上思之寇。湘北前线复趋紧张。皖南贵池、湾沚等处连日均有激战。同浦路两侧战事,我进展顺利。寇陆相畑俊六表示,长江开放无期。景升失事后,各方正积极办理善后。中央人事行政会议在渝开幕。国府公布《福建生产建设公债条例》。公共汽车工人待遇条件圆满解决。律师吴其伦在寓被刺殒命。威尔士离德赴瑞士,抵洛桑城。芬维堡陷落证实。

3月6日(正月廿八日　戊申　丑初初刻十四分惊蛰)**星期三**

阴霾幻忽,濛雨时见。上午五六,下午五五。

依时入馆办事。看冯友兰《新理学》。夜归小饮。齿痛,眠欠佳。

报载要闻:晋军渡河攻击,寇败退。邕宾线之寇向南宁退却。寇又在粤南沿海登陆。海南岛发生剧烈战事。长江下游,我炮队极为活跃。中央研究院院长蔡元培在港逝世。国府明令通缉樊仲云等。英政府决阻止德煤输意。德、苏两国划界工作完成。

3月7日(正月廿九日　己酉)**星期四**

晨浓雾,午间放晴。上午五七,下午五九。

清晨偕雪村、士敭往吊天然,晤广涵。少坐即入馆。看《新理学》。夜归小饮。眠尚好,惟齿痛不减。

报载要闻:桂南苏圩等处寇全肃清,仅二塘附近有残股困守。鄂北收复随县城南之何家店。风陵渡炮战激烈。寇又向萧山增援。国府公布绥境内蒙各旗政委会组织大纲。路透社宣露汪逆与寇方商定各条款,综计十七项,要在控制全盘经济,并在内蒙及各重要地区均须驻兵。市联会函请纳税会交涉工部局加捐事。北区及虹口一带已成恐怖世界,寇伪任情拉夫充苦役。英向寇方要求偿付沪宁路债款。寇众院决议,斋藤隆夫除名。意运煤船七艘被英扣。

3 月 8 日(正月三十日　庚戌)**星期五**

晴。上午五八,下午六〇。

依时入馆办事。校《左传》。宽正来催校样,即去。乘六过谈,承送章氏《春秋左传读》及演讲记录九册。移时乃去。夜归小饮。齿痛增剧,复失眠。

报载要闻:桂南克三塘。粤南登陆犯中山之寇遭我军坚拒。赣北我军一部出击。中常会决议明令褒扬蔡元培。陈光甫抵华盛顿,美金借款即可成立。中国珍贵图书因避免落寇手,纷纷输往美国。妇女界今日庆祝妇女节。工部局警务处表示北区警务无全权,拉夫势难遏止。英下院讨论巴勒斯坦问题。威尔士抵巴黎,访晤法各要人。

3 月 9 日(二月大建己卯初一日　辛亥)**星期六**

晴,不甚朗。上午六一,下午五八。

依时入馆办事。编发每周通讯录第六十二号。复守和。接芷芬、汉华二日信。校毕《左传》,全样已完,只待作序。夜归小饮。

牙痛未已,眠较昨大好。硕民、圣南来我家,未及晤。约明日来饭。

报载要闻:中、美二千万美金新借款成立。寇方表示惊异。寇又在粤南头登陆,向深圳推进。中山寇被歼殆尽。湘北战事又起。晋省我军迭次出击踞寇。沪银钱业提高利率,限制投机。两租界当局将合作抑平物价。威尔士与达拉第进行重要谈话。瑞典调停苏、芬战事,芬代表团已抵莫斯科。

3月10日(二月初二日　壬子)**星期**

阴翳。上午五八,下午同。

晨入书巢记一周来日记。十一时,洗人来。有顷,硕民、圣南亦来。洗人过饮丏尊所,硕、南则饭予所。濬华、文权、昌顯亦来,以道始尊人生日,往拜吃面,匆匆与南别,约饭后再会。饭后,南等打牌,至三时半,罢去。濬等四时至,遂未及见。夜与文权小饮。饮后复与打牌,幽若、业熊与焉。两圈后让珏人接打,又两圈而毕,权、濬、顯、幽俱去。齿痛依然,眠尚好。

报载要闻:南宁外围战事激烈。湘、鄂、赣各路我军均占优势。粤东反攻澄海,寇被迫退向汕头。夏县、安邑附近连日有激战。杞县城南发生战事。粤南寇犯官窑西,被我击退。中美借款成立,法币盖形稳定。美国务院表示,贷款中国系促进商务。纳税会请工部局对加捐事勿实现。王外长招待各国大使。中国将续向美国接洽第三次借款。德外长聘罗马。苏、芬谈判在进行中,前线已见平静。

3月11日(二月初三日　癸丑)**星期一**

晴。上午五八,下午六〇。

依时入馆办事。起潜来洽制版,少坐便去。丕绳、宽正来谈,予规以少揽事。致圣陶,告天然逝世,并及此间近状。编列沪蜀第廿四号。晚归小饮。齿痛未已,眠尚好。

报载要闻:桂南正包围南宁,二塘寇股开始撤退。鄂中连克大洪山东北麓各重要据点。岳阳方面寇增援两师团。粤南中山战烈。安邑踞寇受创后退。中央人事行政会昨闭幕。邮局竟准汉口、九江汇兑寇方军用票。公共租界当局决心严厉制裁操纵投机。(法院已采严峻刑罚,科刑可至无期监禁。)威尔士抵伦敦。德、意举行外交谈话,有另组德、意、苏轴心说。德阵亡将士纪念日,希脱拉发表演说。苏、芬议和谈判主要点已妥协。

3月12日(二月初四日　甲寅)**星期二**

晴。上午五九,下午六二。

今日为孙中山逝世纪念,馆中放假一天。晨入书巢记日记。调孚见过,即往访起潜。竟日理书,将繁用之籍腾移部位,颇费周章,兼之地窄难旋,又须缘梯上下,大为辛苦。垂暮矣,犹未及半上架也。因置之,且俟缓图。夜小饮。齿疾未已,睡则大佳。

报载要闻:桂南收复二塘,南宁城郊展开炮战。鄂北围攻随县、钟祥。粤南新鹤线发生剧战。晋东南围攻长子。五原附近有战事。岳阳附近有激战。工部局统制物价即将初步实施。德外长觐见教皇及意王。苏、芬休战谈话已告一段落,芬代表已由苏返国。

3月13日(二月初五日　乙卯)**星期三**

晨阴,西风大作,近午风转西北,势稍衰,天亦放晴。六二。

依时入馆办事。饭后与洗人逛国货公司,标价又较前游涨倍矣。近日一般生活较初战时已加四倍,恐崩溃之期不远。夜归小饮。齿痛未减,两腿大酸,以昨日登降检书之故。惟睡眠尚好。

报载要闻:昨日为孙逝世十五周年,精神总动员一周年,中枢举行联合纪念,蒋、林均有演辞发布。鄂北大洪山麓我军大获胜利。潮、汕一带战事剧烈。绥远严密包围五原。银钱业奉令推行农业贷款。工部局本届选举,五华董将连任。国米到沪甚旺,米价可望继续下跌。罗马谈话结束,德外长返柏林。威尔士昨访晤英政界要人。

3月14日(二月初六日　丙辰)星期四

晴。上午六一,下午同。

依时入馆办事。看调孚校注《人间词话》上卷。泉澄见过,出所撰考正《东华录》人口问题论文,属代交宾四。接圣陶三日发蜀沪第卅一号信,复告近状,并附来昌群写题予五十小影诗,故人远锡,弥足珍爱,大为欢喜。夜归小饮。腿酸增剧,齿痛不减,睡尚好。

报载要闻:空军在桂南助战,以此续有进展。粤东血战三昼夜,寇伤亡不少。同浦路两侧战况激烈,我克大牛店。寇机袭赣,在浮梁击落一架。工部局告示取缔囤积投机,如有举发即起诉。工部局加捐案各方反对甚烈。美众院通过文生氏扩充海军法案。苏、芬和约成立,昨起实行停战。

3月15日(二月初七日　丁巳)星期五

晴,午后转阴。上午六一,下午五八。

依时入馆办事。天英来看振甫,予见之,询悉将为芷芬婚事,拟在苏州登报。予与约定,苏州报纸由彼一人出面,上海则由予一人出面,各登一天,因为拟稿一通,分缮一分与之。夜在聚丰园举行酒会,到绍先、俊生、肃庵、曙先、亢德、雪村、洗人、世璟、世惠及予十人。肴核酒浆俱劣于往日,出价则倍蓰不啻,每人竟摊三元五角云。腿酸已痊,齿痛依然,夜眠大佳。

报载要闻:桂南各路进展,重炮队猛轰南宁。粤东寇败退,我军跟踪追击。琼岛激战七昼夜,进犯之寇仍退原地。鄂中克复洛阳店及黄庄店。地质学会十六届年会在渝举行。米煤等平价办法租界议决方案。美侨决进行调查在华所受损失。苏、芬各线均已停战,苏军进占维堡。英、美声明遵守《九国公约》,不改援华态度。英国印度事务部大臣塞特伦被印人开枪击伤。威尔士自伦敦飞返巴黎。

3月16日(二月初八日　戊午)星期六

晴,时阴。上午五七,下午同。

依时入馆办事。编发每周通讯录第六十三号。寄复圣陶,并及昌群。信昨已写好,今日寄出。接晓先三月二日信。硕民来,约明日来寓。振铎偕王佩诤来访振甫,予因与晤谈。夜归小饮。齿疾稍宁,睡眠大佳。

报载要闻:邕武、邕钦两路我军出击获胜,续克据点数处。粤南反攻中山。陈济棠被任农林部长。英、日又讨论津存白银问题。工部局核减预算二百万元。高鑫宝(海上流氓,现为丽都舞厅老板)昨晚九时许在一品香门前被人枪杀殒命。苏、芬军队开始撤退。传诺蒙亨附近苏、日又起冲突,惟日方否认。

3月17日(二月初九日　己未)星期

晴。上午五五,下午五九。

今日为予生辰,又兼值汉儿、芷芬在滇结缡,天气复佳晴,深感快悦。晨起即入书巢检理书籍,至下午三时始就绪,虽吃力,而眼前顿改旧观,亦大快事也。孑如、允言、硕民、洗人俱来,少坐即行(允言则在此午面,未饮)。为避免麻烦计,《申报》启事属明日始登出。涵、淑两侄女来贺生日,午面后去。下午补记五日来日记。夜,家人醵资治馔,为予称庆,并遥贺汉、芷。文权、濬儿率顯、预、颉三孙并两佣妇前来参加外,士敭、业熊亦与焉。以是颇为热闹。晚饮前彼等打牌,晚饭后啖果饮咖啡,至九时许始各归寝。(惟权等及幽若归去。仍未减盛。)齿痛仍未已,眠尚佳。珏人以积劳腰痛,颇感不舒,予为之欠安。

报载要闻:桂战重心移邕钦路,大塘附近展开激战。粤东克复炮台市。风陵渡寇弹药库被我炮队击毁。国府明令褒扬蔡元培。库页岛交界寇、苏防军发生冲突,形势紧张。英外部否认津存银已获妥协说。寇方发言人否认华中踞寇将撤退说。黄浦江寇轮互撞,死宪兵等七人。芬兰国会通过和约。罗马尼亚铁卫团效忠政府。

3月18日(二月初十日　庚申)星期一

阴霾。上午五五,下午同。

依时入馆办事。斐云寄嘉靖白皮纸朱刻《唐百家诗》三十二本来,即为转送振铎。复梦九,告证书事正进行,恐前途未必顺利。香港大公徐少眉来,公司当晚宴之于华阳楼,予以避嚣未往,散馆后即归。夜小饮。道始至,见今日报载启事,特来道贺,并致礼。谈移时乃去。珏人不适,畏寒卧床,夜饭时强起。予深为致虑。

报载要闻:邕钦线寇北窥灵山,各路均被我军阻遏。粤东寇退潮、汕。湘北寇后方被破坏。广水南端寇汽车被炸毁。晋北连日发生激战。寇调军开图们江一带,防备苏联。沪外侨纳税人年会定期开幕。墨索里尼传将与希脱拉会晤。罗斯福广播演说,呼吁世界和平。巴拿马总统对英侵犯泛美中立提抗议。

3月19日(二月十一日　辛酉)**星期二**

阴雨。上午五六,下午五七。

依时入馆办事。夜归小饮。齿痛已略好。房东中国营业公司来信,谓五月底房子已满约,请让还。当去年十二月一日签约时固已防此一手,但得其复信,并不承认妄动云云,今竟如此,显然欲借此索费而已。可恶之至。姑听之。

报载要闻:邕钦路东侧战事猛烈,寇在粤、桂边境之太平被围。粤东我军反攻潮城。平汉路高碑店发生混战。胶东我军击落寇机一架。沪常客车在丁堰触地雷出轨。工部局积极磋商继续平售面粉。墨索里尼与希脱拉在勃伦纳山隘车站会晤,欧局将有新发展。芬代表赴苏,交换批准和约。德空军轰炸英斯加巴湾。

3月20日(二月十二日　壬戌)**星期三**

晴。上午五六,下午五九。

依时入馆办事。付订购洋米壹佰元,计五包,尚欠百二十元馀,约日内由公司自栈提出送到。夜归小饮。韵锵即将返里家祭,予致赙四元。

报载要闻:灵山近郊战事猛烈,我军开始反攻。我军大部开到湘北。鄂东我军炸毁寇兵车。蒋公宴教育会代表,发表勉辞。驻苏大使杨杰返抵渝。中、美首批借款明春可偿清。工部局组织委员会研究节减行政经费。苏、伪边境形势紧张,寇调兵筑防御工事。德、意两首领晤谈,德曾提出和平条件,意劝德再让步。沪市商会抑平物价,稳定汇市。张伯伦在下院报告国际大局。寇众院为质问对英外交发生纷扰。

3月21日(二月十三日　癸亥　丑正一刻四分春分)**星期四**

晴。上午五九,下午五七。

依时入馆办事。写一联挽云六,联语为雪村所撰,云:“抱腹过黄垆,酒国流光悲期期;回头望白水,麦舟高谊恨茫茫。”上联切王姓故实,直写酒家归后奄化之速。下联切范姓故实,极言无摧赠之雅,竟有微词矣。为急于应付计,不暇详思,匆匆写付金才持送之。购王易《国学概论》(神州国光社出版),蒋梅笙《国学入门》(正中书局出版者),马瀛《国学概论》(大华书局出版)及李笠《三订国学用书撰要》。计三元五角。夜归小饮。珏人、幽若挈复、盈两儿往濬儿所,饭后赴牯岭路湖园听书,亦于傍晚归。

报载要闻:桂境寇渡郁江,北犯横县,大战在灵山、陆屋间。赣北我军渡河克复石头岗。鄂北我军猛攻随县。晋南中条山北我军大捷。琼岛东南部战事激烈。驻苏大使杨杰辞职。财部电饬各业拒使寇军用票。今日各界庆祝沪地方纪念(北伐军抵沪)。英军司令部公告,今日开放北西藏路。法内阁突然总辞职。美海军定期大演习。英机进击德空军根据地。英下院辨论战时政策。

3月22日(二月十四日　甲子)**星期五**

晴,午后微翳。上午五七,下午同。

依时入馆办事。致允言,催办梦九证书。复伯濂,主名从主人,《新书》本纪应规龙门《高帝本纪》例,称公,称摄皇帝,称假皇帝,然后直叙即真为新皇帝。夜归小饮。齿又作痛。今日涵侄生日,珏人挈盈儿往吃面,幽若亦与,并在恩派亚看电影《杨乃武》,薄暮始返云。

报载要闻:我军克永淳,灵山之寇已被围歼。寇在粤赤湾登陆,南头附近发生激战。赣北收复横港。晋西南猛攻黑龙关。汇往内地游资达十五万万元以上。洋米进口源源不绝,沪存粮极充。北西藏路昨在英防区仅开放一缺口。美海军演习范围将展至远东。苏、芬交换和约,批准文件。法新阁组成,财长莱诺转任总理兼外长。达拉第仍任国防部长。

3月23日(二月十五日　乙丑)**星期六**

阴,夜半雨,达旦。上午五七,下午五八。

依时入馆办事。编发每周通讯录第六十四号。复晓先,编第一号,免遗失无稽。买宾四《国学概论》,价一元五角。梦九托便人带到牛角冻石章两方,谓详另函,因未即复。允言电话约借《史记》,并云有话就商,予答以五时在寓相候。散馆归未久,允言即来。因共小饮。谈至七时三刻,辞去。梦九事允明日往催苏中当局即办云。盈儿又咳嗽,夜为欠睡。

报载要闻:灵山东北战事激烈。平西琉璃河寇股一队被围。潼关方面有炮战。中央研究院评议会举行五届年会,由王世杰代主席。市商会调查本市物价。有陈克光者昨在觉林为其父庆寿,晚宴送客,被人狙击毙命。法公董局订定房地产纳捐办法。法新阁举行阁议,宣布施政方针。传苏外长将聘问柏林。

3月24日(二月十六日 丙寅)星期

阴雨,时见晴色。上午五九,下午六〇。中夜又大雨。

晨在书巢整架书,并为黄氏《历代统系录》重行并装。午,祀先,预为清明设供也。饭后写字三张。竟日未出,亦无客至,甚适,惟楼下楼上俱喜雀战,中夜犹牌声聒耳,殊可厌恶已。夜小饮,饮后即睡,为比邻耽博故,随同失眠至二时始合眼。

报载要闻:粤西南克复灵山城。绥远我军攻入五原。鄂东我军进击麻城。豫省我军袭击陇海路兴隆站。晋省我军控制运城外围。工部局英董预选揭晓。工部局对旅馆业加捐不允考虑。法众院信任新阁,新阁开战事会议。传德向罗马尼亚提严峻牒文。意陆军实行改组。

3月25日(二月十七日 丁卯)星期一

晨阴,旋晴,寻复时阴。上午六〇,下午六一。

依时入馆办事。接圣陶十七日发蜀沪卅二号函,询予近编何书。其实予在开明,早离编所,杂务丛脞,遑云撰述。闻此甚惭。午应曙先约,与洗人、雪村共赴同华楼饮。至则已与叔含先在,遂笑语饮啖。一时半散,仍同返开明,雪村与曙先俱被酒,闲争不休,卒皆披衣径去,同往绍先所觅证。夜归小饮。左边衣袋在廿二路公共汽车上,为小窃划破,幸皮夹子体大,竟未漏出,获免。睡眠仍不佳。

报载要闻:灵山突围之寇退伯劳圩,窜武利。我军入五原,获战利品甚夥。鄂北再克洛阳店。鲁境津浦路两侧发生激战。粤中山我军猛攻石岐。豫东夏邑、淮阳均有战事。行都各界追悼蔡元培。沪各界追悼郁曼陀,电国府请明令褒扬。继续开始平卖煤球。苏联在西伯利亚沿海岛屿设潜艇根据地。匈牙利总理聘问罗马。

3月26日(二月十八日　戊辰)**星期二**

晴。上午六〇,下午六一。

晨步行入馆,由亚尔培路、西摩路、静安寺路、南京路、河南路大兜一圈始到,历时一时另五分。致诚之,送新出版《中国通史》上册十八本去。顺催稿,并乞取两本与调孚分沾,想可如愿也。为复经济部文件事,雪村横致诘难,几于无理取闹,甚愤。嗣经洗人转圜,仍由予拟稿。并致函力子就近关说,托圣陶转属元善道地,俾公司增资登记早日解决。硕民来,告彦龙已于廿四夜逝世。伊明日即须返苏,予托其代致奠敬四元。(抵家后苏来报丧条亦到。)接梦九十八函,告托人带石章来,并催证书事。旋又有一电报至,询硕民肯就衢州中学国文教员否。硕民衢州决不去,本当即复,以须允言下落,只得再待之。夜归小饮。饮后入书巢记日记。

报载要闻:粤、桂间继续胜利,克复武利墟、龙舞岭。绥西克五原,新旧城完全肃清。汾河两岸展开激战。石岐西北郊正在激战中。国府明令褒扬黄明堂。财部颁布便利国内汇兑办法。中美日报馆昨又遭袭击。公共汽车否认再增车价。列强争罗国煤油。美廿三教会年会决议,促请政府扩大对日禁运范围。匈总理与意外长会议。

3月27日(二月十九日　己巳)星期三

晨重雾,旋开晴。上午六〇,下午六二。

晨步行入馆,连日皆然。照常办事。复圣陶卅二号来信,列廿六号。撰《左传读本序例》,未毕。夜归小饮。

报载要闻:灵山寇西退,我军追击,续克太平圩、新平圩。皖南至德北柞子桥寇进犯,发生猛烈战斗。豫各路均占优势。行政院决议,筹设国立女子师范学院。南洋侨商领袖陈嘉庚等抵渝。工部局裁撤西员,厉行减政。西董更选,美侨阿乐满当选。寇军部宣言对政党不妥协,七十五届议会闭幕。美舰队在太平洋演习有重要意义。

3月28日(二月二十日　庚午)星期四

晴,迫晚阴,夜半雨。上午六一,下午六三。

清晨步入馆,看报,办事。发福特布告第卅六号,明日纪念黄花岗烈士殉国,照章放假一天。撰毕《左传读本序例》及编目。夜归,允言为梦九事来谈,由渠及予两人具保,苏中当局始允证明梦九确为师范毕业生云。予慨然署状付之,且与共饮酌。八时五十分辞去,约明日晤洽后或可即将证明书携来也。干人之难如此,不禁浩叹。

报载要闻:灵山方面克复那隆,我前锋向南宁挺进。绥西我军向安北进攻。五家河北岸寇强渡未逞。晋东南各地,我军猛攻踞寇。鄂中进攻钟祥。皖南仍有激烈战事。空军两袭南京。甬同乡会商改善沪、甬航运。巴尔干形势渐趋严重。芬兰内阁改组。法政府要求苏联撤换驻法大使。

3月29日(二月廿一日　辛未)**星期五**

微雨连绵,时一露晴。上午六二,下午六五。

竟日未出,允言亦竟未来,梦九恐又须展缓时日矣。写字两张,看《留仙外史》。夜小饮。

报载要闻:南宁寇分路犯扶南,均被遏。我收复重要据点。新会、南昌均将发生大战。今日先烈殉国纪念,各界下半旗。中枢要人有重要演词广播。林主席、蒋总裁接见陈嘉庚等。新疆省主席李溶逝世。沪市昨晨二小时间发生枪杀案三起,均系伪员被击。苏联军用机三架飞珲春附近侦察。美各界名流主张对日实施禁运。法对意修好,将派赖伐尔赴罗马。英、德空军在西线作战。苏联货船马雅柯夫斯基号在远东被英扣留。

3月30日(二月廿二日　壬申)**星期六**

阴晴乍忽,晨夜均有雨。上午六五,下午六九。

依时入馆办事。今日汪逆在南京就伪职,两租界戒严,往返为之不便,交通亦有多处阻塞。清儿未到馆,饭未带,午间与洗人、雪村同过永兴昌。旧历开岁以来,予犹第一次到此也。酒质降落,酒资昂腾,初未见物,已摊六角一人矣。接晓先信,谓将分册撰近世史。接允言电话(予适出饭,由调孚代接转告),谓苏中校长杭君以喜假返苏,已亦下午即须登程,须四五天后偕回沪上时始可为梦九办证云。不得已,即飞书梦九告之,先慰敬望,大氐不出十日当可取寄也。但匆促付邮,竟忘将来电提及,亦可自责矣。编发通讯录第六十五号。牙痛增剧,仅能进软物及流质。夜归小饮。

报载要闻:扶南连日展开激战,收复陆屋旧州。绥西我军包围寇股,五原城郊鏖战甚烈。皖南五岳山附近仍在激战中。晋省克复岚县。井陉煤矿爆炸,死五百馀人。沪市各团体一致拥护抗建伟业。苏联最高议会昨开幕。英、法最高委会举行联席会议,宣言决不对德单独言和。

3月31日(二月廿三日　癸酉)星期

阴霾,夜雨。上午六五,下午六二。

竟日未出。冼人来,因邀雪村共饮予家。饭后,彼等下楼打牌,而致觉来,长谈抵暮乃去,知宾若子济昌在昆明联大食苦勤读,致起胃疾云。出信示予,文理明顺而字迹挺秀,我友有后,为之大慰。夜独饮。

报载要闻:扶南寇已击退,我军合围南宁。外部照会各国政府,郑重申明我国立场,否认寇方傀儡组织。五原东南发生激战。湘北岳阳一度发生巷战。中山踞寇向澳门葡当局提出要求。京沪客车前昨均告出轨。英驻日大使克莱琪在东京英日协会席上演说有亲日嫌,英、美各界一致反对。苏联最高会议开幕,莫洛托夫报告国际情势,对英、法揶揄备至。

4月1日(二月廿四日　甲戌)星期一

阴霾。上午六三,下午六二。

依时入馆办事。为天然五七,托调孚向静安寺定忏,并托阳生代印讣闻。夜归小饮。

报载要闻:美国务卿赫尔一昨发布宣言,否认南京伪组织,惟认重庆国民政府为一贯的合法政府。英海相邱吉尔重申作战决心。国府拨款百五十万赈济冀灾。扶南肃清,寇向绥渌退却。五原城郊再起剧战。豫东我军攻入淮阳城。沪市今日开始发售平价煤屑千吨。寇伪统制地货,市民生活益困苦。莫洛托夫续在最高会议演说,称苏联对日关系殊不满意。澳洲政府统制贸易,中国货物被限制入口。

4月2日(二月廿五日　乙亥)**星期二**

雨。上午六三,下午五九。

依时入馆办事。诚之来,以所著《中国通史》上册见贻。接仲融三月廿三日桂林来函,告有一稿托云彬寄来。接三月十六日颉刚来函,复我二月二十去函,即复,并将契约缮正签印寄去。夜本拟归饮,洗人、丏尊、雪村约曙先邀薰宇之儿新钦饮同华楼,坚邀同往,因过饮焉。半酣,洗人为孑如房屋事向丏尊致不平,颇见争执。草草食已,予即与雪村径返。

报载要闻:国民参政会五次大会昨在渝开幕,蒋议长致词敦勉。桂南寇偷渡丽江,扶南近郊又展开激战。再犯五原之寇已被我击退。我军攻入井陉煤矿。孙夫人宋庆龄偕其姊孔宋蔼龄、其妹蒋宋美龄乘机飞渝,孙夫人犹初次访行都也。沪日侨对工部局改选董事,违反协定,擅增候选人名额,竟推出五名。伪员宋锡权在福煦路多福里寓中被人枪杀毙命。欧洲西线空战剧烈。苏联最高会议通过卡莱里亚并入苏联。

4月3日(二月廿六日　丙子)**星期三**

晴,大风。上午五九,下午六一。

依时入馆办事。校冯芝生《新世训》。接圣陶三月廿三日发蜀沪第卅三号航函,托代唁天然之姊,并属为至善购书。散馆归,小饮。

报载要闻:国民参政会昨开第一、第二次大会,通过声讨汪逆案,即播通电。桂南邕龙线之寇调动频繁,战事复趋剧烈。小董之寇已陷入重围。粤南我军追击三水踞寇。闽南我军猛攻笔架山,一部进抵潮州城外。五原我军续向安北挺进。行政院通过盛世才兼新疆省主席。中华医学会年会在滇开幕。美领高斯今晚离沪归国。日侨擅增候选人已引起严重抨击。豆米业公会布告严禁米粮买空卖空。苏联最高会议通过国防预算。张伯伦解释联合宣言意义,强化经济战。

4 月 4 日(二月廿七日　丁丑)星期四

晴,午后云翳。上午六〇,下午六五。

依时入馆办事。蔡尚思来询稿。致允言,为梦九补证事催促即办。致子敦,托代补《续通鉴》缺页。夜归小饮。

报载要闻:国民参政会昨举行第三次大会,张嘉璈、翁文灏报告交通、经济情形。邕龙、邕钦两线之寇进入困顿阶段。我空军分袭运城及岳阳。晋东南我军向壶关急进。绥西之寇已告肃清。工部局董事竞选问题渐趋严重,英、美阵线巩固。美海军在太平洋举行初步演习。

4 月 5 日(二月廿八日　戊寅　卯正二刻三分清明)星期五

晴。上午六二,下午六〇。

依时入馆办事。孙彦衡由渝中国银行电汇壹佰贰拾元来,即转邮孺忱,午后属金才送邮局汇出。夜归小饮。

报载要闻:绥西收复四柜,进逼安北。晋南我军加紧进攻。鄂中、鄂南迭起激战。上思附近之寇向东退却。国民参政会昨续开第四次大会,林祖涵、周恩来、秦邦宪等均赶到,于国共摩擦商有消弭办法。我军俟适当时机,将大举反攻。中央社会部慰勉沪市商界。英、美侨民决合作制日竞选,局势渐趋优越。英国改组战时内阁。德空军又袭北海英护航队。

4月6日(二月廿九日　己卯)**星期六**

晴。上午五九,下午六〇。

依时入馆办事。编发每周通讯录第六十六号。复圣陶,列廿七号。复晓先,仍寄筑处转。饭后在山东路理发,增价为四角矣。夜归小饮。同儿随清入馆闲游,傍晚予挈之归。眠不佳。

报载要闻:蒋手谕嘉奖五原守军傅作义及其所部,并犒三十万元。国民参政会昨开审查会,开始讨论宪政问题。桂南之寇被困在上思山地中,我克复思乐。神岗之寇被击,退向石龙。豫东我军袭通许。工部局董事选举,英、美建坚强壁垒,已统一投票意志。沪水电机关对普通马达等将加征燃料附加费。豆米业公会组粮食产销会。苏联反日宣传复炽。英、法对德采取经济战争新攻势。德政府又发表东欧问题白皮书。克莱琪与谷正之会谈,赓续讨论天津存银问题。

4月7日(二月三十日　庚辰)**星期**

晴煦。上午六四,下午六九。

上午大椿来,知良才病象不见起色,甚为系念。少坐去。洗人来,有顷过丏尊去。下午写字两张。三时许,勖初来,谈至五时始去。宏官来,陪同儿往熟缝衣铺改衣装。晚始偕归,询知同谒震渊,留渠等盘桓也。夜小饮,饭已,宏官去。幽若朝来暮去,逾一月矣,归无所往,而性又愎,虽其骨肉,不相谅,独珏人怜而存恤之,故过食以为常。瞻念前途,甚为耽忧焉。

报载要闻:桂南我军又获胜,寇退上思。晋西收复方山。冀省攻入定县车站。绥西我军继续东进。参政会昨开六次大会,讨论宪草。宋哲元在绵阳逝世。寇海军拟对抗美国,在台湾、海南间大演习。英、法照会瑞、挪,要求阐明中立态度。

4 月 8 日(三月小建庚辰初一日　辛巳)**星期一**

晴暖。上午六六,下午七二。

依时入馆办事。见昨日《中华日报》载有伪教育专门委员首揭"王锺麟"名,知常熟王益厓又在出丑矣。此人鬼混已久,予曾登报声明其事,以此彼即以"益厓"行。今投身逆丛,又畏人指摘,复用此名,冀图混淆,其人固不足齿,其心尤为可诛;在我视之则不值一笑耳。书此,以见物以类聚,傀儡队里举不出真正有用的工具也。接翼之五日信,知仍在乡教读,据告君畴、吉如辈已纷纷赴宁投靠矣。可叹!接孺忱七日信,代汇壹佰贰拾元已收到矣。校《左传读本述例》及目次竟。全功已毕,只待印行耳。天然今日已届五七,其家属在静安寺唪经设奠。珏人、清、漱、湜三儿、业熊、幽若俱往拜,予则未往。予为诸儿书挽天然一联云:"同舍十年居,奉手承教逾骨肉;沉疴经月作,伤心永痛隔人天。"夜归小饮。接怀之六日信,知曾往予先茔省视,代付坟客三元。坟上树木为江北流民盗伐殆尽矣。闻之虽切齿,竟无如何也。

报载要闻:桂南三路围攻南宁。东江冲入石龙。中条山战事又复转剧。东流击沉寇舰。邹鲁辞中山大学校长,由许崇清代。

（恐与汪密通被泄之故。）食盐运沪减税。杂粮业布告，一律现货买卖。苏州河北警权问题，今日会商。伦敦散传单，揭露德国十年计划。苏联延长伪满边境防线炮垒，连亘达五千里。挪威外长在国会说明外交政策。

4月9日（三月初二日　壬午）星期二

晴。上午六五，下午六四。

依时入馆办事。梦九妻弟见过，谓将返徐携眷，顺询证书事。致子敦，送《续通鉴》及《苕溪渔隐丛话》各一册，请代属中华管事人，照补缺页。为硕民取得江苏银行存款五十三元。午后硕来，即并折件交之，顺托向允言催办梦九证书。夜归小饮。组青在，因与共酌。谈至九时许去。

报载要闻：桂南合围已成，寇增援部队被阻截。晋南进展顺利。绥西积极东进。参政会昨开第七次大会，通过要案卅六件。工部局各董事申谢樊克令在任功绩。西董竞选已至最后关头，明日起正式选举。十一日起续办三期平卖煤球。苏、日商务谈判停顿，日代表离莫斯科。苏、芬恢复邦交。英舰开入挪威领海敷设水雷，挪提严重抗议。

4月10日（三月初三日　癸未）星期三

晴。上午六四，下午六五。

依时入馆办事。付《申报》启事费十二元八角。饭后与洗人散步外滩。四时开董事会，到道始、守宪、丐尊、达君、洗人、雪村，报告账略，“八一三”损失居然可以恢复矣。两年奋斗为不虚，自问略无惭衷焉已。丐提议垫借股息三厘，决俟各处账单到齐再议。

同人薪水问题亦有讨论，当可酌加也。会毕已六时半，即过饮泰丰楼，预定以飨各董监者也。九时乃散归。汉儿书来，续寄照片，芷芬则无信。

报载要闻：南宁外围激战，蔡廷锴督战。我生力军五十万开前线。赣北克靖安、奉新。晋南攻府城镇。工部局外董选举，今明两日投票。虹口发生盗劫十九万元巨案。参政会昨开第八次大会，通过内政外交等六项报告。美大使馆参赞调任沪总领事。德军进占丹麦，并攻入挪威，占领挪京奥斯洛。英、法向挪保证，决予有力援助。

4月11日(三月初四日　甲申)星期四

晴。上午六六，下午六八。

依时入馆办事。作董会纪录。夜归，在电车上遇红蕉，托我代买儿童读物。夜小饮。

报载要闻：参政会昨闭幕，蒋致休会词。桂南战事逼近南宁，犯同正之寇已击退。我空军出动助战。赣北收复靖安、奉新后直逼南昌。浙、赣交界击落寇机。第一批铝质辅币昨开始在沪发行(予今日已兑到)。昨日一日间租界发生两暗杀案。英、德海空剧战。挪威政府已迁至哈玛，挪总理宣言继续抗战，但各军事根据地已陆续沦陷。

4月12日(三月初五日)星期五

阴霾，午后转晴。上午六八，下午六九。

依时到馆办事。苏州中学杭海槎送到梦九证明书一件，即为双挂号转出。此事获一结果，如释重负矣。复怀、翼昆弟。为红蕉办书，顺为达君、道始办书，饭后饬人分送。发同人通函，各加薪有差。予始得恢复战前薪额。两年半茹苦贴本，今乃复薪，而物价已高两倍，实际仍合四折耳。设再不稍事霑润，恐已入枯鱼之肆矣。慰情聊胜于无，其足自为解嘲乎！夜归小饮。

报载要闻：桂南犯同正之寇退回南宁，中途被我截击。赣北分路挺进，连克汉溪市、新村圩等处，南昌城郊展开激战。晋西克复碛口。国府明令褒扬唐聚五。工部局外董选举揭晓，英五人，美二人，日二人当选。日擅增之候选人三名均落选。捷克女子在虹口被寇方掳架，及释放，眼骸殴伤甚重，传与竞选有关系。英、德在北海发生空前海空大战，德巡舰爱姆登号及运舰数艘在挪威海岸沉没。挪军克复贝尔根港。英军占领丹属法洛斯群岛。

4月13日（三月初六日　丙戌）**星期六**

晨浓雾，旋开朗，继又即阴起风，夜半雨。上午六九，下午六五。

依时入馆办事。编发每周通讯录第六十七号。续校《新世训》。致彦衡，告款已汇苏，接得孺忱回信矣。（单据附去。）《备要》缺页补到，即复书子敦谢之。夜归小饮。

报载要闻：赣北五路进兵，合围南昌，南浔线交通已切断。空军再度轰炸岳阳。鄂中克复孙家镇。桂南仍在激战中。工部局新外董定期就职。万国商团明日举行总检阅。法学院学生陈锦标昨被暗杀。欧洲西线局势紧张，荷、比采预防措置。英军在挪威那维克城附近登陆。挪战事已移至北部，特隆汉区发生激战。瑞典南部局势紧张。

4 月 14 日(三月初七日　丁亥)星期

晴,时起云翳,午后且起风。上午六五,下午六三。

丏尊借《文心雕龙注》全帙去。硕民来。饭已,同游顾家宅公园,珏人、同、复两儿俱往。珏人在环龙路失足滑跌,右股闪痛,遂坐车先行。初意,参观动物园,乃定章须三时始开放,徘徊园中久之,竟不能耐。至二时许,予与硕民先归,嘱两儿仔细侍母观览,及早归来。抵家坐茗移时,硕民去。乃入书巢写字两张。三时许,珏人挈两儿归,询知动物园甚挤,依旧未得入览也。夜小饮。

报载要闻:赣江两岸我军分路进击,前锋已达牛行车站。鲁境战事,现甚剧烈。南宁以西我军续行追击。皖北进攻巢县。豫东克复罗王车站。工部局抑制涨风,厘订物品零售价。中央捕房督察长谭绍良遭暗杀。德在荷边调动军队。挪威陆军发动游击战。德又一主力舰奈斯努号沉没。

4 月 15 日(三月初八日　戊子)星期一

晴。上午六三,下午六七。

依时入馆办事。书挽范葵忱(烟桥之父)一联云:"家学溯渊源,令子文名惊海内;悲歌兴闾里,先生遗爱在人间。"饬金才送去。夜在高长兴举行酒会,到洗人、廉逊、雪村、守宪、红蕉及予六人。摊二元八角,九时始散归。

报载要闻:赣北完成包围阵势,南昌战事已迫近郊。晋南长子外围争夺战甚剧。空军飞东战场助战,并轰炸广州。寇援粤东澄海属莲阳,中途被我击退。鄂东新洲、团风一带战事猛烈。冀省猛攻新城。罗斯福谴责德侵丹、挪。挪威北部那维克港海战数日,毁德舰七艘。

4月16日(三月初九日　己丑)**星期二**

晴。上午六三,下午六六。

贝企中嗣母明日开吊,具奠仪二元送之。依时入馆办事。清儿挈盈儿来馆,盘桓至暮,乃挈之同归。夜小饮。

报载要闻:安义寇增援反攻,被击退。赣北战事愈烈。鄂东我军向武穴、田家镇挺进。绥西乌拉山麓正在激战。江南我军猛攻高淳。江湾寇大队西开,青沪路发生激战。(昨夜二时闻飞机一群由西南往东北,殆即寇欲掩护其类者。)纳税西人明日开年会。银行商定稳定金融办法。英军在挪威那维克港登陆。意大利准备参战,舰队集中多特干尼斯群岛。德袖珍舰希尔上将号沉没。寇野心愈露,垂涎荷属东印度。

4月17日(三月初十日　庚寅)**星期三**

晴。上午六五,下午六七。夜雨。

依时入馆办事。致硕民,以昨接彦龙开吊讣,属代致赙。接圣陶五日发蜀沪卅四号信,复予廿五号信,并附寄最近照片。因即分致丐尊及红蕉。散馆时乃乾来,谈良久,至五时三刻乃同行出馆,共乘至吕班路口而别。到家小饮。夜睡稍不舒。

报载要闻:赣北各路合围南昌,先头部队距城四英里。鄂东克复麻城。行政院决议,邵力子任驻苏大使。定海来沪之日商华民轮触礁沉没,死搭客百馀。外侨纳税人今日举行年会。美总统警告侵略国。日本对荷属东印度不日将有举动。意相喉舌表示誓必争取地中海霸权。

4 月 18 日(三月十一日　辛卯)星期四

阴,细雨如雾,傍晚晴。上午六七,下午六八。

依时入馆办事。硕民来,托带四元,赙彦龙。连前吊丧共八元。刚主来书,介绍稿件。雪村、洗人夜宴胡楚樵于聚丰园。徐柏堂、启堂、鉴堂三兄弟、王文彬、傅耕莘、章守宪、索非及予作陪。肴甚寡薄而席价乃至三十元,酒饭、小账并计,竟逾半百,吁,可畏已!九时返,即睡。

报载要闻:赣北收复向塘,安义方面发生激战。寇四路犯中条山,晋南战事又亟。鄂中收复陡坡据点。海南附近寇舰增加。国府明令褒扬宋哲元。青沪路游击战,新四军出动。外侨纳税人年会昨竟默许通过增捐。荷印若遭受侵犯,英、美、法表示绝不容忍。英军在挪威登陆,德军已陷孤立。瑞典政府宣布封锁全国海港。

4 月 19 日(三月十二日　壬辰)星期五

晴,夜半雨。上午六六,下午六九。

依时入馆办事。湖帆托代售《梅景书屋画集》及《绿遍池塘草》图咏,并各赠一册与予。丕绳来。泉澄来。散馆归,闻老太太及其孙女在,因与共饭闲谈,饭后去。九时就寝。

报载要闻:赣北收复剑霞圩等要地,炮轰南昌,步兵一部迫抵城郊。桂南猛攻三塘、剪刀圩。寇机袭沅陵、临川,美教会医院被炸。鄂东我军向汉口下游出动。法大使到港。青沪路战事将扩大,沪西形势趋紧。工部局新董昨就职。美国务卿发表声明,警告日本,荷印现状不容变更。荷兰声明,任何部分一概拒绝保护。罗、匈、保、南四国成立多瑙河航运监察协定。

4月20日(三月十三日　癸巳　未初三刻十三分谷雨)**星期六**

晨雨,旋开霁,夜月甚好。上午六七,下午六八。

依时入馆办事。编发每周通讯录第六十八号。复圣陶,列廿八号。复守和,估定《滇南碑传集》印行办法。致芷芬,属转守和信,并托代买北平图书馆《图书季刊》合订本。道始来,谈至五时去。应廉逊招,夜与洗人、丏尊、雪村饮其家。谈至九时,步月而归。

报载要闻:赣北我军进展,已抵南昌西山万寿宫一带。桂南、钦县间之寇图越十万大山西犯。鲁南临沂一带有激战。鄂东克七里坪。晋南收复横山镇,晋中一部冲入汾阳城。沪西郊寇肆暴行,淫掠屠杀,诸翟镇被焚。寇"阿部使节团"明午抵沪。煤球公会议决,继续平售十天。美参院通过扩大海军预算。苏联向远东增兵。英军续在挪威登陆,与挪军取得联络。

4月21日(三月十四日　甲午)**星期**

晴,燥烈。上午六七,下午七〇。

业熊不日即行转甬赴黔西威宁,盖即去年洽妥之柳州厂事移往者也。今日为予与珏人结缡纪念(廿九年足矣),因添肴置酒,约文权、濬儿、顯、预两孙、幽若共饮,兼为业熊祖道。雪村、曙先邀为叔琴整遗书,予以与其家属不稔,又惮牵引难释,谢未往。丏尊赠予孙智敏父遗著《说文解字汇纂》例目一册,后附引用书目。谓:

> 稿成六百卷,五十年前付鸿宝斋石印,书未出而其父逝世,稿本即为主事者沈祖燕秘匿,展转不明,遂无着落。嗣后

丁福保辑印《诂林》，初布样本之引用书目曾列《汇纂》六百卷，注明稿藏沈所，未刊。及后成书，又复删去此书，不著所以，是丁确见此书，颇有掩袭之嫌。

予本喜目录，得此殊快，况保此文献，实为它日一重公案之资料乎。允言饭后见过，谈移时去。写字四页。写《六十种曲》书根。金才送圣陶十日发卅五号函来，知公司增资登记事已函元善洽办矣。元善近任经济部商业司长，此事本其主管，或可顺利通过也。夜小饮。

报载要闻：晋南战剧，犯茅津渡之寇已被击退。赣北万寿宫、西山均告克复，正续向南昌挺进。我军袭击广州北郊。鄂南崇阳以东发生激战。铝质辅币二次已发行。沪西游击战，寇在赵巷受重创。在日遭禁之美记者杨格悄然来沪。哥伦比亚路大火，毁工厂两所。美海长宣称，应付任何战争已有充分准备。英接受苏联建议，重开商务谈判。意报暗示将加入战局。

4月22日（三月十五日　乙未）星期一

阴，旋放晴。上午六九，下午七〇。

依时入馆办事。接芷芬信，知汉儿患呕吐，或已有孕乎。守宪来，为洗人等购得板烟斗三具，谈移时去。夜归，与业熊小饮，知渠将于明日乘德平轮赴甬。

报载要闻：赣北攻克安义，一部达南昌西郊。晋南我军袭寇后路，向运城、安邑猛进。皖北击沉寇汽艇八艘。参政员任期延长四个月。民永轮在渝附近沉没，溺搭客二百馀。进出口船只减少，沪市贸易受影响。总税务司梅乐和决维护关权。寇向美声明，对荷印宗旨与美相同。英、美大使最近不致返沪。欧洲西线空战剧烈。法军亦在挪威登陆助战。

4月23日(三月十六日　丙申)**星期二**

晴。上午六九,下午七三。

依时入馆办事。为索非书送人喜轴、挽联各一付。复刚主,属寄王伯生《明清曲剧史》序目来。校《新世训》续样。夜归小饮。知德平未开,业熊与静鹤淘气,濬、清面诘业熊,几致破裂。不图今日,悔当初矣。付之一叹。

报载要闻:赣北再克万家埠,分道进向南昌、修水。晋南恢复原有阵地。寇机昨袭川东,重庆亦有空袭警报。海南岛我军反攻。沪妇女界争取国民代表大会名额。英、法联军向特隆汉进击。英、挪联军克复哈玛。墨索里尼在罗马建都纪念日发表演说。美国驻远东两使节在日本有重要会商。洛克赫德继任美国驻沪总领事。

4月24日(三月十七日　丁酉)**星期三**

晴暖。上午七三,下午七五。

依时到馆办事。雪村为叔琴理遗书,未到馆。接迪康一日信,告脱离晓先,复来筑处经过。沈生本可造之材,为外界牵率,不免有伤质朴之气,深为可惜。此后见利思迁,难望必能忠诚从事矣。夜归小饮。接六姨葆贞信,知足疾已略痊,惟步行仍不能如常耳。

报载要闻:赣北各路合力向南昌进攻,南浔铁路已截断。豫东冲入开封,克淮阳。晋南之寇全部击退。桂南正扫除邕钦路之寇。浙西克复泗安镇。阿部信行已秘密抵宁。工部局日董田诚辞职。沪西特警队将成立,惟征税问题难解决。银钱业决拒绝日用品长期押款。英、法、挪联军三路南攻,那维克德军被包围。德、罗两国订立商务协定。

4月25日(三月十八日　戊戌)**星期四**

晴。上午七三,下午七五。

依时入馆办事。办呈部送教本审查文两件。接诚之信,知又将移居兰村。业熊今日下午乘德平轮赴甬,上午来馆辞行。饭后珏人、清、漱、湜、静鹤及士勷、文权、濬等均送之上船,俟启碇乃归。夜归,组青、韦保均在,因与共饮。谈至九时许去。

报载要闻:开封巷战甚烈,我军占领寇总司令部。赣北继续进展。晋南有大规模激战。粤北海口外寇舰追击渔船。浙东进攻萧山姑娘桥,与寇接战甚久。寇机两度炸长沙。工部局经济委员会华委已提定虞和德、奚玉书。公共汽车劳资条件发表。英战时第二届预算提出下院。英机炸德空军根据地。

4月26日(三月十九日　己亥)**星期五**

晴。上午七三,下午七五。燥热甚,夜起风。

依时入馆办事。午刻,秋生来,雪村、洗人及予偕之饮永兴昌。复诚之。珏人偕雪村夫人入虹口故居视物,归途为踞寇所设之防疫队截住,强行注射药液,甚懊恼云。夜在泰丰楼为望道饯行。望道不日有滇、渝之行,店中设宴祖之也。到望道、慕晖、予同、馥泉、曙先、洗人、雪村、丏尊、调孚及予凡十人。至九时许始散归。

报载要闻:晋东南血战数昼夜,高平附近之寇全线崩溃。南昌踞寇反攻未逞。寇机廿四夜袭重庆。青岛大火。澳门附近日、葡兵警冲突。工部局发行新公债一千六百万元。沪西特警队一时无成立之望。张伯伦就中立国殖民地安全问题,在下院发表声明。

德代表团抵瑞典,将提哀的美敦书。英海军猛轰那维克德军阵地。

4月27日(三月二十日　庚子)**星期六**

昙,较昨突转冷。上午六四,下午七二。

依时入馆办事。编发每周通讯录第六十九号。复芷芬。清儿发热,未到馆。夜曙先、予同为望道饯行,约丏尊、雪村、洗人及予作陪。洗人未赴,予与雪村与焉。八时许散归。予同以旧墨一锭见惠,同治三年之制也。予怀归什袭藏之,不肯随便磨用耳。

报载要闻:晋南陵川、阳城相继克复,我已完成包围阵形。邕钦路东侧寇渐肃清。信阳东北发生血战。我军封锁洞庭湖水道交通。银钱业举办小工商低利贷款。孟禄博士抵港,谈中国必获胜利。法大使戈斯默将于明午抵沪。日军部宣布统制战时工业利润。特隆汉南英军后撤。

4月28日(三月廿一日　辛丑)**星期**

晴暖。上午七一,下午七五。

今日雪村雇车入虹口故居搬取什物,书籍无恙,惟凌乱耳。木器等尚可得六七成之谱。予家大小沙发各一,大镜一架,俱携出,暌隔数年,物归故主,不能不称幸矣。午前为之栗六者达三小时,始得粗定。夜小饮。

报载要闻:赣北猛攻修水。开封近郊仍有激战。寇机昨又炸滇越路。皖南克复南陵。晋南、豫北我军夹击残寇。《大美晚报》馆址昨晨被歹徒袭击,守望越捕当场击毙。静安寺捕房正探长陆根生被暗杀。法大使今抵沪。德对挪境战事发表重要文件,伦敦文告加以驳斥。德外长里宾特洛浦并向外交团发布演说。美舰队司令在檀岛商防御问题。

4 月 29 日(三月廿二日　壬寅)**星期一**

晴暖。上午七三,下午七六。

依时入馆办事。接梦九廿二函,证件已到。接汉儿廿一函,告小病已痊,芷芬因公赴海防。接晓先十四函,托觅便带物。接诚之复信,知眼前无暇,《通史》下册稿尚未着手。夜归小饮。

报载要闻:晋东南我军完成包围,大规模战事开始。皖南寇股败退,青阳转危为安。安庆下游大渡口寇舰触水雷沉没。鄂中我军逼近钟祥、京山。赣北奉新城郊有激战。国府将设经济封锁办事处。工部局英董外籍保镳被杀。英空相贺尔演说,反驳德外长言论。挪威战事分三方面进行。

4 月 30 日(三月廿三日　癸卯)**星期二**

晴暖。上午七四,下午七八。

依时入馆办事。布告明日劳动节放假。接李照亭函,为守和催询《滇南碑传集》印行事。即复告已于二十日径复守和矣。接颉刚廿二函,告事忙体多病,并告契约已送校长签字径寄来沪矣。(函中于丕绳等近日行动不满。)复圣陶,告代购之药已寄出,并告此间近情。列第廿九号。复梦九,慰问骊水被炸,并告其眷属尚未过境也。夜六时,公司在知味观请客,到朱梦楼、刘震初、孙怡生、刘季康、黄仲康及鞠、袁二君。雪村、洗人、索非及予作陪。九时许始散归。

报载要闻:晋南进攻顺利,中条山麓寇股败退。空军轰炸同蒲、平汉两线,豫南踞寇交通已破坏。皖北收复合肥城。赣北寇反攻万寿宫,被击退。湘北寇兵车触地雷炸毁。豫东北我军发动全线攻势。蒋兼川主席发表告士绅书。费利浦表示,工部局加捐决如期实行。四底比期,各业获利安渡。孤军营昨又与白俄守卫队发生纠纷。挪外长驳斥德外长演辞。德军向唐巴斯推进被阻。墨索里尼反对欧战扩至地中海。

5月1日(三月廿四日　甲辰)星期三

晴烈。上午七五,下午八一。

在家休息,未出。午前洗人来。午后写字一张。因雪村整理移出之物颇有人来借用者搬动频繁,管弄白俄来诘责,以为授受顶替,又可藉收一笔小费矣。予斥之,令唤经租账房丁某来质证,始悻悻去。晚接业熊甬发片,知镇海驳至宁波颇吃些苦也,不日即动身深入内地矣。夜小饮。

报载要闻:晋南克府城镇,乘胜追击。南昌踞寇反攻,全线发生激战。安庆附近我炮兵击沉寇舰。寇机袭渝,在梁山击落一架。察南我军袭平绥路。我空军在开封附近轰炸。沪西五千馀村为寇蹂躏(藉口搜捕游击队)。英、法远征军增援唐巴斯前线。英、苏重开商务谈判。苏联在绥芬河区作军事大演习。

5月2日(三月廿五日　乙巳)星期四

晴。上午七六,下午八一。

依时入馆办事。又觉燥热。各报以昨日休假,今日多停刊,只《中美日报》及《中华日报》照常耳。夜归小饮。看唐人小说。

报载要闻:寇方四月攻势粉碎,伤亡达万六千人。中央执监委员百卅人在渝欢迎孙中山夫人宋庆龄。德决不承认伪组织,德报已接训令,不得为伪方张目。沪美侨领袖建议美政府,立贷华巨款,巩固金融。大夏大学学生胡斯悌昨在校被人刺杀(据闻为不肖分子胁诱同学附逆)。地中海局势日紧,英航界采戒备办法,有绕道好望角者。瑞典首相发表演说,决维持严格中立。德外部经济司长克洛第斯抵罗马尼亚京城,有所洽谈。

5月3日(三月廿六日　丙午)**星期五**

阴,陡转冷,风作,并挟细雨,下午晴。上午七八,下午七二。

依时入馆办事。齐大契约寄到,下午即复颉刚,慰问病情,并建议诸琐事。丕绳来,以颉刚书示之,并讽令摆脱杂事,专心著述。夜归小饮。

报载要闻:晋南各路皆捷,重要据点相继收复,并克芮城。湘、鄂、赣境进犯之寇皆被击退。长江两岸,我军总反攻。寇机猛炸贵阳,又袭成都。江北我军向高邮推进。青沪路我军显获胜利。沪金融大紊乱,外汇剧缩,汇划贴水逾二百元,饰金每两由五百六十五元涨至六百六十元,寻又突破七百元关。传意国不致改变非交战国立场。德军占领唐巴斯。英政府训令远东商船变更航线。

5月4日(三月廿七日　丁未)**星期六**

阴雨,午后晴。上午七二,下午七一。

依时入馆办事。编发每周通讯录第七十号。复晓先。致道始,代购书目寄到,为转去。致诚之,接到齐大《季刊》稿三篇,即为转去,并将赵泉澄之一篇附入。接汉儿信,知芷芬去海防未还。夜与冼人合请涤生在知味观小饮,藉为祖道,盖渠已就任香港别一书店矣。邀雪村作陪。八时半始散归。

报载要闻：晋南芮城、平陆、茅津渡间之寇已完全肃清。晋东南亦攻克苏店镇，正向长治城郊推进。我空军在钟祥大获战果，寇阵地及军库、油仓尽成灰烬。皖省克复南陵、含山。赣北瑞昌、武宁间战事剧烈。豫南三路展开激战。国府任命万福麟主辽，邹作华主吉，马占山主黑，缪澄流主热，东北四省政府俱改组，不轻弃可知。今日五四青年节，陈诚发表告青年书。沪租界当局示禁乘机抬价。英军退出挪威安达尔斯纳港。英、法联合舰队开抵亚历山大港。

5月5日(三月廿八日　戊申)**星期**

晴。上午六八，下午七三。

丏尊晨来，借《古列女传》一册、《亭林集》四册去。并为查典故数事，栗六移时始已。竟日未出。写字两张。为吴曾祺纂《旧小说》编目。濬、权全家来，幽若与俱(盖近日住濬儿所帮照管)，扰攘至晚饭后九时乃归去。涤生、志行来，知仲盐已到沪。夜闻其声，以牌声甚喧，畏下楼见之。夜小饮。十时就寝。

报载要闻：寇犯豫南，被包围受挫，我攻克增益店。阳城以西战况激烈。寇大举犯鄂中，长寿店发生肉搏战。皖南收复麻桥。舟山我军冲入定海县城。沪市金融稳定，限制提存事不致实现。特隆特来格区挪军司令要求德军局部休战。美总统将努力阻止战事扩展至地中海。美财长宣布陆续收购黄金。

5月6日(三月廿九日　己酉　子正一刻十三分立夏)**星期一**

晴。上午七二，下午同。

依时入馆办事。送石章一方与洗人，昨日属静甥向钱石仙许取回者，盖镌其姓字，备钤书端之用也。(予亦自刻对章朱白文各一,三章共九个字,酬以五元云。)硕民来,托为取款。致予同。为圣陶送苏州土堂巷朱宅喜礼四元。夜归小饮。

报载要闻:豫南战事紧张,鄂北大战开始。夏县东南展开激战,晋境寇全部受挫。湘北攻入羊楼司。中牟我军分途迎击犯寇。中枢昨举行“五五”革命政府成立纪念。挪威战事移至北部。意国备战甚亟,地中海形势严重。

5月7日(四月大建辛巳初一日　庚戌)星期二

阴,突转寒冷。上午七二,下午七一。

依时入馆办事。据福开森《历代著录吉金目》,为图书馆校补所藏容媛《金石书录目》。夜与丏尊、洗人、雪村、守宪公请仲盐于同华楼。摊费三元,九时归。为颉刚配购商务印书馆书籍一大批。

报载要闻:我生力军分路出击,豫南、鄂北展开血战,豫南已克西双河。晋西南连克稷山、侯马诸地。赣北包围安义。寇机袭炸鄂西北光化及桂省各城。物价激增,购买力大减,工部局考虑制裁操纵米市意见。英、法联军包围那维克德军。罗马教皇接见意王储。英、意将重开外交谈话。

5月8日(四月初二日　辛亥)星期三

阴。上午七一,下午七二。

依时入馆办事。为丏尊查“日食不葬”出处,于《读礼通考》中检得之,出《礼记·曾子问》。平日读书不熟,展转缗帑而后始得其解,良用惭愧已。夜归小饮。

报载要闻:豫南、鄂北我军集结五十万人,大会战将展开,豫南寇已陷大包围中。鄂中京钟路之寇败退。鄂东我军三面出击。晋南冲入汾城,发生巷战。粤汉北段我冲入云溪车站。中枢对币制决心维持。虞和德主张请当局对日用品涨价迅作有效制裁。法总领事鲍黛芝昨离沪返国,职务由驻军司令欧红代。传教皇表示,希望意国勿参战。张伯伦在下院报告挪南英军撤退原因。

5月9日(四月初三日 壬子)**星期四**

阴,冷气未灭。上午七二,下午七〇。

依时入馆办事。夜与丏、洗、村、盐、宪共饮同华楼,守宪作东。九时归。

报载要闻:泌阳、桐柏以东,寇分股突围,未逞。皖南克复青阳。赣北收复乾州街。晋省克复董封镇,一度冲入天井关。财部电沪市商会,决维持币信,安定金融。米业重要决议,防止业外投机。抑平物价办法,当局将具体实行。美驻沪新总领事洛克赫德来沪。苏联红军司令易人。英下院激辨,张伯伦内阁不免动摇。美舰队无期留驻夏威夷。传德军向荷边界集中,荷采取防御措置。

5月10日(四月初四日 癸丑)**星期五**

阴雨,时露阳光,大有霉意,夜雨达旦。上午七一,下午七〇。

依时入馆办事。丕绳来,出示何天行信,表白颉刚文误登《学术》之故。夜归小饮。

报载要闻:豫南之寇被围,唐河寇全崩溃。赣北一度冲入安义。晋南攻入曲沃城。四川蒋兼主席拟具川省经济建设总要。法租界公董局平准会议决平抑物价取切要步骤。恢复虹口警权,寇方又意图延宕。挪军在里加斯丁山麓击败德军攻势。英下院通过休会动议案,内阁将再度改组。

5月11日（四月初五日　甲寅）星期六

晴。上午七二，下午七四。

依时入馆办事。编发每周通讯录第七十一号。寄汉华、芷芬，询近状，兼属勤写信。复圣陶，列第三十号。调孚为予购得《明季稗史正编》六本，计一元。振铎电约明午饭其家，并纵观其近得之珍本。夜归小饮。

报载要闻：德军又用闪电战略，进攻荷、比、卢森堡。英、法联合宣言，履行援助义务。传张伯伦辞职，邱吉尔将继任首相。德侵荷消息到沪，荷领署表示决抗战。豫、鄂会战剧烈，我克唐河、泌阳。枣阳周围之寇主力崩溃，死伤达万三千。中条山北麓我军出击。桂南收复邕西诸据点。寇机前日炸昆明南郊。粤汉路我攻克羊楼峒。六盗昨在江海关前图劫税款百馀万，未遂，一盗成擒。

5月12日[①]（四月初六日　乙卯）星期

阴晴兼施。上午七三，下午七五。

晨入书巢补记前数日日记。十时，偕雪村赴振铎之约，至则调孚、予同已先在。因纵观近日所得诸珍籍，江南诸旧家所守殆将囊括之。振铎此次为公家出力购藏，资力既厚，魄力自伟，南北书贾，归之如鹜。他日者，石渠录勋，振铎自当标首；惟此公疏于接物，或以此得谤，亦在意中。予谓毁誉固可不计，独有八字面致铮规，则“谨其收藏，慎其交际”耳。午饮时，其太夫人自治馔，餍饫之至，弥可盛也。饭后二时三刻辞归，假得叶郎园《观古堂书目》四册。

---

①底本为：“容堂日记第九卷”。原注：“庚辰清和月廿六日容翁醉后署。”

夜仍小饮。

报载要闻:豫、鄂边境全线胜利。寇犯宣城,被击退。胶济路寇兵车中地雷。阳城西南寇股中伏。图劫江海关税款未成,寇方竟提抗议。工部局粮食调剂会对控制市价已有重要决定。荷、比境内大战将展开。美海军开始防卫荷属西印度。邱吉尔奉令继张伯伦组新阁。英对远东政策不变,仍以《九国公约》为根据。

5 月 13 日(四月初七日　丙辰)**星期一**

晴。上午七四,下午七五。

依时入馆办事。散馆归,震渊在,送去年托绘便面至,因留夜饭。饭后,偕看楼上蒋氏所藏书画,扇、轴、屏条、册页、手卷均有,独无联语,甚奇。据云赝品颇多,恐难得善价也。又茗谈至九时许始兴辞去。

报载要闻:豫、鄂边境,寇全线瓦解,我获得伟大战果。皖南克复宣城、繁昌。豫北我军袭击安阳。晋南克复茅津镇。叶琛部抵淞、沪近郊,与他部联络就绪。租界纳税人吁请展期加捐。西欧战事渐烈,德军强渡比境亚尔培运河。英邱吉尔新阁成立。英、法海军在荷属西印度登陆。美国务卿赫尔发表书面谈话,警告日寇勿侵荷属东印度。

5 月 14 日(四月初八日　丁巳)**星期二**

晨微雨,即止,近午转剧,陡寒。上午七五,下午七三。

依时入馆办事。夜归小饮。晚饭后看吴辑《旧小说》。

报载要闻:鄂北寇退却,我三路进攻信阳。赣北我军向莲塘进击。晋省我军进展极速。江北收复高沟、扬口。鄂南冲入蒲圻,焚寇粮站。我军五万人推进沪郊,将展开大战。美新任驻沪总领事明晨离沪返国,与驻津领事偕行。上海各公团吁请业主勿再加租。德军在荷、比境内继续推进。罗马反英渐烈。英下院一致通过信任新政府案。

5月15日(四月初九日　戊午)**星期三**

晨晴旋阴,午后又转晴。上午七三,下午七五。

依时入馆办事。宾四来洽齐大刊物事,谓午后即返苏矣。夜在同华楼举行酒会,到廉逊、绍先、俊生、红蕉、坚吾、世惠、洗人、雪村、仲盐及予十人。摊费二元七角。近九时始归。

报载要闻:豫、鄂边区寇股败退,损失甚巨,市场因大捷,公债猛涨。赣北三路攻南昌。豫东冲入兴集车站。晋西连日激战,冲入黑龙关。行政院议决准青海省主席马步芳辞职。王外长对美广播,促裁抑侵略。史地教育委员会十四日在教部开第一次会议。故宫博物院理事改聘,颉刚膺聘。工部局经济委员会昨开首次会议。西欧大战展开,德机数千架轰炸比国各地,前锋并已伸入法境。荷女王乘舰抵英,政府迁伦敦办公。荷兰银行停付德人存款。

5月16日(四月初十日　己未)**星期四**

晴,较冷。上午七四,下午七三。

依时入馆办事。校吕诚之《先秦史》。昨起编《边疆近代史地丛刊》,抵办事之隙。夜归小饮。

报载要闻:鄂、豫区连克长台关、唐县镇。晋南我军反攻,向沁水、阳城推进。寇窥乡宁、吉县,被击退。寇机昨袭昆明、贵阳。中央社会部改隶行政院。银钱业严格限制投机押款。又,沪市黄金狂泻,黑汇猛松,法币价值愈坚强。南黄浦封锁线昨开放。荷总司令下令停止抵抗,德军已开入海牙。英法空军合作,对比境渡河德军施反攻。美政府警告美侨离开意境。

5月17日(四月十一日 庚申)**星期五**

阴霾,夜雨。上午七三,下午七一。

依时入馆办事。续校《先秦史》。丕绳偕其尊人亢聆先生来访,商《绘画史》纠纷解决方案,予劝其听科学图书公司出版,别为齐大努力他作。购得陈登原《古今典籍聚散考》及汪辟疆《目录学研究》各一册,价一元七角四分。夜归小饮。

报载要闻:我劲旅在枣阳附近展开大战。鄂南克复通山。鄂中攻潜江,发生激战。玉环洋面,寇舰向岸开炮。寇兵车在平汉、津浦两路均中地雷。工部局又核准自来水增收附加费。欧战扩大后,上海外侨不免波动。德、法间恶战展开,德军又进攻比京。末斯河西岸战事空前剧烈。美总统再电意相,呼吁和平。

5月18日(四月十二日 辛酉)**星期六**

晴,夜月甚皎。上午七〇,下午七四。

依时入馆办事。编通讯录第七十二号。致晓先,附漱儿致士秋信。致业熊,告迭接三片后尚未得书,均寄筑处托雪山分别转致及留交。致芷芬、汉儿,托查吴济昌下落(前日致觉来言,久不得信,屡函无复,其母惦念欲狂矣),并询前托转守和信及代购《图书馆季刊》事。夜归小饮,允言来,因共酌细谈。八时许去。幽若自濬所来,言不能久佐其家。九时后仍往宿濬家。

报载要闻:鄂北克复枣阳,我歼寇计划实现。鄂南我军入蒲圻。赣北我军进抵武宁东郊。傅作义抵渝述职。驻波兰公使王景岐在比境遭德机轰炸,妻、女重伤,车夫、侍役死,身自幸免。英大使馆否认在各中立国活动。工部局工务处工潮解决,清道、清洁工人复工。法、挪、荷、比四国领事昨晚联合广播演说。法东北边境已遭袭,比军退守新阵地,比政府迁往海滨。

5月19日(四月十三日　壬戌)星期

阴,午后转晴。上午七三,下午七七。

晨入书巢记日记,并写信两封,分致怀之及嘉源。一托购物,一复寄照片五帧。硕民来,饭而去。理架书,以簿录之籍归聚一处,便检寻。抄毕伦明《续修四库全书刍议》,先后凡历十四日矣。夜小饮。组青、韦葆昆仲来,告住房将为宋氏收回事,予力劝顺理,勿曲解。十时去。

报载要闻:鄂北急攻随县,进逼钟祥。赣北进击安义。湘北一度克桃林。晋省克复天井关。桂南邕钦路大塘一带有激战。交战国驻华防军决维华中现状。工部局函各商业团体,促令减价,声称将严厉取缔。比京陷落,德坦克车三千架猛扑法阵地。法内阁再度改组,老将贝当入阁。

5月20日(四月十四日　癸亥)星期一

晴暖。上午七六,下午七九。

依时入馆办事。知洗人昨来霞飞坊,遭遇扒窃,丢九元。又与仲盐等打牌,输三十馀元。竟未先知,入馆乃悉,足征予之不问外事已。为之自笑。接宾四函,属先印《季刊》。致诚之,送《先秦史》校样。写信约泉澄谈,下午四时彼自至,而洽《清代地理沿革表》印行事,信遂废不发。接守和昆明复书,《滇南碑传集》契约草稿寄到。王伯生《明清曲剧史稿》十册寄到,刚主复书则未见也。接芷芬书,告海防归滇后近情。散馆归,又接汉儿书,亦复告近状者。夜又接业熊宁都来信。小饮后入书巢记日记。

报载要闻:豫南收复信阳。晋南稷山附近我军获胜。又克苏家庄。寇机袭成都及梁山。沪市商品拒不标价,市民群起制裁。怡和C字栈房昨失慎。英驻华陆军司令自港来沪。德军倾全力进攻,法东北锁钥圣冈旦城陷,传巴黎准备迁都。美洲廿一国抗议德侵荷、比、卢森堡。

5月21日(四月十五日　甲子　未初二刻十一分小满)**星期二**

晴燥。上午七八,下午八〇。

依时入馆办事。接梦九十日书,谓证件犹有问题,须由本省教厅证明云。现已暂置之矣。官场拘牵可笑,大都类此。硕民来,取款去。夜归小饮。

报载要闻:寇机袭梁山,我机大起敌之,击落六架,残机始遁去。信阳克复后城区残寇肃清。皖南我军攻入贵池。同浦路西侧克复乡宁,攻入黑龙关。寇反扑枣阳,被击退去。上海市商会发表告全商界书,劝勿居奇。黄金昨又跌,黑汇续松。德军主力在圣冈旦城一带向西推进。英、法方面讯,协约军反守为攻,德军退九里。英机轰炸汉堡等处。意外长明白表示已准备参战。

5月22日(四月十六日　乙丑)**星期三**

晴,南风甚劲。上午七七,下午八〇。

依时入馆办事。为图书馆假得松禅校本覃溪《苏诗补注》(振铎新为公家所致),手自过录。复守和,签订《滇南碑传集》印行约。夜赴道始、君毅约,饮高长兴,八时归。予同适在,与雪村商印新杂志事,予与晤谈久之,九时半乃去,予亦就卧。

报载要闻:豫、鄂会战继续展开,我军已迫应山,胁汉口。晋攻阳城,收复外围据点。寇机昨晨又袭梁山。邕宾路之寇被击退。各国驻沪防军长官昨会商维持上海秩序问题。工部局深切注意持械犯罪行为。德军占领法拉翁、亚眠,巴黎大感威胁。德与匈签订秘密协定。

5月23日(四月十七日　丙寅)星期四

昙,略闷。上午七八,下午七九。

依时入馆办事。仍过录翁校《苏诗补注》。夜归小饮。丏尊还《亭林集》及《文心雕龙注》(《集成》本《列女传》仍见假)。

报载要闻:鄂境江、汉交流地带将展开大战。大队寇机又袭重庆,在市郊外击落一架。赣北猛进,前锋已近南昌。邕西克复据点。粤增城寇犯派潭,被击退。平准会稳定币值,防止投机操纵。各国驻沪防军决心维护现状。德军袭英伦海峡,正抵阿得维尔。法军反攻,克复挨拉斯城。罗斯福斥责德军作战方式。

5月24日(四月十八日　丁卯)星期五

晴。上午七七,下午七八。

依时入馆办事。函送律师顾问公费与道始。校毕《苏诗补注》。接芷芬海防上月共六信,迟到一月,且受当地检查,已成明日黄花,可恨殊甚。夜归小饮。接怀之复书,告翼之、嘉源近状。

报载要闻:枣阳战事续展,寇股五万被包围,信阳我军长驱南下。赣北我军向万寿宫挺进。寇九路犯岷山,被击退。新墙河北岸围攻桃林。晋南连日激战,我军顺利进展。瓯江口外寇舰他移,沪、温航轮复常态。本年普通考试定八月一日开始。沪市未标物价之摊贩,租界当局实行起诉。德军西进,抵英伦海峡,猛攻波洛业港。英国会通过紧急权力法案。美参院通过扩充陆军经费案。土耳其总统重申维护巴尔干现状决心。

5月25日(四月十九日　戊辰)**星期六**

阴霾。上午七五,下午七六。

依时入馆办事。编发每周通讯录第七十三号。致芷芬,告防信迟到,并重询吴济昌下落。午刻,洗人请其戚胡君小饮三山会馆隔壁之言茂源。邀予及雪村同往。二时始返馆。三时许,予同来洽事,盖即为刊印杂志问题耳。有顷,仲盐、曙先至,谈至五时半,予同、雪村、曙先、仲盐及予五人,同往老半斋小饮,予同作东,七时许散归。托纯嘉在商务印书馆购到程树德《国故谈苑》两册、郭伯恭《宋四大书考》一册,计二元八角一份。洗人乡人携出干菜及茶叶求售,予购干菜四斤,计六元;茶叶二十两,计四元。较之往常,贵乃倍蓰,然以视沪市则大平矣。

报载要闻:豫、鄂各线采新攻势,寇退枣阳西北郊。晋阳路上迭克据点,我军三面包围晋城、阳城。鄂东发生激战。豫北围攻彰德。国府严禁黄金出口。美国对上海租界现状决维持。德间谍第五纵队传亦在沪活跃。美参院通过海军法案。德军占领波洛业,该地英军已撤退。

5月26日(四月二十日　己巳)**星期**

晴,傍晚阴翳。上午七三,下午七五。

晨入书巢记日记，并整架书。十时许，坚吾来，因与共饮。饭后少休复偕游顾家宅公园，挈盈儿同往，就池边柳荫下啜茗，偃榻自适，颇见清旷。三时许，出园，坚吾去。予挈盈儿返。就馆中过录本《苏诗补注》移录于自藏本上，至五时半，尽三卷。夜仍小饮。雪村家每值星期，宾客云集，务为饮博，每入局，自晨至宵分始辍，以捕房宵禁故，强折而罢，否则不天明不止也。今日尤甚，上下王和、马将凑三桌，牌声烦碎，已嫌刺耳，而计数高喧，音尤凄厉，夜卧竟为所困。其好之之笃，几若与生俱来，以予度之，诚难索解矣。

报载要闻：李宗仁、黄琪翔飞前线督战，豫、鄂我军加紧围寇。鄱阳战事，我军得手。晋南我军全线出击。粤鸡笼冈北犯之寇被击退。良口附近，寇全线南溃。茶叶公司由国府出资改组。法国北部大战展开，双方均积极增援。比境弗朗德斯区战况剧烈。德机轰炸英国约克郡。传意国拒绝英所提条件，并准备助德参战。上海踞寇所传美陆战队撤退消息，已承认错误。工部局定采必要措置，租界治安决无虞。纳税人请展期加捐，工部局允予考虑。

5 月 27 日(四月廿一日　庚午)星期一

昙。上午七三，下午七七。

依时入馆办事。接颉刚十七日复书，属将《季刊》改《学报》，年出两期，款式及费用计算听此间调度。且云已属刘校长汇来五千元，候动支。雪村饭后即归就局，予散馆返，正兴高之会，仍至宵分始罢。夜小饮，与珏人闹气。

报载要闻：豫、鄂我军包围枣阳之寇，正夹击中。晋城争夺战继续进展。鄂东迫攻黄安。湘北冲入门坳寇阵地。粤北连日鏖战,我军克复良口。大队寇机侵入川境,轰炸重庆,被我击落两架。银钱业奉部令不许再做栈单押款。英、法、德各交战国在沪作宣传战。自来水附加费下月起再增加。法国北部在混战中。意首相召开军事会议,并在阿尔巴尼亚集中军队十五万人。法高级军官十五人被褫职,传甘茂林已自杀。

5月28日(四月廿二日　辛未)**星期二**

昙,午后开朗。上午七六,下午同。

依时入馆办事。致宾四,告颉刚来书询稿,并及《齐大季刊》改《齐大学报》事。(绍先托打听事,顺附询之。)复梦九,告秋浦已率同令子女三人过此入浙。士信自滇来,带到汉儿照片及罐装火腿等物,由士俊携馆中。未几,汉儿信亦至,知近状尚好。接圣陶十九发蜀沪第卅七号信,复我廿八、廿九两号去信者,告决改就成都教厅事,且云将与颉刚合作《中国通史》。(予去卅号信则尚未到。)夜饮同华楼,守宪请仲盐,而约丏、洗、村及予作陪焉。八时散归,予与村行至爱多亚路河南路口之公共汽车站,村忽患脑贫血,倒卧路中。予奋力挽之起,急唤街车,分载同归。途中大为捏汗,至门,已苏,幸尚无大害也。

报载要闻:枣阳寇突围未逞。晋南收复沁水。湘北猛攻大沙坪。粤南新鹤路围攻新会。皖南大胜,铜陵已在控制中。寇机百六十馀架昨又袭渝,郊外投弹如雨,经五小时始去。川中其他城市亦多被袭。工部局平价委员会警告商人,勿以身试法。遏止德第五纵队活动,法租界防范加严。“五卅”纪念,停止各种集会。德又调军攻法北部,伐伦西恩法军撤退。罗斯福广播演说,攻击孤立主义。

5月29日(四月廿三日　壬申)星期三

晴。上午七六,下午七九。

依时入馆办事。雪村在家将养,未到馆。仲盐返绍。雪村三弟妇偕女来沪,住村所。饭后看刘海粟所集《国画苑》(中华书局出版,洗人旧藏者也)。夜归小饮。珏人挈盈儿晨往濬儿家,晚饭后八时半始归。

报载要闻:大批寇机昨又轰炸重庆,在市内住宅区投弹,使馆区亦不免。枣阳战事仍在进行中,我空军轰炸安陆。晋城近郊战事激烈。粤中克良口,复向南推进。青阳我军连克数要点。公共租界增税将行,法租界亦同时加捐(房捐由百分之十上增至二十二矣)。扬子饭店发生血案,伪军队长顾立峰被枪杀。比王下令停战,军队数十万人无条件降德。德军到达海峡沿岸,一面猛攻加莱斯及邓扣克。英政府派代表赴莫斯科进行谈判。

5月30日(四月廿四日　癸酉)星期四

晴,燥烈。上午七七,下午八三。

依时入馆办事。雪村仍未到。致允言,借《曾文正集》与之(昨日来馆索假者)。续校吕著《先秦史》。夜归小饮。饮后看《遵生八笺》。

报载要闻:我军切断襄花公路,加紧包围枣阳之寇。桂南我军反攻。白晋公路右侧激战甚烈。豫北进击鹤壁镇。日昨寇机又两批袭渝,学校受损甚重。邵力子赴苏履新。法境列黎、阿曼蒂埃莱,比境布鲁日、奥斯登四要地均被德占领。比外长电驻华比大使,比国仍继续对德抗战。美众院通过扩充海军飞机案。

5月31日(四月廿五日　甲戌)**星期五**

晴热。上午八〇,下午八五。

依时入馆办事。续校《先秦史》,毕一批。接校《新世训》。布告自明日起,照工部局日光节约办法,将办事钟点提早一小时。雪村病愈到馆。夜归小饮。饮后仍看《遵生八笺》。

报载要闻:鄂边山地战仍在进行中,我军克杨家垱。晋城外围战事仍激烈。空军侦察汉口。寇机昨又袭渝,我已有准备,即飞去。赣北进击沙田港。国府通令褒扬晋民李庆芳死烈。邵力子自兰州飞哈密。沪两租界合作,重行安全第一运动。北路英、法联军退集邓扣克一带。苏联与立陶宛关系突紧张。

6月1日(四月廿六日　乙亥)**星期六**

阴,晨有微雨。午后昙热。上午七九,下午八一。

依时入馆办事。编发每周通讯录第七十四号。送《先秦史》校样与诚之,而诚之下午见访,谈颇洽。复颉刚,告与诚之、宾四洽改《学报》事。本拟复圣陶,以时不及而罢。散馆归,文权全家在。予入书巢移录《苏诗》校语。六时小饮。饮后文权等打牌,予则复入书巢记日记。

报载要闻:豫、鄂边区主力合战,我军连日围击踞寇。桂南邕钦线近日又起激战。江北兴化一度陷落,今已克复。赣东我军向彭泽、湖口猛进。湘北攻入赵李桥。国府明令严禁贪污。沪日光节约推动迅捷,今晨起普遍实行。越界筑路捐税谈判,工部局已推出代表与伪市府接洽。煤球业公会议决,继续平卖煤球。英、法联军固守邓扣克,有一部已渡海峡撤退。意准备参战,已通知驻意英、法大使。美总统再请国会增拨国防经费。

6月2日(四月廿七日　丙子)**星期**

晴烈。上午七九,下午八三。

晨入书巢,过录翁叔平手校翁覃溪《苏诗补注》。八时,大椿见过,询悉良才病仍未愈,殊为念也。移时去,予重录翁校至十一时始毕,为跋以记之。饭后,硕民来,仍托代取款。坐移时去。宏官来。写字一张。晚小饮。晚饭后,宏官去。

报载:鄂、豫边境收复太平、湖阳两镇,寇踪肃清后续攻枣阳城区。粤汉北段围攻赵李桥。粤良口附近战事益烈。豫、冀边区战事,各路均获胜利。晋南加紧围攻晋城、阳城。宜兴蜀山激战三小时。英、法联军大部返抵英伦。英、意谈判决裂,意不久将参战。法大使即将北行,倡导媾和说无稽。传日、意协定,日允援助意国。

6月3日(四月廿八日　丁丑)**星期一**

晴燥。上午八〇,下午八六。

依时入馆办事。接宾四卅一日复书,录告《齐鲁学报》编目。接芷芬、汉儿信各一通,告滇垣空袭情形并起居近状,附来旧婢袁珍与王君俪影,盖战后嫁夫,已生二子矣。适在滇垣相值,足破客中寂寞也。散馆归,小饮。饮后与珏人闲步左近,由钱家塘阅市而返。

报载要闻:加紧围攻枣阳后大洪山展开血战。渡襄河之寇已被击退。由增城北犯之寇在良口周围鏖战。粤汉北段袭攻官桥埠。寇图在定海大榭岛登陆未逞。今日为林文忠虎门焚烧鸦片纪念,现定为禁烟节,各界推行拒毒。公共租界特警即将组织,法权不容破坏。德军攻邓扣克甚急,里昂、马赛均被轰炸。意即将参战,与德同时进攻。美新战舰华盛顿号下水。

6月4日(四月廿九日　戊寅)**星期二**

昙,午晴,有风,仍燥烈。上午八三,下午八五。

依时入馆办事。昨今两日轮予带菜,以天热备具不便,改为就近唤取。昨叫高长兴砂锅三鲜,计一元六角;今叫同华楼白切肉及大汤黄鱼,计一元二角五分加送力一角。所费与自办较,亦不甚相远也。复圣陶来卅七号信,列沪蜀第卅一号。散馆归,小饮。珏人挈盈儿往濬儿所,晚饭后乃归。

报载要闻:我军再克枣阳,空军飞宜北助战。蒋发表禁烟训词。粤良口战事甚烈,我军连克数据点。粤汉北段我军仍进击。豫中攻陈留。绍兴米荒,全境惨象严重。三极无线电专校校长张兆云被暗杀。德机两大队初次轰炸巴黎。意将提和平条件,望美国出为斡旋。美考虑扩大对日禁运范围。

6月5日(四月三十日　己卯)**星期三**

昙,午后放晴。上午八一,下午八二。

依时入馆办事。看陈恭禄《中国史》。清儿以连夕为蚤所困,颇欠睡,今日在家休息,未到馆。致诚之,取稿;致梦岩,转丁所寄苗戒。俱以时晏,未及发。散馆归,在老源元购花雕酒一瓶,及夕启尝,香气尚好,终不免搀善酿耳。夜看吴选《旧小说》。今晨自廉逊所捉一小猫来,骤离故处,终夜有叫声。

报载要闻:襄阳一度陷落,旋经克复,渡河之寇现被围中。粤中再克良口。桂南进击苏圩。晋南进展顺利。豫北进击沁阳外围。英大使夫妇将来沪,北行避暑。法租界纳税会函法公董局,考虑加捐。德军攻入邓扣克,发生巷战。意内阁通过备战各项措施。邱吉尔在英下院报告战局。美参院通过文生氏海军法案。

6月6日(五月小建壬午初一日　庚辰　卯初初刻二分芒种)**星期四**

晴旋阴,午后昙。上午八〇,下午七九。

依时入馆办事。诚之来谈,以宾四信见示,商《齐鲁学报》进行事。散馆归,就悉昨日索非同捉之猫嫌其叫闹,并送予家。诸儿皆爱猫,人弃我取,不害其为多多益善也。然索非亲手捉送而来,在馆竟默不一提,甚奇,何内藏如是之深耶。入暮小饮,饮后登书巢抄叶氏《观古堂藏书目》(假自振铎)。九时许就寝。

报载要闻:鄂、豫我军分向武胜、平靖两关猛进。南漳附近之寇已击溃。鄂东准备完成,反攻大战即将展开。豫北一度攻入大郎寨。晋南继续进击晋城。粤克良口后续向南推进,收复花县。沪美、法领事否认法租界交付美国代管说(前昨均有此谣传)。昨晚华龙路发生枪杀案,伪宪佐队长纪天寿当场死。欧洲西线展开二期大战,德军猛扑魏刚阵线。意相墨索里尼定今日广播演说。苏联同意英、法更易大使。

6月7日(五月初二日　辛巳)**星期五**

霾,旋略见微雨,即止,午后昙,晚晴。上午七七,下午同。

依时入馆办事。振铎来馆,少谈即去。接诚之信,知《学报》馀稿半月内可移送前来。接宾四信,谈《学报》稿件事,并顺告绍兴托打听荡口何家事,即复。并函绍先知之。接芷芬信,告已晤吴济昌,甚健康,新亚汇款亦到,且有两航信寄沪云。因函转致觉慰之,并慰宾若夫人。散馆归,抄《观古堂藏书目》。入暮小饮。

报载要闻:桂南克复那马。汉宜路防务巩固,鄂中日内将决战。寇机百馀架袭渝,被我击落一架。晋南攻入阳城外围据点。法大使馆正式声明,未与美当局作何谈判。法租界纳税会诰诫界内居民勿投机垄断。香港德侨奉令撤退。法国莱诺内阁改组。德军分三路猛攻法阵地。意国本部及属地均已敷设水雷。

6月8日(五月初三日　壬午)**星期六**

晴燥,旱象渐成。上午七六,下午七八。

依时入馆办事。编发每周通讯录第七十五号。硕民来,取款去。复芷芬兼及汉儿。午饮永兴昌,丏尊、洗人、雪村与俱,顺还节账。丏老悖益甚,语言无味,时时盛气轹人,予不能耐,颇与钉嘴。给金才、华坤、学骥等端节赏,合五元。散馆归,仍在同宝泰买太雕一瓶,携家开饮,究够味。悦之来(昨亦来约今日来饭),谈近情,依然不脱从前虚浮气,但留之饭,终辞去。谓明日即遄返珠家阁矣。夜饭后续钞《观古堂藏书目》。九时许罢。

报载要闻:襄河东岸各渡口已为我军扼守,寇无续渡可能。但战况仍烈,李宗仁飞前线督视。湘北我军迭获胜利。粤再犯花县之寇已被击退。晋城外围战事仍甚激烈。宁波旅沪同乡会昨开劝募大会,募款办甬属平粜。工部局定期实行加捐。太古工潮未解决,各轮暂停出口。德军攻破魏刚头道防线。美对远东态度无变更。意要求收回马耳他岛,举行反英示威。

6月9日(五月初四日　癸未)**星期**

晴昙间作。上午七六,下午七九。

晨入书巢续钞《观古堂藏书目》。九时许,硕民来,陪同谈话,遂中辍。饭后去,始赓为之,并补记三日来日记。夜小饮。饮后看《事物纪原》。

报载要闻:向口、潜江间争夺战甚烈。汉水东岸各渡口为我军占守。寇机在遂宁被击落。赣反攻瑞昌。晋猛袭荫城、高平。国府促进陕西农村建设。蒋关怀浙东米荒。驻苏大使邵力子抵莫斯科。沪两租界当局将实行统制米市。意轮康铁佛田突奉令停止返欧,已羁泊浦江浮筒。美国将派战舰至地中海。德军分路进攻,法军移转阵地。意国大军集中东非。

6月10日(五月初五日　甲申)星期一

晴烈。上午七六,下午七九。

依时入馆办事。接柏丞书,介绍稿件。午饮永兴昌,清、敭亦往。盖今日应轮雪村带菜,故移坐彼处吃饭也。散馆归,抄《观古堂藏书目》。夜小饮。幽若来,谓文权、濬华将至。抵暮未见来。晚饭后,幽若仍归濬所。夜看《事物纪原》。

报载要闻:我军完成包围阵线,战线移荆、沙附近,襄河西将展开大战。赣北进袭武宁沙田港。晋城寇反扑,被我截击。粤北进袭新街。庵埠寇渡河,被我迎击。法租界平价会发表惩治刁商案件。德军二百万人向法猛攻,冲破第二道防线,续向赛恩流域推进。美轰炸机百架售与英、法。

6月11日(五月初六日　乙酉)星期二

霾,下午昙。上午七八,下午七九。

依时入馆办事。雪村未到。下午设计常务日记表格。散馆归,小饮。饮后与雪村闲谈。续钞《观古堂藏书目》。

报载要闻:意大利对英、法宣战,并已侵犯南部法边。挪威国王下令对德停战,并派代表到柏林。欧西战烈,德军踞巴黎仅五十公里。英盼美加强合作,维持太平洋安全。苏联与寇方成立苏、伪划界协定。寇机昨袭重庆,我大队空军迎战,击落寇机四架。晋南我军截击晋城突围之寇。我军络绎开赴前线,包围襄西之寇,当阳、远安一带发生激战。赣北我军分向南昌挺进。浙西武康以北发生激战。上海限制房屋加租办法,两租界分别进行。

6 月 12 日(五月初七日　丙戌　入霉)**星期三**

晨阴,旋晴。上午七八,下午八〇。

节季已当入霉,而天燥不雨,旱象已成。天心尚未厌祸,谓之何哉!依时入馆办事。续校《新世训》。午后诚之来谈,送到唐圭璋《宋词纪事》稿,即转付调孚审查。丕绳来访,以所绘山水小幅见贻。散馆归,续钞《观古堂藏书目》。道始来,送雪村嫁侄女喜礼。夜小饮。

报载要闻:襄河西岸处处发生剧战。新会寇图强渡,被击退。晋南我军已迫近晋城东南郊。鄂南我军到达嘉鱼附近。寇机昨又袭渝,苏大使馆亦被投弹。意参战后,驻沪各国防军司令商决维护租界治安。寇方露骨求和,但仍装腔作态。法政府迁都尔,德军续向巴黎推进。意军三百万分五路攻英、法,墨索里尼自任海陆空最高统帅。土耳其即将参战。苏、意成立谅解,保证巴尔干和平。罗斯福发表重要演说。

6 月 13 日(五月初八日　丁亥)**星期四**

先昙,后即阴。上午七八,下午八〇。

依时入馆办事。复柏丞,退还吴烈书稿。散馆归,小饮。夜感疲乏,未看书,即睡,而睡又不佳,转侧难寐。

报载要闻:寇大股猛扑宜昌,市郊发生激战。我空军轰炸当阳踞寇。寇机昨又袭渝,大火燃烧,毁屋甚多。寇机被击落两架。赣北我军续向南昌挺进。粤收复街口。北平英、法、意警卫军成立安全协定。邵大使在莫斯科递国书。陆锡侯昨被枪击。法租界推出限制加房租代表。英大使警告英商,断绝意国贸易。英空军轰炸意国北部及非洲意属地。德军占领里姆斯,法军向巴黎市郊撤退。土、意断绝商务关系。

6 月 14 日(五月初九日　戊子)星期五

阴,时见细雨。上午八〇,下午七九。

依时入馆办事。接业熊桂林信,知有数星期勾留,将转湘入渝。接晴帆丽水信,知由上饶返处,告军事前途极有希望。致道始,送《图书季刊》去,顺收代款归账。致刚主,退还王伯生书稿。(王稿径寄本人,特函知谢转告。)夜六时,公司宴请易麓云、沈用侯、李炳勋,并约陆高谊、黄仲康、刘季康作陪,仍在聚丰园。雪村、洗人、索非及予均与焉。八时许乃散归。

报载要闻:我军进迫荆门、当阳,并克远安城,截断西犯寇后路。湘北、鄂南、赣北各路,我军迭有进展。晋南猛攻晋城东南关。寇机昨又炸重庆,前日之炸,寇机被击落七架。财部诰诫金融界,不得投机射利。英、日对津租界问题成立协定,英完全让步。地中海战事爆发,英皇家航邮停止。法、意边境尚无战事,双方空军继续活动。巴黎北部联军总反攻,德军退五哩半。法总理电美总统,紧急呼吁援助。

6月15日(五月初十日　己丑)星期六

阴雨,时作时止。上午八〇,下午七八。

依时入馆办事。北平图书馆委印《滇南碑传集》之契约已加签寄回。编每周通讯录第七十六号。复业熊,仍托桂处转。复汉儿(昨接来信)兼及芷芬,告近状。致晓先,慰问士秋病状(汉告秋正患盲肠炎,入院割治也)。夜酒会,到洗人、雪村、绍先、廉逊、俊生、世惠(并挈其子)及予。摊费二元四角。八时返。

报载要闻:襄西战事入决胜阶段,我军三十万反攻,收复当阳县城。皖南我军进击南京。蒋拨款救济重庆受空袭灾民。美国务卿赫尔谴责寇机轰炸重庆。香港正式公布对意宣战。北非、东非均已发生战事。法军放弃巴黎,德军已开入。法政府由都尔再迁波尔多。协约军开始进攻意边防军。西班牙派兵占据丹吉尔港。

6月16日(五月十一日　庚寅)星期

阴雨,午后霁,晚晴。上午七九,下午八〇。

过录《丛书集成》号码,盖假馆本移写也。今日雪村大侄女士宜出阁,假四马路会宾楼成礼。延静甥为傧相,盈儿、顯孙持纱。以此,珏人挈濬儿、清儿、静甥、滋儿、盈儿、顯孙上午雨中即赴之。独予及漱儿、润儿留。下午四时,予偕克忠往会宾楼,宾客云集,行礼已过,坐待吃喜酒而已。至六时始入座,予与廉逊、绍先、洗人、树伯、文权、世惠、雪村、克忠、调孚同席。饮酒颇多,乘车归,参观新房。十时许乃就寝。

报载要闻:鄂西我军续有进展,战事形势好转。抚河东岸我克据点数处。粤将收从化。寇机轰炸昆明。海南岛踞寇开军事秘密会议。阳城寇股图渡沁河,被击退。英大使馆发言人阐明对华政策。意轮康铁佛田号准备长期泊沪。德军转扑马奇诺防线,法军在巴黎南布新防线。苏联军队突入立陶宛。

6月17日(五月十二日 辛卯)星期一

晴。上午七八,下午七九。

依时入馆办事。午与洗人应雪村约,作会亲宴陪客,径赴聚丰园,饮甚畅,返馆已二时矣。六时宿酲未消,又与洗、村、索赴陆高谊杏花楼之约,宾客甚盛,凡两席。予与洗、村、索与主人同坐,不免多饮。乃半酣后邻坐复来相劝,几醉始罢,九时许即附主人车归。

报载要闻:寇机昨又分四批炸渝,毁屋甚多。襄西克荆门。襄河下游已切断寇股联络,大举进攻汉阳。我军袭击岳阳、城陵矶间之寇。赣向塘克复。饶神父痛心国难,悄然离沪。物品标价不忠实,已予书面警告。福履理路昨发生枪击案,死者为前五华银行经理吴逸。美总统答复法总理,允加倍接济军火。德军占凡尔登,并突破马奇诺防线。英军攻陷意两炮台。苏外长飞立陶宛。

6月18日(五月十三日 壬辰)星期二

晴。上午七九,下午八四。

依时入馆办事。续注《滇南杂志》。接子敦复书,告治高血压经过,即函转良才,并以慰之。连日伤酒,今日腹泻多次,食欲大退。以是废饮,散馆归后,即卧息。

报载要闻:法贝当上将组新阁,成立后宣布对德谋和平,法军已奉令停战,现由西班牙从中斡旋。英仍表示继续作战。爱沙尼亚、拉脱维亚两国完全接受苏联要求,苏军已开入拉京。英大使寇尔昨抵沪。公共租界捕房督察长刘荣贵昨晨被刺殒命。我军夺回宜昌,反攻沙市,控制汉阳。南昌附近我军进攻牛行车站。桂南西犯之寇退回绥渌。寇机前晚袭渝,被我击落六架。当地昨仍有空袭警报。

6 月 19 日(五月十四日　癸巳)**星期三**

晴。上午八五,下午八八。

依时入馆办事。复所得税上海办事处,声明展缓结账,且已呈部请予缓征矣。组青来。仍停饮。

报载要闻:宜昌克复后寇增援,东关外发生激战。皖南克复贵池。鄂南我军连日出击。黄河南岸我炮兵向北轰击。昆明昨地震。沪银钱业奉令办理小工商贷款。土地局档案,领团拒绝交与伪市府。法、德尚未停战,传法空海军将属英。法国停战,不影响上海局势。德、意两巨头在慕尼黑会议,接受法国请求,并拟定对法媾和条件。

6 月 20 日(五月十五日　甲午)**星期四**

晴,午后阴,晚又晴。上午八五,下午八六。

依时入馆办事。午后理发。续注《滇南杂志》。散馆归,过《集成》号码。夜小饮。饮后仍录号码,九时许毕之。幽若自濬所出,今日复来予家。

报载要闻:我军在襄西战局益趋好转,并一度冲入荆州,反扑宜昌之寇已击退。我空军袭南京。寇对越南问题将向德、意有所申明。天津白银问题,英、日签订协定,日即撤除英租界封锁。荆、宜师管区司令苏继伦枪决。桂左江北岸之寇完全肃清。南市难民区善后会昨议决月底解散难民。法政府封锁海防,港、越航运全停。法派全权代表赴德聆取媾和条件。德机大举轰炸英伦十郡。英相邱吉尔在下院宣称,英准备独战数年。

6 月 21 日(五月十六日　乙未　亥正初刻二分夏至)**星期五**

晴。上午八五,下午八六。

依时入馆办事。续注《滇南杂志》。同儿随清儿到馆,散馆时予挈之归。夜小饮。饮后补记日记。

报载要闻:我军克复沙市,夹攻荆门,宜昌近郊仍在血战。鲁南寇股三路进犯未逞。天津英、日协定,英大使馆已公布,日对英租界封锁已撤除。上海、越南间轮只昨起照常通航。米价昨又暴涨。沪租界各国驻军决不撤退,仍维现状。寇觊觎越南,舰队向东京湾移动。美政府向德、意声明,决保持门罗主义。法代表已出发,接取德方休战条件。另传拉伐尔组阁,贝当已离法。波罗的海沿岸,苏、德两军对峙。

6 月 22 日(五月十七日　丙申)**星期六**

晴,夜风作。上午八三,下午同。

依时入馆办事。编发每周通讯录第七十七号。致宾四。致梦九。复雪山。致颉刚。散馆归,小饮。夜饭后看陈眉公《岩栖幽事》。

报载要闻:当阳方面展开大战,我克复建阳驿。湘北我军完成包围步骤。晋军进击晋、博公路西侧地区。政府对天津英、日协定发表声明。宋子文乘飞机赴美。美强化远东政策,足稳定上海局势。米、煤乘机抬价，各界一致愤懑。平粜委员会发表宣言，续办平粜。德以休战条件交法代表，一如第一次大战休战时法对德代表之所为。法陆海空一部分表示继续抗战，法政府又迁往比亚利兹。美罗斯福任命史汀生为陆长，诺克斯为海长，组织混合内阁，影响欧战及远东局势不小。

6月23日(五月十八日　丁酉)**星期**

阴霾，时见细雨，居然润湿。上午八二，下午八三。

午前抄《观古堂藏书目》。午后偃卧，看《幽梦续影》，三时，又抄叶《目》。夜小饮。文权来。(幽若与濬华拌嘴，甚可厌。)

报载要闻：鄂西克马鞍山，越沮水进攻当阳。寇在粤南头登陆，向深圳推进。晋城我军包围寇股，战事甚烈。我沿江炮队击沉寇舰三艘。湘北收复羊楼司四周据点。宁波同乡会昨开甬属平粜劝募大会。沪温线意轮奉意领署令停航。德朝野同情中国，不愿寇独霸远东。德、法停战谈判已告结束，两国代表签字。英埃苏丹英军攻入伊里脱利亚。

6月24日(五月十九日　戊戌)**星期一**

阴，微雨。午后雷雨颇霑足。上午八三，下午八二.五。

依时入馆办事。撰注《滇南杂志》。散馆归，小饮。饮后与家人闲谈。

报载要闻：当阳西北激战三昼夜，寇已击退。我军进攻南昌，克复排楼、秦村。鄂东围攻通城。九龙边界将发生激烈战事。上海法侨集会，坚请政府继续抗战。寇、伪侵入徐家汇镇，法租界安静如恒。华商面粉厂业昨开会商补救办法。美众院通过海军扩充法案。法东北部守军五十万人投降德军。中国向法提紧急抗议，为安南允寇限制滇越路货运事。王外长且发表重要声明。法代表团飞抵罗马，签订法、意停战协定。法各殖民地主张继续抗战。

6 月 25 日（五月二十日　己亥）星期二

晨雨，旋霁，午后又大雨，晚止。上午八三，下午八四。

依时入馆办事，以晨雨故，迟到二十分。续撰《滇南杂志注》。散馆归，小饮。饮后看画。

报载要闻：南昌城郊展开激战。我大队空军轰炸宜昌近郊寇阵地。该地战事仍剧。寇机昨袭重庆，英、法领馆均被炸毁。我政府对越南停止运输事二次提抗议。徐家汇法防军及巡捕昨均撤退。西贡米转港运沪，断运说无稽。德、法休战条件发表，共廿一条。英国与法贝当政府断绝外交关系。寇又向英要求封锁缅甸运道。

6 月 26 日（五月廿一日　庚子）星期三

阴，微雨即霁，晚晴。上午八一，下午同。

依时入馆办事。仍注《滇南杂志》。振铎来谈，移时即去。晚归小饮。

报载要闻：赣北围安义县城。我自再度克复万寿宫后续向南昌进攻。当阳西北高地发生争夺战。我空军续炸宜昌附近之寇。寇机昨又袭渝，发生激烈空战，击落犯境轰炸机两架。深圳寇股趋向东北，围攻惠阳。工部局粮食会决议，劝告米商抑平市价。法、意停战协定签字，欧陆战事已告终，惟法海军表示不投降。英首相演说，资助法国复兴运动。

6月27日(五月廿二日　辛丑)星期四

阴润。上午七九,下午八一。

依时入馆办事。仍注《滇南杂志》。接宾四复书,谓成都带来之稿可移请诚之转乞刘重熙(咸)审查。接颉刚信,复我一日所发书。散馆后,与洗人、丏尊、雪村、调孚、索非往知味观,为巴金饯行,并邀巴金之三兄及振铎、曙先作陪。终席,曙先未至。所啖神仙鸭及粉蒸肉,致佳,馀平平,七时许便散归。

报载要闻:安义寇突围未逞,南昌附近战事激烈。襄西再度总攻,汤恩伯赴前线指挥。信阳方面攻克马鞍山。寇机昨续袭重庆,被击落四架。沪法租界市民反对加捐,当局允考虑。粮委会抑平米价,采特殊行动。德在远东严守中立,对沪市并无野心。寇方宣称以武力阻止越南运输。香港当局加紧沿边防御戒备。由深圳犯坪山之寇已被我击退。法、意停战协定公布。英军在法海岸数处登陆。美在巴拿马运河两端敷设水雷。

6月28日(五月廿三日　壬寅)星期五

阴,午后放晴。旋又雨,入夜尤甚。上午八二,下午八五。

依时入馆办事。注《滇南杂志》。接圣陶十七发蜀沪卅八号书。接济群十九日渝信,知移住化龙桥。致诚之,送成都来稿去。《齐大季刊》稿一批亦由诚之送来。晚饮。夜睡不甚贴。

报载要闻:我政府准备采用武力遏阻中、越边境之封锁。寇机昨又袭重庆,被击落三架。我空军再飞汉宜路前线轰炸。赣北克宋埠等地。鄂南进击崇阳、咸宁。寇在九龙边境继续扩展军事行动,封锁香港。工部局函复商会,竭力疏通小麦来源(香港米禁已弛)。宋子文已安抵美国。法国任命停战委员。苏联向罗马尼亚提最后通牒,索还比萨拉比亚省。罗王召集会议,决定接受。

6月29日(五月廿四日　癸卯)**星期六**

阴雨闷湿。上午八四,下午八七。

依时入馆办事。编发每周通讯录第七十八号。复芷芬及汉儿,前昨均接来信也。仍注《滇南杂志》。夜归小饮。闷热甚,竟夜浴汗。

报载要闻:赣北战事,我一部抄击南昌。我大批机械化部队向滇、越边境推进。寇方亦宣称今日将占领镇南关。襄西再度总攻后,宜昌、当阳均起激战。寇机一百廿架昨又向重庆为第十八次之进袭,在长寿上空发生空战,击下寇机一架。但重庆英大使办公处及领署,美以美教会医院均毁。蒋对川省训练团毕业团员致训。英大使寇尔定今日为广播演说。香港妇孺准备撤退。穆时英昨遭暗杀。美共和党选定威尔基为候选总统。罗马尼亚接受苏联要求,割让比、布两区领土。

6月30日(五月廿五日　甲辰)**星期**

晨微阴,旋晴,热。上午八六,下午八九。

晨入书巢记日记。九时往访振铎,纵观近日所得地图诸籍。座遇瞿凤起及范成僧。有顷,瞿等去,调孚、曙先、叔含、予同至,因饭其家。本拟往护国寺奠湖帆之母,遂未果。饭后谈移时,归,即携得铎近出之《中国版画史图录》一函行。书仅出四之一,尚有三函须后出也。归后综览,大得欣赏。接硕民片,知早归为抱病,今已告痊矣。夜小饮。

赣北我军攻武宁,克数据点。又积极向南昌推进,浙赣路两侧战事甚烈。我空军数大队飞宜昌寇阵地轰炸。湘北克岳阳外围据点。粤南克淡水。信阳附近发生激战。宋子文抵华盛顿。港政府令妇孺准备撤退。沪两租界明日起实行加捐。英大使昨广播,勖英侨加强信念,镇静处变。寇外长有田广播,大吹"东亚门罗主义"。意空军上将巴尔波阵亡。苏军开入罗国割让区。

7月1日(五月廿六日　乙巳)**星期一**

晴热。上午八四,下午八八。

依时入馆办事。复硕民。午应坚吾约,与季康、仲康及朱君饮天香楼。啖神仙鸭甚俊。散馆归,小饮。夜看郭频伽词。组青来告,适返苏省视,沪寓遭偷,其笃爱之无线电收音机亦窃去。言下大为感叹也。

报载要闻:豫东我军冲入开封。荆门、当阳之寇退江陵。湘北克曾家坳。粤南之寇向深圳、南头败退。渝市郊击落寇机二架。沪法租界纳税华人力争停止加捐。香港英妇孺撤退第一批昨已离境。形势紧张,华人亦纷纷引避。传寇已占镇南关,越南法侨准备撤退。德、法停战委会正式开始谈判。苏军全部占领罗割让区,匈、保对罗停止土地要求。

7月2日(五月廿七日　丙午)**星期二**

晴热。上午八五,下午八九。

依时入馆办事。接梦九上月十二日信,告其儿女已安抵丽水。所托打听越光中学所在则云本在绍兴,今已停办迁沪矣。复宾四,即以越光事告之。复济群,告近状。散馆归,小饮。晚饭后少坐便浴,浴竟就卧。

报载要闻:淡水我军反攻,寇退向深圳。镇龙路一带我军云集。宜昌渡江之寇被击退。豫东克鹿邑,开封北关仍在巷战中。信阳我军一度冲入城垣。虞洽卿对米粮问题发表谈话,仍劝工商界集团订购洋米。大光通讯社社长邵虚白遭暗杀。寇军阀决心实行"东亚门罗主义"。德机群夜袭英格兰各地。美舰队突然驶返夏威夷。罗马尼亚迦拉滋镇共党示威,发生冲突,死六百人。

7月3日(五月廿八日　丁未)星期三

昙热。上午八六,下午九〇。日晕。

依时入馆办事。寄汉儿衣物,海防之路已断,由士敫托船友带甬,交徐炳生设法转寄。斐云见过,日前由平来,住八仙桥青年会。晚归小饮。饮后过丏尊,与曙先、雪村谈。曙先将离沪就福建永安研究所事。八时许始散归。

报载要闻:豫东我军发动总攻击,攻入亳县,陇海路交通已切断。鄂西我军再攻宜昌。我空军轰炸南昌寇机场。宋子文谒见美总统。沪第四届平粜定十六开办。领事团决议,将市府托存之土地局卷宗移交寇领事。(避免直交伪市府,真乃掩耳盗铃。)寇兵昨在北河南路设岗布防。港政府否认曾宣布紧急状态。德军占领海峡群岛。罗马尼亚自动放弃英、法,转向亲德。

7月4日(五月廿九日　戊申)星期四

晴热。上午八七,下午九一。

依时入馆办事。仍撰《滇南杂志注》。接孙次舟成都来信,自介《实斋年谱补正》,欲由开明出版。复圣陶,列卅二号,寄代买奎宁粉一两去。晚归小饮。夜饭后看《飞鸿堂印谱》。

报载要闻：开封南关残寇已肃清，豫东我军之一部已进入苏皖境。宜昌二次渡江之寇复被围击。湘北鄂南，我军均出动。晋西我军向东挺进。西江击落寇机一架。宋子文与罗斯福作二次会谈。移交土地局卷宗事，前市长俞鸿钧电工部局抗议。美侨今日庆祝独立纪念。美总统批准统制军用品出口案。英决保卫香港，调诺登少将继任港督。巴尔干半岛局势严重。

7月5日(六月大建癸未初一日 己酉)**星期五**

晴热。上午八五，下午九〇。

依时入馆办事。仍撰《滇南杂志注》。接汉儿六月廿六日信，近状尚安。以沪上谣炽，颇切念家况。晚归小饮。饮后偃卧自休。

报载要闻：襄河东西均展开剧战。空军飞宜昌附近轰炸，并击落寇机一架。寇机昨袭渝，中央大学损失甚巨。法、日成立协定，法租界得维现状。(然任意搜索已迭见矣。)美赫德上将昨访晤英大使寇尔，商远东局势对策。传港边封锁谈判英、日已决裂，港政府强迫疏散妇孺。因局势严重，马来封闭海港，新加坡亦实施特殊戒备。美报批评“东亚门罗议”，德、意、苏亦表示不能赞成。英海军攻袭沃朗港法舰队，以不听召集故。罗国内阁改组，局势复紧张，全国作军事准备。

7月6日(六月初二日 庚戌)**星期六**

晴热。上午九一，下午九二。

依时入馆办事。编发每周通讯录第七十九号。属清复汉。接梦九快信，属为其子女设法学校证明书，俾在浙升学。即复无从办到。盖立案之学校,历届学籍均经呈局报部,未便随意填发证书也。连日热甚,每至午后三时辄晕眩不能视物。晚归小饮。芝九送还前借《插图本文学史》、《文字学 ABC》等书,并约明日过我谈。

报载要闻:鄂中我军反攻随县。豫东克商丘。湘北攻岳阳外围。桂边反攻龙州。宋子文由华盛顿赴纽约。北平大批学生遭捕。昨晨龙华方面枪炮声甚紧密,寇方谓系演习。(予家亲闻炮声。)土地局全部卷宗昨展转送江湾。徐永祚、徐懋棠昨晨在法租界寓所被寇捕去。多处街坊同被搜查。米粮评价委员会昨成立,即开始评价。寇机袭成都。英、美在远东增强防务。英、法舰队在沃朗港冲突事,法贝当政府决与英断绝国交。

7 月 7 日(六月初三日　辛亥　申初二刻九分小暑)**星期**

晴热。上午八六,下午九〇。

竟日未出。上午芝九来,谈同儿升学事,承示多端。宾若夫人来,托汇百元至昆明,与其子济昌。楼上下终日牌声隆隆,一若不摸牌则虚生此一日者,呼嚣逼人,可憎极矣。夜小饮。饮后浴体就寝。

报载要闻:豫东克商丘、柘城,寇豫、皖交通已切断。绥西克柴磴。冀南发生激战。“七七”纪念,蒋发表告军民及友邦书。上海、越南间英轮已停航。英、法远东当局决维持越南现状。英、法、美三大使将在沪会商维持租界局势。越督允日机在河内降落。德准许法舰暂留武装。英、法关系日趋恶劣,法机袭直布罗陀。传苏联反对封锁缅甸,英将拒绝日本要求。意外长聘问柏林。美总统阐述五项和平要素。德拒不承认“美洲门罗主义”。

7 月 8 日(六月初四日　壬子)**星期一**

昙热,午前后阵雨。上午八六,下午八八。

依时到馆办事。致芷芬,属划款百元与济昌,并视当地汇率,酌予升水。看陈毅《东陵道》。记宣统出宫后,盗发高宗及孝钦后陵经过,并述奉命驰勘掩覆事,盖纪事诗也。收邓文如所辑《旧闻零拾》中。晚归小饮。饮后看李冰若《花间集评注》,并为识作者姓名于页口。

报载要闻:鄂东冲入黄陂。宜昌东龙泉铺之寇被包围。皖西我军迫宿松近郊。七中全会在渝举行,讨论要案。国府明令褒扬张自忠等,并入祀忠烈祠。香港附近,连日大雨,形势较前和缓。港、越交通遭压迫后,滇缅路益见重要。日宪兵昨擅入美军防区,立遭拘捕。美封锁军用品出口,日引起不安。法舰多艘逃回都伦。亚历山大法舰被解除武装。德、意谈判开始。

7 月 9 日(六月初五日　癸丑)**星期二**

昙热。上午八五,下午八八。

依时入馆办事。仍注《滇南杂志》。接山公六月廿三信,告士秋入院动手术后转胃疾,势甚危殆,故晓先无心绪写信也。甚念之。夜归小饮。

报载要闻:蒋对美广播演说,并发告全国青年书。我军调驰襄西阵地,重加配置。豫北我军袭击七里屯。寇机又袭重庆,被击落三架。两租界当局会商稳定米价。会计师董纯标因与陶乐勤同住,昨晨伪方派人刺陶,误杀之。英、法船只恢复港、越间航线。寇舰队向港、越附近海面集中。英对日要求封锁缅甸之复文已送出,表示婉拒。寇方要求英再考虑。德、意要人会谈建立新欧洲问题。墨西哥改选总统,发生流血惨剧。

7月10日(六月初六日 甲寅)**星期三**

晴热。上午八六,下午九〇。

依时入馆办事。《丛书集成》第六期书六百册,昨托纯嘉取到(付三千元,将来尚有一千册应取,只欠三十元矣),今晨属金才雇车送归。比散馆回寓,则潄、润两儿已为予理好入架矣。甚快慰也。夜小饮。

报载要闻:宜昌我军向城郊推进。黄陂城郊仍在激战中。桂南克复龙鸣塘。我军重行部署粤桂边区防务。寇机昨又袭渝,被击落三架。七中全会闭幕。行政院决定渝市米粮供应原则。随县伪军反正。皖北一度冲入寿县。海防航轮恢复。美兵扣留日宪兵事件,美司令详述经过。太古盛京轮进口,寇出云舰开机枪射击,勒停扣留。美国阐明门罗主义非以兵力侵略他国。赫尔声明,外交政策不变。英、法舰队又在西印马丁尼克岛附近大战。又西非法最新式主力舰里希流号被英舰击损。德机百馀架大举进袭英伦。法国会授权政府修改宪法,加速法西斯化。

7月11日(六月初七日 乙卯)**星期四**

晴热。上午八六,下午九〇。

依时入馆办事。仍注《滇南杂志》。子敦来,近日颐养甚好。下午曙先来,散馆时拉去吃酒,与雪村、厚斋俱,饮于王宝和。七时散归。

报载要闻:七中全会发表宣言。行政院增设经济作战部,现有经济部改工商部。我调遣机械化部队,增强南北战场。浙东军潜入杭垣。工部局严密注意民生必需品价格。盛京轮乘客已登陆,法国所装军火则尚未起卸。伪方要求撤退外军,英领已予答复。日宪兵被扣,事态似不致扩大。北河南路通连界路之障碍物已于今晨撤除。澳门总督逝世。日本将变更外交政策,卷入欧战漩涡。德、意、匈三国在慕尼黑会议。地中海上英、意发生第一次海战。寇要求英重行考虑港、缅二地禁运问题。英在格林兰及冰岛间敷设水雷。美参院通过史汀生任陆长。

7月12日(六月初八日　丙辰)**星期五**

昙热,午后晴。上午八六,下午九〇。

依时入馆办事。接振铎请柬,约今晚在新都饭店吃饭,予作书谢不往,书未发而电话来催,因面辞之。接圣陶六月廿八发蜀沪第卅九号信,寄高晋生《老子正诂》属出版,并告将赴成都。铎寄目录卡片一宗,属查注今地。致红蕉,转圣陶信。雪村未到馆,予疑为病,归视则正与克忠诸少打牌,予遂径登楼,未之晤。夜小饮。饮后查对《丛书集成》新到书,并填注号码。

报载要闻:宜昌近郊战事仍在激烈进行中。桂南攻入杨美。白崇禧等致祭张自忠。立法院核定高考财政金融人员华侨免试办法。英拒绝封锁滇缅路,寇竟向英提警告。寇又向法越提抗议。美参院通过海军扩张案。慕尼黑会议决定保持巴尔干现状。罗马尼亚退出国联。法国民大会通过制定新宪法决议案。罗斯福声明不派军队赴欧参战。德集中大批军队船只,将大举攻英。德空军攻袭英护航舰队。

7月13日(六月初九日　丁巳)星期六

晴热,晨昙,有风,入晚绝。上午八五,下午八九。

依时入馆办事。编发每周通讯录第八十号。为振铎查注地名。得电话,约明午饭其家。允明日带往面交。《滇南碑传集》稿本卅四册,由北平图书馆驻滇办事处寄到。夜归小饮。饮后查注《丛书集成》新书号码。

报载要闻:宜昌对岸战事猛烈,我空军连日轰炸寇阵地。晋东南连日发生激战。七中全会闭会,蒋总裁致词。寇对港政府提三项要求。缅甸路线问题,寇与英尚在交涉。寇挪用关税达二万万元之巨,英政府不能辞诿卸追债之责。盛京轮法军火,寇方宣称买收。海关悬球警告飓风,至晚撤除。伍德海建议英、苏、美合作,实为安定远东因素。法总统勒勃伦辞职,贝当任最高首领,实施独裁制。英外次称英、苏关系较前有改善希望。美两院通过两洋海军法案。罗、保两国调整友谊谈判开始。

7月14日(六月初十日　戊午)星期

晨雨,午后晴。上午八八,下午八九。

晨坐书巢录毕《丛书集成》号码,并补记五日来日记。十一时赴振铎约,因饭其家,与坐者巴金、西和、家璧、予同、健吾、斐云、调孚及主人伉俪,凡十人。午后二时许偕调孚返,过慰丏尊丧子(其长君采文今晨病逝),知其全家在延平路西松阳殡舍矣,乃乘车往吊之,俟殓毕,乃辞归。夜小饮。饮后倦甚,浴身而寝。

报载要闻:襄西我军采取攻势,空军再度轰炸汉宜公路寇阵地。粤南反攻沙头、深圳。晋军越过同蒲线,克复曲亭镇。鲁西克濮县。国府公布《战地公务员任用条例》。经济作战部将设战时特别关税站。飓风趋向转移,沪航轮已恢复。沪日报露骨言和,承认中国战斗力。中、法航空邮机昨突然停止。法机在广州湾失事,传系寇方击落。英、日封锁缅甸谈判,传已成立协定。日本三宅岛火山爆发。美将实行局部动员,召集后备军四师。德空军轰炸英伦,范围扩大。土耳其总理对时局发表宣言。

7 月 15 日(六月十一日　己未　出霉)**星期一**

晴热。上午八九,下午八八。

依时入馆办事。十时许访坚吾,为办声复商标局呈文一件。仍归馆。夜在知味观举行酒会,到廉逊、绍先、曙先、洗人、雪村及予六人。坚吾应约未到,电话催问,则托言他出,殊可诧怪。七时许即散归。

报载要闻:我军突破东山寺寇阵地,冲抵宜昌东关城郊。赣北修河铁桥,为我破坏。晋东南向天井关挺进。平汉路两侧我军活跃。豫南伪军续有反正。渝地自遭寇机袭击以来,天主教损失五百万元。英、日继续谈判缅甸禁运问题,我表示,如果实施,中国有权要求开放。各国驻沪防军长官保持密切接触,遵守协定。美妇孺由港撤退,今晨抵沪。美日共同声明(为日宪兵七七被美兵扣留事)日内或可发表。意空军再袭亚历山大港英舰队,并在地中海中部造成封锁网,切断英舰队东西之联络。罗马尼亚后备兵复员,巴尔干形势和缓。法全国昨沉痛纪念民主节。

7 月 16 日(六月十二日　庚申　初伏)**星期二**

晴热。上午八七,下午九二。

依时入馆办事。晨八时许，望平街申报馆门前有人抛炸弹，声振坐右，饬人探询，始悉馆门窗破，伤十馀人，一工人已伤重殒命云。暴徒害正，白日现形，真不知人间何世矣。复雨亭、次舟，并答复编所诸信。夜归小饮。饮后浴体偃卧。

报载要闻：为滇缅路禁运问题，我向英提严重抗议。传德国及英国均谋调停中日战争。豫南反攻信阳。晋南战又烈。驻港日领否认撤退日侨。寇方又宣称封锁浙、闽沿海口岸。发行准备管理委员会发表四行发行法币额共三十九万万馀元。柯立芝总统轮载大批港客来沪。日宪兵被扣事未了，美、日人互在酒店互殴。英相邱吉尔演说，准备作战到底。罗斯福接受为总统候选人，以自提副总统人选为条件。英伦海峡空战剧烈。英驱逐舰及潜艇各一艘沉没。

7月17日（六月十三日　辛酉）星期三

昙热，闷甚，午前有雷阵。上午八八，下午八九。

依时入馆办事。接宾四信，谓颉刚介北平钟云父来沪，询开明可以供住宿否。即复，开明同人俱不供膳宿，绝无办法可以通融。午前濬儿挈顯孙来馆，送面筋包肉与予及清食用。以将雨，即行，然甫及百步，雷阵即至，幸未大雨，否则淋漓不堪矣。午刻雨霁，店中请少眉、启堂兄弟吃饭，邀予作陪，因同往同华楼。绍先适来，亦与焉。饭毕，洗人、雪村、绍先赴曙先约，往其家打牌，予本亦被邀往夜饭，遂托渠等转谢，径归馆。夜归小饮。饮后属清往濬家问遭雨否，兼托文权明日为请谢涤尘来诊珏人（连日泄泻，胸闷胃呆，体倦故）。

报载要闻：英允寇求停缅运，企图结束战争，蒋表示：中国非得领土主权完整,决不言和。驻英大使郭泰祺向英外次抗议缅甸禁运。中、德双方均否认陶德曼赴渝。(昨谣和议全属子虚。)宜昌方面向东北部挺进。拨派生力军入滇防边。镇海口外寇舰昨向要塞开炮。大中华饭店发生血案,沪西赌窟大股东侯严里立殒。美、日共同文告尚未发布,传已商妥基本意见。浙、闽海口封锁,外轮均被迫停航。俞鸿钧再电工部局,责移转土地档案为违约背信。寇机昨又袭渝,被击落三架,我空军将士丁寿康殉焉。寇米内内阁总辞职,近卫文麿将再作冯妇,组一党内阁。意大利宣布扩大战区。

7月18日(六月十四日 壬戌)**星期四**

晨微雨,旋晴,午后昙闷。上午八六,下午九一。

依时入馆办事。付七、八两月房捐,竟涨至三十三元四角四分。为石莼谋教国文钟点事,函致允言。仍注《滇南杂志》。散馆归,知文权已偕谢医来诊,珏人药亦服过,据云可服两帖(珏人已觉大松)。夜小饮。饮后浴身就卧。

报载要闻:美国务卿赫尔表示,美国反对缅甸、越南封锁交通,妨碍贸易。杭州湾寇舰云集,镇海仍有炮战。桂南反攻龙州。苏北克复海河镇。豫扶沟以北黄河决口。浙军攻入萧山,在巷战中。法租界电车公司机务处发生工潮。日商码头计划合并,工部局提抗议。法政府准备迁回巴黎。意外长将再聘柏林。西班牙与智利断绝外交关系。

7月19日(六月十五日 癸亥)**星期五**

晴热。上午八九,下午九一。

依时入馆办事。北平图书馆驻沪办事处陈贯吾持守和信来，洽商《馆藏碑目》出版事。丕绳来告，或至苏休养。即将《古史辨》校样一批与之。夜归小饮。知珏人连服一剂已大好。

报载要闻：滇缅禁运三月，英、日已在东京签立协定。镇海口外战况愈烈。随县迭克据点。鄂南克石灰窑。寇图在惠安、三都澳登陆未逞。国府明令褒扬雷鸣远。电车工潮渐严重，法租界铁门均封闭。外轮复航兴化、泉州，但昨日尚未结关。袭击申报馆之暴徒今日解送法院。寇新阁将变更外交政策，外、陆、海三相人选已定。西班牙企图收回直布罗陀。罗斯福当选为民主党候选总统。

7月20日（六月十六日　甲子）星期六

晴热。上午八六，下午九一。

依时入馆办事。编发每周通讯录第八十一号。接颉刚四日信。复慰晓先。复圣陶，列卅三号。午与曙先、叔含、孝萱、洗人、雪村饮老半斋。午后三时许红蕉来访，知明日将赴苏，因收硕民款三十元托带交之。晚归小饮。夜读《瓶水斋诗》。

报载要闻：镇海击沉三寇船。横山埠寇图登陆未逞。象山港外二寇舰发炮轰击。随县巷战甚烈。晋城外围战剧。英当局负责表示，决不强迫中国议和。《大美报》董事张似旭昨遭暗杀。湘军管区枪决贪污官吏。法商电车工潮僵局未打开，英商自来火公司又告全体怠工。（寇伪在幕后策动，希图摇撼租界局面。）苏联大批红军开远东。罗斯福接受候选总统。意外长齐亚诺抵柏林。

7月21日(六月十七日　乙丑)星期

晴热。上午八八,下午九一。

晨入书巢补一周来日记。九时许,调孚来,假书两册去。复继作之,至正午始竣。濬儿挈顯孙来饭。午后抄《观古堂书目》,天热久辄,今复为之,倍见亲切有味也。夜小饮。顯孙留住于此,令同儿往取衣。

报载要闻:浙东克镇远炮台,反攻镇海城。湘、鄂边境炮战激烈。闽海崇武登陆之寇已击退。缅甸已开始禁运军火物件。越南总督发表告别书。沪租界工部局总董函领袖领事,请召集领团会议,努力消弭政治暗杀案。《纽约时报》美记者昨在虹口寓所被寇搜检并被殴辱。法商电车工潮解决。沿边铁门之已开者复开。香港禁止茶叶出口。英、德空战极剧。意舰一艘在地中海被击沉。希脱拉在国会演说,对英作最后建议(所谓和平攻势)。传德向南斯拉夫国提政治要求,胁组右派内阁。

7月22日(六月十八日　丙寅)星期一

阴霾,飓风,夜雨。上午八六,下午八八。

依时入馆办事。清儿因感冒未到馆。齐鲁大学国学研究所五千元汇到。接怀之信,己事无恙,翼之已受仲寰招,落水矣。苦守三年,卒不能免,贫之为患亦酷矣哉!夜归小饮。少坐便寝。

报载要闻:镇海境内各炮台相继克复。甬江南岸大部肃清。九江附近寇汽艇十艘被击沉。湘、豫伪军陆续反正。萧山巷战甚烈。赣北奉新、安义间发生激战。豫东考城近郊现有激战。传寇陆战队在三都岛登陆。国府关怀沪市米价,筹划抑平办法。自来火公司工潮扩大，新厂工人响应。寇陆军当局向近卫提三种意愿，变更外交政策。缅甸官报公布英、日协定。美两洋海军法案已经总统签署。

7 月 23 日（六月十九日　丁卯　巳初初刻七分大暑）**星期二**

风雨如晦。上午八四，下午八三。

依时入馆办事。为门市课调剂津贴事，与当局致辨。接宾四廿一日信，复告钟云父处已函令止行。清热已退，仍令在家休养。致书陈贯吾，估《馆藏碑目》印价。复颉刚，告五千元到，宾四决入川，并论《学报》、丛书诸琐事。夜归小饮。预付饭金十元，托士敭料理。饮后为原有砚匣过紧令同儿刮薄，费力甚久，终无效，只索听之。

报载要闻：浙军三路反攻，克复镇海。粤汉北段交通中断。寇机昨大批袭渝，击落两架。新任农林部长陈济棠宣誓就职。云南发见大金沙矿。沪领团定廿五日会议。飓风突转向沪，风舌已触及。自来火公司工潮严重，煤气发生障碍。寇近卫内阁全体名单发表。立陶宛、拉脱维亚、爱沙尼亚三国宣布并入苏联。泛美大会进行第一次会议。

7 月 24 日（六月二十日　戊辰）**星期三**

风过晴霁。上午八三，下午八八。

依时入馆办事。陈贯吾电话来，谓所估《馆藏碑目》印价甚允，容函袁馆长取决，二十天可裁定云。为道始购得《图书季刊》，即作函致之。夜归小饮。

报载要闻：镇海克复后，甬江两岸已无寇踪。无为一带战事剧烈。鄂军攻克西虎山。孔祥熙暂代国府主席(林主席休假)。川第三批县政合格人员业经审查决定。上海美侨联电华盛顿,呼吁制裁暴日。金融界一致赞同承做洋米押款。飓风转向北进,已过淞口。美海军决派轮自运中国原料品。美国务卿赫尔在泛美会议发表演说,主张西半球经济联锁。英外相哈里法克斯演说,拒绝德和平建议。立、拉、爱三国宣布土地国有。

7月25日(六月廿一日　己巳)**星期四**

晴热。上午八六,下午九一。

依时入馆办事。清儿病愈到馆。接圣陶乐山发(十八日)四十号信,知后寄奎宁粉已到。有转红蕉之件,即转去。接芷芬十一信,济昌款未提,想尚未接前信也。接硕民廿二信,告红蕉带去三十元已到。近况殊闷也。静甥、漱儿来馆,午饭后归。夜归小饮。

报载要闻:我军开入镇海,加强滨海要塞防务。襄西动员,完成包围计划。晋东南克武乡,进攻高平等处。深圳村后我大队进攻。寇机袭成都,击落一架。国府公布《非常时期维持治安紧急办法》。宁波宣布戒严。领事团今日开会,商讨防止恐怖暴行办法。名医朱鹤皋被绑。近卫广播施政方针,益露侵略凶锋。美对远东问题将采积极立场。美副国务卿斥责苏联并吞三小国(立陶宛、拉多维亚、爱沙尼亚)。德邀请罗、保二国当局在萨尔斯会谈。英下院通过三期战时预算。捷克组临时政府,英已承认。其政府所在地即在英伦。

7月26日(六月廿二日　庚午　中伏)**星期五**

晴热。上午八六,下午九〇。

依时入馆办事。接颉刚信,汇二千元,属转宾四作路费,请速驾。即作书转告之。致斐云,代转北平来信。接汉儿信。接业熊信。夜归小饮。

报载要闻:行都方面否认讨论和战问题。蟹浦寇图登陆,被击退。寇机轰炸镇海。晋军冲入荫城。成都空战,击落寇机十架。青岛日人殴击美水兵。天津英、日领事提取白银,托言赈济。沪领团昨会议,主张协助工部局,但结果未宣布,定下星期五继续开议。寇方发言人声称,决将攫取法院,并将在法租界检查邮件。方液仙被绑。美众院委员会通过海军建设合同。泛美会议考虑缔结全美军事协定。罗斯福夫人请美协助中国发展经济。罗、保两国总理及外长启程赴柏林,与德外长进行会商。

7 月 27 日(六月廿三日 辛未)**星期六**

晴热。上午八五,下午八九。

依时入馆办事。冼人感冒,连日休息。雪村上午未到。编发每周通讯录第八十二号。复芷芬、汉华。复颉刚。并为公事办出数信。夜归小饮。饮后记日记。

报载要闻:我军积极布置前线,短期内将开始总攻。苏北军在淮安附近获胜。晋西军进攻极得手。晋南战事仍在长子、荫城一带。犯浙、闽沿海之寇均被击退,我当局已允外轮行驶。湘北寇图登君山。宜昌南岸之寇乘木筏北退,被我击沉不少。寇机炸成都,美教会财产受巨大损失。国府电召宋子文归国。领团澄清租界罪恶,市民致殷望。由美运华药品竟在越南受阻。意大使马邱北行消暑。寇检查法租界邮件,尚待最后决定。罗斯福宣布废铁及油类出口,须有特别许可证。英伦海峡上空激战。德、土签订商约。

7月28日(六月廿四日　壬申)**星期**

晴热。上午八六,下午九〇。

抄《观古堂藏书目》。竟日未出。夜小饮。

报载要闻:镇海加强防御力量。军事长官慰勉克复出力将士。粤南沙头角附近发生血战。晋军突入榆社。淮南军冲入无为城。驻英郭大使访邱吉尔,纵谈远东大局。驻法顾大使谈中国正对日取攻势,封锁滇缅路与英国禁运徒增鄙夷之感,毫不为此稍馁。欧亚公司减少航空班次。美统制油铁输出,八月一日实行。沪美侨谓此事将以行动代警告。德商向寇交涉,拟复航浙海。沪西英兵开枪事,英当局发表文告。铸丰搪瓷厂经理童世亨昨被绑。德与罗、保会商巴尔干领土修正问题,罗要员赴罗马。教廷否认发动和议。苏、芬协定签字。

7月29日(六月廿五日　癸酉)**星期一**

晴热。上午八六,下午八九。

依时入馆办事。仍注《滇南杂志》。夜归小饮。

报载要闻:寇图在汕尾登陆,未逞。寇舰围攻镇海不逞,铩羽回沪。寇舰昨袭万县、成都。晋西南之寇犯稷山以西地域。鄂军攻当阳,克龙木冲。豫南一度冲入信阳南关。国府充实军需,发行军需公债十二万万元。中、美贸易增进。(反英法之征兆。)马斯南路邮局,寇又往探视,抄去信箱租用人姓名住址。泛美会议进行顺利,已草协定。西原离河内飞返东京。根据协定与法理,沪法院无法变更。苏联海军节,海长发表演说。美、苏将谈判续订商约。寇在彼邦大逮英侨九人。德、保与意、罗会谈结束。

7 月 30 日(六月廿六日　甲戌)星期二

晴热。上午八六,下午八九。

依时入馆办事。接颉刚电报,嘱询宾四是否即行。即转西摩路、钱镐城。注《滇南杂志》。振铎电话约,八月一日柏丞请吃夜饭,询有暇否。答可赴,请柬旋即送来。夜归小饮。

报载要闻:当局动员大军,集中滇、桂边境,必要时将取军事自卫。香港新界一带,我军进攻得手。鄂中冲入彭家湾。馀姚附近,寇图登陆未逞。财政金融高考,初试竣事。上海邮局行政,决秉中央意旨办理。寇方拟在法租界检邮,中外均密切注视。第一特区法院刑庭长钱鸿业昨遇害。自来火用户盼工潮从速解决。泛美各国全体一致通过哈伐那宣言,将于今日签字。在日被捕之英路透社东京总访员考克斯在宪兵司令部坠楼毕命。英伦上空大规模空战。苏联与阿富汗签订商约。罗马尼亚对匈、保已让步。全印大会批准独立要求。

7 月 31 日(六月廿七日　乙亥)星期三

昙,暴风雨,彻夜未息。上午八七,下午同。

依时入馆办事。续校《先秦史》。为硕民取款。付谦豫酒账十二元一角九分。接芷芬信,知济昌划款已付,且加贴汇水廿四元。散馆时冒雨归,衣履尽湿,濯足易衣,然后小饮。饮后少坐便偃息。

报载要闻:夏威奉令视察滇越防务,大军云集,枕戈待命。行政院决设全国粮食管理局。北平附近游击队活跃。南洋华侨慰劳团离渝。宜昌对江,我军冒雨进击。荆门、当阳亦在围攻中。皖境淮水增涨。巢县克复。军政部军需署长周骏彦逝世。英大使寇尔离沪北上避暑。美对滇缅路封锁事件重申坚定立场。美兵与日侨互殴案告结束。克莱琪访松冈,对英侨被捕事提严重交涉。德机群袭杜佛港,被击落二十馀架。泛美大会即日闭幕。保加利亚总理返国。罗对匈、保割地要求尚在考虑中,德绥靖政策未易实现。

8 月 1 日(六月廿八日　丙子)**星期四**

阴霾风雨,午后放晴。上午八四,下午八八。

依时入馆办事。仍校《先秦史》,毕一批。致诚之、泉澄,分送校样。散馆时,予同、振铎来邀,因与雪村、调孚共乘以赴柏丞之约(其寓在福履理路福履别墅)。颂久、季堂、东华、莲僧亦至,宾主凡十人。共议创刊《学林》,属开明为之印行,此十人者即任编辑委员会常务委员。拟于双十节刊出第一期云。七时聚饮,十一时乃散归。

报载要闻:桂南西犯渠黎之寇受挫,分两路溃退。我军向扶南挺进。寇机昨又分四批袭渝,被我击落五架。我空军袭击沙市寇阵地。昆明电台今日开始广播。晋军冲入岢岚城。镇海口外昨发生猛烈炮战。沪邮局接受寇方要求,今日起在法租界实行检邮。飓风突然疾进,昨晚掠沪市北去。合众电气公司副经理王振基被绑。美新闻广播员接到恐吓电话。英外相称日捕英侨,事态严重。日外次须磨称,将拒绝英抗议且又拘英侨一人。寇舰队向南海集中,越南当局电法政府请示办法。土耳其地震,死千馀人。

8 月 2 日(六月廿九日　丁丑)**星期五**

晴热。上午八六,下午九一。

依时入馆办事。仍注《滇南杂志》。致予同,论《学林》编集事。夜归小饮。珏人昨夜失寐,且感胸闷,今日复延谢医来诊,方主和中开胃,服后尚佳。

报载要闻:财政部宣布,法币英镑汇率改为四便士半。扶南展开争夺战。运输总司令钱宗泽逝世。广西大学校长马君武逝世。英船一艘在珠江被扣。沪领团今日续开会议,商制止恐怖行动。英侨阿乐满发表声明,坚信法律与秩序,于伪方限令出境说置诸不理。日新阁发表"基本政策",野心益炽。《大美晚报》机器房发见巨型炸弹,司阍俄捕有嫌,已潜踪。日限制内地贸易,沪美商会函总领提抗议,且准备采取有效措施。美众院通过两洋海军及配备士兵经费案。美禁飞机汽油输出。美、苏谈判续订商约。南大西洋英、德二次大海战。英驱逐舰欢喜号被炸沉。苏联中委会通过现行外交政策。

8月3日(六月三十日　戊寅)星期六

晴热。上午八六,下午九二。

依时入馆办事。编发每周通讯录第八十三号。仍注《滇南杂志》。致致觉,告芷芬已收划款付济昌。复芷芬,顺告近状。夜归小饮。幽若来。

报载要闻:国府申令整肃官箴。邕龙路寇股进犯,已击退。寇机分批袭川省各城市。晋东南我军进抵高平、晋城地区。镇海口续有炮战。领团会议昨议决建议工部局,严戢恐怖行动。昨晨同一时间内发生暴行案三起(白俄领袖被杀,义泰兴煤号经理被绑,日本北海道剧烈地震)。苏联两院联席会议通过外交政策。德机袭击英伦,在维诺区域投弹。美派四舰包围巴拿马运河。

8月4日(七月小建甲申初一日　己卯)**星期**

晴热,午后起阵未果,竟夕灼热。上午八七,下午九二。

竟日未出。上午致觉来谈,谢划款济昌事。有顷,仲弟挈淑任来,致觉旋去。仲弟等饭后去,长谈近情,知涵侄已许字万载袁氏,其人名远字砫流,现方在南京任事云。宏官来,带到烧酒一大瓶,青蒿一大扎。夜饭后去。夜小饮。

报载要闻:鄂中我军入应山后续克十里河。武昌寇军火库被我军焚毁。晋南我军袭攻晋长公路。桂南水口关之寇已告肃清。寇机入川袭铜梁。汽油输入内地,暂不禁止。美轮避风,驶近温州,遭寇舰扣留。领团对工部局呼吁将函复确切办法。外传"特警"成立期,工部局已否认。白俄领袖被杀后已获一嫌疑犯。律师梁伯华遇刺受伤,流弹中程天赐立死。美注意日南进政策之发展。伦敦两著名日侨被捕。特戈尔被贝当政府缺席判处死刑。苏联两院联席会通过罗国贝、布两区并入联邦。

8月5日(七月初二日　庚辰　三伏)**星期一**

晴热,午后起阵仍未成,入夜更闷。上午八七,下午九一。

依时入馆办事。仍注《滇南杂志》。复怀之。夜归小饮。饮后看唐笺《宋词三百首》。

报载要闻:鲁省牟平之寇东犯,被我军击退。桂省龙州以西残寇完全肃清。桂各界公祭殉职故师长钟毅。当阳西北激战。晋东南我军获捷。岳阳西北楼下湾,寇图登陆未逞。嘉善李港附近有激战。淞沪抗战纪念将届,租界当局采严峻戒备。英、日关系紧张,在沪侨民关切。文化界昨纪念鲁迅六十冥诞。徐永祚、徐懋棠闻将恢复自由。苏联最高会议通过立陶宛并入版图案。伦敦日侨被捕事件,英政府驳斥日方抗议。罗、保两国举行预备谈判。日对美禁运提抗议。英机炸德,汉堡大火。

8月6日(七月初三日　辛巳)**星期二**

昙热,近午起阵,夜大雷雨。上午八七,下午九一。

依时入馆办事。接颉刚七月廿六日航函,复告《宋词纪事》处分,并及圣陶已到蓉。预付饭金十元。夜归小饮。

报载要闻:宜昌寇图西进,我军已集中力量应付,空军亦赴前线助战。桂南我军疾向滇边、龙州间进击。镇海口外寇舰不时开炮。滇越路将恢复运输。粤省府规定公务员公耕办法。寇在崇明大肆屠杀。马斯南路邮局寇方查扣大批邮件。甬同乡会拨款三万元救济镇海灾民。伦敦及英属各地续捕日侨九名,伦敦三菱分行经理槙原在内。寇对越南要求设立军事根据地,美决力阻。英空军进袭德制油业中心。罗马尼亚代表启程赴匈京,进行预备谈判。

8月7日(七月初四日　壬午)**星期三**

昙,时飘细雨,午后雷阵大雨。上午八七,下午八六。

依时入馆办事。仍注《滇南杂志》。夜归小饮。

报载要闻:中、日战局,各前线近无大战。惟当阳马鞍之寇被包围,汾城黑虎庙有战事而已。川北霍乱流行。全国粮食管理局开始办公。然禁运货物仍由缅输入。国府发行航空券美金五百万元。崇明大屠杀未已,已成恐怖地域。英大使寇尔昨已由北戴河返沪。法捕房副督察长(俄人,法籍)昨晨在寓被杀。美亚绸厂总管理处副主任莫如德昨被绑。海关税务学校昨被伪员侵入,但无物接收。香港总督诺尔顿宣誓就职。法决加强越南兵力,军舰已奉令开越。美陆军开始大演习。伦敦三菱分行经理槙原已开释。英空军大炸德境,下弹十四吨。罗马尼亚允将多勃鲁甲区让边保加利亚。

8月8日(七月初五日 癸未 丑初二刻四分立秋)**星期四**

昙热,傍晚大雨滂沱,雷电以风。上午八五,下午八八。

依时入馆办事。午与调孚同赴柏丞静安寺路清华同学会之约,参加《学林》编辑会议。晤诚之、培恩、继曾、季棠、东华、莲僧、予同、振铎、柏丞及殷、李二君。饭罢已二时馀,复偕柏丞、调孚过铎所,纵观近得诸珍籍:宋本《吴郡图经续记》、《严州图经》、《严州续志》、《五臣注文选》等,其他黄荛圃、顾千里校跋之书指不胜屈。其中椠印最精者为《五臣注文选》,乃里老栩缘老人王胜之藏物,后有手写长跋,断为宋刻宋印宋读,盖全书朱笔圈点,遇宋讳必加朱围为识(至宁宗止,似宁宗以前人读本也),如后世村塾点读之本也。摩挲久之,自矜眼福而已。谈至四时半,乘柏丞之车径归,未入馆。到家未久而天色倏变大雨随至,深幸得免沾濡之累也。午前允言来馆闲谈,借书,约明日送去,乃行。夜听雨小饮。快然就枕。

报载要闻:龙州寇又犯下冻,被击退。晋西各地遍降甘霖,我军进击古城。我军一度冲进杭州。台湾寇舰六十馀艘奉令驶赴南中国海。寇舰向温州炮击。意商常德轮昨仍驶往温州附近古鳌头。沪领团会议,内容仍未透露。为"八一三"纪念,租界定于明日起实施戒备,将形成武装堡垒。白俄领袖被杀后,从此多事,连日迭起纠纷。寇对英态度仍趋和缓。美大使格鲁访松冈,表示关心越南问题。美、苏换文,延长商约一年。苏舰队开太平洋演习。

意军三路攻英属索谋里兰。

8 月 9 日(七月初六日　甲申)星期五

昙,较闷。上午八四,下午八九。

法租界马斯南路以东,嵩山路以西又阻深水,电车为之停驶,至九时后始勉强开行。人多车少,予立候至二十馀辆始得上。到馆已十时二十分矣。而爱多亚路交界处又值无聊之搜检。愤火几欲穿顶,心神大为疲苶,入馆坐休久之始办事。致芝九,复告廿六年南京市人口统计无由查得。致诚之,送校样去。致允言,送所借书去。致植仁,告允言许留意教课。夜归小饮。

报载要闻:我军集中越边。豫军攻兰封。晋西南进击曲沃、侯马。皖南袭湾沚、芜湖。洛阳降雪。皖省枪决贪污。琼州轮今晨驶往海防。恐怖事件愈形猖獗,昨连续发生绑案五起。香港拒绝日船进口。缅甸公路运化学品,寇又对英表不满。英属索谋里兰齐拉港守军撤退,意军侵入。英下院讨论经济组织问题。英邮船阿克赖号中雷沉没。匈、罗两国开始谈判。美注意远东及中、日纠纷。苏联最高会议闭幕。

8 月 10 日(七月初七日　乙酉)星期六

晴,热,午后转闷,入夜绝风,终宵浴汗。上午八八,下午九一。

依时入馆办事。编发每周通讯录第八十四号。宾四来谈,知摒挡一切,两星期后即行入蜀矣。当将汇来支票二千面交之。纵谈史观,移时乃去。午后复颉刚,详告丛书、《学报》进行情形,宾四行期,并属致意圣陶,不另函。是日祀先,饬同儿恭代行礼。清儿又感不适,颇为廑虑。夜与士勰小饮。

报载要闻:英决定撤退上海及华北驻军。重庆又遭寇机轰炸。铨叙部调整铨叙处管辖范围。鲁南克徕庄。邕钦路发生激战。大中华饭店昨发生血案,毛羽丰被杀。新华染织厂长王槩基昨被绑。(此两事,足以反证严密戒备之可笑,徒令良民受累而已。)德机四百架袭英,在英吉利海峡上空剧战,击落德机五十三架。美参院通过动员国防军案。

8月11日(七月初八日　丙戌)**星期**

晨昙,即阴,午后雨,入夜雷电交加,雨势倾盆。上午八七,下午同。

晨入书巢记日记,并抄《观古堂书目》两页。润、滋两儿理发后,偕往濬儿所。薄暮乃归。洗人来,谈有顷,即过雪村打牌。午后看陈眉公《读书镜》。夜小饮。清儿热退,仍感倦,疑为疟。令服金鸡纳丸。

报载要闻:西原携新训令返河内,与越督进行谈判。法舰队在越南海上演习。英军宣布撤退后,美国表示不变更态度,并不拟撤退驻华军队。晋南寇犯高平关,我击落寇机一架。桂西之寇将撤至龙州。鄂西我军进击宜昌北郊。寇机九十架昨又袭重庆,七处引起火灾。寇机六架受伤,五架击落。寇机袭粤海丰,被击落一架。清华留美学生考试,定十九日开始举行。沪租界当局为保护各报馆,特在各馆附近堆置沙袋堡垒。寇在闸北等演习。仰光一日侨被逐。菲列宾国会通过紧急权力法案。

8月12日(七月初九日　丁亥)**星期一**

昙闷,转炎热。上午八七,下午九〇。

依时入馆办事。泉澄来洽校稿。夜归小饮。清儿在家休养，仍服金鸡纳丸。

报载要闻:平、津英驻军本星期内撤往香港。财政部颁布《非常时期管理银行暂行办法》。晋城我军加强经济封锁。浙海寇舰时向镇海、象山开炮。沪传英军撤退后美军将接防。寇扩大闽海封锁区,航商又遇难关。德、日在远东地位,决难获得协调。越督向西原表示亲善。我大军集中滇边,准备抗战。德空军大举轰炸英国波特兰港,海峡上空又起剧战。美总统视察海军船坞。罗、保两国成立临时协定。

8 月 13 日(七月初十日　戊子)星期二

晴热。上午八六,下午九二。

依时入馆办事。绍虞夫人自平来,将返苏省亲,过我谈。承携赠食物数事。据云明晨即赴苏矣。夜归小饮。

报载要闻:北平一部英军今日开始撤退。法国并未考虑撤退驻华军队。蒋飞滇、越边境视察,准备应付越南方面任何发展。宜昌对岸姚家湾展开激战。赣北夜袭安义。浙海岸续有炮战。寇机轰炸四川自流井及泸州。桂南克复上金。沪领团复工部局函,昨已正式送达。驻沪各国防军司令传将于明日开会。日本各地举行反英运动。德机五百架袭英伦朴资第斯军港。英属索谋里兰英、意军主力接触。

8 月 14 日(七月十一日　己丑)星期三

晴热。上午八七,下午九二。

依时入馆办事。致芷芬、汉华,告托少眉带衣物与元章,俾携返滇垣。午前曙先来,因与洗人、雪村及予共饮于永兴昌。酒价每斤已涨至六角八分,而质反逊于往昔。买卖之道将穷,以此例他,影响生活,非细故矣。夜归小饮。

报载要闻:八一四空军节,航空委员会发表告同胞书。粤海丰击落寇机一架。晋南我军向闻喜、夏县进攻。财政部令,战时公债按期还本付息。行政院议决统一缉私办法。东江泛滥,东莞、石龙尽成泽国。寇续布封锁我沿海港湾八处。神话轮在闽海遇盗,骑劫三昼夜,仍折回。龙云表示,决承中央意旨,应付越南局势。日、法关于越南谈判,日方谓可结束。香港形势紧张,加紧训练志愿兵。英、德大空战,参加者八百架,海峡天空布满飞机。澳陆军参谋长乘飞机失事殒命。意、希形势愈紧张。保、罗谈判成僵局。

8月15日(七月十二日　庚寅　末伏)**星期四**

晴热。上午八七,下午九二。

依时入馆办事。为坚吾挽其子之义祖濮长庚(书套厂主文彬之父)一联,并书之,云:"气谊洽高情,幸托乔松荫小草;箕裘绵世泽,长留缥帙照人寰。"看冯芝生《新事论》,毕之(已尽两日之力)。北平图书馆钱存训来,洽中央信托局划款(信托局挑剔刁难,殊可恶)。晚在正兴馆(老店新开)举行酒会,到廉逊、俊生、雅堂、曙先、洗人、雪村、绍先及予八人。摊费二元五角,七时许散归。清儿又有寒热,延谢医来诊,云风邪,处方疏理,服两剂。今服第一剂,觉稍好。

报载要闻:昨日各地庆祝空军节。晋北攻入五台河边村。襄西向宜昌南岸进击。晋汾河溃决。据查,四个月来袭川寇机被击落六十四架。沪租界特别戒备今晨撤除。各国防军司令俟美赫德上将兼程到沪,今日开会讨论英军撤防后防区问题。张啸林被自己保镖枪击殒命。英外相向郭大使表示,美、英密切注意安南事件。英、德飞机千馀架在英伦上空交战。德并用长射程大炮轰击英伦。意国北部重工业区被炸。寇廷近卫放弃组织统一党政策。意、希关系紧张,益趋尖锐化。

8月16日(七月十三日　辛卯)星期五

晴热,时昙,益闷。上午八八,下午九二。

依时入馆办事。看佐野袈裟美《中国历史教程》译本。散馆后,赴静安寺吊夏龙文。雪村、洗人、沛霖、均正、调孚、振孚、子如、韵锵、惠民等俱往。遇振铎、予同、曙先、文祺等。珏人等先已在彼。夜饭后,珏人先归,予与予同、雪村同过铎所,谈至十时乃各归。清儿服药后热已退,惟大发失眠,几见怔忡,殊为廑虑。

报载要闻:当阳、荆门一带,我军获胜。岳阳、蒲圻间铁桥炸断。晋西南我军向张茅大道进击。黄水暴涨,太康成泽国。港、渝航空客票增价。停滞黄浦航轮已达七十馀艘。华商粉厂遭受双重困难。全国征募寒衣运动,昨日开始。各国防军会议结束,今日上午九时发布。午后见号外,知B区(即公共租界中心区)归美军接防,D区(即沪西越界筑路区域)归日军接防。越南军集中边境布防,与日军对峙。英伦海滨空战甚剧。美参院通过入伍法修正案。苏联军队二十八师调集芬兰边境。英空军大举袭击德、意工业区。索谋里兰英军续向后撤。

8月17日(七月十四日　壬辰)星期六

晴热。上午八六,下午九〇。

依时入馆办事。编发每周通讯录第八十五号。洗人十九日为族侄娶妇,送贺礼四元,不肯受,却还。夜归小饮。清儿仍失眠。

报载要闻:寇图假道犯滇,我军集中桂、滇境上。行政院通令取缔囤积居奇。泸州被炸,已全灭。重庆、衡阳亦均遭袭击。晋军袭攻临汾西南。粤汉路北部我军进击。驻津英军定明晨撤退。自来火公司罢工工人昨复工。寇搜查亚尔培路,劫运大批无线电材料。德机千馀架连续轰炸英国各地。美议员提议以驱逐舰售与英国,易取英属西印度。美众院通过国卫军法案。苏联红军参谋长易人。希对意积极备战。

8月18日(七月十五日　癸巳)**星期**

晴热。上午八六,下午九一。

同儿再度投考晓光中学。盈儿投考华英女子中学附设小学。云斋来,饭后去。陆妈自昆山来省,明日即返。履善来看清儿。夜小饮。

报载要闻:桂南战烈,克平而关。鲁南克台儿庄。晋收复东阳镇。寇机昨又袭川省各城市自流井等处。旧金山华侨电蒋,认募航空捐美金一百万元。沪英军撤退在即,将举行大检阅。寇方谋变更防军决议,美方表示不让步。亚尔培路政府积存大宗电料被寇方劫运而去。美总统称英、美正谈判加拿大海空军根据地问题。日本向泰国要求设立海空军根据地,南侵之志益露。德宣布封锁英伦三岛,并派机袭击伦敦。

8月19日(七月十六日　甲午)**星期一**

晴热。上午八六,下午九一。

依时入馆办事。接芷芬、汉儿信。接墨林与清儿信。是日起，在馆吃包饭。（每桌八人计三元，每份摊派不及四角。）夜归小饮。连日闷热浴汗，生趣索然，入夜亦不能得好睡，醒来百骸如脱，肌肤大块痱热，痛痒并作。

报载要闻：寇机昨又夜袭渝、万。桂军在龙州东西完成合围。晋南克临汾车站。鲁北冲入齐东城内。寇机炸扰浙东溪口等地。宿淮公路发生争夺战。沪租界新防区事件传将就地解决。沪西昨晨发生两暗杀案，伪交通部技正陈国梁被刺。画锦里白昼绑架，警探围捕格斗。越督拒绝寇方要求，法、日谈判移至维希（贝当政府所在地）。法外长延见中、日大使，商谈越南问题。罗马尼亚境内日耳曼民族提出紧急要求。

8月20日（七月十七日　乙未）星期二

晴热。上午八六，下午九二。

今日清儿生日，因身体不舒健，其弟妹等醵资购香烛糕团为之斋星官，其心可嘉，予乐以成之。依时入馆办事。北平图书馆所托代收中央信托局汇款一千七百二十元事，今日始办结，即饬人送钱存训转孙洪芬收讫矣。会计部代送夏采文吊礼四元，今还讫。致予同，概举晚清史学渊源。夜归小饮，吃面，并邀士敭同饭。

报载要闻：我空军一队飞宜昌轰炸。寇航空母舰一艘在贵池上游李阳河附近被袭击。寇机百九十架昨分四批袭渝，市区大火。传陈诚将专任军职，张治中继任大本营政治部长。寇军集结海南岛，窥伺越南。沪公共租界中区将暂由万国商团接防。寇方又在善钟路抄去巨值无线电料。《大美晚报》记者程振章昨被刺重伤。美与加拿大成立防御同盟，组织永久联合会。英机首次轰炸阿比西尼亚京城。德天空攻势昨转和缓。罗、保定期签割让协定。罗向匈提对案。

8月21日（七月十八日　丙申）**星期三**

晴热。上午八七，下午九〇。

依时入馆办事。清儿到馆销假。接瑞安陈绳甫信，即转诚之，兼送《学报》校样。世璟来访，代孙伯才取去渊记户存款六十二元另二分。看毕佐野袈裟美《中国史教程》译本。夜归小饮。

报载要闻：寇机昨又袭重庆，投弹毁屋甚多，被我击落四架。驻土公使张彭春赴任。皖北克复各据点。英军一部今离沪，租界防区问题归美、日政府谈判。沪、菲航线荷轮竭力维持。英援华会要求英政府准期开放滇缅路。英已放弃索谋里兰，东非战局解决。美舰将代巡加拿大沿海，俾英驱逐舰可开回，并准备租用英在西半球之军事根据地。（日报因谓美参战不远。）法、日维希谈判无甚进展，法舰数十艘开抵越南各海口。

8月22日（七月十九日　丁酉）**星期四**

昙热。上午八六，下午九〇。

依时入馆办事。致红蕉，代圣陶还夏礼十元。接陈贯吾转到袁守和函，商减印《馆藏碑目》请重估价，因与村、调谈过，即复贯吾告以重定最低价。看冯芝生《中国哲学史》。夜归小饮。

报载要闻：越督拒绝寇方要求，泰、越联防。我精锐军队在滇、越边境布防。晋南攻入绛县城内。沙市之寇南犯，被我击退。柳州击落寇机一架。黄河下游堤岸溃决，豫省水灾严重。国府核准苏、粤、闽、康四省发行公债。中国化学会举行第八届年会。英军四百名昨首批离沪,万国商团接防已竣事。程振章伤重逝世。孔宪棻幸免绑架。英国决定以西半球属地租与美国设防,定期九十九年。意军加紧封锁英殖民地海岸。托洛斯基在墨西哥被刺。

8 月 23 日(七月二十日　戊戌　申正初刻十三分处暑)**星期五**

晴热。上午八六,下午八九。

依时入馆办事。续看冯《史》。致斐云、泉澄、诚之,为《学林》拉稿。致道始,为丐尊催舍弘一《护生画集》印资。午后诚之、宽正、丕绳来谈,取《古史辨》校样一部去。知盈已取,同仍不取。夜归小饮。

报载要闻:关于越南事件,一方中、法谈判联合抵御,一方法、日又赓续进行谈判。八路军破坏华北各路交通。晋南袭击堰掌。新会方面克复螃蟹山。沪电力公司减低附加费。英军今日登轮,明日全部撤退,本市中外居民期望美军接防中区。意军集中希腊边境,希亦备战甚亟。美总统返白宫,商讨租借地设防事。美众院通过西半球贸易贷款法案。德空军分小队广袭英伦各地。罗、保两国商妥割让多勃鲁甲。托洛斯基伤重殒命。

8 月 24 日(七月廿一日　己亥)**星期六**

晴,有风,薄暮雨,即止,夜月色姣好。上午八七,下午八八。

依时入馆办事。编发每周通讯录第八十六号。接芝九函,告同成绩较逊,晓光遂未取,即复谢之。付饭金四元五角,予与清儿两份。予同来,谈久始去。承带到《学林》编辑费三十元。夜归小饮。是夜稍凉,始获安睡。

报载要闻:日复文越南问题已送达维希,我方否认军队已开入越境。寇机昨又分三批袭渝。蒋规定五项办法，办理重庆被炸善后。蒋夫人视察灾区。襄西我军布置完成。我军分路攻击平汉、同蒲、正太各路。寇舰向象山发炮。沪海关贸易美居首位（本年一月至七月）。加强公共租界中区防务，铁甲车今晨出防。英大使寇尔定期赴港飞渝。美商大新轮驶入古鳌头。陶尔斐斯路血案，周金印被杀。寇廷外交界大更动，召回驻外使领达四十人。英空军轰炸里比亚意舰队。德长射程大炮列法国海岸遥轰英伦，英亦发炮还击。又轰袭英护舰队，未中。传意已向希提最后通牒。

8月25日（七月廿二日　庚子）**星期**

阴，凉飔倏至，快甚。午后放晴。上午八三，下午八五。

晨入书巢补日记，十时始毕。命同、复两儿往省仲弟，午后三时许归。饭后组青来，宏官来。抄《观古堂书目》。就刘续《清文献通考》录成《乾嘉以后文庙增祀考略》一则。夜缺酒，勉饮高粱烧一小杯。晚饭后宏官、幽若（每日早来暮去以为常）去。九时许，组青亦去。

报载要闻：越南边境我军密集，监视寇方行动。寇机轰炸奉化溪口。晋南我袭攻晋长公路。皖北攻入大纪岗。英伦银行金镑券限期（本月廿七日前）收回，财部指定各地中国银行为收兑机关。桂林昨遭空袭。荆门城郊之寇被我击溃。最高国防委员会下令重庆政府机关撤往乡间。沪生生牧场经理沈九成昨被绑。寇廷派商相小林为荷印专使。但新加坡西记者谈，日本暂时不致南侵。德机二百架昨又空袭英伦。英机猛炸德炮队。美对侵略国重申严峻态度。希腊对边境民众施武装，意军在阿尔巴尼亚要隘布防，战机已亟。

8 月 26 日(七月廿三日　辛丑)星期一

晴,转凉爽。上午八一,下午八四。

依时入馆办事。校吕诚之《先秦史》。夜归小饮。诸儿学费俱缴讫,心下一松。

报载要闻:桂南反攻邕钦线,向小董方面扫荡。赣北寇股被击退。渝市被炸后街市秩序已恢复。豫北我军破坏铁道。信阳东北之寇遭袭击。英大使寇尔定明日启程赴渝。(英军虽撤,在华权益决不放弃。)香港飞机失事。英、法两公司轮只昨离沪驶往海防。美总统谈西半球防务,其代表即赴加拿大。德机在英伦西南区投烧夷弹数千。罗、保协定日内签字。罗、匈谈判决裂。

8 月 27 日(七月廿四日　壬寅)星期二

晴。上午八一,下午八四。

今日为孔子诞辰,放假一天。雪村尊翁今日小祥,送香烛之敬二元。午饭其家。抄《观古堂书目》。写字两页。夜小饮。

报载要闻:晋东克娘子关,连日进攻正太路阳泉以西各据点。渝市长与各业商讨恢复市面。美国人士捐款救济渝被炸难民。涡河决口。寇尔离沪。驻沪英军今日撤完,英舰护送南下。法舰退集西贡、托伦,有放弃越南说。英军在缅甸布防。柏林近郊初次被炸。立陶宛等三国废止国会。美将在百慕大群岛设防。美国非常自卫费将达二百万万元。

8 月 28 日(七月廿五日　癸卯)星期三

阴,微雨乍止。上午八二,下午八四。

依时入馆办事。发召集董事会通函。接齐大信(此间复颉刚者多不接头)。致丕绳,属在《禹贡》觅取文篇。致诚之,送校样。夜归小饮。

报载要闻:皖中猛攻无为城。我军第一线结集五百万人,准备展开总反攻。寇机袭桂,先后击落两架。中国化学会第八届年会闭幕。沪法租界代总监白朗希昨遭狙击受伤。公共租界工部局召集会议,阻遏恐怖事件。德空军昨夜大举袭英。美国史蒂林大将谈太平洋局势,美、日不免一战。美加联防会举行首次会议。美参院通过强制军役案修正文。

8月29日(七月廿六日　甲辰)**星期四**

阴晴间作,薄暮雨。上午八三,下午八六。

依时入馆办事。接宾四书,告稿件寄出,已将于月初到沪,由防转滇入川。看《复性书院讲录第一集》,语语切实平正,顾不免局于成见耳。接校诚之《先秦史》。夜归小饮。天气恶劣,背风则汗泚胸梗,当风又鼻塞头胀,予卧不安枕者累夕矣,家人复感冒殆遍。甚恚。

报载要闻:美与英订密约,在远东方面共同合作。王外长对越南事发表声明,不论寇方任何藉口以及以任何方式在越南登陆,则中国为自卫措置,立即将边境军队开入越南。晋省连胜,传已收复太原。长江北岸,我军活跃。行政院通过以雷沛鸿继任广西大学校长。英镑票明晨起停止兑换。沪公共租界防区问题暂告沉寂,美坚持公允办法。工部局新设委员会,研究今后选政。中法联谊会秘书冯执中昨遭狙击受伤。西贡、海防航线,沪轮已停驶。近卫新政体运动,陆海军表示并不参加。因此,近卫宣布不采一党制度。罗、匈谈判决裂，边兵开枪互击。苏、罗间又发生陆空战争。

8 月 30 日(七月廿七日　乙巳)**星期五**

阴晴并作，午后阵雨。上午八五，下午八六。

依时入馆办事。钱寄稿收到。致泉澄，送校样。续校《先秦史》。夜归小饮。

报载要闻：寇图在海防登陆，越南封锁全部海口。桂南我军步步进逼龙州。上思附近寇股后退。晋东我军扫荡正太路寿阳、阳泉段。我空军轰炸广州寇机场。寇陆战队在粤东陆丰登陆。镇海又遭寇舰炮击。徐、海各属大水为灾。沪南洋烟厂工程师邝兆祺昨被绑。米粮又超越限价，评价会昨开紧急会议。内政部新规定违警处分行使权。维也纳德、意、匈、罗四国会议开幕。英、德互轰，伦敦、柏林同受空袭。美总统签署动员法案。参政院通过征兵案。

8 月 31 日(七月廿八日　丙午)**星期六**

风雨，午后略晴，旋又阴合，终宵霏霏。上午八五，下午八六。

依时入馆办事。编发每周通讯录第八十七号。校《滇南碑传集序》。付饭金四元。下午四时开董事会，到丏尊、达君、道始、五良、守宪、洗人、雪村，在沪董监除马荫良外齐集矣，数年来无此巧遇也。通过三年并结(廿六、廿七、廿八三年度账一并结算，仅年终办理完结)及借支股息四厘。五时许散会。夜与丏、村、宪饮王宝和，七时归，乘廿二路公共汽车，司机及卖票人均非善类，口出恶声，直不可以人目之，甚气。

报载要闻：蒋令川中驻军协助农民割稻。粤军克复上、下川岛。晋东进攻井陉关。皖北克复襄安,袭击合肥十里铺。国内邮资,定十月一日起增价。沪日总领事三浦将去任,由同文书院出身之堀内干城(原名亀太郎)来继。美商团今午出防公共租界中区。粮食评价委员会议定增高洋米限价。寇方要求在泰国设军事根据地,泰使节团将应招就寇,我已密切注意此事。英伦东南部发生猛烈空战。维也纳四国外长会议,由德、意公断,强制匈、罗解决纠纷。美参院通过整个防御法案。

9月1日(七月廿九日　丁未)**星期**

飓风影响,风雨凄其,闷湿困人。上午八五,下午同。

晨入书巢补日记,并抄《观古堂书目》。复儿倔强顶撞,禁进午餐以示惩。予当食生气,胸次为之不舒者久之。饭后读《通鉴》。写字两页。夜小饮。

报载要闻:湘、鄂、赣各线军队分别进击。皖南克复据点数处。空军飞粤南宝安侦察。飓风向沪疾进,海关悬球警告。法租界昨突施严重戒备。万国商团美国队昨接防公共租界中区北部。小儿科医士沈仲芳昨被绑。美将派飞机潜艇大队海陆军至菲列宾。新加坡已完成防御步骤,美将借为根据地。英、法谈判圆满结束,港、越航运复通。德、意宣布匈、罗争执公断结果。德将戈林传因飞机被击落殒命,惟德政府否认。

9月2日(八月小建乙酉初一日　戊申)**星期一**

飓解,仍阴。上午八四,下午八一。

依时入馆办事。理董董会纪录,印发在沪各董监。付谦豫八月分酒资九元七角二分。夜应学林社之招,与雪村、调孚饮柏丞所,仍由予同驱车来接,十时许原车送归。晤东华、颂久、纪堂、振铎、莲僧、柏丞等。又获畅谈,甚快。

报载要闻:正太路我军攻入寿阳。空军袭击运城。皖北克襄安镇。粤东江收复石头山。桂南克复江州,龙州残寇撤往南岸。豫东各县大水。各地新闻界举行记者节。法驻沪总领事欧仁将去职。飓风在三都澳登陆,沪已免袭。越南对日谈判仍在维希进行。英表示新加坡防务极完备。英国民众一致殷望滇缅路如期开放。英空军初袭柏林,在市中心投弹(英、德互施报复,柏林、伦敦俱炸)。罗外长发布广播演说。

9月3日(八月初二日　己酉)星期二

晨阴,旋晴,有风。上午七八,下午八一。

依时入馆办事。校《滇南碑传集》。元翼见过,为梦岩托留意其子寅福馆地。夜归小饮。

报载要闻:财部切实否认法币抑价谣言。蒋视察被炸难民收容所。海防有遭日舰队封锁说。寇犯渠黎,被击退。我分三路攻龙州。赣北袭击寇兵车。晋省各地激战,我控制正太路。寇宪兵已在沪西丁区实行巡逻。沪租界昨迭出两绑架案,卒掳去米商一人。英机轰炸慕尼黑。德机两次图袭英伦未逞。罗民众举行示威,反对割地,罗军亦拒绝让出,与匈军冲突。罗、保谈判亦将决裂。德、罗边区协定签字。美征召首批国防军受训。美海长出发视察太平洋防务。

9月4日(八月初三日　庚戌)星期三

晴。上午七九,下午八二。

依时入馆办事。陡然戒严,大约为越南紧张事,晨暮出入竟大兜圈子也。检赵校《说文》、《遵生八笺》还振铎。硕民来馆,知昨日到此。致泉澄,取校样。傍晚归,濬儿伴文权母夫人来,留晚饭而后去。

报载要闻:越南政府拒绝寇方所提最后通牒(要求假道)。英大使寇尔由港飞抵重庆。寇机分三批飞川北投弹。我军迫近龙州城郊,寇准备巷战。晋、冀边界战事甚烈,我向保定、望都间进击。荆门附近发生激战。寇股在无为附近登陆。美商务参赞安立德临别陈辞,称中国必获胜利。穆时英后继人刘呐鸥昨午被人击毙。波兰侨民沉痛纪念故国沦陷一周年。工部局董事会复会。米价再评定。罗斯福发表重要演说,促全国采取更强硬态度。英伦东南剧烈空战。罗国有反德示威,德提严重抗议。

9月5日(八月初四日　辛亥)**星期四**

晴爽。上午七九,下午八二。

依时入馆办事。午与洗人、雪村、曙先、叔含饮大马路王宝和。接芷芬、汉华八月廿七日信。夜归小饮。

报载要闻:越督向我保证,不许日军假道侵滇。(寇否认对越南提最后通牒,法、日仍赓事谈判。)国防委员会常务会议决议设置晋陕监察使署。桂军猛向龙州进攻。海南岛战事激烈。廊坊路轨被炸,平、津交通已断。全国慰劳总会通电发动秋节劳军大会。沪租界戒严将展至“九一八”。电话将加价。日光节约定于十月十二日结束。美赫德大将昨自青岛返沪。美、英成立协定,以旧舰换取英属岛作军事根据地。美派专家分赴百慕大、夏威夷考察。德机袭英十三城镇。罗马尼亚局势紧张,内阁提出辞职。

9月6日(八月初五日　壬子)星期五

阴,午后放晴,北风。上午八〇,下午八三。

依时入馆办事。看冯芝生《中国哲学史》。朝暮兜圈子如故。夜小饮。

报载要闻:桂西上思附近有激战,击退犯寇。冀、晋发动攻势,平津、正太两路战事在进展中。寇机四架袭甬。香港附近堕毁一寇机。赫德来沪后两度召开重要会议。美商务参赞安立德今日离沪返国。香港电告沪越线复航。寇方派人昨在古拔路王正廷宅搜查,并捕去两人。米号业公会请当局严厉执行限价。美照会日本,反对侵略越南、荷印。日已撤回通牒,越局稍安(英、美合作,寇极注意)。英伦上空续有空战。德国冬赈运动开始,希脱拉演说,作战到底。罗内阁改组,宣布实施独裁制。

9月7日(八月初六日　癸丑)星期六

阴晴并作,北风时挟细雨。上午八二,下午同。

依时入馆办事。编发每周通讯录第八十八号。复芷芬、汉儿,仍盼时寄信。致颉刚,催询以前各去函到否,并催寄《齐大学报发刊词》。夜归小饮。楼上下聚博,可厌之极。若辈方乐此不疲,如蛆之甘粪,岂今人与今人度量亦相越若此耶!夜坐书巢记日记。

报载要闻:传法已允日军一万二千人假道越南,分三处登陆。惟日方否认。国府明令,重庆改称陪都,体制一依西京。蒋对节建储蓄运动发表文告。湘北克复临湘。广州四郊我军冲入白云山寇机场。冀、晋、豫展开攻势。寇机又炸浙东。沪租界防区问题延不解决,美军准备接管中区。工部局高级警员姚克(英人)昨遭狙击未中。英轮定期驶往海防。米粮评价委员会议决维持洋米限价。罗王卡洛尔逊位,新君米查尔继立。伦敦区昨遭德机狂炸。邱吉尔在下院报告战局。美与加、澳签订友好条约。

9月8日(八月初七日　甲寅　寅正一刻十二分白露)**星期**

晴阴乍忽,午后畅晴。上午八一,下午八二。

晨八时,往振铎所,以币谱、印谱各一种赠之。纵观其近日所得《万历疏钞》、《乾隆谕旨条例》并外交部《四国专档》及关于矿务各原档册,阅二时乃归。取得重印陈老莲《水浒叶子》一册,盖近以原刻本重印,备抽换《中国版画史图录》之前印者(前印非原刻,故重印)。饭后抄《观古堂书目》。硕民来。悦之来。夜小饮。

报载要闻:传法、日已成立协定,准日军经过越南。惟日军登陆说尚未证实。滇、越边境重要桥梁均已破坏。美发动对苏联谈判,谋制止日本攻荷印。晋、豫边境我军连日出击,颇得手。绥东攻入兴和城。我军化装攻袭广州市。国府明令规定重庆为陪都。沪轮驶海防、西贡,船期不变更。谋刺姚克案,寇方否认获有凶手。米粮评价会函请当局取缔非法交易。美不欲变更沪防军决议,决将接防中区。节约建国储蓄团在渝开成立大会。法内阁改组,仍由贝当任总理。苏联否认与德、意、日签协定。罗、保割土协定签字。罗王授新总理独裁权。

9月9日(八月初八日　乙卯)**星期一**

晴爽。上午八〇,下午八三。

依时入馆办事。丕绳来辞行。夜归小饮。悦之妻女来。夜饭后去。

报载要闻:我在越边布置重兵,准备应付事变。已开入越境说无稽。冀、鲁、豫、晋各地均有战事,晋东克落磨寺。赣北我军向滩溪进击。襄西战事,我大得手。渝各银行付现不加限制。沪米号业公会再请租界当局严令抑平米价。法达拉第、莱诺、甘茂林等被捕下狱。保加利亚收复失土,全国欢忭庆祝。罗逊王已抵瑞士,途中曾遭袭击。巴拉圭总统夫妇自飞机堕下逝世。

9月10日(八月初九日 丙辰)星期二

晴爽。上午八〇,下午八一。

依时入馆办事。看毕冯芝生《中国哲学史》。接圣陶八月廿二日所发蜀沪第四十一号信,告近状,现方患疟,已止。据告成都事亦注重编撰工作,是与前所告者有殊矣。夜归小饮。饮后接诚之柬,约七时在功德林吃饭。言宾四已来,明日即行。予因走会之。晤诚之父女、泉澄、张芝联及宾四乡人朱君、某君。谈次,知海防船票已购得,明日即须登程云。予以越南状急,未必遂能由彼入滇,因力劝退票,改由香港乘飞机赴渝,大约见从。谈至十时乃散。予与诚之父女同乘二路电车以归。珏人近患天疱疮,心绪颇不佳,虽搽丁氏药膏,依然未见好也,甚为纳闷。

报载要闻:越南局势混沌,传越、日谈判已破裂,有脱离维希趋向。正太路有激战,井陉附近交通中断。鄂南我军占汀泗桥。寇机又炸金华、诸暨、宁波等处。卫立煌谈中条山战事经过。沪公共租界中区传美军定期接防。谋刺姚克凶手,寇方已纵去。大新公司门前昨午被劫十万元。健康医院等处拘获暴徒甚夥。德空军大举轰炸伦敦中部。美总统签署拨款兴建两洋海军案,同时宣称租得之根据地美洲国家可以公用。苏联与瑞典签订贸易协定。芬兰总统卡利愚逝世。

9月11日(八月初十日　丁巳)**星期三**

晴爽,傍晚微雨。上午七九,下午八一。

依时入馆办事。下午宾四来。谈至散馆时乃去,约明晚请其吃饭。夜归小饮。珏人因面部痛,有寒热。闷甚。

报载要闻:越南当局与维希意见两歧,对日谈判陷于僵局。我行政院会议已商定应付办法。豫南、襄西寇均进犯,均击退。晋东盂县北续克据点。赣北马回岭附近寇弹药库被炸。寇机又炸宁波。闽海飓风中一寇舰失踪。孔祥熙促各省市限期成立储蓄团。沪租界当局决扑灭恐怖罪行。驻泊烟台、青岛之美舰下周集中上海。法租界当局保护特二法院。米粮评价会决仍维洋米限价。因寇方有异动,各轮停航海南之海口。寇廷任建川为驻苏大使。美造舰二百另一艘,飞机一万八千架。英、德长射程炮隔杜佛海峡互轰。伦敦中心区续遭德机猛烈轰炸。罗总理安东尼斯古接受"国家领袖"尊号。

9月12日(八月十一日　戊午)**星期四**

晴爽。上午八〇,下午八二。

依时入馆办事。接汉儿信。夜在聚丰园宴宾四、诚之、斐云、蛰存、振铎、予同,雪村、丏尊、洗人、调孚及予与焉,盖开明为东道主耳。九时乃散归。

报载要闻:传法、日已签订协定,越、桂边界大紧,镇南关以东我军与寇已发生激战。桂南再克上思城。内政部派定各省禁政视察员。外交当局连日与苏联大使有重要谈判。寇舰再扰浙东,宁波又遭轰炸。香港至海防航运仍断。沪租界警务会议今开会,将颁特别警务章程,实施大规模戒备。两租界法院均接获恐吓函件。德孚金号昨午被劫去金条,值二十馀万元。菲列宾国会议长余洛过沪赴美。英机反攻,轰炸柏林中心区。意机轰炸耶路撒冷,死伤平民数百人。苏联驻土大使易人。美在关岛及密特威岛设立军事根据地。

9 月 13 日①(庚辰岁八月十二日　己未)星期五

晴,午后阴。上午八〇,下午八二。

依时入馆办事。看毕冯辑《中国哲学史补》。宾四来谈。夜归小饮。

报载要闻:寇舰一艘在芜湖附近被击沉。国府将严厉取缔囤积米粮。财政部公布公债付息还本办法。宋子文在美借款成功,即将返国任事。焦易堂呈辞最高法院院长。寇机袭渝。桂、越边境战亟。晋、豫军事均有进展。赣北箬溪有遭遇战。阜丰厂经理之子孙以晨昨被绑。寇方经济代表团抵荷印万隆。伦敦上空英、德空军大会战。英机群再度夜袭柏林。英相邱吉尔向国民广播演说,谓危机正亟,勖勉一致奋斗。罗斯福发表竞选演说,谓当选后决不派兵参战。

9 月 14 日(八月十三日　庚申)星期六

晴燠,入夜尤闷热。上午八二,下午八六。

依时入馆办事。编发每周通讯录第八十九号。续校《先秦

---

①底本为:"容堂日记第十卷"。原注:"庚辰九月初二日寓楼阻水自署。"

史》。致晓先,慰其夫人、令爱出院。寄业熊,复日前静甥转来之函。付本星期饭金四元五角(父女两份)。给金才、华坤、学骥节费合五元。夜在丐尊家举行酒会,到廉逊、俊生、洗人、绍先、雪村、清臣、曙先及予,共九人。摊费三元。酒后燥热,竟宵浴汗,恚甚。

报载要闻:晋南冲入晋城。豫北收复据点多处。寇机昨又袭渝,德大使馆炸毁。刘文辉抵成都。安康意籍主教被寇机投弹炸死。越南问题,法、日谈判仍在相持中。沪租界防区问题不在当地解决,将由美、日政府交涉。特一区法院为维护司法尊严,作坦白纯洁表示。抑平米价不行,评价会引咎辞职。沪西警权协定,月内可望成立。意军准备三路攻埃及。德机白昼袭伦敦,白金汉宫再被炸。苏联为多瑙河航运问题,向德提出交涉。美新泽稷大火,药厂突然爆炸。

9月15日(八月十四日　辛酉)**星期**

阴霾奇燠,午后放晴,稍见凉。上午八五,下午八四。

硕民、圣南来,午后四时乃去。抄《观古堂书目》。昨有两事可记:一,调孚示予英桂取到商务印《元曲》改窜底本。振铎所得脉望馆藏本,其未经流布者检付商务印行,张菊生属王君九、姜佐禹校之,逞臆点改,而菊生复加厉焉。将来刊出,谁其得原本对勘之,庐山真面恐终难睹矣。实一大憾事。二,读川人李宗吾《迂老随笔》,述其四等论英雄事,当理切心,痛快之至。夜小饮。

报载要闻:法、日、越南谈判复行。寇机昨又袭川,轰炸长江南岸(前日袭渝,曾被击落六架)。鄂军在沔阳东获胜。赣北湖口附近发生遭遇战。湘北截断寇交通线。我军各线进行全面袭击。沪租界自本周起,采取特别戒备。美在沪军政长官昨有重要会商。

寇方连日又在两租界内捕人。米捐客索价逾限,捕房拘去,将重惩。德陆空军总司令在法商攻英计划。巴尔干形势日见紧张。美总统下令,扩大飞机禁运限制。美与巴西商谈建立海军根据地。意、德军事代表团在叙利亚活动。

9月16日(八月十五日　壬戌　中秋)**星期一**

晴爽,夜月皎洁。上午八一,下午八二。

依时入馆办事。复陈贯吾,再减《碑目》印价。复圣陶,详告近状,列卅四号。夜归饮,濬儿、文权、顯、预两孙及漱石均在。幽若则往震渊所吃节酒矣。九时,濬等归去,予亦就卧。

报载要闻:晋东南克复犁川,三路攻晋城。昨重庆连遭空袭两次。浙东各地亦被炸。蒋令川省府按月会报实施概况。沪市建国储蓄改为节约储金。租界当局对集团购米调度船只装运。孤军营纠纷未决,四周戒备严密。法对日完全屈服,允许在越登陆。泰国向法提三项要求,索还越南前割暹地。美国会通过征兵法案。罗国新阁成立。德机群昨又袭伦敦。

9月17日(八月十六日　癸亥)**星期二**

朝旭甚鲜,旋阴合,细雨洒淅。上午七八,下午七七。

依时入馆办事。付九、十两月房捐三十三元四角四分。续校《先秦史》。午与洗人、雪村约孙怡生饭同华楼。夜归小饮。

报载要闻:渝市发生激烈空战。全国慰劳总会在渝举行秋节劳军。中国科学社等六学术团体在滇举行联合大会。越南形势愈紧,我军枕戈待命。晋、冀、豫三省对寇开始反攻。邕武路我军分途截击踞寇。法租界对南市孤军集中实施压迫,酿成严重惨剧(死伤十数人)。寇方昨又在法租界捕去两人。沪传越边用驳船载渡旅客,防、滇交通恢复。大宗煤斤到沪,燃料无虞缺乏。伦敦前日空战,英获大胜,击落德机一八五架。意军续向埃及沙漠地带挺进。匈摄政巡视占领区。美舰队演习完成太平洋防御工作。全印大会撤回对英合作建议。

9月18日(八月十七日　甲子)**星期三**

晴。上午七八,下午同。

依时入馆办事。校毕《滇南碑传集》一批。校毕《先秦史》一批,送诚之,顺询宾四行未。殷绥来来访,将康柏命致候。谈次知良才已渐复,到太平办事已三日矣。为之大慰。夜归小饮。组青在,幽若亦在。饭后允言至,谈至八时,各辞去。

报载要闻:蒋为"九一八"纪念发布告全国军民书(各报均扣登,《大美报》微露)。行政院组立陪都建设计划委员会,预备大兴大重庆。正太路轨大部被我拆毁,寇增援受阻。两租界防范益严,沪市民众极振奋。明日起续办第六届平粜,米价始渐下降。寇向法要求,联合统治越南。泰国向维希开始谈判,索还领土。英、美会商辽东海军问题。德机昨猛炸伦敦,投弹数千。西班牙内长访柏林。荷印与日进行经济谈判。意对埃及采大规模攻势,机械化部队集中索伦区。

9月19日(八月十八日　乙丑)**星期四**

阴霾,午前后放晴,傍晚微雨。上午七六,下午七八。

依时入馆办事。接良才电话,知予昨托绥来传语已达,甚喜。续校《滇南碑传集》一批。看傅勤家《中国道教史》。致乃乾,托假

《滇南杂志》。夜归小饮。组青仍在，方勤抄《红楼梦谱》。九时后去。

报载要闻：我军在桂南正谋牵制寇力，传法、日协定即将签字。国府特派朱家骅代理中央研究院长。行政院重行厘定禁运物品。晋东南正包围高平。寇众三师团集桂边，对越将有行动。工部局董事会今讨论孤军问题（谢晋元恸告一孤军被击死）。十月一日起，国内邮件决增价。美赫德大将定期自青来沪。德机自前晚迄昨午，不断狂炸伦敦。英相邱吉尔演说，德仍准备攻英。德外长赴罗马。美国各邦开始征兵。美大规模扩充海岸根据地。意军四路进攻埃及。

9 月 20 日（八月十九日　丙寅）星期五

阴雨，午后止，迄未见日。上午七八，下午七七。

依时入馆办事。老北门口又闭，绕天主堂街而行，途遇良才，气色甚佳，颇好意慰之。又值维文，同行江西路而别。续校《滇南碑传集》及《先秦史》各一批。接汉儿十三来信，告滇垣紧张，纷纷作避难计矣。甚悬系之。接宾四十九来信，告中秋前夕返苏，现定廿五乘怡和裕生轮赴港，十月三日附飞机往重庆。接齐大国学研究所十一来信，仍未提颉刚近状，托为《学报》译英文题目。致诚之，送校样并催取前送之件。致石卿，回地图印样（前日来访，托问开明），弗拟出版。夜归小饮。

报载要闻：外部发言人对轰毁河口铁桥事声明系属自卫。越南法军不愿寇假道，寇代表准备撤退。中央警校举行毕业典礼。川省府奉令切实推进民众卫生工作。晋东南克复高平关。寇机轰袭浙东。苏、皖北部战事激烈。蒋手谕沪四行，劝阻游资投机。孤军营纠纷,正考虑和平解决。邮资加价,本月廿三日起实行(非加倍收费,仅各加三分)。《正言报》今日出版(为寇方劫买,流传甚稀少)。公共租界电车罢工。两租界继续施行戒备。律师史久棠昨午被枪击。德空军继续轰炸伦敦中心区。英派大量轰炸机袭德、法沿岸,并重惩海峡中德舰。德外长与意相会谈。传土、希两国订立军事密约。美国国防计划大部完成。核准费用六万万元。黑龙江苏舰队演习登陆。

9月21日(八月二十日　丁卯)**星期六**

晴。上午七六,下午七八。

依时入馆办事。编发每周通讯录第九十号。为林语堂《英文读本》呈教部,请发审定执照。饭后勖初见过,谈近状至悉。夜归小饮。饮后在附近散步。

报载要闻:越督拒绝寇新要求,寇提最后通牒。财部对奢侈性物品定期禁销内地。晋南迭获胜利。豫北攻袭温县。桂南袭击扶南。津浦、胶济两线,我军同时出击。浙东洋面寇舰开炮。公共租界电车罢工,今仍停驶。孤军营谢晋元电英、美当局,吁请伸张正义。工部局骑巡队定期解散,举行告别操演。法驻沪总领事欧仁昨返国。德机群昨晨侵入英伦内地轰炸,在伦敦投特别重型炸弹。英海空合力袭击利比里亚意军根据地。美、英、澳续商太平洋联防。德、意会商欧洲新秩序计划。

9月22日(八月廿一日　戊辰)**星期**

阴霾以风,霏微竟日。上午七八,下午同。

终日未出,客亦不至。写字两页。抄《观古堂书目》。闻老太太与子媳闲争，来诉珏人，珏人留之，夜与打牌六圈而寝。予连日欠睡，每醒，辄觉心跳异常，有类怔忡，今夕尤甚。

报载要闻：寇方变更对越南所提要求范围，形势又转紧张。纽约华侨认航空捐美金五百万元。邕龙线我军获胜。湘北、鄂南、赣北我军分途出击。沪租界英商电车仍停驶，劳资决直接谈判。孤军营事件即可和平解决。增加邮资竟提前于廿三日实行（据闻乍配林徇伪方意旨）。海门寇舰炮弹击中英轮。泰国又向越南提土地要求。昨侵晨德机两度猛袭伦敦。德、意谈话已获有重要决定，拟分割非洲，诱西班牙参战。美全部舰队定明年元旦驶返夏威夷。英允以新加坡军港供美使用。

9月23日（八月廿二日　己巳　未初三刻一分秋分）**星期一**

阴雨。上午七八，下午七七。

依时入馆办事。雪村自本日起，约在家著述，不一定到馆，包饭局亦拆出。看傅勤家《中国道教史》。怔忡加甚，夜归不能自禁，仍小饮（昨令同儿至华封购得王恒豫真陈红酒一瓶，价至二元四角）。夜眠稍好，醒时，终觉胸次不舒。

报载要闻：越当局决抵抗外来侵略，似法、日谈判又臻破裂。寇代表离河内，惟维希政府谓尚有机会。中、英、美、苏合作，我已获得国际新路线，由海参崴展转达陪都。昆、渝间交通均已征归军用。晋南三角地带，我军正发动猛攻。鄂中及赣东抚河西岸均有激战。各界均热望电车恢复，劳资双方定今日谈判。孤军营纠纷已渐判明责任。电力公司下月起再增收附加费。德空军广泛轰炸英伦东南部。德外长自罗马启程返国。英机猛烈轰炸法海峡各口岸。美国考虑以新加坡为远东舰队根据地。菲列宾放弃自动防御计划,仍依美国保护。威尔基演说,主张继续援华亲英。(虽不免攻击政敌罗斯福,然援华亲英为彼邦一贯主张。)

9月24日(八月廿三日　庚午)**星期二**

晴,下午阴合,傍晚仍晴。上午七八,下午同。

晨兴,怔忡稍宁。与清儿同行入馆,以电车异常拥挤,缓步以往。及到,迟十馀分,且心跳增剧矣。致泉澄、诚之,送校样。学林社送到九月分稿件审查费三十元。莲僧下午来商发印诸事。接芷芬、汉儿十六日航信,告当地紧张诸状,不免悬念。看毕《道教史》。虽署名勤家,疑即出纬平手也。夜归仍小饮。闻老太已归去。

报载要闻:法接受日要求,已在越订协定,且开始登陆。外交部已对法提严重抗议。晋南再度攻入晋城。驻沪美军加紧防区内戒备,派兵进驻捕房(传普陀路捕房曾被人一度攻袭)。电车工潮未解决,公共汽车续罢工(报尚未见,无怪今日法租界电车之轧挤)。港政府限制华人入境。德空军用新武器(特制硫磺弹)滥轰伦敦。意军续向埃及境推进。

9月25日(八月廿四日　辛未)**星期三**

阴雨。上午七八,下午七九。

晨起,胸次仍觉不舒。餐后入馆,法租界电车、公共汽车亦相继罢工矣,人力车居奇乱索,欲走则心跳难任,只索归休。上午偃卧,怔忡时见。午后,仍强入书巢记日记,且闲翻笔记,欲以忘疾,略好,不能全已也。入夜仍酌酒,但视常减半。清儿归,告知宾四来辞行,即晚登舟,由洗人、调孚接待之。并携来滇转晓先详函,报告妻女病状及出院经过。辛苦颠沛,殆难言喻,不胜遥系之至。

报载要闻:越边法、日军重起冲突,现战事虽停,局势仍极严重。美对日侵略越南将有超抗议之举动。国府慎重讨论应付寇、越事件之方策。行政院通过征收土货转口税办法。鄂中战事激烈。沪轮仍驶海防。租界美军防区内各捕房采取特别戒备。两租界公共交通全停,惟法商电车仍有一部由巡捕监视勉维交通(显有背景,因此,谣言甚炽,形势危急刻深)。英舰队攻击法属西非达加尔港,缘特戈尔通牒被拒故。美、苏谈判改善两国关系。英机大规模轰炸柏林。

9 月 26 日(八月廿五日　壬申)星期四

阴雨。上午八〇,下午七八。

依时入馆办事。往返均步行。接乃乾复片,告前托询申报馆本《滇南杂志》竟无法罗致。将散馆,调甫来,多年不见,快慰之至。纵谈至六时,各归(知渠即住环龙路)。心跳仍未全复,但长途勉行亦并不加剧,谅无妨也。夜小饮。

报载要闻:法认越南协定已被日破坏,应即作废,决抵抗。越边战事仍在进行中,我军开始进击侵越之寇。中常会决议国民大会延期召集,参政会仍当举行。美将赫德昨已抵沪,召开重要会议。孤军营纠纷完满解决。西区警权问题传将作最后商讨。传德、日将订防守同盟。达加尔续有战事,特戈尔登岸未果。伦敦前晚又惨遭空袭。

9 月 27 日(八月廿六日　癸酉)星期五

晴。上午七七,下午七八。

依时入馆办事,仍步行往返。坚吾来,属为呈复经济部,请求发给国货证明书。午后为之属草,即送去。散馆归,偕清儿过仲弟所,珏人挈盈儿先在矣。盖预约前往吃饺子也。入夜小饮。谈至八时乃偕珏人等步归。

报载要闻:越边战事已就地解决,日军昨在海防登陆。美贷我新借款二千五百万美金成立。国府公布延期召集国民大会。张伯苓等再电英国会议员,请开放滇缅路。我军进攻侵越之寇,在镇南关发生冲突。吴铁城等飞抵马尼剌。沪市商会函工部局等妥筹解决工潮。沪西昨发生绑案三起。美总统宣布禁止钢铁输日。意外长齐亚诺启程赴柏林。英空军夜袭柏林历五小时。达加尔战事停止。

9 月 28 日(八月廿七日　甲戌)**星期六**

晴。上午七八,下午同。

依时入馆办事。仍步行。编发每周通讯录第九十一号。致业熊,告桂划百元已交静鹤,贴汇水百分之十。复芷、汉,切属"安全第一"。复晓先,慰问其夫人、小姐出院。硕民来,坐移时去。夜归小饮。怔忡略平,有时仍不免突突。

报载要闻:国府公布《陆军抚恤暂行条例》。龙云下令总动员,滇省边区宣告戒严。鲁东克复文登,进薄威海卫。寇舰又向镇海轰击。徐谦廿六日在香港病逝。寇机炸海防,法提严重抗议(越当局希望东京方面制止再进)。法商电车昨被人抛掷硫磺弹,重伤八人。两租界水电已有准备,供给不致中断。公共租界马路小工及粪夫之一部分罢工。米价复趋猖獗,当局严切注视。沪、越暂时停航。德、意、日三国昨在柏林签订《军政经济公约》。美正式令禁运出废钢废铁。赫尔声明,美国远东政策不变。英空军大举轰炸德根据地。法海岸德长射程炮轰击英杜佛区。

9 月 29 日(八月廿八日　乙亥)**星期**

阴晴间作,有风。上午七七,下午七八。

竟日未出,抄《观古堂目录》。午后珏人、静鹤出,省视静之归查氏姑母。硕民来,坐移时去。据人言,公共租界电车、公共汽车均恢复交通矣。法租界仍旧,或亦有解决望。夜小饮,饮后看明陈衎《槎上老舌》。评事有独到之见,订讹多有根之谈,不觉终卷。

报载要闻:政府对德、意、日盟约将发布声明,阐述我国立场。美对三国盟约将以增加对英援助及改善对苏关系为答复。海防登陆之寇占据炮台,且续有登陆者。传伦敦方面考虑开放滇缅路。晋城东北展开血战。公共租界电车、公共汽车工潮解决,今晨同时复工。工务处小工罢工潮将次解决,材料处先行复工。米市涨风愈盛,与治安有关,不容再纵。孤军营谢团附近昨招待报界。美贷款成立后,陪都市面顿趋活动。英大规模空袭德交通线,德机亦昼夜不断袭击英伦。美决加紧援助中、英两国。苏外长接见美使,进行谈话。

9 月 30 日(八月廿九日　丙子)**星期一**

晴,有风,傍晚雨,移时止。夜半风大作,彻旦不休。上午七八,下午七七。

依时入馆办事。行至同孚路,约乘九路公共汽车到三茅阁桥,然人多拥挤,几不得下。续校《先秦史》。致莲僧,送还稿件。调孚为图书馆买得申报馆旧排印本《滇南杂志》八册,稍缓当与小方壶斋本比勘之。散馆归,将雨,亟乘九路公共汽车以行,至郑家木桥,已雨;西进益盛,及圣母院路口而大雨滂沱矣。下车冒雨急行返,冠裳尽湿。易衣濯足,然后小饮以休之。夜听书,并收得仙霓社播曲。

报载要闻:英政府公开警告日本,决积极援华,对寇方不再采取绥靖政策。滇缅路决可重行开放。晋东南我军克复榆社,并数度冲入晋城。襄河两岸我军分路进展。豫北进攻温县城。沪法商电车工潮在谈判中,明日或可全部复工。公共租界清洁工人今晨决复工。外汇逐步松动,米业订购洋米。美将赫德在沪,注视远东局势。自明日起,奢侈品一律禁止内销。英伦上空昨又有激战。英长射程炮轰击法海岸。意外长偕西班牙外长同赴罗马。罗斯福发表演说,扩充军备具有捍卫疆土决心。美报要求罗斯福增加对华援助。

10月1日(九月大建丙戌初一日 丁丑)**星期二**

背风处燠甚。侵晨风雨,势成倾盆者竟日,道路滂沱。彻宵雨不止。恐将成灾。上午七八,下午八〇。

晨入馆,电车仍未全复,人益挤,恃雨具,仍步以往。行至贝勒路口,雨渐大,及跑马厂厅路而倾盆之势作,兼挟风盛,雨滴掷路成烟,眼镜普湿生晕矣。执盖由汕头路转入福州路,檐瀑下注,沟水上涌,马路顿成泽国。强行到馆,遍体淋漓如落河援起者。急假洗人、士敭之衣裤衫袜,拭体易服,始得就坐。此遭生平所未尝,而海上住居垂二十年亦未见如今日之大水者,致足记已。致乃乾,告已购到《滇南杂志》。续校之《先秦史》一批毕,即封好,备送诚之。散馆时本约孑如、索非、均正等共雇汽车,乃车行业盛,良久无以应,清儿即涉水随索非、均正冒雨行。予与孑如唤黄包车归。一路缓步徐行,如在舟中,汽车之受湿抛锚者比比而是。行人之涉者,水没胫,深处逾膝,有及脐者。及到家,水及阶矣。车夫鲁人,性爽直,索酬一元(较之乱索二元三元者直为平情之尤矣),予深嘉之,付酬外,加给一角,亦聊以表心也。坐久,清儿始至,知其乘公共汽车到西摩路,仍涉水由亚尔培路归也。急令易衣,盖晨出亦受湿,恐致疾耳。夜小饮。幽若本朝来暮归,今阻水,留宿焉。接嘉源信,劝搬进苏住,以减生活费用,其心可嘉也。

报载要闻:王外长对三国同盟发表谈话,说明我国决为世界合法秩序努力奋斗,决不承认"大东亚新秩序"。越南边境我军与寇相持,待机入越。渝市庆祝建立陪都。寇机昨轰炸昆明。公共租界清洁工人复工被阻。虞洽卿定今日调解法商电车工潮。米粮评价会今日集议,图抑平米价。美水兵被寇殴辱,美方将提抗议。寇外务省宣布撤退在英日侨。但须磨声称,对欧战仍守中立。苏联对三国盟约表示怀疑,仍维持中立及和平政策。法属马达加斯加岛拒绝英迫降要求。英空军轰炸德西部各地。伦敦又遭猛烈空袭。英与罗马尼亚关系益见恶化。

10 月 2 日(九月初二日　戊寅)星期三

风峭动,雨仍未止,路中积水益高。午后雨止,傍晚开霁。上午七八,下午七五。

阻水未得入馆。附近学校皆无形放假。钞《观古堂书目》。夜小饮。

报载要闻:我军云集桂南,严堵入越之寇。津市电话局竟移交寇方。滇缅路可即重行开放。鄂中我军向京钟线进展。吴铁城与非总统商谈中、菲关系。虹口机陧不安,又有日海军官员被人枪杀。殴辱美水兵抗议,寇方尚无答复。法商电车昨经一度调解。越、日谈判昨又重开。苏联远东红军举行大演习。美哈佛大学教授多人促其政府制日侵略。澳洲空军抵新加坡增防。墨索里尼与西外长苏纳会谈。罗、南两国退出《巴尔干公约》。德空军夜袭伦敦十二小时。柏林亦遭英空军袭击五小时。

10 月 3 日(九月初三日　己卯)**星期四**

晴,路中积水未退。上午七四,下午七五。

晨与清儿出,四周仍阻水,独迈尔西爱路至辣斐德路一道燥白可行,因迹之。遂缘辣斐德路、白尔路、平济利路、吴淞江路、维尔蒙路至八仙桥,由大世界越过爱多亚路入广西路,转北海路、福建路、福州路以到开明。历一小时二十分,行程殆逾十五里。晚归,与均正偕,仍遵此道。今日行路在三十里以上,怔忡并不见烈,亦奇矣。付谦豫酒账十三元五角。夜小饮,组青适在。

报载要闻:寇机轰炸滇省开远。川驿运管理处成立。桂西之寇侵逼河内,我军准备入越助战。晋西南我军攻陌南镇。皖省我军进袭江苏之丹阳及句容。中央与滇省合组云南锡产公司。驻日英大使夫人悄然来沪。法商电车工潮仍相持,调人允再斡旋。米市抬价不遗馀力,国米近百元关。美总统下令扩大对日禁运范围。英将以同盟待遇积极援华。美制飞机一队飞德境轰炸。

10 月 4 日(九月初四日　庚辰)**星期五**

晴爽。上午七四,下午七五。

依时入馆办事。晨出仍循昨路步以往。晚归居然在老北门搭乘一路电车行,虽未正式复工,车辆已增多矣。续校《滇南碑传集》。赙孑如母四元。夜小饮。宾若夫人来,托汇济昌一百元。

报载要闻:我机飞北平上空散发文告。天津电话移转管辖,外部向英、法、意三国驻使提抗议。谅山日军进踞高丰,滇边我军准备入越。(越南状况暧昧,法日又赓续谈判。)泰、越关系愈见紧张。晋南展开争夺战。浙西克复六里桥、含山。鲁西攻入高唐。虞洽卿谈,希望当局严定国米限价。法商水电工潮,劳方诚意商洽。美海长表示不撤驻沪美军。平报馆(即前文汇报馆原址)昨晚被人投弹。寇方宣称,决采行动进侵荷印。张伯伦退出英内阁。美将建立大西洋巡逻舰队。德官方称侵英计划已阁置,其空军仍分袭英伦各大机场。

10月5日(九月初五日　辛巳)星期六

晴爽,道中积水仍未退尽。上午七五,下午七六。

依时入馆办事,往返均步行。编发每周通讯录第九十二号。接颉刚九月廿四日航信,复予前去数书,知都已接头,研究所亦已迁往崇义砑赖家花园,今后当无所隔阂矣。致芷、汉,属划付吴济昌百元,速办见复。夜小饮。饮后看《飞鸿堂印谱》以自遣。后复听周传瑛、张传芳合播《惊变》。十时乃睡。

报载要闻:成都昨遭空袭。川、湘等地实行国民兵役训练办法。晋南仍在鏖战中。寇舰炮击镇海城区。传沪美商银行即将拒售美汇。国、洋米来源俱畅,国米石价猛跌五六元(米市散漫无纪,米业倒欠巨款)。法大使戈斯默昨离沪赴越,即转渝。驶往松门之江定轮被寇舰监押回沪。寇陆空军一部由海防抵河内,法称寇已逾越协定范围。法军集中越边,泰、越关系愈紧张。英首相接见郭大使,表示英准如期开放滇缅路。希脱拉与墨索里尼在勃伦纳山隘会晤。德机百馀架袭伦敦,投弹十五万公斤。苏、芬两国就埃伦岛问题签订协定。

10月6日(九月初六日　壬午)**星期**

晴爽。上午七五,下午七六。

竟日未出。抄《观古堂书目》。写字两页。午后硕民来。傍晚文权、濬儿、顯、预两孙来,硕民去。夜小饮。晚饭后立斋至,谈至九时,立斋、文权等俱去。听周传瑛播送《诉魁》。

报载要闻:晋军克复双池镇。寇机昨又袭川西。监院设置战区两巡察团。邕武路之寇中伏被挫。宜兴、长兴间发生战事。张茅大道克复数据点。米市昨接电告,香港准米粮出口。沪宁路遇地雷,昨日火车中断。杜绝黑市投机,停售远期外汇。滞留越南货物,设法运回上海。工部局及浚浦局解释马路积水原因(归咎于歹土之不治及疏浚之停滞)。英、美、苏三国准备在远东联合行动,接洽援华步骤。近卫、松冈发表对美谈话,意存恫吓,竟以不惜一战为言。德、意两酋对军事外交有重要决定,议定冬季攻袭英国计划。美总统宣布加紧援英。英伦六七处遭德机轰炸。泰国要求调整越南边界,法政府拒绝讨论。

10月7日(九月初七日　癸未)**星期一**

晴爽。上午七七,下午同。

依时入馆办事,步行往还。续校《先秦史》。接丕绳、宽正东台廿九信,催询《古史辨》,并告安抵治事状。致诚之,为杨、童转信。接汉儿廿七信,告滇垣近状,已频逃警报矣。允言来。调甫来。夜归小饮。

报载要闻:寇机袭渝,英使馆被震毁。豫北我军攻入温县。晋省克大臣村。租界当局稳定米市,决采同一步骤。徐家汇寇宪兵一名被刺。泰国军用机五十架开始向边境出动。美海长诺克斯宣称,准备接受挑战(针对寇方而发)。英海陆空军领袖筹划攻德战略。意陈兵边境,意、希关系紧张。苏联国防委员长发表演说,认边境威胁未除。

10 月 8 日(九月初八日　甲申　戌初三刻九分寒露)**星期二**

晴爽。上午七五,下午同。

晨与珏人挈复儿进点于圣母院路银月村,径行入馆办事。晚仍步归。续校《先秦史》。看鞠侯《民国以来我国地理学研究之业绩》稿,即送还莲僧。接啸桐信,即复。复丕绳、宽正。复颉刚,兼致宾四。夜小饮。饮后与珏人散步阅市。今正上弦,月色甚皎。

报载要闻:昆明市空昨午发生激烈空战。渝市物价已趋稳定。寇机袭蓉时,有三架被击毁。晋西南战烈。赣北我军向南昌附近袭击。英亚洲舰队司令诺贝尔大将由港来沪,晤美赫德大将。孤军营一士兵昨又被白俄团丁开枪击伤。法轮三艘将恢复沪、越线。沪西因寇宪兵遇狙,形势甚紧。英、美会商重开滇缅路问题,日内将宣布决议。英、美将扩大太平洋防御线。美海军会议对远东问题作广泛的讨论。英空军突袭德克虏伯兵工厂。德军一师开入罗马尼亚接管油田。英伦又起激烈空战。

10 月 9 日(九月初九日　乙酉)**星期三**

晴爽。上午七五,下午同。

晨七时，步入馆。续校《先秦史》。布告双十节放假。振铎来。予同电话知照，今晚六时仍在柏丞所举行《学林》编辑会议。鞠侯见过，告知其长君已于前日奄化矣。相对黯然。散馆后，与调孚乘电车偕返，约雪村同往柏丞所。振铎已先在。有顷，陆续来者有颂久、东华、予同、纪堂，惟莲僧因病未到。于约稿及致送稿费等事均有讨论。七时许聚餐，至十时乃归。

报载要闻：赣北克复沙埠潭、万寿宫后，进迫南昌近郊。行政院通过缉私处组织规程。法大使戈斯默自香港赴越南。同浦路南段有激战。诺贝尔大将启程返国。法捕房督察龚必达遭狙击。英正式通告日本，定十八日重开缅甸通滇之路。美国务卿与英大使会商远东合作计划，有所决定。美国务院训令远东各地侨民撤退。美飞机停止售与泰国。德军续开罗境，向黑海伸展势力。英、德空战愈烈，柏林遭长时间袭击。

10 月 10 日（九月初十日　丙戌）**星期四**

晴朗。上午七四，下午七五。

晨入书巢记日记，抄《观古堂书目》。十时，洗人、调孚来，同约丏尊、雪村往道始所，盖昨日电话约饭，特往小饮也。饭后纵谈，并观明顾端文公宪成领解闱卷及明季以来诸题跋，因留观题其上以为记念。三时许归。复抄《观古堂书目》。入夜仍小饮。

报载要闻：远东局势紧张，美已采取各种准备。泰、越边境发生杀人纠纷，造成严重局势。赣北战局开展，我军向南昌推进。晋南战事激烈。寇舰又在镇海口外开炮。鲁东刘公岛被寇占踞。美国务卿言，美驻华海军陆战队不久或将撤退。租界当局努力稳定米市。蒋发表双十节告全国国民书。上海美侨从事准备，将先遣妇孺归国。沪市商货准备经由滇缅路内输。中外各银行一致停营外汇套利。德大军源源开入罗马尼亚。英伦被炸范围广达八十区。

10月11日(九月十一日　丁亥)星期五

晴。上午七三,下午七五。

依时入馆办事,仍徒步往返。续校《先秦史》。叶颖根(百丰)来,为方德修询《禹贡》合订本事。接翼之昨日所发信,告近生一子,取名德鏋云。接圣陶九月三十发四十二号信,颇露凄苦之音,非复往日豪概,想见蜀中空气转劣。属转红蕉一笺,即为转去。接颉刚一日书,属代完《学报发刊词》。夜归小饮。

今日报纸大都因昨日放假而停刊,惟《大美》等仍出,亦大减篇幅,所载要闻:罗斯福电林主席贺国庆,并申传统的友谊。英、美加强与苏合作。美宣称,驻华美军并不撤退。张群谈中央设计局设置意义之重大。国庆日献金义卖,上海一市达五十万元。法商电车工潮扩大。日宪兵司令三浦为殴辱美水兵事向赫尔道歉。中华日报馆昨晨被爱国分子投入炸弹,但未爆发。是日午后见号外,知伪市长傅宗耀于清晨被其信仆斫毙,项几断,皮骨仅连云。萧墙祸起,早在意中,惟发作迟速而已;不识甘心作伥之徒亦尝体念及之否?

10月12日(九月十二日　戊子)星期六

阴霾闷塞,午后遂雨,连绵宵分不辍。上午七五,下午七六。

依时入馆办事,往返仍徒步。编每周通讯录第九十三号。看诚之稿,送还予同删定之,并代取股息五十五元二角附去,顺假《奏定学堂章程》及《钦定学堂章程》。人还,两《章程》均取到。校毕《先秦史》一批,送诚之。夜归小饮。饮后翻两《章程》及《会典》。

报载要闻:各省铨叙处相继成立。北平发现反美标语。滇缅路重开,我已准备增加货运。赣北我军迫近南昌。皖南连日血战,歼寇甚众。桂南我军迫近镇南关。美加强撤侨工作,首批下月成行。法租界公共交通全停。但当局仍在界内加强军事力量。美、英、苏磋商远东合作步骤。美海军及高射炮队增防檀岛。日驻苏大使建川启程赴莫斯科。德空军加紧进袭英伦各地。巴尔干危机四伏,局势极严重。

10 月 13 日(九月十三日　己丑)**星期**

阴闷未除,近午开霁。上午七七,下午七九。

竟日未出。饭后硕民来,移时去。钞《观古堂藏书目》卷之一已毕,接钞《史部序例》,亦毕之。夜小饮。

报载要闻:英、美合作应付远东,美驻华海军并未准备撤退。缅甸路即将开放,交通部已准备一切。泰国要求越南土地,法政府拒绝讨论。美国照会泰国,促注意维持南亚现状。我军克复马当要塞。浙西连日发生激战。泾县东北鏖战六日,寇死伤甚多。晋军克陆家岭。西康主席刘文辉抵重庆述职。寇机袭成都。寇方发言人否认将以武力接收租界说。法商水电工潮劳资仍未接近。傅宗耀死后,寇方加紧戒备。干茧无法运沪,缫丝业停顿。英空军猛炸德产油区。英、罗局势紧张,匈、罗又发生战事。美准值价七百万元机件运赴苏联。

10月14日(九月十四日　庚寅)星期一

初阴旋晴。上午七六,下午七七。

依时入馆工作,仍步行往还。接梦九九月九日信。接陈绳甫信,即转诚之。致方德修,送还《禹贡》合装册第七卷。午后勖初来谈,移时去,告以调甫住址。致觉旋至,告柏丞近为向骝先设法,取到津贴膏火五百元,以二百元托予汇与济昌。少坐去,赠予茶叶一罐。散馆顷,子敦来,询颉刚关于《禹贡》考订之论文,五时同出,予径归。夜小饮。

报载要闻:美将以飞机五十架接济中国,俾保护滇、缅交通。蒋召集国民体育会议出席人员训话。寇机袭川。昆明学生分批迁往安全地带。我军克复马当后向东推进,浔、汉震动。浙西克复临安。金坛附近克复黄金山镇。寇舰连日向镇海一带炮击。美政府派巨轮两艘来远东接运撤退侨民。美领署续发通知,劝妇孺尽先撤退。沪商货准备运缅内销。银钱业资金内移,决与四行合作。德军二万人散驻罗境,其军事使命团已抵罗京。土耳其驻苏大使返任。美舰将驶新加坡与英取平行动作。

10月15日(九月十五日　辛卯)星期二

晴,午后转阴。入夜雨。上午七六,下午七八。

清晨作书复翼之。依时到馆办事,步以往。校《滇南碑传集》。致诚之,送《古史辨》校样,并转绳甫续信。陈稿旋到,将于明日再转诚之矣。致子敦,告颉刚关于考订《禹贡》九州各文。接汉儿一日信,告逃警情形。夜在永兴昌举行酒会,到绍先、曙先、世惠、俊生、洗人、予及洗友二人(一姓张,忘其名,一字晓山,忘其姓),凡八人。吃蟹。予吃两枚,摊费三元。七时许散,乘人力车归,直六角。

报载要闻:皖南克复宣城。寇机十三日轰炸昆明及四川梁山。美旗舰奥古斯泰号将于明日离沪。滇、缅开放前夕,沪商积极筹备联运。美新任总领事下周抵沪接事。南美各国赞助美国远东政策。英空军大举轰炸德克虏伯兵工厂,伦敦上空发生激烈空战。甘地拟定计划,决为自由奋斗。

10 月 16 日(九月十六日　壬辰)星期三

阴。上午七六,下午七四。

依时入馆办事,仍步行往返。聿修电话,鞠侯托予向中华书局购《南方草木状》送去。予知此书无单行本,大氐鞠侯误以《四部备要》本《荆楚岁时记》缠记矣。姑往试问,果然。因作书饬人送告之。人还,带还前假十元。夜小饮。

报载要闻:浙西克复安吉、孝丰。浙、皖境上寇受严重打击。传寇入越南者将撤退。寇机轰炸昆明,学校受损最重。沪运仰光货物由新加坡转口。驶津盛京轮发生事故,中途折回。米粮评价会昨订洋米标准价格,通过合法利润。港、越航机暂停。英对华信用放款大部分尚未动用。美退伍军人会拥护撤侨政策,美已增派两轮来远东协助。英、美在远东成立坚强联合阵线。罗国被占领区苏军向南移动,在多瑙河附近与德军发生冲突。伦敦昨晨又遭猛烈空袭。

10 月 17 日(九月十七日　癸巳)星期四

晴。上午七二,下午七七。

晨钞《观古堂藏书目》。依时入馆办事,往还仍步行。续校《滇南碑传集》。致鞠侯,告款已收到,并告《南方草木状》在《丛书集成》中第一三五二册。托阳生向胡庆馀堂购驴皮胶十元,只得八两八钱一分八厘,较去年几涨一倍有半矣。夜小饮。

报载要闻:国府公布《国立中央图书馆组织条例》。桂南我军攻入龙州城内。鄂南我军夜袭通城南郊。郭大使访英外相,讨论合作。美旗舰奥古斯泰定明日离沪赴菲,随撤美侨第一批。工部局与寇方讨论解除本市米荒。国际救济会结束,任务圆满。法商电车工潮,乍配林出任调解。瑞典所购美飞机,美将转售与我。谅山寇股续向越南内地前进(昨传将撤退说系移动致误)。英驻美大使返国述职。美总统广播,阐明征兵之举意义重大。美舰十二队驶往夏威夷。

10月18日(九月十八日　甲午)星期五

晴间阴,入夜雨。上午七五,下午七八。

依时入馆办事,仍徒步往返。校《学林》稿《吴昌硕评传》。看桐城姚永朴《史学研究法》,毕之。仲川托为渠及颂皋换股票,并代支股息,均为即办送去。夜小饮。

报载要闻:滇缅路今日恢复运输。寇机昨又袭渝。京杭国道山区连日均有激战,沪宁路陵口、龙潭寇兵车中地雷。宣城、广德寇被击退。南昌以西发生大战。长江流域游击队活跃。远东美侨妇孺将有三千馀人离沪。暹米丰收,运港并无限制。法商电车劳资将开直接谈判。美、澳加紧合作谈判,俾增强远东政策。加拿大禁止锡产运日。德空军轰炸英中部乡区。英空军取攻势,德军事目标被炸。西班牙内阁局部改组,苏纳调任外长。

10月19日(九月十九日　乙未)星期六

阴森湿闷,时见细雨。上午七七,下午同。

依时入馆办事,仍徒步往回。编发每周通讯录第九十四号。致诚之,取校样。复梦九。复圣陶,编卅五号,告奎宁粉、刀片、书籍等已分别办妥。付本周饭金两客,五元(盖又涨矣)。夜小饮。

报载要闻:滇缅路大批货物运往昆明。王世杰请各友邦对我予以更大援助。宋子文在美与琼斯进行新借款谈判。马鸿逵到渝述职。王敬久在东战场反攻。鄂军袭击宜昌近郊。晋军在刘家山袭击寇兵车。香港对运输事,恢复缅甸封锁前状态。沪西愚园路寇军官遭枪杀。法商电车工潮解决,云可于今晨正式签字。大陆饭店经理甬人李恭临昨被刺死。黄包车夫一部分罢工。美陆长史汀生宣称美陆军员额将扩充至百万人,其海军次长甘顿则声言美海军准备在太平洋上一显身手。英国在巴尔干有外交活动。德代表团通知苏联,拟保护巴尔干各国。泰国举行反法示威。

10月20日(九月二十日　丙申)星期

阴霾,一露阳光。午后遂雨。上午七七,下午七六。

九时勖初来,谓访调甫便道过此,谈移时去。饭后,为同人希求加薪事,密函村、洗劝自动。夜小饮,因今日盈儿生日,吃面。半酣,村邀下楼,与洗人、绍先复饮。及饭,彼等重入博局,予乃上楼自休。

报载要闻:寇机袭滇缅路及昆明。考试院长戴传贤赴缅聘问,并将转道入印度。浙东克复诸暨(前数日浙东甚紧,诸暨曾一度失陷)。中、美新借款传将赓立,额为美金五千万元。晋军猛袭张茅道上寇方各据点。绥远克海子湾。工部局入不敷出,考虑再加捐。法院接受苏联请求,接收爱沙尼亚领馆档卷。美侨预定船位,有增无已。美、苏赓续商谈远东合作。英内国舰队司令易人。西班牙新外长就职,发表宣言。德专家抵罗,指挥制造军用品。

10月21日(九月廿一日 丁酉)**星期一**

晨阴闷,旋晴,午后仍有细雨,晚晴。上午七五,下午七三。

依时入馆办事,往返徒步。复诚之,论陈绳甫稿如何取决。看周黎庵《吴钩集》、《清明集》。夜归小饮。

报载要闻:政府对保卫滇缅路采特殊措施。黔各县戒烟所奉令结束。晋南冲入曲沃。在越南之寇向滇、桂边界移动。宜昌西北击落寇机两架。长江寇运舰又为我军击沉。浙东诸暨城郊剧战。沪、宁车在常州戚墅堰东触地雷。两租界当局定期协商洋米评价原则。美国成立新海军政策。美、苏谈判已有进步。英拟承认波罗的海三国并于苏联。英全部收买荷印汽油。墨索里尼赴东疆阅兵。德机图飞越坎特海岸,被英击退。土耳其调查全国人口。

10月22日(九月廿二日 戊戌)**星期二**

晴。上午七三,下午七一。

依时入馆办事,步行往还。续校《滇南碑传集》。连日气候失调,深秋矣,反多燥热,每一行动,辄汗下浃背,宜乎疾病之多也。夜归小饮。

报载要闻:皖南、皖北分别进攻,克复郎溪、潜山。赣北寇安义溃退。桂南进攻龙州。鄂北冲入广水。美决心维护在沪权益。法商水电工潮解决,明日可全部通车。太古轮南下,沪货分批运缅。

金子交易暗市昨停市。沪西、虹口等寇控制区迭有血案，寇方苛虐搜检，波及南市。寇机图炸滇缅路未逞。英、荷请美合作，保护荷印。泰相广播，谈法、泰局势紧张。柏林及法境沿海德占各港均遭空前猛袭。英允美在安地瓜岛设根据地。德警察总监希姆莱与西班牙元首佛朗哥会谈。苏联否认对土秘密谈判。

10月23日（九月廿三日　己亥　亥正三刻一分霜降）**星期三**

阴雨竟日，闷湿异常。上午七三，下午七七。

依时入馆办事。传法商电车通行，迄未实现，仍雨中徒步往返。夜归小饮。

报载要闻：国府公布《国民大会筹委会组织条例》。行政院通过《糖类统税征收暂行条例》。湘、鄂区军事连日转得优势。浙东诸暨大胜，寇二次被击退。赣北克奉新后大举围攻南昌。茅津渡隔河炮战。鄂西击沉寇艇六艘。滇缅路保护周密，运输无阻。上海英侨亦准备撤退。大新钟表店被劫，岗捕误杀包探。寇方近卫内阁将局部改组。美国将有八十万人入伍。邱吉尔对法广播，决肃清纳粹，法应自省。艾登将赴土京参加谈判。英机群在德境及德轰炸区广泛活动。意机轰炸波斯湾产油区。

10月24日（九月廿四日　庚子）**星期四**

阴，时见细雨。上午七二，下午六六。

晨步入馆。接诚之信。赙知炎父丧四元。夜乘电车归。小饮。

报载要闻：太行山一带寇方主力大部被击退。川康路康雅段建筑完成。寇机图炸湄公河桥未遂，首批货车已驶过。诸暨我军续克枫桥。赣北进袭南浔路。美、法两总领事昨晨联袂抵沪。法租界公共交通恢复,今日全部通车。沪西寇封锁区内情势极端严重。美决建太平洋巡逻海军两队,正征购船只。墨西哥决定禁铁输日。希脱拉在法与赖伐尔举行重要谈话,胁与英战,法阁员表示拒绝。英机轰炸汉堡船坞。

10月25日(九月廿五日　辛丑)星期五

西北风作,转晴,陡寒,初御棉。上午六四,下午六二。

依时入馆办事。李孤帆来洽,托将其西北旅行报告出版。午后,雪村、丏尊皆来馆,散馆后遂与洗人及予共饮永兴昌,各啖蟹一枚。摊费二元四角。七时复入馆密谈调整薪给各事。九时许始归。知予同曾来访,留下稿子一宗,《学林》编辑费等,并属转送诚之稿费六十四元。

报载要闻:桂南进袭南宁,攻抵三塘。滇缅路首批货物已过昆明北上。谷正纲任社会部长。浙东前锋越过三江口。皖中袭击寇据点。华德主教游美归沪,谈美正准备大战。英官场对撤退多数英侨尚无积极措施。法租界封锁网有多处撤除。沪西寇封锁区已因阻绝交通之故饿毙二人(凶残惨酷旷世希闻)。美派驱逐机两队防卫菲列宾。越督德古传被法军官狙击。英用新式炸弹毁德侵英根据地。希脱拉与佛朗哥在法、西边境会谈。意驱逐舰一艘在红海凿沉。墨西哥禁止水银售日。

10月26日(九月廿六日　壬寅)星期六

晴冷。上午六一,下午六六。

依时入馆办事,仍步行往还。编发每周通讯录第九十五号。续校《滇南碑传集》。付一周饭金两客,五元。致诚之,送《学林》

稿费及代印印格、锌板等去。丕绳、宽正来谈,盖自苏北归,告当地新四军、八路军与中央部队冲突状,至堪痛心。闻之惟有浩叹。午后硕民、慰元来,移时去。夜归小饮。

报载要闻:寇机昨又袭渝,美舰及太古轮只被炸受损。皖潜山方面续克黄泥山、独秀峰等各据点。诸暨寇退萧山,诸境肃清。江南克复溧阳。美海军官兵眷属定期撤离上海。前夜突寒,冻毙露宿贫民七十四人。沪西寇封锁区续有居民毙命。神州旅馆发生谋毙旅客案。印度禁废钢售日,中、英进行购买印度废铜谈话。美国会商欧、亚局势。罗斯福广播,决心准备自卫。希脱拉晤贝当,商订新协定。意机首次参加空袭英伦。

10月27日(九月廿七日　癸卯)星期

晴,转南风还暖。上午六六,下午七二。

是日提前举行下元节祀先。上午钞《观古堂藏书目》。下午读袁孟琴节录陈研楼《传家格言》。夜小饮。

报载要闻:桂南邕龙路克复思乐。寇机昨又袭渝。浙东诸暨之寇改趋绍兴,漓渚市一带激战(萧山寇后路被切断)。今日美国海军节,赫德演说,告侨民维护权益。在留侨民二千馀人定年内撤完。美观察东京所传和平消息,谓难于实现。传希脱拉怂恿法国向美请求和平。莫洛托夫接见日新大使建川。日大潜艇一艘沉没。泰、越关系益趋紧张,边境已断绝交通。伦敦上空又发生激烈空战。美国务卿今日将答复德、意所传和平说。

10月28日(九月廿八日　甲辰)星期一

阴,微雨时作。入夜大雨积水。上午六九,下午七三。

依时入馆办事。接绍虞廿二日书,知其夫人已抵平,并告有郑天嘉者托划款,可代收(郑款一百五十元旋由金陵神学院郭齐民电知取到)。夜与洗人、丏尊、雪村、曙先饮耕莘、世惠所,吃蟹。九时许冒雨归,皮鞋涉水,不免沾滞也。

报载要闻:寇机分批袭川,又袭昆明,并击落欧亚航机,机师、旅客俱伤。皖克三桥镇附近据点。邕宁线战事得手。晋猛袭闻喜,已攻占北郊铺头镇。绍兴恢复漓渚阵地。安庆近郊战事激烈。各战场捷报频传,沪上人心振奋。四行否认将停沪行营业。沪英侨表示,决不轻易撤退。今日捷克国庆,沪捷侨隆重庆祝。美撤侨轮即将到沪,美侨竞作准备。美国务卿赫尔宣称美继续援助中、英作战。德、法就重建欧洲和平问题成立合作协定。巴尔干局势仍紧张,意、希军队在阿尔巴尼亚边境发生冲突。

10月29日(九月廿九日　乙巳)星期二

晨晦,阴雨,旋霁。上午七二,下午同。

依时入馆办事。续校《滇南碑传集》。接圣陶十三日所发四十三号信。致振铎,送袁氏藏札请评价(即立斋所托,由仲持送来)。接诚之缄,还代印格纸费,即复缄找讫。接鞠侯缄,托买书。晚归小饮。

报载要闻:桂南收复南宁、龙州、明江、绥渌。中常会决议参议员、参政员不能兼任。昆明、成都均遭空袭。王外长宴苏联大使。浙东寇陷绍兴。鄂北克花园车站。豫北猛攻沁阳。寇舰扣阻英轮,非法恣搜。沪西寇又施行封锁,美军防区亦施戒备。越边中、法军冲突说,政府否认之。意军侵希,希王宣布被迫作战,两国战事已爆发。希脱拉与墨索里尼会晤于意境弗洛伦斯。美添建两洋战舰百廿五艘，罗斯福宣称准备还击侵略。

10 月 30 日（九月三十日　丙午）**星期三**

重雾弥塞，旋开霁，竟晴。上午七一，下午七二。

依时入馆办事。致鞠侯，送代买之书及馀款。接北平图书馆驻沪办事处函，送来陈垣题《馆藏碑目》揭签一纸，属制版。但陈贯吾接洽之局尚未有结果，亦迄无回音，奇极。或内部人事有问题，不免倾轧失照乎。复绍虞，报告代存账目。致泉澄，送校样。夜过觉林，吊孑如之太夫人丧，因饭焉。同人多集，珏人亦被邀参列。八时散归。

报载要闻：浙东收复绍兴城。南宁之寇正向钦州退却。寇机连炸昆明，中航机一架在滇、黔边被寇机击落。道清西段我军冲入焦作煤矿。晋西寇退河津城内。沪美军官奉令集中防区居住。领事团传将于下周内召开会议。平粜后日举行，米价暂缓评订。虹口大纶织造厂主顾宏培被绑。意军侵希，希军反攻，冲破意军防线，入阿尔巴尼亚境，意攻势大挫。英海相宣布英海军开始援希。英王及首相致电希王，保证武力援助。土耳其总理宣布坚决保卫独立。希脱拉离意返德。

10 月 31 日（十月小建丁亥初一日　丁未）**星期四**

浓雾，后晴。上午七二，下午七三。

依时入馆办事。续校《滇南碑传集》。诚之过谈，谓陈绳甫之稿可用，惟无法代为完工耳。夜归小饮。

报载要闻：浙东收复绍兴后续克柯桥等据点。龙州寇向凭祥总退却。我军直攻镇南关，寇向越境谅山退。皖南收复底岭庵。

晋南寇犯虞乡南岭。中航机罹难者查已达九人,美机师肯特及《大公报》记者范长江、陆诒均及焉。沪商货内运,须经检查。法租界内两法院有被伪方接收谣,法总领事力辟此说。浦东伪军周振廷等纷率部反正。爱领署文卷交付苏联代表。滞贡、防客货退港、沪,突遭寇方阻止。意、希炮战竟日,希军仍保持原阵地(一说意军进入希境八英里)。英海军在希领海敷水雷。传德、意分割法国,已互相妥协。美当局会商援英新步骤。美陆军部大火。

11月1日(十月初二日　戊申)**星期五**

晴,还暖。上午七三,下午七四。

依时入馆办事。续校《滇南碑传集》。致陈贯吾,询前洽下落(此信竟遭办事处退还)。仲弟生日,珏人率诸儿往祝,并为斋星官,盖近患肩疽,藉禳之也。濬儿亦往共与焉。付谦豫酒账十元八角。夜赴振铎约,与予同、东华、剑三、济之、蔚南、家璧、元恒、调孚同饮。共赏其新得原刻印本《十竹斋笺谱》。十时乃散,与予同、剑三共乘归,予先在亚尔培路下车行。

报载要闻:桂南我军向钦州追击,已抵大塘以南。宜昌大火,传寇已向下游撤退。浙东续克阮社、钱清镇。信阳寇分股东犯。国府今派蒋作宾等为国民大会筹备委员。沪美新总领事公告侨民,及时撤离。孤军营昨举行撤入租界三周年纪念。太古、怡和两公司各轮客票加价。惠中旅舍经理孙直斋被绑。苏联旅沪侨民庆祝革命纪念,邀爱沙尼亚等三国侨民并参其事。美增加太平洋舰队实力。意军攻希,在边境山地遭遇坚强抵抗,势已缓。苏联派机援希作战。德、意商定政治行动原则,希脱拉与贝当并未正式订立协定。(法已夷为附庸,只任宰割,尚何对等条约可签。)土耳其保持非交战国状态。

11月2日(十月初三日　己酉)**星期六**

晴暖。上午七四,下午七七。

依时入馆办事。编发每周通讯录第九十六号。硕民来,取去代领江苏银行存款十六元。桂处划到业熊来款壹佰元,扣水百分之十,实取九十元九角一分,交与静鹤代为存储。汉汇壹佰五十元到,由谢来存开明款内划付,扣去印花税八分。内七十元即交振甫,盖芷芬别有用途也。复芷、汉,询前划济昌款办出否。散馆时柏丞车来,予与雪村、调孚、颂久共乘以往,顺道接纪堂,五时半抵柏所。未几,予同、鞠侯、东华、振铎俱至,遂举行会议,定《学林》第一期篇次及其他事项。七时聚饮,谈甚畅乐。至十时,原车送归。

报载要闻:桂南续克小董附近各据点。中枢声明外交政策不变(日来盛传倾向轴心,接洽和平),盖寇方又在利用和平攻势以尝我矣。南宁当局办理善后。鄂中我军进逼,寇已退出宜昌。晋南平陆西北有激战。宋子文在美接洽新借款。行政院通令,粮食应自由疏通,禁止遏粜。信阳铁路两侧我军迭收战果。美政府对沪撤侨决予经济援助,撤侨专轮第一艘蒙德莱号今午抵沪。香港自下月起,限制旅客入境。驶浙闽外轮进口仍被寇方阻挠。印度革命领袖尼赫鲁被捕。美陆军部准许投弹瞄准器售英。希腊海陆空军合力向意军反攻,颇为得手。

11月3日(十月初四日　庚戌)**星期**

晴暖。上午七七,下午八三。

今日同儿生日。晨入书巢记日记。复业熊,交静鹤并寄。饭后,抄《观古堂藏书目》。二时许,偕珏人往省仲弟疾,肩疽已成,幸无寒热,因留谈。有顷,濬儿、文权亦至,遂共夜饭。九时乃各归。士勷来,付饭金五元。

报载要闻:桂南续克凭祥,寇渐肃清。传北汉口寇军总部大火。津租界巡捕罢岗,但风潮旋即解决。大批寇军由沙市乘舰东下。浙东我军进逼萧山。晋军向长治、壶关间游击。美第一艘专轮抵沪,三百馀美侨撤退。德、意、葡商轮四艘遭寇方阻扣,巨额船货丝茧等被没收,总价值二百万元以上。美记者诘责寇机袭击中航机事,当事者语塞。寇在沪西苛刻搜检,公共汽车受阻挠。希军在阿边获重大胜利。土耳其总统阐明外交政策。美总统竞选已届最后关头。美陆长宣布将组伞兵队。南国宣布严守中立。国府明令褒扬张善孙。

11月4日(十月初五日　辛亥)**星期一**

晴暖,阴处还潮。上午七八,下午八一。

依时入馆办事。接芷、汉上月廿六日信,告近状,并告济昌款已代划出。树伯今日嫁女,在老北门鸿运楼设宴,珏人偕雪村夫人往贺,吃喜酒而归。购毛边纸一刀,计十七元,备钉簿子供抄写。购南腿一斤,计三元六角。夜归小饮。

报载要闻:镇南关近郊发生激战。小董、大峒相继收复。粤军猛袭涠洲岛踞寇。浙东续克衡前、临浦。晋南寇犯虞乡雪花山。国府颁布《非常时期维持治安紧急办法》。吴淞口外被扣外轮已释。英军在希腊登陆。英空军轰炸柏林车站。意坚持土地要求,法与轴心国难妥洽。

11月5日(十月初六日　壬子)**星期二**

晴,仍渐热。上午七八,下午七九。

依时入馆办事。致予同,送诚之收据去。泉澄送还校样。勖初来洽事,将托汇其子用款。午间与洗人、曙先饮王宝和。复乐山圣陶,列第三十六号函,告寄出奎宁及近事各情。夜归再小饮。夜十一时,珏人忽患吐泻,投以八卦丹,始止。

报载要闻:涠洲岛踞寇完全撤退。钦县镇南关正在激战中。浙东迫抵萧山近郊,一度突破白鹿塔。豫南连日战亟。晋南向冀沁公路沿线袭击。社会部改隶行政院(本属中央党部)筹备竣事。王外长广播,专辟和平谣言。川、康经济建设委员会拟定整个具体计划。上海法租界两法院情状如恒(伪方多方逼迫,但院方态度甚正)。工部局警员赴沪西捕盗,竟遭寇方扣留。吴淞口外希腊巨轮被扣。美总统竞选,今日总投票。希军反攻,占阿境新高地,意军被包围。苏联下令提高下级军官指挥权。

11月6日(十月初七日　癸丑)**星期三**

阴雨旋止,风转西北,气亦大凉。上午七五,下午七三。

依时入馆办事。续校《滇南碑传集》。致振铎,询袁氏藏札下文。夜归小饮。

报载要闻:广州发生大火十处,市面混乱。宜昌踞寇即将撤至汉水迤东。围攻南昌之军已克万寿宫据点。南京、芜湖间发生流动战。浙东迫击萧山。虹口又见暗杀血案,寇军官被杀殒命。日商以五十万元收购葡轮五艘。法总领事否认解散白俄队。续有美侨三百馀人明日乘轮返国。越境谅山屯寇继续撤退。美总统大选总投票今日可全部揭晓。希腊摩托化部队两路进攻阿境意据点柯里柴。德军假道西班牙,被佛朗哥拒绝。西班牙宣布归并丹吉尔区于保护领摩洛哥。尼赫鲁被判监察四年。

11月7日(十月初八日　甲寅　亥正三刻八分立冬)**星期四**

晨晴旋阴,雨作。近午后晴,西北风大起。上午七〇,下午六七。

晨服濬儿所进高丽参。依时入馆办事。看陈青之《中国教育史》。看吴文祺《百年来中国文艺思潮》。晚归,知铭堂来,约星期再来晤谈。夜小饮,食饺子。组青、濬儿均在。

报载要闻:桂南再克镇南关。宜昌外围我军大胜。赣北克沙埠潭。黄安有激战。蒋宴苏联在渝工作人员。孔举行茶会,招待美大使。沪西警权问题日内重开谈判。今日苏联十月革命纪念,沪地苏侨大举庆祝。宁波发见鼠疫。港方宣布不强迫妇孺撤退。美罗斯福当选,连任总统(连任三次,开彼国先例),轴心诸国人心大震。邱吉尔在下院报告战况。希军节节进逼,柯里柴危在旦夕。

11月8日(十月初九日　乙卯)**星期五**

晴,转冷。上午六五,下午六四。

依时入馆办事。看陈青之《中国教育史》。致泉澄,送校样。致仲持,告振铎愿收袁氏藏札,惟止允出价五百,请径与接洽。付十月分电灯费五元另三分。晚与坚吾饮马上侯,啖大雄蟹二枚,甚酣。七时三刻散归。

报载要闻:桂南克复镇南关。钦县巷战猛烈。宜昌东北克复老鸭雀岭。汉口寇空军撤退。豫南攻抵信阳城郊。寇方否认退出涠洲岛。美新贷华巨款传已正式签字。沪市米价又被人操纵。茶商唐季珊被绑。美教会大宗寒衣将运沪发放。美侨撤退照常进行,一时无新举措。美国务卿赫尔声明继续援助中、英作战。希腊陆军全线反攻,希境已无意军踪迹。伦敦遭受空前长时间空袭。苏联十月革命纪念,加里宁阐明外交政策,谓国际局势将使苏联不容坐视。《夜报》载法租界两法院今日突被伪方接收,租界当局随阿不问。

11月9日(十月初十日　丙辰)**星期六**

阴森加寒,旋放晴。上午六三,下午同。

依时入馆办事。编发每周通讯录第九十七号。付本周饭金两客,五元。复芷、汉,属安全为尚。致坚吾,为其四、五两女取名令琬、令璨。泉澄送还校表各件。看陈青之《中国教育史》。晚归,途遇于在春,知即寓里中廿九号。夜小饮。楼上好赌成癖,牌声夜以继日,中宵十二时犹不息,予累为此失眠,恨甚。

报载要闻:钦县寇股向金鸡塘撤退。鄂中三面夹击宜昌。豫北战事进展。绥西袭击银墙子。法租界法院被攫,外部向法使提严重抗议。美第二艘撤侨专轮延期抵沪。罗斯福与赫尔等会商加紧对英援助。太平洋联防,美、英、澳成立协定。意、希两军在柯里柴演争夺战。南爱尔兰拒绝英海军租用港口。泰国向越南提抗议。

11月10日(十月十一日　丁巳)**星期**

晴和。上午六二,下午六五。

今日本约赴饮曙先所,以候铭堂故,谢未往。珏人生日,涵侄偕其未婚婿袁柱流来祝，淑侄从焉。因具酒与饮。饭而后去。硕民来，圣南偕其女友来，道始、仲章来，最后铭堂始至。薄暮，皆去，独铭堂留，复与对酌。晚饭后谈至八时乃去。

报载要闻：由沪、港经仰光入滇货物，首批已达内地。黄旭初慰劳桂南将士。桂军迫向钦县城郊。鄂南通城九岭前线，有激烈炮战。漳河沿岸有剧战。胶济路寇守备队撤向青岛。汤尔和昨日死于北平。沪特二区法院被占后，内部紊乱异常。美运输舰明日抵沪，撤退海军眷属。外滩中央银行旧址传又将遭伪方占据。租界当局严令彻查囤积米粮。全国扩大劝储周，今日开始。德国社党起事纪念，希脱拉发表演说。英机因此轰炸慕尼黑。寇向泰国谈判驻兵问题，希图胁制缅甸、新加坡。美总统宣布加紧援英。

11 月 11 日（十月十二日　戊午）星期一

晴。上午六二，下午六五。

依时入馆办事，往来仍徒步。续校《滇南碑传集》。致叶颖根，为托总售《群雅》事特介五洲书报社。夜归小饮。将就卧，老陈饬人送代装空白书册三十本来。

报载要闻：桂南猛攻钦邕路南退之寇。国民大会海外代表谒蒋献旗。鄂中收复南津关，向宜昌北关进击。最高当局令全国坚强工作，毋堕寇方撤退狡谋。萧山附近战事激烈。长江南岸炮兵击沉寇舰。法商电车、公共汽车明日起均增价。美侨撤退专轮第二艘今夜启碇离沪。苏联外长将访柏林。东南欧罗、苏、保、南诸国同日大地震。平杜斯山区希军大胜，意精锐师团覆没。美毕德门博士逝世。英前相张伯伦逝世。

11 月 12 日(十月十三日 己未)星期二

阴森终日。上午六三,下午六二。

今日为孙中山诞辰,循例放假。重理书巢,变易庋阁。虽登降有同儿在旁助理,而未老先衰,竟大感腿酸难任矣。饭后草草毕事,遂罢手坐息。入夜小饮。

报载要闻:鄂军攻抵宜昌城外。钦县附近平乐桥收复。晋军破坏汾河桥。豫、鄂边境冲入罗山县城。乐城附近炮兵击沉寇艇。浙军向萧山猛攻。法租界诉讼停顿,法官几全体引退。外侨昨举行庄严仪式,纪念欧洲休战。美撤侨轮今启行,不湾神户港。美使访日外相,作重要会谈。莫洛托夫启程赴德。英空军助希作战,希军包围柯里柴。意军自平度斯山区后退。罗马尼亚再度地震,死伤三千人。但泽港首次遭英机空袭。

11 月 13 日(十月十四日 庚申)星期三

晴。上午六一,下午六三。

依时入馆办事。接芷芬二日书,汉儿上月卅一发四十六号书。续校《滇南碑传集》。予同来,约下星期六请予等宴饮。拟《历代名人传记读本》编例,盖《左传读本》已出版,将赓有所为也。晚归,接硁流来书,告与涵侄已安抵白下。铭堂、悦之夫妇及幽若均在予家,夜饭,共啖饺子。夜小饮。

报载要闻:粤、桂边收复钦县。萧山方面战事猛烈。新墙河北岸大云山麓发生激战。桂省发见丰富煤矿。米价日涨,沪租界当局密查米蠹,将严予惩办。伪员林资炯在一品香门前被枪杀。虹口昨又起纷扰,一寇军曹中两弹。莫洛托夫抵柏林,与希脱拉开始会谈。寇方又向越南要求在西贡登陆。寇廷任命野村为驻美大使,冀缓和张势。罗斯福在休战纪念日发表演说。希军在阿边续获胜利。

11 月 14 日(十月十五日　辛酉)星期四

晴。上午六一,下午六二。

晨为道始撰书颂词一通祝许彝定寿,并为拟复何辑五稿一件。依时入馆办事。致道始,送书件。并托定大利酒楼菜,备明晚酒会应用。由厪、越然丧母,予与雪村、调孚合送鲜花圈一枚。用申报馆旧印足本《滇南杂记》核校原选《小方壶斋》节本,将重行修改付印。夜归小饮。偶与珏人口角,遂致大闹,数十年来无此,不识迩来肝火何以如此炽旺也。愤悔难名。

报载要闻:我军克钦县后向南推进。浙东夜袭萧山。赣北攻克太子街。行政院议决改组四川、甘肃两省府,任张群为川主席,谷正伦为甘主席。本年一月至九月,海关入超一万万馀元,自由区出超八千万,馀俱沦陷区入超。(想见寇货横行。)虹口枪击寇军曹案,寇方大事搜索。美传教士不欲放弃使命,仍愿留华。大生轮再度被扣,美总领向寇方提抗议。美舰甲蒙号今抵沪,将载士兵百馀赴菲。德国宣布苏外长赴德目的。传阿尔巴尼亚北部若干村落发生叛变。日、荷油业谈判签定协定第一字。传寇准备在西贡登陆。英空军毁意船七艘。美东部三州制药厂爆炸。

11 月 15 日(十月十六日　壬戌)星期五

晴,转暖。上午六二,下午六七。

依时入馆办事。修整《滇记》稿。致陈贯吾,洽《碑目》印行事

(陈昨日持袁函来,拟用六开毛边纸本,馆出价五百元,得书二百乃至二百五十部),允以五百元缴书二百部。夜六时赴大利酒会,到洗人、丏尊、雪村、廉逊、俊生、绍先、道始、君毅及予与君毅友周君,凡十人。大利与道始有素,故肴馔特丰洁(三十元席较别家五十元席加腆多多),饮啖甚酣。及罢,人摊五元。归已八时矣。

报载要闻:钦县收复后粤西南隅已肃清。豫南罗山县克复,南昌近郊战烈。美领署发言人盼侨民勿漠视撤退劝告。孤军营输款慰劳将士,蒋夫人具函声谢。浙省沿海口岸全遭封锁,海关寇籍关员已停止结关。又一寇军曹在虹口被刺。英政府任命卜方爵士为远东总司令,即赴新嘉坡。莫洛托夫离柏林返莫斯科。英击毁意主力舰一艘,伤三艘。希军在阿境续有进展。罗总理安托奈斯古抵罗马。越督德古申述越南今后趋向。

11 月 16 日(十月十七日　癸亥)**星期六**

晴暖,午后阴。上午六六,下午六八。

依时入馆办事。复柱流。编每周通讯录第九十八号。接汉信,即并复芷、汉。致元善,为《学林》拉稿。《左传读本》取到,分赠洗人、雪村、丏尊、调孚、均正、沛霖、志行、振甫、韵锵、子平(即为书封面之陆维钊)、硕民、允言、芝九、索非、道始及同儿之师沈骥千各一册,自留两册,凡十八册矣。三年来饾饤成绩如此。下午四时开董事会(战后第十三次),到雪村、丏尊、洗人、达君、道始,讨论决定者:一,三年并结账通过,即据以呈报。二,重心内迁,俟必要时再讨论。三,薪给调整,自明年一月起,照加三成,月贴仍旧。四,年终奖金,拟两个月薪水数,俟届时酌定。予意得达,差足少慰。其实三成之数殊无当洪流也,聊胜而已。夜请董事在大利吃饭,以人少,即拉调孚、子如、士敭、清华及道始季女宗瀛同往,至则五良亦在,全坐十一人。肴较昨已稍逊,然尚超常数以上,盖盛事本难继也。八时许归。

报载要闻:镇南关外据点全部收复。寇机昨飞昆明投弹。赣北分路会攻南昌。定海附近我军攻入沈家门。工部局拟定电话加价原则。乘华盛顿轮之美侨多人展缓行期。美运舰甲蒙号载瓜代兵来沪。苏联官方正式否认苏、日成立协定说。英、德空军加紧活动,英伦密特兰及伦敦、柏林均被轰炸。英海军航空队再度袭击意国泰吐兰港。英远东军总司令卜方已在新嘉坡就职。美海长诺克斯声言增加援华。寇与越南将开始作经济谈判。

11月17日(十月十八日　甲子)**星期**

晴,又转寒。上午六五,下午六六。

珏人率诸儿往濬儿所,予与同儿及静甥独留。记积日日记,钞《观古堂藏书目》。薄暮,挈同儿往濬所小饮,晚饭后谈至八时许乃同珏人等俱归。

报载要闻:国府命令停闭沪法租界两法院。张自忠灵榇移厝,蒋亲自主祭。桂南军事结束,对粤北取攻势。沙市突起大火。赣北进迫铺头。空军将领毛邦初飞美(于购机事有接洽)。中航公司重订各线航期。美第三艘撤侨专轮华盛顿号今日抵沪。昨又有寇军曹被枪击,虹口形势严重。(其实风纪日坏,因争风而同类自贼,必蔽罪于当地居民者,一则逞其淫威,一则自掩其丑耳。)寇侨正图竞选工部局董事,但其计划难望成功。工部局对续办平粜决予援助。越南政府发表华、法军冲突结果。意军退出柯里柴,希军大获。西班牙外长再访德。德机大轰伦敦,克文特里古城空前浩劫。英机亦猛袭荷、比、汉堡诸地。苏联否认与日划分势力范围。

11月18日(十月十九日　乙丑)**星期一**

晴,还润。上午六五,下午六七。

依时入馆办事。校《先秦史》。整理董事会纪录。陈贯吾来洽,印行《馆藏碑目》事已有眉目,止待订约耳。晚归小饮。

报载要闻:晋南闻喜以北各据点均告克复。镇南关连日剧战。鄂西进抵沙市近郊。平西踞寇退出煤区。潼关炮兵弹中风陵渡寇阵。我国否认派兵入越(是昨日越政府所布者妄耳)。虹口中弹之寇军曹已毙命,无辜遭禁者三百馀人。两租界今日开始安全运动周。寇南进政策顿挫。泰国军队侵犯越边。墨西哥海外战舰追击德船。英机猛轰德根据地。葡京盛传英、德和平谣言。美在华女教士年内一律撤退。

11月19日(十月二十日　丙寅)**星期二**

阴雨。上午六四,下午同。

依时入馆办事。仍校《先秦史》。致道始,送《图书季刊》。致泉澄,送沿革表校样。晚归小饮。

报载要闻:国府公布《司法官退养金条例》。川省府主席张群就职。我空军飞荆门轰炸。豫北炮击安阳。鄂南嘉鱼附近战烈。晋南袭击曲沃。滇省腾冲发见金矿。美舰甲蒙号今日离沪赴菲,载飞行人员同去。工部局函请法公董局以现款津贴平粜。泰国与英、美缔盟(昨传寇南进策受挫,殆因此)。伦敦剧烈空战。英、德大炮隔海互轰。希脱拉接见意、西两外长。寇方又放求和消息。墨索里尼发表演说,谓与英作战到底(盖于退出柯里柴事有关,已呈力竭声嘶之概)。苏联邦劳工会建议绝对抵制日货。

11月20日(十月廿一日　丁卯)**星期三**

晴阴乍忽。上午六四,下午六六。

依时入馆办事。仍校《先秦史》,插校《滇南碑传集》一批。接叶颖根复书,以《群雅》代推外埠为言,即答以无从为力。晚归小饮。清、盈均感冒,正坐近日气候失常故。

报载要闻:行政院会议,局部改组甘肃省政府。南宁秩序完全恢复。钦州、防城一带寇已绝迹。行政院拨款五十万在渝筑防空洞。九岭前线分袭寇据点。美撤侨专轮华盛顿号今日下午离沪。美侨联名电贺罗斯福连任总统。工部局委托救世军设乞丐收容所。关于寇方求和消息我官方认为难有效果。德、意、西谈话已毕,将开维也纳会议。英、美否认与泰订立军事协定(盖寇故纵此言以为借口南攻之地而已)。意、希战事益烈,希军已正式占领柯里柴。

11月21日(十月廿二日　戊辰)**星期四**

阴晴无常。上午六六,下午六五。

依时入馆办事。校《先秦史》。午与洗人、曙先饮永兴昌。晚归小饮。

报载要闻:政府重申决心,不变更既定国策,对所传寇方求和说认为一种狡诈伎俩。我封锁滇、越边境交通。中、缅通邮。赣北出击甚得手。商丘东南血战竟日。苏北克复海头镇。沪市寒衣代金已汇出三十馀万。孤军营献金购机。苏联增强太平洋舰队。维也纳会议结果,匈牙利加入轴心。希军攻占意军阵地。

英伦密特兰区遭德机狂炸。美教会援华会将有巨款汇沪,救济难民。

11月22日(十月廿三日　己巳　戌初三刻三分小雪)**星期五**

晴,不甚畅。上午六四,下午六六。

依时入馆办事。仍校《先秦史》。接圣陶十二日发四十四号书,复卅五号去信。君毅电话托代叫酒,即转谦豫送去。夜应予同约,与洗人、雪村、丏尊、调孚、索非、均正共赴聚丰园饮。雪村女士文从,予同又约振铎、曙先,凡十一人。八时许散归。

报载要闻:东北四省划为战区。贵池西南袭击乌沙夹。犯蒙城之寇已被我围击。陈诚在常德召集会议,鄂中即将展开大战。军委会调新四军赴华北,苏、皖防地交中央军接管。昨日航空节,蒋发表意见。沪市民亦自动献金。美海长宣布,不撤驻沪陆战队。香港移民局成立,实行进口限制。罗总理聘德,传罗、保两国将参加轴心盟约。英王在下院演说,决心继续作战。土耳其召开特别会议,拟采取紧急手段。美派陆空军官及高射炮赴英。希军又获新胜利。德机群狂炸英伯明罕。日本千岛列岛地震。

11月23日(十月廿四日　庚午)**星期六**

阴,微雨时作。上午六五,下午同。

依时入馆办事。编发每周通讯录第九十九号。泉澄来,洽稿竣稍待颉刚之序。致贯吾,拟印行《碑目》契约送去,并属代转缴送北平图书馆新出版书九种。致联棠,为拟《中学生》变更登记呈桂林市政府一文,并附旧证遗失声明报纸一张去。附言洗人函,属芷芬常写信来。致红蕉,转圣陶札。付本周饭金五元。又代小墨付买书款廿一元一角二分(士勬经手)。文权来,出其友原公村地理研究一文求阅定,将由权为之移译英文,送美求博士也。夜归小饮。

报载要闻:龙云畅论中、日战局,谓日必不能奈何中国。寇将在粤发动新攻势。我积极筹备大反攻,规复武汉。东战场开到大批江防炮队,截击寇舰。皖北克复蒙城。国府通令禁绝贪污,整饬纪纲。英外相报告,尽力援希作战。意公报正式承认退出柯里柴。美国驻亚洲旗舰新旧交替。港政府公布,允许撤退英侨眷属返港。法官方否认关于越南之谣传(如中法冲突、法泰冲突及泰将攻越等事)。罗总理抵柏林,与希脱拉会谈。

11月24日(十月廿五日　辛未)星期

晨阴,旋放晴。午后阴合,竟夕无星。上午六六,下午六七。

上午为文权阅文稿,迨午始毕。圣南、濬华来午饭,饭后将同访绍铭。午后二时,硕民来,即以《左传读本》赠之(赠允言者亦托携去),谈至三时一刻辞去。甫去,圣南、濬儿来,未遇。有顷,圣南、濬儿亦去,遂以阅定之稿交濬携与文权。宏官来,晚饭后去,属为题号。夜小饮。

报载要闻:皖北克涡阳、蒙城。鄂中连克要塞,向宜昌疾进。安庆附近克复马头镇。钟祥附近击落寇机一架。铨叙部议订公务员惩戒处分执行办法。沪租界当局维持民食,决查禁米粮出口。钦州湾寇舰他驶。工部局昨公布娱乐捐总收支,凡收入一百廿万九千馀元。白俄律师廿人拒绝至法租界出庭。罗马尼亚加入轴心盟约。希军向阿境推进,又占领摩拉伐。美驱逐机队飞抵菲岛。土耳其边区实施戒严。

11 月 25 日(十月廿六日　壬申)**星期一**

阴。上午六五,下午同。

依时入馆办事。校毕《先秦史》一批,作函送诚之。贯吾来,签约付款,印行《馆藏碑目》事遂告解决。续校《滇南碑传集》。接芷芬十五日信,知汉儿已于十四晚八时分娩,举一雄,母子平安云。至喜慰,因即复书芷芬,为取名元锴,字曰南金,志滇产,且以志“楚不忘秦”之意也。夜归小饮,为珏人述之,珏人为取乳名龙官,盖今岁肖龙,又生于黑龙潭也。甚佳,明日当属诸儿函告之。

报载要闻:南宁举行军民联欢大会。珠江昨已实行开放。湘北反攻,部署已定。仪征江面,炸沉寇运船。冀、晋边界战事在猛烈进行中。晋南我军已迫抵长子城郊。美红会米麦两万包及大宗药品运沪,救济难民。根本解决沪市民食,须国米自由运沪。(个中人言,曾与寇方接洽未果。)斯洛伐克加入轴心盟约。希军又占领阿境波格拉特。德、土举行外交谈话。苏联更调驻德大使。日本元老西园寺公望逝世。

11 月 26 日(十月廿七日　癸酉)**星期二**

晴。上午六三,下午六二。

依时入馆办事。校《滇南碑传集》。周毓英来洽稿,权存将还之。太炎夫人汤国梨来洽,欲解《章氏丛书》印行约,告以主持人未来,俟约期再谈。取洋米两包,每包二百廿二镑,七十一元二角,外加送力八角,共一百四十三元二角。先付四十元,援同人例,馀款分三个月六次扣清,在薪水上分扣,计每期十七元二角云。夜八时,静、漱、同、复四人随士敭往英使署看战事宣传片。夜归小饮。

报载要闻:中央纪念周,孙科演讲经济政策。赣、皖边区战事复起,犯至德之寇被击退。赣北攻瑞昌获胜。潜江、沙市一带我连日出击。湘北云溪车站击毁寇兵车。晋南各地不断激战。米煤等源源运沪,市价反见增涨。滞越货物声请退回,须提证件。美救济米麦运沪,今日会商支配。寇又向越南提新要求。纽丝纶军队开抵希腊,希军继续获胜,已开入开基罗卡士特隆城。美各方发动对英经济援助,即将邀英参加美洲经济合作。北爱首相克莱加文逝世。

11月27日(十月廿八日　甲戌)**星期三**

晴。上午六一,下午六三。

依时入馆办事。校毕《先秦史》一批,作书送诚之。为《学林》校徐蔚南《中国美术工艺》一文。夜归小饮。

报载要闻:晋南已迫近晋城。至德抄袭寇股后路。川主席订购湘、陕粮食。市联会函请工部局覆议电话加价事。工部局总办费利浦销假视事。各银行内地分支行提高存款利息。沪商滞越货件准备退港运仰光。上海大部美侨仍拟维持固有事业。保加利亚突然改变态度,中止依附轴心国。希军进展,攻入意军第二道防线,并占领要地。香港禁新闻纸类出口。日任命野村为驻美大使。罗斯福与英驻美大使会谈。

11月28日(十月廿九日　乙亥)**星期四**

晴。上午六二,下午六四。

依时入馆办事。通函各办事处主任:明年一月起应各加薪三成;各职工任事勤敏宜有高下,属密加考定,函报复核施行。此项函件将俟三十日发通讯录时附去。夜归小饮。

报载要闻:寇巨型机两架在钟祥附近击落。皖南克复至德。汤恩伯亲赴前线指挥,鄂北展开剧战。赣、皖边境克复吏部口。卫生署召开技术会议。寇机飞越香港领空。胡适、宋子文偕访赫尔,讨论远东局势。寇、越经济谈判,将在东京举行。工部局公布核准电话加价,于房客殷望之小租废除运动则仅允加以考虑。传滞越华货将被没收。昨有绑架孩童案两起,一为何世桢之子。美将续运大宗赈粮来华。美总统宣告扩展军备。赫尔对日表示,美国国际政策根本不变。阿尔巴尼亚南部戴尔维诺发生激战。罗马尼亚前政治领袖六十四人遭铁卫团枪决(显系德国指使所致)。

11 月 29 日(十月大建戊子初一日　丙子)**星期五**

晨阴翳微雨,旋转西北风,放晴。上午六四,下午六二。

依时入馆办事。续校《滇南碑传集》。为硕民取款。(江苏银行清理存款,本言今日可以一次支付,而仍复分期零给,钱侩可诛,不复可以人类目之,因致函硕民,送还原折并此次所支款,属自理。)接颉刚二十日寄出航函一封,内盛十五、十六两书,复前此去函质询各节,《学报》诸诸问题可以解决矣。为学林社看章丹枫《近百年来中国报纸之发展及其趋势》一稿。内容颇有足珍者,惜于当前环境有碍,无法刊布耳。夜归小饮。

报载要闻:鄂北克历山净明铺,襄河两岸仍有战事。同浦路南段据点多处收复。兰州降雪。我炮兵前此轰击宜昌寇机场时,据查共毁寇机十四架。各战场准备完成,将同时总反攻。美贷华巨款在讨论中。公共租界华捕提出加薪要求,曾有若干区岗捕怠工。美赈华物品,按月专轮运沪。洋面粉定货十分之一平售。电话加价公表后,各界纷起责难。寇在西贡设军用机场(传泰、越边境已发生战事)。美拨款五千万元发展新根据地。希军全线推进,突破意军新阵线。德表示其意在巴尔干作战。地中海英、意舰队激战。罗国滥杀案已引起陆军各将领辞职。

11 月 30 日(十一月初二日　丁丑)星期六

晴寒。上午六〇,下午五八。

依时入馆办事。仍校《滇南碑传集》。编发每周通讯录第一百号。作书寄芷、汉,属善为将护。付谦豫酒账十三元五角。章汤国梨为印行《章氏丛书》事来与雪村面洽,即将进行。五时,与雪村、调孚共乘以赴柏丞之约,为《学林》编辑问题有所讨论。丹枫稿拟由社收购作丛刊,另印在内地发行。夜聚饮,仍用冠生园菜,甚满意。到振铎、予同、纪堂、东华、颂久、莲僧,合予等凡十人,鞠侯未到。席后畅谈,至十时馀始散归。

报载要闻:襄河两岸战局益趋有利,大洪山东被围之寇突围未逞。重庆、桂林间无线电话通话。宋子文昨晤琼斯,努力促成新借款,赓续在美订购大量军火。寇舰阑入石浦港,用机枪向岸上扫射。沪宁车昨在外跨塘触地雷,死伤达三百人。工部局核准加发华捕房贴。四行联库经理朱博泉昨晨被绑。宁波鼠疫已告扑灭。泰、越发生猛烈空战。阿境前线意军开始反攻,南北两战区展开激战。英国利物浦续遭德机猛袭。罗国变乱未已,全国戒严。

12 月 1 日(十一月初三日　戊寅)星期

晴朗。上午五九,下午六三。

竟日未出,钞《观古堂藏书目》。午后硕民来。傍晚宏官来,夜饭后去。为取字“笙伯”云。幽若去震渊家一月,昨来予所,仍朝来暮归也。夜小饮。

报载要闻:襄河两岸剧战,潜江、岳口一带获胜,栗溪、盐池庙等处均告克复。汪逆昨与阿部信行签订条约,国府下令加赏通缉,王外长并发表声明,凡汪、寇间所订各件,国府概认无效,如他邦有承认此组织者,国府即将与之断绝通常关系云。公共租界中区华捕一度罢岗,昨午照常上差。沪西昨有一寇兵被枪击,形势又陡见严重。米价与日俱涨,危机已迫眉睫。美财长即将宣布支持中国货币信用。美、苏外交谈判续有进步。英、美经济援华,仍采取合作。伦敦续遭德机惨炸。意、希阵线中部,希军占领新阵地。罗国秩序稍见宁静。

12月2日(十一月初四日　己卯)**星期一**

晴。上午五九,下午六一。

依时入馆办事。为《学林》看盛俊稿。续校《滇南碑传集》。夜归小饮。

报载要闻:粤西江克复周郡,向江门挺进。襄西连战皆捷。安义附近,我军活跃。美总统宣布以一万万金元贷与我国。公共租界华捕均恢复工作,今日将提出要求。虞洽卿谈抑平米价计划。整个沪西界各区域已完全遭受封锁。北路希军正式克复波格拉特。罗国陆军下总动员令,维持国内秩序。土耳其宣布不与“新秩序”发生关系。泰、越军队继续冲突。

12月3日(十一月初五日　庚辰)**星期二**

晴。上午六〇,下午六四。

依时入馆办事。校宾四《史记地名考》。午前鞠侯、曙先、哲生来，因为撇兰之戏，同饮于同华楼。予撇得最大分，出四元。致仲持，送还袁氏藏札，盖调孚昨日为予返自铎所者也。傍晚，仲持来，知有香港之行，将以晤愈之，或且赴新嘉坡。夜归，仍小饮。

报载要闻：蒋出席中央扩大纪念周，勉军民坚卓奋斗。镇南关克复，广西全省肃清。渝各界电美致谢贷我巨款。襄阳我军向当阳挺进。上海租界推行小额购米，组食粮合作协会。华捕昨集议，审慎修订条件。沪西封锁昨更趋严重。湄公河上空泰、越激战。北路希军向艾尔巴寻推进，迫近阿京。德机猛袭英伦南部。美海军军官百馀人晋级。罗总理宣称决向匈收回失地。墨西哥总统宣言拥护美洲防卫计划。印光法师二日卯时坐化苏州灵岩山寺。

12月4日(十一月初六日　辛巳)**星期三**

晴。上午六四，下午六七。

依时入馆办事。续校《滇南碑传集》。诚之来，洽齐大印书事。复圣陶，编卅七号。夜归小饮。

报载要闻：鄂北大捷，一部分已抵钟祥，中央传令嘉奖。寇机昨两次袭滇，一架已坠毁。沁县连日激战。粤南克复长美。川、康间内藏公路完成。驻渝美大使访晤王外长。美国会通过对华贷款案，并决以飞机售华。沪西封锁绝未松弛，领团向寇方交涉。华捕要求改善待遇，昨已提出条款。豆米业公会紧急限制米价，但今日市面，石米已出百元关。泰、越局势更见恶化。英国苏桑普敦被轰炸，损害奇重。希军冒雪进攻，各路均大有进展。

12月5日(十一月初七日　壬午)星期四

晴。上午六七,下午六六。

依时入馆办事。复颉刚、宾四,告《齐大丛书》进行各事。致起潜,托写齐大各书封签。致绍虞,托为图书馆购书,并告诚之交来十五元。接翼之四日书,告怀之将改就沪质肆事。接芷、汉上月廿五日书,汉已可起坐写信,甚慰。书来请命名,予适于是日得讯,为题名寄出,可谓巧合,尤喜也。夜归小饮。

报载要闻:国府奖励绥西前线将士,由傅作义代授勋章。寇机在滇被击落,机师二人殒。沁阳以南连克据点,寇田井中将授首。襄西大军向荆当大道出击。英与加拿大协商贷款援华。苏联亦有此可能。中央通讯社在伦敦设办事处。沪西界外警权成立最后协定(工部局与寇伪已妥洽)。封锁事经交涉后局势稍缓和。华捕及救火员要求,局方今日开会讨论。大场寇机场大火,毁寇机多架。日本各地发生反美事件。希军全线猛攻,续有进展。美政府各要人讨论援英重要问题。泰、越边境仍续有战事。保加利亚外长演说,力避卷入战祸。

12月6日(十一月初八日　癸未)星期五

晴,旋阴,大有酿雪意。上午六五,下午六七。

依时入馆办事。校《先秦史》。并以间拔校《滇南碑传集》一批。文祺来,送《学林》文单行本一分。夜与予同、振铎、鞠侯、哲生、曙先、丏尊、洗人、调孚、雪村公饯仲持。适尔梅来,遂及之。即在开明复轩聚饮,十人各摊费五元,店中犹贴五元云。八时许散归。

报载要闻:苏联向寇正式声明,对华政策并不因寇、汪条约而少有变更。新四军开往华北,场地由中央军接管。临汾之寇出犯,被我军围击。鄂中袭击宜昌近郊。彭泽东南发生激战。寇机炸滇越路芷村站。法越军迭犯滇境,我政府已提严重抗议。越南西部发生叛变。两租界当局望各界合作,抑平米价。虞洽卿建议购西贡米二十万包。沪西封锁区发见新事态,遍贴反英标语及擅开公共汽车。美举行特别会议,讨论援助中、英步骤。希军在阿境中部前线发动新攻势,南部意军撤离桑蒂瓜朗泰港(此港为阿境海军根据地)。英、土缔结贸易协定。德、罗签订经济合作议定书。

12月7日(十一月初九日　甲申　未正三刻七分大雪)**星期六**

晴,即转阴。上午六五,下午六二。

依时入馆办事。编发每周通讯录一〇一号。校《先秦史》。复芷、汉,以善为将护勖之。接起潜复书,送到书检及《武梁石室图象录》一部,备选作《齐大学报》封面底文用。夜归小饮。文权、濬华、顯、预两孙俱去。晚饭后打牌,勉徇珏人之请,四圈而止。居然乱得三千文,合一元。

报载要闻:我军准备大规模反攻。彭泽东南克复太平关,仍分两路向县城进攻。大洪山一带我军仍保原阵地。寇机侦察滇西。桂西南馀寇退往海防登舰。工部局昨核准公布增加华捕及职员津贴。电话加价今日实行。美驻沪军官昨有重要集会。洋米到销统计,证明万无米荒之可能。苏联向寇进一步表示,中、苏始终敦好。美将于明年派遣舰队访问远东。英下院否决和平建议。湄公河形势紧张,传寇方谋调解泰、越争端。

12月8日(十一月初十日　乙酉)**星期**

晴朗。上午六〇,下午六一。

竟日未出,补记日记并钞《观古堂藏书目》。午后二时许,勖初全家见过,盘桓两小时,近五时辞去。老友临存,快慰甚至。夜小饮。

报载要闻:驻英郭大使昨晤英财相,继续磋议借款问题(闻英将再贷我一千万镑)。石友三及其弟友信因不法事件由卫立煌奉中央命令就地枪决。寇机寇舰频扰镇海。晋南我军沿铁路两侧攻击,直捣闻喜东关。粤军击沉寇船两艘。财部通令,浙江兴业等八行钞票一律通用。皖南实业公司开发东南各省实业。龙云等发布通电,矢志中央。公共租界华捕对改善待遇办法一致表示满意。米价屡次越限,超过合法利润。中美、美阿借款合同定本周签订。希军击败意联队,开入亚热卡斯特洛。柏林、重庆间仍维正常关系。

12月9日(十一月十一日　丙戌)**星期一**

晴。上午五八,下午六一。

依时入馆办事。校《先秦史》,其间带校《滇南碑传集》。接晓先十一月廿六日书,知改入盐务机关办事,并为人校刊郑子尹全集。晚归小饮。

报载要闻:国府下令封闭越南边境。寇机袭湘。赣东战事猛烈,我军已渡太白湖。租界当局召集会议,彻底稳定米价,米号业函请严查各栈存米。工部局房捐收入激增。克里扶轮载归美侨。法总领事昨检阅巡捕。旅美华侨献巨金发展航空。苏联远东军改革完成,准备作战。美总统允许援希抗战。希军占领阿境南部泰尔维诺诚。意海军参谋长更调。美官方考虑派舰巡视太平洋。希脱拉向法索取舰队。阿部辞职回国。(想见寇汪条约之无聊为何如。)

12 月 10 日(十一月十二日　丁亥)星期二

阴,午微雨。上午六一,下午六〇。

依时入馆办事。校《先秦史》。诚之来洽,钟凤年《水经注校补初稿》因尚有增补属停排。晚归小饮。

报载要闻:何应钦在中央纪念周报告最近鄂北获捷之重大意义。中、英商订密约说,业经两国正式否认。绥西战事重新展开。晋南分袭闻喜、夏县一带。沙市四郊进攻得手。闽南夜袭厦门。各友邦贷款后外汇基金增加。工部局警员被沪西伪方扣去,将提强硬抗议。寇外相松冈发表谈话,力避对美战争。(言柔而伪,显有狡谋,谁其信之。)伦敦前晚遭德机空前猛炸。希军攻占杜柯开尔村,距阿京十八英里。

12 月 11 日(十一月十三日　戊子)星期三

晴。上午六〇,下午五八。

依时入馆办事。校毕《先秦史》全部,致诚之看清样。复起潜,谢书检及假书。仍乞再假君车画像作《齐鲁学报》封面底文。校《学林》王、吴稿各一篇。夜归小饮。

报载要闻:财部制定各区税务局规程。寇机轰炸龙州附近各桥梁。行政院决议拨款百万救济战区迁川各校员生。鄂中、鄂北大捷详情发表,向沙市搜索,已完成包围网。陇海路向西延长,宝鸡、天水间通车。沪米市场公告遵守评定米价。统一电政两公债昨抽签还本。第八期平粜定一月二日开办。沪西界外,寇擅驶公共汽车,工部局已提交涉。香港限制入境条例,延至明年实行。泰、越战事渐趋蔓延,双方空军互轰。中国向美订购大批战具,传美在菲空军飞机场将售与中国。英政府正式宣布贷华一千万镑。美国扩充亚洲舰队。希脱拉演说,重申领土要求。寇松冈谈话果未能缓和美国态度。

12月12日(十一月十四日 己丑)星期四

晴。上午五六,下午同。

依时入馆办事。续校吴稿。看朱蓬仙(宗莱)《文学述谊·正名篇》。此为朱氏遗稿,其友王哲安等为刊行者,惜只有"称谓"一部分,不悉全稿究存何所也。散馆归,接内表弟嘉源信,知将为内母舅锦绶公茔葬,称贷三十金。夜小饮。

报载要闻:赣东我军向马当、彭泽推进。湘北军冲入临湘车站。绥西军已迫近包头。中国工程师学会在成都举行年会。法使馆驻沪各部分迁渝办公。宋子文日内赴伦敦,办理中、英借款。沪法租界华捕昨要求改善待遇,一度罢岗。洋米七万包昨进口,米价涨风稍戢。美国统制钢铁出口,加紧对日禁运。滞留海防美货已允一部分运出。泰军大量集中,将向越大举进攻。埃及西陲,英军挺进七十五哩。匈外长聘问南国京城。

12月13日(十一月十五日 庚寅)星期五

晴。上午五八,下午六四。

晨切面包,湫儿伤指,托索非为包扎止血。依时入馆办事。为冼人友徐信之撰书贺联,送达源银号开张。致廉逊,转桂林指摘地图信,备参考。晚归小饮。

报载要闻:我与苏联签订协定,苏购华茶一万万元。寇机在昆明东南投弹,被我机击退。邱昌渭出发视察邕、龙一带。鄂西克复宜昌郊外之鸦鹊岭。定海我军攻袭衢山。澳驻日新公使过沪,发表谈话,泛论一般局势。法租界公董局增加华捕津贴办法今日可公布。米业展长交货期限,工部局当局宣布绝对无效。泰、越冲突日烈,寇之利用,端在威胁新嘉坡。英、美禁运加紧,联合打击日本。美海军后备员赴舰服务。北非英军攻克锡迪巴拉尼。匈、南订立友好条约。

12月14日(十一月十六日 辛卯)**星期六**

晴,午后转阴。上午六一,下午同。

寓中卧室,重新布置。依时入馆办事。编发每周通讯录第一〇二号。付饭金两客五元二角(本周又加矣)。复翼之,顺询锦绶公葬事有所闻否。复业熊,告近状,并及滇中近讯(前日接其一日来书)。今日弟妇生日,小儿辈前往吃酒。本日酒会,予告假未往,仍归小饮。

报载要闻:滇缅路又遭空袭。彭泽南寇股分路进犯,均未逞。晋东南寇犯平顺。豫东考城展开激战。豫北向温县进攻。穿山洋面,寇舰开炮。苏嘉路附近连日发生流动战。寇要求越南禁米运华。沪法租界公董局粮食委员会则称越并未禁米来沪,年内有二十万包西贡米可到。法租界华捕增高待遇,已决定原则。工部局加捐似已势不可免。沪西封锁渐弛,日内当可解除。越南准备派代表与泰国谈判和平。北非埃及西境之英军进展神速,传已占领意属利比亚边境之索伦港。英国歇菲尔特城遭德机猛袭,损失甚重。苏、德划界工作完成。

12月15日(十一月十七日　壬辰)**星期**

晨阴,旋开霁。午后耀日。上午六二,下午六四。

清晨,坐书巢补记一周来日记。钞《观古堂藏书目》。寻冬至九九词不得,意至索然。夜小饮。

报载要闻:晋南两度冲至堰掌。寇机袭衡州。豫东迫击开封东北关。鄂中进袭岳口、皂市。东战场我生力军激增。沪西被封锁区昨晨始撤去障碍物。英商公共汽车后日再增票价。西贡米又将到埠,仰光米已订购。法租界华捕待遇昨已正式公布。美派轰炸机及潜艇队由檀岛赴马尼剌。英空军袭里比亚意海岸根据地。中路希军突破泰比里尼意军防线,传阿京意军司令部意欲向希乞和。传美与墨西哥成立海军协定。泰、越纠纷暂不致恶化,越当局宣称乱事已平。传希脱拉秘密离柏林,往晤墨索里尼。

12月16日(十一月十八日　癸巳)**星期一**

晴,午后转晦,似酿雪矣。夜月甚皎,半夜降雪,及晨而尽消。上午六四,下午同。

依时入馆办事。校《学林》盛灼三稿。校《滇南碑传集》。李仲融自桂来,过予未值,留柬相候。文宙来,与洽译稿事,已决。维文过谈。接芷、汉八日来书,前此去信已接到矣。晚归小饮。清儿奉珏人往八仙桥青年会贺于鸿寿结婚,夜七时许乃归。

报载要闻:闻喜东南我军获胜。工程师学会决定"工程师节"日期。寇机又炸滇缅公路。赣北进袭莲塘。宜昌东北发生激战。信阳、汉口间交通阻断。沪西问题工部局密切注视。法币平准基金增加十二万万。航空券五百万,侨胞认购逾额。本市各学术团体公祭张善子。英军占领索伦要塞,进入意属里比亚。贝当改组内阁,赖伐尔免职,且有被看管说(奸猾下场头固不免耳)。美陆军部下令继续动员后备军。美航空母舰黄蜂号下水。德军集中西南境,窥伺意工业区。越南切实否认对泰取大规模攻势。

12月17日(十一月十九日　甲午)星期二

晴,时阴,仍有雪意。上午六一,下午五八。

依时入馆办事。看《学林》周振甫稿。题为《严复的学术思想》,予拟改《严复思想转变之剖析》。仲融饬人来,索取《希腊哲学史》,即以应赠之书十四册与之(其外四册已寄桂)。午间撇兰为戏,叫十景暖锅一只,计六元,较战前涨四倍矣。予出最小分,只四角;清儿空分,未出。沛霖最大分,出一元五角云。晚归小饮。濬儿来,知常州母佣已到。悦之来,与幽若大谈,越两时乃俱去。

报载要闻:中央纪念周王外长报告国际形势与中国外交,英、美、苏正加紧助我,亟应努力争取最后胜利。寇图进犯韶关,我已完成一切准备。赣东我军续渡太白湖。寇机又袭衡阳。粤省实行仓库制。法公董局政务督办杜格昨晚遭暗杀殒命。虹口又发生血案,寇军官遭枪击。沪西情势未见改善。将因擅开路线而强拆房屋。米市又蠢动,限价再被突破。美扩大太平洋防线。北非英军越过里比亚界,攻击巴迪亚。希军占泰比里尼城,并占海口奇玛拉。泰、越战事趋入严重阶段。

12月18日(十一月二十日　乙未)星期三

晴。上午五五,下午五四。

依时入馆办事。致起潜,假到君车造象朱拓裱轴一,拟制版为

《齐鲁学报》封面之底文。校《滇南碑传集》。得绍虞十二日复书，并寄到《燕京学报》等书(为开明图书馆购寄)。知平中城郊交通阻塞，想游击部队必充斥于平郊也。晚归小饮。

报载要闻:国府公布县参议员及乡镇民代表候选人考试条例。鄂南克崇阳附近之纱帽山。临湘一带续有战事。寇机续炸滇缅路。镇海洋面寇舰向江口开炮。寇兵车在粤汉路军田(广东南部地)附近被炸毁。公共租界华捕筹组互助协会。米业昨发紧急通告，严厉取缔暗盘。美商广播电台又遭寇方扰乱。寇方前扣美轮交涉移东京办理。虹口野村遭暗杀案已有六人被逮。沪西汪家弄房屋即将为寇方拆毁。美海军高级司令决将舰队无定期留驻远东(常驻于夏威夷)。加拿大各处反日。英军前锋越过巴迪亚二十哩。德大使抵维希，会晤贝当。泰政府向越南建议和平，解决边境纠纷。

12 月 19 日(十一月廿一日　丙申)**星期四**

晴。上午五四，下午五五。

依时入馆办事。致诚之，送代修《故宫周刊》装册去。复绍虞，告代购书已到，代款十九元七角二分已入册。复晓先，慰问近况。内有论学一节，颇有一记之需者，爰录之如次:

> 承问治旧日所设小学应从何入手，弟实卑之无甚高论，惟有熟读详玩段注《说文》耳。段氏气魄甚伟，于形声义三者均有创获。果能循此进修，则脚踏实地，必不蹉跌。尝见今之治文字学及文法学者，目未窥夫《三仓》，心未究夫故训，徒摭近人一二异说如金文、甲文之异同等，便果于称戈，掊击郐、许。谛观其造诣，于文字则支离破碎，无致条贯;于文法则狃执词性，彼此觝排。无论

言之甚辨,更不足以折愚衷,是以不敢滥举以增愆慝也。”

晚归小饮。

报载要闻:国府公布契税条例。陕行政会议开幕。甘主席谷正伦就职。我空军炸同浦路。鄂北攻入广水车站。安庆附近击沉寇舰。重庆、仰光间将通新铁路。沪西界外警权协定,工部局竟同意核定。野村被杀后,寇方搜查村落,扰累日扩。美总统宣布扩大援英计划,将租战具于英国。德国干涉法国内政,结果,赖伐尔释放,且与贝当会晤。美海部添造驱逐舰四十艘。希军占领克里苏拉。

12 月 20 日(十一月廿二日)星期五

阴。上午五七,下午六一。

依时入馆,为《学林》看何天行稿。续校《滇》碑。诚之来。仲融来。接慰元电话,谓建初在沪,约今晚饮永茂昌。予辞之,约明午聚晤中州旅馆,再往永茂昌共饮。夜归小饮。接晤漱石,托带二十元至苏,交嘉源内表弟,为内母舅送葬之资。因复告嘉源,属即往观前香炉商店一取。(信翌日发出。)夜饭后,漱石去。

报载要闻:皖南沿江,我军大捷。苏联报纸论我军反攻获重大战果。晋南大战将展开。蒲圻以南,寇兵车触地雷。湘北我军又攻入云溪车站。沪租界当局决严厉执行洋米新限价。寇方拆毁沪西汪家弄后又将拆毁沪东韬朋路房屋。美电台被寇方放电扰乱事,美领事已提抗议。挪威商轮停租于日本,具有重大意义(战后租于日,现期满,挪政府令止续租,群视为英将征用。盖德占挪后,其政府即侨置伦敦也,故云然)。美驻日大使格鲁在饯野村赴美席上与松冈洋右舌战,警告日本,美决维护义务与权利。意军弃守东非要塞伊尔华克。美令驻意、法大使急遽返任,或将影响欧洲现局。传德军五万已开入意境。赖伐尔偕德使重返巴黎,维希益示弱。寇又向越南要求海空军根据地。泰、越边境昨有炮战。

12月21日(十一月廿三日　戊戌)**星期六**

阴晴靡常,地润气暖,酿雪天也。上午六一,下午六三。

依时入馆办事。编发每周通讯录一〇三号。筑处主任陶仁寿十九日午刻病殁,接电后致电雪山,属行筑料理善后。致起潜,送还君车轴及《武梁祠画像》。续看何天行稿。午访建初,茶役谓已返苏,未值,因返与洗、村饮永兴昌。用五元二角。午后硕民来。晚归祀先,并祀外舅姑,盖今日为冬至夜,且与组青约,自今为始,将兼视其父母,嗣后应来我家拜祭也(以后每节祀先当先期通知之)。组青、怀之、幽若、濬儿、文权俱来,饮福时坐两桌,团圞至快,饮后并打牌四圈以资馀兴云。十时,组青等始散去。

报载要闻:国府公布各机关人事管理暂行办法。中英文化协会会员捐款救济英难民。豫南军渡狮河迫信阳。晋军连日袭晋阳公路。南京东郊龙潭被游击队袭击。鄂南军袭春阳车站。东流香口发生剧战。渝报评论军权必须统一。沪美电台继续被扰,事态或将扩大。驶长江五外轮所装棉花、茧子被扣。印度、新嘉坡日侨撤退,过沪返日。法租界华捕又续提要求。德军入意境,经已证实。巴迪亚意军陷重围。里蒂当选芬兰新总统。美国加强远东防务,增派巡舰驶菲岛。

12月22日(十一月廿四日　己亥　辰正三刻一分冬至)**星期**

阴,细雨,旋晴,午后又阴合,夜半大雨。上午六五,下午六八。

晨九时,洗人、雪村、丏尊来,共商定公司人事问题若干。午间即在家会饮。午后看书，忽焉已暮。夜仍小饮。

报载要闻：中、苏续订贸易新协定。国防最高会议通过第二届参政员人选。成都、兰州间无线电话正式开放营业。晋西我军猛攻曲沃、翼城。赣北克复沈家铺。沪美领抗议美电台被扰事，日领延不答复。租界当局决将惩治投机市侩。日领署警官在南市被人砍毙。沪西汪家弄正进行拆屋。寇内阁又局部改组，平沼入为内相。赫尔再度声明，远东政策不变。美将在南太平洋建航空根据地。英机械化部队袭巴迪亚内防线。泰、越军双方开炮互击。

12月23日（十一月廿五日　庚子）星期一

阴。上午六五，下午六三。

依时入馆办事。致道始，复代查近人姓氏。接宾四十四日函，寄到《齐鲁学报发刊词》。接迪康十日函，属绍介盐务机关事。致振铎，说明昨日未能往晤之故。致仲融，告剧稿（《苏格拉底之死》）在文学集林社，或能发表。看毕何天行稿，即送还莲僧。为文权预付定米款八十元。赙庆三母丧四元。晚归小饮。因午间得道始电话，知文权屋外有清道夫触电死，遂被累传讯，即令静甥往探之。移时返命，事已平息，惟尚未了结耳。

报载要闻：鄂南军袭击阳新。岳阳平田铺附近发生激战。杭州拱宸桥三友厂炸毁。前成都市长杨全宇在渝屯粮事觉，判处死刑。沪地因法币有固定价值，中外一致信赖。工部局对方单各产无权征收地捐。法公董局华委叶墨林被绑，即被移沪西。伪员陈光炎在金山饭店被枪杀。美总统宣布十五种原料限制出口。英军陆续抵马来亚，增强防务。德声言，美助英，德已忍无可忍。抵意德军四万五千人开阿境助战。

12月24日(十一月廿六日　辛丑)**星期二**

阴雨，霰。上午六一，下午五九。

依时入馆办事。校《滇南碑传集》。晚归小饮。

报载要闻：国府公布第二届参政员名单。寇机袭滇南个旧齐村。晋东南击退犯寇。鄂北军随枣公路进攻。赣北现有激战。沪市中外商一致拒收新杂钞，黑市外汇仍维持。寇海军竟宣布扩大海面封锁。市府财政局存档昨被寇方劫走。南帮米公开运沪，已疏通就绪。米粮评价会今日开紧急会议，协商稳定米市。英内阁局部改组，艾登入任外相，哈立法克斯出使美国。希军占领基玛拉。美拨巨款助菲列宾设防。泰、越边境仍有小接触。

12月25日(十一月廿七日　壬寅)**星期三**

晴寒。上午五七，下午五五。

依时入馆办事。看李孤帆《西北视察记》稿。晚归小饮。

报载要闻：川省查报最大粮户，各县成绩公表。鄂东连克两据点。中条山战局成相持势。荆门寇犯乐乡关未逞。豫北续有激战。今日全国庆祝民族复兴节(即蒋在西安脱险纪念)。沪英商两银行受委托，尽量维持外汇。平民照限价购米，竟遭米店拒绝。新生、新裕两纱厂发生怠工风潮。英、美商定太平洋联防计划，美海陆空军云集菲岛。苏联同情英、美援华。英首相痛斥墨索里尼。希军续进，距伐洛那仅十七英里。寇议会昨开幕。泰、越又互相炮轰。越督竟下令拍卖滞越华货。

12 月 26 日(十一月廿八日　癸卯)星期四

阴,旋放晴。上午五二,下午五六。

依时入馆办事。续看李稿,垂暮乃毕,即交调孚发排。接仲融书,洽《辨证法唯物论》修改出版事。接汉儿十九日发五十二号书。晚归小饮。

报载要闻:豫东大队进攻通许。长子、草镇间公路已被破坏。琼岛踞寇进扰,被击退。皖北连克两据点。戴传贤飞返重庆。缅甸记者团抵昆明。九种洋米,今日起照限价。一号西贡米放行。外部向越督抗议拍卖滞留华货事。虞洽卿调解法租界华捕纠纷。两院法官联请加薪。昨又有血案两起,一为流氓任伪职之人,一为花柳医。美在海参崴设领事署。南路希军迅速挺进。巴迪亚在英军围攻中。我国金融界三人飞抵旧金山。罗马教皇耶诞播音,斥战争。罗斯福广播,一本基督精神创造新局面。

12 月 27 日(十一月廿九日　甲辰)星期五

晴寒。上午五六,下午五五。

依时入馆办事。复仲融,送还《辨证法唯物论》及《苏格拉底之死》,告剧本不能出,《辨证法》修正后可出(已在桂出之新哲学教程如与此相复,则不能再为出版耳)。致哲生,送预支《少年世界史》稿费二百元去。接颉刚十七日书,复告近状,并云《疑年录补编》且俟洽后再进行。与张氏接洽。来青阁为开明送书一批来,予亦属送《说文句读》等书四种。散馆后,士敭、清华坚请同往北京路金城看《孔夫子》电影。虽情节不无可商,而孔子人格之表现尚不辱没,实为晚近所出各片之翘楚(下流作品如唱道情之流则更不足与此相提并论),惜陈义过高,奈芸芸观众之不能接受何。七时返,仍小饮。

报载要闻:晋城东北激战。豫南两度攻入柳林。绥西安北一带连日有激战。湘、鄂边境前线通城南郊有炮战。寇机轰炸韶关至沙鱼涌公路。交部加强川、湘、陕水陆联运。财部通令各海关,洋米进口免税。沪息,寇排斥各国权益,谋独占在华贸易。平准会按既定政策应付黑市外汇。米市昨执行新限价,探捕监视交易。特二院未决案件,正商救济办法。苏联扩充红军舰队。英军加紧攻击巴迪亚。希脱拉出巡西部海岸。法不允将西印度属岛马丁尼克供美使用。德军三万五千向罗马尼亚移动。泰国总理谈对法关系难期改善。

12 月 28 日(十一月三十日　乙巳)**星期六**

晴寒。上午五六,下午同。

依时入馆办事。续校《滇南碑传集》。致汉儿,并及芷芬。夜饮柏丞所,《学林》编辑会议也(颂久、鞠侯未到,馀人俱到,凡九人),十时后始散归。

报载要闻:我军发言人在招待记者席上畅谈明年总反攻。财部缉私处展缓成立。芮城东北克三十里堡。皖中克周家岗。湘北寇犯东流桥,被我伏兵猛击。华南寇舰队封锁各口岸。寇机在九龙附近投弹百枚,其另一架在防城属企沙村堕毁。工部局召集纳税外侨会,讨论增加市政总捐。沪郊流动部队活跃,踞寇时遭袭击。留沪美侨三千决展缓行程。西贡撤销米禁。泰越续有炮战。巴尔干风云益紧,德、苏各调大军至罗边。德军九万开意助战。英远东军总司令朴芳抵港视察。

12 月 29 日(十二月小建己丑初一日　丙午)星期

晴。上午五六,下午五四。

上午九时,洗人来,因与雪村共定同人明年加薪数目。近午偕洗、村往觉林吊庆三之母。珏人及盈儿亦往。饭后,珏人挈盈往省仲弟,予则遄返,办理同人加薪函件及年例布告诸事。四时前,珏挈盈归,予尚未竣所事。至五时始毕。五时半,赴道始约(昨日电话相招),与其尊人及文杰、文权兄弟暨其伉俪共啖饮。食仿日本"斯基约基",由其夫人亲执匕勺,随煮随食,颇见风趣。食后畅谈,至九时十分始归。

报载要闻:中、英信用保证协定延长有效期半年。中宣部招待缅甸记者团。法大使由渝飞港。寇机袭金华。襄西进迫荆门。晋南一度冲入晋城。东京附近游击队袭江浦。寇方迫令外国教士退出沙市。工部局拟再增加房捐百分之四十,提前于明年一月一日实行。人力车资,明年元旦起核准提高。东方饭店门首又有血案。统一公债本息照拨,共五千馀万元。英、苏进行重要谈话,并讨论援华。传德军十二师集中西班牙边境。伦敦前晚又遭德机惨炸。法、日谈判在东京举行。

12 月 30 日(十二月初二日　丁未)星期一

晴。上午五五,下午五八。

依时入馆办事。发讫加薪各函及布告诸件。接仲融函,复洽前议可作罢(桂印即修正本),当即复书说定。致哲生,属为《学林》撰稿。致莲僧,属代取前晚遗忘在何宅之手杖。晚归小饮。

报载要闻:蒋手令各机关,取缔囤积居奇。沁水南大部寇众被歼。我军十二万渡黄河,晋省即将发动大反攻。鄂中沿汉宜路进击,天门附近血战。豫北克朱庄。沪各业领袖发起组设食粮合作协会。中、英、美三国合作,防止套汇,应付极为充裕。岁尾传来兴奋消息,美空军来华投效。希脱拉促日对美作战,日接济德袭击船,太平洋风云益紧。美增强夏威夷、菲列宾空军实力。希潜艇击沉意运舰三艘。苏联因德派大军入罗,在奥田萨区一带戒严。希脱拉又向法索取舰队,贝当已断然拒绝。

12月31日(十二月初三日　戊申)**星期二**

晨雾,旋霁。上午五九,下午同。

依时入馆办事。通函在沪各董监,致送夫马费一百元。致道始,许为代撰陈凤鸣象赞,并约参加年终聚餐。付谦豫本月分酒账廿四元九角三分(过冬至及请客一次,遂大增)。诚之来,送到《秦汉史》稿三册,并接洽他事。坐谈移时去。续校《滇南碑传集》一批。夜六时在聚丰园举行聚餐,全体同人出席外,道始、守宪及同儿均参加。欢宴至八时许乃散归,与士敭及清、同两儿步行抵家。

报载要闻:六年禁烟计划完成,蒋勖勉全国同胞。京沪路我军攻入下蜀车站。寇机袭川。张茅大道战事猛烈。我军三师开抵粤南。豫北克复沁阳朱庄。工部局特别董事会通过提前加捐。各银行廿九年度均获相当盈馀。徐家汇寇宪兵开枪,击伤华工。寇方又劫运公用局文件。美总统演说,尽力援助中、英两国。美愿以飞机四百架助中国。意封锁法、意边境。伦敦又遭空前轰炸。荷印实行进口税制。日本在泰京发动政变阴谋。

1941年（民国三十年）

元旦[1]（庚辰岁　十二月初四日　己酉）星期三

午前晴，甚暖，午复阴合，傍晚细雨如雾，入夜雨遂有声。上午六〇，下午六三。

晨入书巢，结束《容堂日记》，以上月廿九日忙于公司人事，且午夕均有酬应，所记颇有积压，今日补缀追记，及饭始毕。午后二时，硕民见过，谈至三时许，辞返校，予知允言病后甫出，在校憩养，因偕往访之。见气色尚好，精神亦不甚颓唐，大约调理若干日必可康复也。深慰。四时三刻辞归，地已膏湿，徒步到家，忍汗一身矣。冬至日曾告家人，今冬百无聊赖，当于屯困中求乐趣，爰发起九九消寒会。昨日首九，本当团饮，以公司年终聚餐，遂移后于今晚举行。适文权、濬儿率顯、预两孙来，因共与焉。饮后予坐书巢闲翻，儿辈则以元旦之兴打牌六圈。九时许，权、濬挈预去，顯则留宿。天暖失常，夜卧甚感不安，中宵梦魇，为珏人呼醒，殊堪自叹也。

---

①底本为："苏亭日记第一卷，上章执徐幸月容翁"。原注："予营书巢，其位置大小仅匹名园之一亭，正合沪人所谓亭子间者也。顾荏苒三载，亦既于此成《容堂日记》十卷矣。当其吮豪伏案，俨然有思，几忘环堵之外，大地尘昏，救死健儿前仆后继于漠野丛薄之表，以身捍国卫民之烈也。乃者春回有象，万物昭苏，胜利之绩指日可期，爰取'苏'以名吾亭，且以此改颜日记，岂敢比踪昔贤，景仰前则，聊示家国更生，志庆即所以自勉云尔。"

报载要闻:蒋发表元旦告全国军民书。孔祥熙报告一年来施政状况。王宠惠宴缅记者团。欧亚运输机一架遭寇机击毁。晋西南战事在猛烈进行中。寇机昨袭成都,被击退。我军精锐三师开东战场。沪市米商逾限价交易,当局查有实据。滞越华货,越督已允不复拍卖。美决定以大量战具供给我国。德军在罗南边境赶筑防线,并有一师开入阿尔巴尼亚。伦敦市被炸惨烈。美总统接见英代表,讨论军事、金融问题。

1月2日(十二月初五日　庚戌)星期四

阴,时见晴光。上午六二,下午六四。

今日仍放假。清晨雪村告我,昨晚振铎访我,值已睡,即坐其旁长谈,谓新得一姚振宗遗稿,为续补《四库提要》之作,洋洋巨著,当谋所以流通之。物主初仅索五百金,惟稿经乃乾之手,现须二千金始肯脱手云。予闻之甚喜,怂恿开明收印,俾与《师石山房丛书》为左右骖靳,于浙东史学不无尽推挹之功也。况书价不须开明担负耶!竟日未出,钞《观古堂书目》。笙伯来,晚饭后去。今日《申》、《新》两报停刊,须至五日始复刊,其他各报虽有出版,亦因通讯社休息故,新闻来源甚少,无足录。

1月3日(十二月初六日　辛亥)星期五

晴,午后转阴雨。上午六三,下午六四。

依时入馆办事。致振铎,讨论印行姚稿,并促先行取得书本事。顺为道始商让安集。复颉刚,告《齐鲁学报》出版及已付《宋词》校订费诸事。兼附信宾四,赞《学报发刊词》深得体要。复迪康,训勿见异辄迁。夜归小饮。

1月4日(十二月初七日　壬子)**星期六**

阴雨,午后转晴。上午六二,下午六〇。

依时入馆办事。取得升工半个月,付煤球半吨,连送力六十五元五角。午与洗人、雪村饮永兴昌,晤仲康。午后接振铎电话,告姚稿已到手,共费二千另五十金。决告开明印,只须送书(印数十分之一),无他条件。安集已转账不能再出让,惟允代录副本送道始,取回纸墨钞费可矣。撰《滇南杂志序》,即以前注之稿交调孚发排。致泉澄,代达颉刚意,欲托其夫人陈懋昭女士,代作《清代地理沿革表序》。书与芷芬、汉儿,勉勤写信,并详告此间近状。致诚之,转送香港寄来李镜池《周易五书》稿,属审查。夜归小饮。

1月5日(十二月初八日　癸丑)**星期**

阴,午后晴,薄暮复阴。上午五九,下午六一。

竟日未出,为年终花红事办信。午后钞《观古堂书目》。振铎来,谈近日收书诸事,约明日饬人往取姚振宗稿。坐移时乃去。夜小饮。

报载要闻今日《申》、《新》诸报始出:晋南反攻获胜。朱德、彭德怀等电蒋致敬。寇机轰炸滇缅路。鄂南寇退走崇阳。襄西向陈家湾进击。湘北进攻朱家滩。皖南一度冲入贵池。沪米市昨又抬价,有超过限价交易者已拘送法院究惩。寇廷驻美新使野村由宁抵沪。江湾路上一寇兵遇狙击。蜀腴、泰丰两菜馆被劫。德空军援意,参加地中海战争。澳军突破巴迪亚外围防线。罗斯福派霍金甫为驻英代表(并闻将向国会提援英计划)。传苏军开入保境,巴尔干形势紧张。英、美决积极保卫远东权益。法、泰进行谈判,图解决边境战事。

1月6日(十二月初九日甲寅丑初二刻　小寒)**星期一**

阴雨。上午六〇,下午六二。

依时入馆办事。校朴安《学林》稿,并校《滇南碑传集》。予同电约续编新标准历史教本。姚海槎遗稿由振铎处取到。以事冗,未及翻看也。接汉儿十二月廿五信,附来龙孙照相底片。接晓先十二月二十信,详告仁寿起居不谨,罹疾暴亡状。并及西南各办事处狼狈结连诸情(由雪舟领导,除芷芬见忌不与外,诸人殆无干净者,可叹,可叹)。接圣陶十二月廿四发四十五号信,告近状,并言决将家移蓉,或与俞守己同居。夜归小饮。

报载要闻:绥西、豫北捷报频传。寇机在昆明北区掷弹。我炮队及骑兵渡河入晋。襄河西岸进攻沙市得手。津英租界破获大规模贩毒机关。蒋手谕彻查把持米价。租界领袖领事召集纳税人特别大会,讨论加捐。红盘创新高价,内债信用弥坚。中美新借款协定可于下周签字。美新国会讨论事件,将以远东为主要问题。德向法要求管理通意铁路。英部队突入巴迪亚城。

1月7日(十二月初十日　乙卯)**星期二**

晴,午后转阴。上午六〇,下午五九。

依时入馆办事。通函致送同人花红(予得三百六十元)。续校《滇南碑传集》。子敦见过,谈移时去,近正从事《尚书》之研究。夜归小饮。颉孙来,留住。

报载要闻:国府公布遗产税收入分给各省市县暂行办法。教部核定国立专科以上学校教授离校进修人选。粤东向潮、汕反攻。

豫北向沁阳猛袭。舟山洋面寇兵登陆。陈立夫广播,赞誉美国在华文化机关。贝克博士抵沪,计划扩充救济事业。工部局董事选举,英美人士获广泛同情。今日续办平粜。英军占领北非巴迪亚,意总司令及意军三万人被俘。传德将占据保加利亚全境,苏驻巴尔干各国使节奉召返国。美总统请国会授以全权援英。

1月8日(十二月十一日　丙辰)**星期三**

晴。上午五九,下午同。

依时入馆办事。看姚海槎遗稿,盖其四十岁前读家藏诸书时之随手记录,后加编次,遂成读书志之范型耳。精审远不逮其《隋书经籍志考证》,而足补《四库》后出之未备者亦綦多,当勉徇铎意,谋刊传焉。晚归小饮。颉孙仍住我家。

报载要闻:苏联大批机械原料运抵西北某地。紧急时护侨指导总要已制定。晋南张茅大道军事续有进展。湘北寇踞之铁道被破坏。我军及寇股均在粤集中,即将展开大战。国府将在沪设立平衡物价机关。天津日、意水兵斗殴。沪公仓组织已议决,密查堆栈囤米。商团继续防卫租界中区。美总统在国会发表重要演说,决以全力援助民治国(闻将再贷款与我)。北非英军乘胜进攻杜白鲁克。

1月9日(十二月十二日　丁巳)**星期四**

阴雨。上午六〇,下午五七。

依时入馆办事。续看姚稿。致道始,送祖璋托售之红豆及代撰《陈凤鸣五十造像赞》去,并询《徵献类编》售处。付十二月分电费十元八角八分(照前率增加百分之九十七)。晚归,举行第二次消寒会,修妹适来,颉孙则已送归。啖大鸭及肥肠,甚酣。物贵难得大嚼,借此略舒,亦苦中寻乐之方也。

报载要闻:湘北寇南犯,被击退。鄂西进迫沙市。豫、鄂边区有剧战,平汉路花园车站被切断。重庆平价购销处开始登记货物。工部局征方平税案,领事法庭昨开审,当然偏袒局方。英商电车工人又要求提高待遇,再度罢工。美总统向国会提出庞大国防预算(将设最高机关处理军备程序)。美驻法新大使呈递国书。德军开入保境,苏舰集中黑海保国港口外。希驱逐舰一队轰击代罗那。英军占领北非爱拉登机场。越督德古演说,表示决心抗战。

1月10日(十二月十三日 戊午)**星期五**

晴冷。上午五九,下午同。

依时入馆办事。看马彝初《读金器刻词》稿中卷。代齐大付出《海南岛黎人调查》绘图费六十元。(前代付调孚《宋词》校订费一百二十元,韵锵重抄《史记地名考》费七十元。)代雪村写信与章汤国梨,取《章氏丛书续集》。晚归小饮。

报载要闻:绥西渡河之寇大部肃清,寇兵车在萨拉齐中地雷。晋南攻入沁水东关。我大队空军两度轰炸湘北寇仓库。鄂西游击队迫抵沙市近郊。沪市认购储金千馀万,占全国第三位。英商电车复工。又一米商逾限价交易,处徒刑十个月。陆朝炳被指为抗日分子,昨遭寇方逮捕。美总统提议援助中、英、希方案,立将扩充太平洋中防御设备。英军包围杜白鲁克,北非意军处境益严重。英机冒雨雪猛炸阿尔巴尼亚意军司令部所在地爱尔巴桑。英军十万将进攻阿比西尼亚。传泰、越宣战,泰仍否认,但战事甚烈,越政府将迁西贡。

1月11日(十二月十四日　己未)星期六

晴,上午五九,下午五七。

依时入馆办事。编发辛二号通讯录。看丕绳《历史地理》稿。接圣陶十二月廿八发四十六号信,属送红蕉一百三十元,并托清儿代录前此诸信中诗词底稿。梦岩电话约来我家吃酒,曙先、丏尊、雪村、洗人正图聚饮,遂谢诸人而归,候梦岩。至六时许,乃见来。据告其子寅福往金华就事,两月尚无信息,至念,因托予函金处代为调查下落。予允即办,并以善言慰之。谈至九时三刻乃辞去。

报载要闻:湘北克复黄岸市。广水、亳县均炸毁寇兵车。安庆上游寇舰沉没。渝、港间空航,定期实行新章。工部局加捐,各方咸表反对。外轮驶吴淞出口,被寇方勒回。美碎麦一千吨运沪办冬赈。美机四十馀架由菲运华。美总统向两院提出授与援助中、英、希全权案。其特使霍金甫已抵伦敦晤英当局。希军占领克里苏拉。泰、越已形成正式战争,泰军占领朴贝镇。

1月12日(十二月十五日　庚申)星期

晴,上午五八,下午五九。

晨入书巢补记一周来日记。甫竣事,已届午饭矣。午后钞《观古堂书目》。夜小饮。开坛,知为廿四年所造,真伪固难辨,然此坛由三泰成来,存家已逾两年则事实也。故味尚醇和,较之谦豫所送者高矣。

报载要闻:通城西南,寇全肃清。寇机袭粤。又有卅馀架滥轰诸暨。粤军进抵广州附近。蒋手谕取缔囤积要点。怡和买办潘志铨昨被绑。工部局又核准电车加价。德、苏签订经济、移民、边界三协定。美总统所提要求全权案,两院可迅速通过。菲岛举行陆军大操。英炮队猛轰杜白鲁克。泰越边界各地仍在激战中。

1月13日(十二月十六日　辛酉)**星期一**

晴寒,上午五七,下午五八。

依时入馆办事。校《滇南碑传集》。止谦豫暂勿送酒。致梦岩,取寅福照片,午后即快函寄金处,属炳生详为打听见复。晚归,知雪村曾过汤国梨,取得《太炎自定年谱》(以得罪孔多,秘不示人者),予于小饮时急假读之,有顷而毕,甚快。此谱于论学绝鲜,而娓娓于政治变动及人物臧否则缅缅不断,不啻一民国建立史,惜仅记至五十五岁时。但此后中国本有划时代之剧变,固不害其为初元政治史也。将录一副藏之。

报载要闻:中苏贸易协定全部签字。国府明令公布《律师法》。湘北迫击通城。赣军夹击南昌以南之寇。寇机向鄱阳投弹。郭大使因国人赴港须领护照事向英提抗议。上海邮员要求加薪,原则已获接受。捐客成交洋米较限价低十元(显见奸商操纵)。豆米业昨开临时大会,商认储粮办法。南京路上一日人昨遭枪击。英、美商妥租借海空根据地。东非英军发动攻势。伦敦又遭德机猛袭。泰军攻柬埔寨,被越军击退。

1月14日(十二月十七日　壬戌)**星期二**

晴,上午五八,下午六三。

依时入馆办事。看毕童丕绳《历史地理》稿,将为开明购其版权。为《学林》看杨荫深《唐代游艺》稿,即送还莲僧,并代转蔚南稿(蔚南前日书来,送《象牙雕刻》一稿属转投《学林》月刊)。致存训(前日得守和命来访,谓袁将赴美,属选印刷品质之良者假携美陈列宣传,即存图书馆),告已选定《新元史》及《师石山房丛书》两种,备甄择。并约代售《图书季刊》,且献议将馆中战前所出刊物之绝版者汇选单行本。致道始,托物色《征献类编》(盖仲秋处已售缺,他无买处,而严氏为无锡人,或可由渠设法探到端倪,竟为购致),并为巴金版权被侵事介绍索非往晤,恳任义务律师(午后索非往,竟并其本身亦无偿取得常年法律顾问,殊可诧笑)。致红蕉,为圣陶送百三十金去。却不受,仍还存折上,即复圣陶告原委,并陈此间近状(编卅八号,复其四十五、四十六两号,俟星期六附蓉信去)。又为公司致送道始书记汪介丞六十元。永兴昌为送绍酒一坛来(价四十元,还坛,外加送力五角),予未之遇,将于明日付还酒价。夜小饮。

报载要闻:绛县寇南犯,被击退。川行政会议在渝开幕。朱庆澜在西安逝世。南昌以南收复重要据点。鄂南续克通山城郊据点。沙市以东克复岑河口。岱山岛我军与寇激战。湘、鄂交粤汉北段大桥炸毁。临汾寇西犯,被击退。美运华二批药品业已抵沪。公仓管理会昨开始办公。撤销浙海封锁,航商已开始提谈判。香港自今日起实行限制进口。美国会将修正通过援助民治国。阿尔巴尼亚意总司令苏杜辞职。苏联否认同意德军开入保加利亚。泰军藉飞机掩护,续向柬埔寨推进。

1月15日(十二月十八日　癸亥)**星期三**

晴,上午六〇,下午六三。

依时入馆办事。复蔚南,告《象牙雕刻》已转《学林》。诚之来,出两稿并陈诒先稿托转《学林》,即作函送莲僧。散馆后过永兴昌，还讫酒款及送力四十元五角。夜在同华楼举行酒会，到廉逊、绍先、洗人、煦先、雪村及予六人，摊费三元四角。在目下物价中大为便宜矣。罢归，弟妇及涵、淑两侄俱在，未几，伊等为看电影即去。

报载要闻：晋南获胜。寇机袭渝。赣北前锋已迫南昌近郊。襄西向沙市进攻。豫南寇犯吴家集。缅记者团飞滇返缅。我军开抵太湖西岸，即向寇据点进击。万国商团白俄队今日起改隶工部局警务处。法租界自本月起加捐一倍，连前为百分之卅。新辅币已发行。四车行劳资纠纷昨已全部解决。美众院外委会讨论援英案。英、土举行军事谈话。泰比里尼前线希、意两军激战，希又获胜。英、澳军队集中，准备进攻杜白鲁克。

1月16日(十二月十九日　甲子)**星期四**

晴，上午六〇，下午五八。

依时入馆办事。接晓先五日复书。诚之、延国来。交到延国《王会集证》稿，盖齐大丛书之一也。托纯嘉代购商务本《说文解字诂林》及《补遗》(即丁氏售与商务者)，用同业批发名义，仍出价一百另二元九角六分。近日书籍之贵实堪惊人。晚归小饮。丏尊来约，明晚饮其家。

报载要闻：财政部缉私处正式成立。缅甸政府访华团由仰光飞抵渝。工部局核准煤气增附加费。传寇海军操场附近发见炸弹八枚。沪法侨十二人赴港投特戈尔。百万美金之救济品即将启程运华。寇陆相东条忽召开会议，讨论紧急现状(显见军人跋扈，近卫已无法收拾)。美尽量援助菲岛设防。英承认兵舰三艘在地中海中弹受创。保国否认外军入境。英炮队攻杜白鲁克。希脱拉、墨索里尼又将作外交攻势。法向泰要求停战,被拒绝。

1月17日(十二月二十日　乙丑)星期五

晴,上午五八,下午同。

依时入馆办事。接存训转守和函,属写告战后上海出版界节略,并申选书送美宣传之请。即复之。致高谊,索前征出版统计。莲僧送吕稿两件属审查,看毕即送还。柏丞电话问明十三陵与清诸陵位置。即详告之。致仲融,告《哲学简明教程》已由桂寄到,询是否即应订约。在抱经堂购到《香艳丛书》二十集,《篆文六经四书》十本,《小学考》六本,共付价二十三元五角。夜饮丏尊所,与叔含、淦卿、曙先、雪村同席。饮后彼等打牌,予即归。

报载要闻:鄂北克复均川店。鄂南攻崇阳白虎桥。寇机袭衡。苏北兴化以南各地肃清。晋南又获胜。罗斯福下周就职,沪美侨准备热烈庆祝。各业提高待遇办法,劳方静候答复。洋米又涨至限价。赫尔严厉谴责侵略国,准备应付一切事变。美海陆军下周在大西洋联合演习。第一批美军开赴纽芬兰。美决定派舰护航赴英。美飞机生产数量日增。中、英、缅重开谈判,商建造滇缅铁路。泰、越炮战终日,泰续进。

1月18日(十二月廿一日　丙寅)星期六

晴,夜半雨,达旦未休。上午五八,下午六〇。

依时入馆办事。士敫自上星六感冒卧床,今日以就医之便来馆一坐,仍早归。事务因以丛集。编发每周通讯录辛三号。发布各驻外办事处年终应给奖金及核定加薪各函。复业熊(昨接桂来信,附静鹤信转)。宽正来。午与洗人、索非请宁波同行徐君在同华楼吃饭。夜饮雪村所。曙先、梦痕、厚斋、绍先、丏尊、涵秋及村戚二人均与焉。七时散,入书巢理架。在中汇内衣公司定制棉织品夹大氅一件,今日取归,价二十九元五角(在今日可称最廉之品)。

报载要闻:军委会解散新四军(顾祝同执行),叶挺被执,项英逸。缅代表团谒蒋。中缅即将辟新航空线。增城寇出扰,被击退。我军猛攻万泉。豫南向罗山扫荡。沪查见存米达六十六万包。军委会彻查沪慰军代金会。卅一团体欢宴贝克博士。申报馆为张蕴和立遗爱碑,昨揭幕。寇方对赫尔言论发生严重反感。传德正居间斡旋希、意和平。英空军猛袭威廉哈文港。美海长反对变更租借军事根据地案。苏、日谈判,前途渺茫。泰、越战事扩大,前哨法军被迫退却。

1月19日(十二月廿二日 丁卯)**星期**

晨阴,旋霁,近午放晴。上午六〇,下午六三。

补记日记,整理书架。裁纸画格,令同儿抄《太炎自定年谱》。业熊三十生日,书来属吃面,因于今日约文权、濬儿及顯、预两孙来饭。饭后权等打牌,予则钞《观古堂书目》。入夜小饮,晚饭后权等始去。

报载要闻:中央表示,解散新四军纯为整饬军纪起见。中印间将辟新公路。绥西我军向包头夹击。鄂仙桃踞寇分路出犯,被我击退。豫北收复据点。国府明令褒扬朱庆澜。绥党政检查团出发。沪米粮评价会昨重行评定十五种洋米新限价。美总统及陆海两长均主充分援英,反对限制案。英机袭德海军根据地,威廉哈芬起大火。英属马尔太岛遭德机空袭。法、泰军舰在暹罗湾海战。

1月20日(十二月廿三日　戊辰　酉正二刻十一分大寒)**星期一**

阴。上午五八,下午五六。

依时入馆办事。仲融来洽,取《新哲学简明教程》去,约修改即送来。洗人请重庆来友邵庆堂,予与雪村作陪,午饮于同华楼。晚归小饮。

报载要闻:杞县寇南犯,被击退。寇机袭滇。粤汉南段埋地雷,寇兵车一列炸毁。宜昌附近激战仍在继续中。南昌方面向赵塔袭击。沪宁线寇众在天福庵被歼。沪美侨今日热烈庆祝罗斯福就总统职。传德对法提新要求。德、意在罗马举行经济谈话。美国防会领袖促国会通过援英案。阿尔巴尼亚境希军续有进展。柬埔寨西部有激战。

1月21日(十二月廿四日　己巳)**星期二**

阴。上午五二,下午五五。

依时入馆办事。续校《滇南碑传集》。赙仁寿十元。给金才四元。买糟及腊肠四元六角,茶叶三角。仲融来还稿,因与订立版税契约。晚归小饮。夜闲坐听书。

报载要闻:宜昌以东空军助战,克重要据点多处。寇机袭韶关及个旧锡矿。流动部队在广州北与寇激战。共党军政人员袁国定等六十一人宣告脱党(与新四军解散事有关)。英远东军总司令赞许中国建设力量。美汇昨又放长,法币价值益坚挺。纳税外侨会议中将建议重评地税。律师董俞昨遭枪击殒命。各业劳资纠纷昨已次第解决。罗斯福发表就职演词,维护民治。意、德会晤,商轴心国新攻势。各国在美资金将予以冻结。东非英军攻克加萨拉要镇。法、泰初次海战,法方损炮舰三艘。

1月22日(十二月廿五日　庚午)**星期三**

晴。上午五七,下午六〇。

依时入馆办事。看予同《五十年来中国之史学》稿。贯吾来,将守和命,洽出版馆编《国学论文索引五编》事。延国来,就改稿上小误一二处。校《北平图书馆馆藏碑目》。付来青阁书账十元。今晚学林社仍在柏丞家聚餐,予以先许震渊过其家吃年夜饭,遂谢柏丞,并属调孚带三元去随犒其家役。散馆后,过震渊,珏人及濬儿已先在,入夜聚饮,饮后看所藏书画及印章等件,至十时许乃散,与濬同车,予及珏人自同孚路口步归。接柱流信,告已安抵白下。

报载要闻:赣北攻入星子。南京上游寇舰二艘被击沉。中印航空初次试飞,成绩圆满。津浦南段发生猛烈流动战。宜昌东公路线战剧。纳税人会明日举行,对加捐案将有争辩。美商会呼吁协助美国商团。法公董局决严峻遏止物价高涨。罗斯福特使抵保加利亚。东非英军向红海推进。传罗京发生政变,杀德人数十名。寇外相松冈发表外交演说,反对美国远东政策。横滨英领事劝英人即日离日。泰、越战事扩展至边境全部。

1月23日(十二月廿六日　辛未)**星期四**

早晴,旋阴。上午五九,下午六〇。

依时入馆办事。为雪村写许氏寿词,即致道始送去。勖初来,托为其少女若蘅投考苏女师,因即致书允言说项。给学骥一元。梦岩赠鸡一只,松糕一方,即属人取归。夜在家小饮。

报载要闻:寇机昨袭渝市及昆明。滇缅铁路大昆段开始兴筑。

鄂西猛攻钟祥。中缅将签订协定。物价仍未平抑,水电又将加价。工部局调整华员待遇。美撤销对苏送德禁运。罗斯福宣布拟就紧急命令,准备应付任何事变。英澳军攻占杜白鲁克。罗京事变扩大,局势愈恶化。美众院通过三万万元增强海军案。湄公河柬埔寨一带泰军攻入越境。

1月24日(十二月廿七日　壬申)**星期五**

上午五四,下午五六。晨晴,时有阴翳,西北风烈,略飘雪花。

依时入馆办事。致诚之,送《学报》,并告丕绳《历史地理》拟以二百五十金接受版权。致起潜、泉澄,俱送《学报》。致贯吾,送所校《碑目》一批去。诚之书来,撤去《古史辨》一文。晚归小饮。

报载要闻(今日起《申》、《新》两报休刊):湘北寇犯芦席湾,经我军围剿,已肃清。钟祥东南我军收复孙家桥。昨日纳税外人大会,日侨会长林雄吉开枪击伤工部局总董凯自威,加捐案未及表决,宣告延会(英领署为此召开紧急会议)。利比亚英军迅速西进,获飞行港多处。罗铁卫团占据电台,各地续有冲突。威尔基飞英(威氏与罗斯福竞选失败,接受罗氏使命飞英,甚佩)。

1月25日(十二月廿八日　癸酉)**星期六**

晴,寒冻。上午五二,下午同。

依时入馆办事。编发每周通讯录辛四号。通函各办事处催办人事契约及保证。给华坤二元。元翼来,告梦岩约今晚邀吃年夜饭。予以先允文权却之,即属转达。致芷、汉,告闻炸悬念状,属即详告。抱经堂送来《氏姓谱》等四种,付价四十五元三角(尚有《文房肆考》七册未缴到,约明年年初四五补送来)。付谦豫酒账三元五角一分。散馆后往文权所,全家在彼处吃年夜饭。八时许归。

报载要闻:蒋对劳军运动颁示训词。我空军飞湘北袭击寇众。鄂北克九里关、朱家店。中缅勘界问题谈判已获切实结果。寇领署法庭初审林雄吉,闻将移解长崎审判。传苏州城内伪省主席高冠吾被刺。美总统派专使古利来华。罗政府与铁卫团谈判。阿比西尼亚王乘英机飞返本国。哈立法克斯抵美。宋子文在纽约演说称中国为美国同盟国,现正牵制日本,扼守太平洋堡垒。维希接受日方要求,调处泰越纠纷。

1月26日(十二月廿九日　甲戌)**星期**

晴,午后阴合,微雨,入夜加甚。上午五二,下午五六。

今日星期,以移放年初三故,仍入馆办事。上午校马夷初《读金器刻词》下。下午为图书馆新收各书钤章,未毕,已觉指僵肩酸,只得暂止,俟后赓为之矣。夜归祀先,文权等来,合饮福酒,惟组青未至。吃年夜饭后,文权等归去,予入书巢理新得者上架,至十一时许始就寝。穷年拥书,积年未有此乐,大有昔人除夕祭书之概,甚自欣也。

报载要闻:太湖沿岸我军活跃,长兴外围之寇被击溃。信阳寇分路北犯,受重创。中缅当局商定滇缅公路联运原则。凯自威被击案英政府向东京提出交涉。米高美等五家舞厅被置炸弹爆发,有死伤(当系愤激者所为)。英军攻入阿比西尼亚。罗内乱屠杀达六千人。罗斯福出京亲迎哈立法克斯。

1月27日(辛巳岁正月大建庚寅初一日　乙亥)**星期一**

晨阴翳,近午开晴。上午五五,下午五八。

晨起吃团圆。士佼、志行、絜如先后来。应接外，仍补一周来日记。遣清、漱、润、滋往仲弟所拜年。饭后归。询悉均安，甚慰。下午闲翻架书为乐。入夜小饮。晚饭后儿辈摊钱为嬉，予手《古宫词》斜倚沙法自得，未几入睡，即就床卧。

报载要闻：鄂中进攻当阳，克复百里河附近据点。镇海口外，寇舰开炮。沪各界欢祝胜利年（借春节申此忱）。舞场遇炸案，知大华伤八人，其中已有一人不治身死（其人为公共租界华总巡姚曾谟之子）。美电台传意国发生变乱，米兰、都林均有巷战。德军已占领当地交通机关。罗铁卫团首领薛玛被捕。

1月28日（正月初二日　丙子）星期二

晨曦甫照，阴翳旋合，薄暮微雨。上午五八，下午五七。

上午与丏尊、雪村长谈。健安来，又谈有顷，去。未几饭矣。饭后入书巢理架，又腾出地位甚多，致足快也。嗣钞《观古堂书目》。夜小饮。饮后看周庆云《赴告》。周，吴兴盐商也，殁已数年，当时发讣，凡四册，合一帙，夸多斗靡，实为书画册，以故得者宝之。客岁之杪，见抱经堂书坊目录有此，因属送来，出四元易之，今晚翻阅，亦殊惬心，盖欣赏其中之书画，无所容心于其人也。九时就卧。

报载要闻：蒋在中央纪念周报告处置新四军问题。当局组中国政府代表团报聘香港。豫南寇股三路犯桐柏山东麓，被我击溃。今日为“一二八”九周年纪念，沪全市各界沉默痛念。东非英军进攻意属索谋里兰。威尔基抵伦敦。意否认发生变乱。匈外长柴基病逝。

1月29日（正月初三日　丁丑）星期三

晴。上午五七，下午六〇。

文权一家、震渊一家、淑侄、道始、怀之来。方共午饭,洗人至,携来宾四一缄。已知在丏尊所饭。未坐,即下楼入局。午后,文杰伉俪来。弟妇来。薄暮,客先后散去。独文权等与弟妇留晚饭,闲谈至九时许始归。

报载要闻:中苏邮航协定成立。湘北我军进展。豫南寇受创。近卫在议会自承战事拖延,罪无可逭。泰、越昨晨宣告停战。非洲英军在里比亚、阿比西尼亚、意属索谋里兰、依里特里亚四处发展攻势,予意国以大打击。意军总司令兼里比亚总督格拉齐亚尼已免职(意北纷扰说仍甚炽)。

1月30日(正月初四日　戊寅)**星期四**

晴,沍寒。上午五六,下午五七。

今日起,照常办事。晨七时半即行,仍步入馆。起潜来洽《版本图录》铸版事,并携到应送美国各图书馆《齐鲁学报》地址单。午后为图书馆钤藏印。夜归小饮。

报载要闻:豫北克复鲤鱼山。襄河东南两岸连日获胜。豫南战仍亟。平绥路交通被破坏。沪公共租界纳税外人特别大会定二月五日重开。春节期内到米涌旺。罗斯福代表古利启程来华。德准备飞机万八千架侵袭英伦。希腊总理梅泰萨斯逝世。法、泰、越代表飞集西贡,举行停战会议。

1月31日(正月初五日　己卯)**星期五**

晴寒。上午五四,下午五五。

依时步入馆。致诚之,转宾四信。致守宪,送公司廿六年至廿八年账略证明书,请签证。下午仍为图书馆钤藏印,积件已清,一一上架矣。晚步归,路遇予同夫妇,立谈少顷。夜小饮。

报载要闻:蒋与美记者谈,远东永久和平须中、美、苏合作。豫南确山一带激战未已,我军已完成包围网。寇机袭龙州,法领事被炸伤。寇机袭昆明,我机升空截击。胶济路交通阻断。寇股集中厦门。米市今日上场,买卖洋米须照限价(涌到期间预防囤积牟利)。商团白俄志愿团编入美国队。纳税特会积极准备,寇方扬言,拒不出席。恺自尔路昨晨血案,伪储备银行专员季翔卿殒命。美众院外委会通过租借军备案修正文。希腊王昭告民众,决赓续抗战。希脱拉昨在秉政八年纪念会中广播演说,恫吓援英国家(针对美国)。泰越休战会议虽行,边界战事仍未停。

2月1日(正月初六日　庚辰)星期六

晴寒。上午五四,下午同。

依时入馆。编发总辛五号通讯录。复晓先,慰近遇,并告此间情况。丕绳来,订约,即以《历史地理》稿改称《中国疆域沿革略》。取稿费二百五十元去。约仍带去,将托由诚之签保再送来。守宪电话,托代刻印章,盖只有“育文”字样而无“守宪”之章也。致勖初,询其女若蘅已取录否,并告王君所译《二B平面三角学》此间有意出版,请送稿来审,再谈条件。晚归小饮。夜饭后与雪村谈,至九时乃各休。购得商务新印周中孚《郑堂读书记》七十一卷,《补逸》三十卷,凡六册,新闻纸本,以同行特价九折计,出七元另二分。近日书价之贵,可见一斑。

报载要闻:豫南战事已移至平汉正面(信阳东北梅黄店等地之寇向明港附近溃退)。襄河东岸克复丰乐河,迫抵洋梓。寇、汪密约,以舟山及汕头租借与寇,期九十九年,寇已在舟山岛内积极赶筑工事,将据为海军巢窟。浙北之寇遭我军痛击,截断沪杭公路。中航机在赣吉安失事,死五人。寇机袭上饶,被击落一架。镇海口外寇舰炮击后海塘。深圳寇出扰,被我军击退。沪西"警备协定",工部局竟于今日屈就签字。米价趋跌,因当局维持充分存粮,保证安定故。工部局董事选举已择定日期。希脱拉恫吓美国,激起美国反响。美总统核准军备租借案(总统诞辰,并发表广播词)。希腊故首相举行国葬。泰、越停战协定昨在寇舰上签字。越南赴日代表过沪,发表法国必能复兴谈片。

2月2日(正月初七日　辛巳)**星期**

晴。上午五四,下午五六。

晨补写日记。十时,哲生见过。十一时许,洗人来。因邀丏尊同饮予所。雪村以其家别有客未与。饭毕,洗、村下楼入局,予与丏、哲谈,移时始辞去。向晚,写字两张,笙伯来。因同晚饮,八时半别去。

报载要闻:绥西寇渡河南犯,我军猛烈迎击,克复义成窑子。鄂西我军向荆宜路推进。豫南确山、桐柏间寇股被围。浙西克复长兴北丁家桥、马山。寇机一架在商城被迫降落。法大使戈思默到沪。林雄吉被逮后寇方秘密审问。日纳税人对五日特别大会决定不出席。万国商团司令亨倍上校退休。美驻远东使节将有重要调动(驻澳公使高斯将詹森为驻华大使)。美海长申述将遭遇严重局势。美众院对援英案下星期可全部通过。威尔基应参院邀,提早返国,对租借案陈述意见。东非英军深入意属索谋里兰。寇阁核准对华作战特别经费。传寇向法要求,以西贡等处为海空根据地。荷向寇声明,否认"东亚新秩序",东印度地位不容变更。

2 月 3 日(正月初八日　壬午)星期一

晴。上午五四,下午五七。

依时入馆办事。午与丏尊、曙先、洗人饮同华楼。下午四时,振铎来,洽印《师石山房读书志》。乃乾亦来。散馆后予与乃乾步行至白尔部路,彼归,予亦径返。入夜小饮。晚饭后入书巢随手缁帑。

报载要闻:绥西萨拉齐县附近连日激战获胜。蒙、藏、回三族代表团章嘉等七十八人向蒋献旌。豫南北犯之寇死伤极众。浙西我军分路出击,苏、浙边境克复据点多处。豫各地军调动甚忙,前方将展开剧战。蒋嘉勉荷属华侨。纳税西人决维护租界现状。警务处在爱多亚路银宫破获华丽赌窟。广慈医院职工向罗马教皇呼援。寇调停泰、越纠纷,意在准备南进。赖伐尔党羽成立新党,抨击贝当。希军攻克阿尔巴尼亚重要高峰,同时希潜艇击沉意万吨运舰。美研讨广泛经济计划,对抗轴心国之攻英,并准备接管太平洋英航线。北非英军沿地中海岸前进。

2 月 4 日(正月初九日　癸未　午正三刻八分立春)星期二

晴。上午五六,下午五九。

依时入馆办事。续校《滇南碑传集》。接圣陶乐山一月十八日发四十七号书,告决迁蓉。允言、硕民先后来,约晚间饮予所。散馆归,知珏人曾挈同、盈往省仲弟(淑侄生日)。有顷,允、硕偕至,遂开尊共饮。须鬓班白,照映一室,溯话前尘,相交垂四十年矣。聚合甚难,因大乐畅饮,谈至九时三十分始别去。

报载要闻:豫南洪河两岸大捷,歼寇二万馀,克复方城。宜昌以东再克鸦雀岭。苏、浙边境迭获胜仗,攻入长兴。高考初试委员长朱家骅等宣誓就职。公共租界纳税外人特会会场昨遭浪寇纵火未成,工部局宣布,明日特会重开,决不延期。第一特区法院及办事处昨均被暴徒投弹。《申报》记者金华亭昨晨遇刺殒命。评委会再抑米价。寇方积极增加海空力量,图进占越南。荷兰向寇所提抗议,寇竟悍然拒绝。东非英军大捷,攻占亚戈达特、巴伦吐,直迫柯嵛,意军一师被围。南非约翰纳斯堡军民冲突。罗总理勖国人守法纪。美众院辩论租军案。

2月5日(正月初十日　甲申)**星期三**

晴,骤暖。上午六〇,下午六五。

依时入馆办事。诚之来。接起潜书,送近印罗镜泉(以智)《恬养斋文钞》两册。松盛为予在爱文义路旧书摊上购到《经世文三编》十六册,价一元(调孚所见,因属松盛致之)。硕民午后来配文选,久坐乃去。晚归,闻老太太正在我家打牌,遂共饮,询悉云斋近状尚好,甚慰。夜饭后即去。本学期开始,前后为诸儿所付学杂费为:漱学费十八元,润学费三十二元,书籍簿子四元八角二分,滋学费三十四元,书籍簿子四元,湜学费廿七元,书籍簿子三元,共一百廿二元八角二分(润所用教本大部为静甥旧有,滋用英文亦为漱旧有,省去不少,已臻巨数,可怕矣)。

报载要闻:豫南大举反攻,寇受重创。项城克复。寇在大鹏湾登陆,并轰炸淡水。沙市寇南犯被击退。晋南我军袭击张茅大道沿线之寇。寇机分袭合川、上饶、南阳等地。国府颁布取缔囤积居奇办法。蒋电唁金华亭家属。政院决定,任程天固使墨西哥,谭绍华使巴西。成渝铁路重行兴工。政府同意美新任高斯为驻华大使。国内电报加价。工部局加派探捕保卫法院。纳税外人特会在严备中重开,图毁会场之两浪寇已被寇方拘获。米粮评价会公告洋米限价。孟罗轮试航来沪,沪越航程畅通。美总统将统制棉花及汽油输出。土、保两国加紧军事戒备。希军前进,距伐洛那港仅十七哩。威尔基飞抵南爱。非洲刚果比军参战,助英攻意。

2月6日(正月十一日　乙酉)**星期四**

阴。上午六四,下午六三。

依时入馆办事。为《学林》看徐益藩《典略魏略考》。买商务新印《诗人玉屑》一册,价一元另九分。予同来,谈内地倾轧状,殊可浩叹。晚归小饮。

报载要闻:豫南空军助战,克复襄城、上蔡、舞阳、正阳。晋军在通化镇伏击寇汽车队。徐州踞寇扰沛县。太湖西岸克复十馀据点。在澳头登陆之寇被截成数段。古利由菲飞港,即将转飞入渝。我将在香港设置领事。政府决计开采西北油矿。纳税特会顺利开成(加捐案仍通过)。沪西白利南路大火。里比亚英军占西列尼镇,其他各线亦继续挺进。威尔基离英返美。英殖民大臣劳合逝世。美总统颁令扩大禁运范围,将助英封锁轴心国。

2月7日(正月十二日　丙戌)**星期五**

阴,还寒,午后飘雪。上午六〇,下午五九。

依时入馆办事。致贯吾取校样,人还,云已返乡,未得复。复起潜谢赠书,并将颉刚所撰《学报发刊词》未完稿检交之。致觉来,托汇百元与滇济昌。顺告聿修丧妻。晚归小饮,知珏人挈滋儿已过访梦岩家。寅福尚无信来,其家仍萦怀难释也。

报载要闻:舞阳东南残寇肃清,平汉路西侧完成大规模包围网。闽省克复平潭、南日两岛。粤寇犯惠州遭阻遏。绥西渡河之寇受创退回。蒋令各省厉行清查户口。叶挺被解赴重庆。费利溥宣布市政方针,招待新闻界解释征税问题。工部局向领团建议,于四月十六日选举下届董事,即核准。美当局表示不撤退驻沪防军。租借军备案,美众院辩论结束。美允以战机百架售华。希脱拉限维希于月内根本解决德、法问题,达兰携贝当训令重赴巴黎。非洲意军不振,将与英谈判撤退阿比西尼亚意侨。威尔基发表告德人书。

2月8日(正月十三日　丁亥)星期六

晴寒。上午五八,下午六〇。

依时入馆办事。编发总辛六号通讯录。作卅九号书复圣陶,即寄蓉,缕论近事。致芷、汉,告萦念状,属勤写信。并属划款百十元(例得升水)与济昌。为道始拟信稿一通,征求无锡乡贤遗著,将以汇印。即致函附去。勖初来,偕其友王允中同至,携来《二B平面三角学》译稿。将与当局商接受。雪村偕曙先、叔含于散馆时至,因邀共过永兴昌饮。至七时乃归。付本周饭金两元六角。是日上灯,家中制粉圆为羹,予适外饮,未享。

报载要闻:美总统代表古利飞抵陪都,觐蒋洽谈。豫南五日内连克八县城十馀据点(南阳、唐河仍有混战)。皖北克复太和。粤南平湖已无寇踪。闻喜东南战况剧烈(晋南各地均有剧战)。沪西特警将成立,北区警权亦将重开谈判。沪市存米百万包以上,民食可无虞。林雄吉竟保释。港电证明,香港并未禁米出口。寇在海阳登陆。英下院为沪租界反常事件提质问。美总统任命高斯使华，费南特使英。美声明不容法舰队移交轴心国。里比亚英军进占班加岛。希军击破意军攻势。修正租军案已为美众院否决，附加条件后仍照原案通过。美、澳、纽成立谅解，美舰可直达新加坡。

2月9日(正月十四日　戊子)星期

晴阴间作。上午六一，下午六二。

晨进粉圆，即入书巢补日记。雪村为印行《章氏丛书》事又访汤国梨，携归问题数事，与予商榷。午后又往，晤潘景郑(承弼)，大致妥协矣。午小饮，饮后抄《观古堂书目》。薄暮复小饮。夜听书自娱。

报载要闻：豫南大捷，收复南阳等地，并克确山、驻马店。粤南收复淡水，并在中山附近击落巨型寇机一架，寇海军大将大角岑生及少将须贺彦次郎等九人俱殒。蒋欢宴古利。政院内特设经济会议，蒋任主席。寇机轰炸滇西保山。京钟路寇三路进犯，麻子岭南发生激战。鄂南夜袭白螺矶。工部局外董竞选开始，美侨推定候选人。卡纳退休返美，各界设筵饯别。北区警权谈判并未着手进行。中和小学教员突被捕，移送虹口。意军退出泰比里尼。英殖民大臣由摩恩继任。租借军备对苏不适用一案已经众院否决。美总统核准韦南特使英。美参院通过高斯使华。阿比西尼亚展开争夺战。南非英军攻入阿境。

2月10日(正月十五日　己丑)星期一

阴。上午五九，下午六〇。

依时入馆办事。通函各办事处，声明在职员工服务一年及在试用中概不得援例支给上年年终之奖金。致王允中，拟以二百七十元接受《二B三角》版权，征其同意。接校《史记地名考》。付一月分家用电费九元六角九分。买“补力多”与盈官，价三元六角。晚归小饮。组青、葆真来，葆真风湿已稍好，为之大慰。夜饭后即去。

报载要闻：豫南唐河、泌阳残寇肃清，我军正向明港、信阳追击。鄂中仙、沔地区战事剧烈。万县之长周明光因购军米舞弊，判处枪决。古利开始研究中国经济资料。工董竞选，英、美采联合阵线，华董、委仍将连任。疏通国米来源，谈判渐见接近。美租军援助民主国法案全部通过众议院。地中海英舰队猛轰意国热那亚港。赖伐尔拒绝入阁，法、德局势益紧，传贝当已走，赴非洲殖民地，外长弗兰亭已辞，达兰将组阁。里比亚意军长被俘。

2月11日（正月十六日 庚寅）**星期二**

阴寒，午后雨。上午五八，下午六〇。

依时入馆办事。续校《史记地名考》，毕一批。接校《滇南碑传集》。坚吾来，托代撰文件。泉澄来，交到其夫人代颉刚所撰《清代地理沿革表序》一首。致道始，属开傅耕莘一案公费，以便由雪村代缴。致振铎，取《版画史图录第二集》。接汉儿五十五（一月十六）、五十六（一月廿八）两号信，芷芬一月廿八信，告近状尚安好。并知介泉在滇，时常询及，可感也。晚归小饮。饮后入书巢欣赏《版画二集》。近十时始就卧。

报载要闻：豫南继续挺进，克平汉路明港，李、白为大捷均有谈话报告。大角等遗骸政府已为移葬昆仑关。王外长宴古利。新会、中山边境连日有激战。新疆军民表示拥护中央。卡纳偕美侨一批离沪返国。美作家卡尔逊盛赞自由中国民气蓬勃。四行暨邮汇局通告提高储款存息。米市管委会讨论改善米市办法。法商电车工人昨斗殴。英相邱吉尔广播,谓检讨战局,事态良好。英机及印军开马来增防,集中泰国边境。英正式宣布与罗马尼亚绝交。法内阁改组,达兰任协理,兼掌外交、海军。传弗朗哥将访德、法。美更调驻华大使,将加紧经济援华。

2 月 12 日(正月十七日　辛卯)星期三

风雨交加,下午霰雪兼至。上午六〇,下午五七。

依时入馆办事。接芷芬四日信,汉儿五十七号信(五日),告逃警无恙,请勿念。校毕《滇南碑传集》一批。为《学林》看章丹枫《外西域之古民族》一稿,下午即送还莲僧。复宾四,兼候颉刚,告《学报》已出版,丛书正进行中。接荄阳函,托荐事。即复,恐难为力。复唁聿修(致觉见告之翌日,曾接其来书)。哲生来,送到稿件一批,欲再支稿费一百五十元,并告近兼暨大外史课数小时。晚冒雪归,即小饮。嘉源书来告近状,居然分得花红八十元。夜入书巢,记三日来日记。

报载要闻:豫南猛攻长台关,直逼信阳。大角岑生所乘飞机残骸中发见寇南进计划。当阳寇犯观音寺。正规军开入东战场。皖南东洲附近击沉寇舰五艘。晋城西南战事甚烈。工部局董事选举应根据《地皮章程》,寇籍委员竟反对历年选举制度。工部局税制改革会成立,推樊克令为主席。米粮纛拥到沪,存底更见增厚。美舰甲蒙号传不久可到沪。弗朗哥偕外长孙纳经法赴意,访问墨索里尼。贝当指定达兰为元首继承人。德军集中匈、罗边境,传准备攻保,其便衣队数千人已入保境活动。英、罗已互相召回使节。

2月13日(正月十八日　壬辰)星期四

阴,融雪,寒甚。上午五五,下午五四。

依时入馆办事。允中来,愿以三百金让版权。约再商决定。致哲生,送续支百五十金去。晚冲寒归,即小饮。

报载要闻:驻马店附近之寇全部被围歼。沙市附近再克岑河口。鄂西寇后退。粤东一度冲入淡水。晋军连日向张茅大道袭击。我高级司令官视察滇边各要塞。寇机袭滇缅路。宋子文在纽约演说,中国决阻寇南进。上海市商会办事处昨晨被伪方侵占。自来火涨价又经核准。本年工董选举决照成规办理。德巨型机运兵至巴尔干不绝于道,已有千馀机降落保境。英否认与意议和。贝当离维希,将会晤弗朗哥。野村抵华盛顿。威尔基促参院速通过租军案。美总统表示不免卷入远东战涡,太平洋海军力能自卫。澳洲空军增防马来。越南代表团在东京拒绝寇外相松冈之要求。

2月14日(正月十九日　癸巳)星期五

晴寒,冻不解。上午五二,下午五三。

依时入馆办事。致允中,缮约去,允以三百二十金易取《二B平面三角》版权。贯吾电话,约取校样,午后即令金才往取之。道始电话告,傅耕莘讼案公费为三百元,散馆归,转告雪村。夜小饮。

报载要闻:中航机一架由港飞渝,忽失踪。国府公布《勋章条例》。国民大会已定期举行。商震率军事使团赴缅甸。平汉路我军向两侧扩展。晋城西南克重要据点两处。寇机六百架集中海南岛。美向我国购买大批桐油及锡,直六千万元。沪美领署重申美国务院训令,劝美侨从速撤退。市商会决定移港办公。特警组织问题,工部局正与伪方着手进行。领事法庭将续审方单地征税案。美参院外会通过租军援助民主国法案。西、意、法三巨头分别会谈。荷船奉令驶中立港。美总统要求国会加拨经费,扩充海军。德拟调停意、希战事,传已被希拒绝。苏联驻伦敦高级人员谈称,德不致强行侵保。

2月15日(正月二十日　甲午)**星期六**

晴寒。上午五四,下午五六。

依时入馆办事。编发总辛七号通讯录。付本周饭金二元六角。寄圣陶四十号信,附蓉处转,告朱东润两稿均到,契约亦已寄蓉矣。复芷、汉,告引慰,顺询托划济昌款到否。附致介泉一笺,道别后深思。莲僧来,托标点马、胡三文。散馆后,在知味观举行酒会,到廉逊、曙先、绍先、洗人、雪村及予,凡六人。摊费四元。七时归,途次购雉一翼,计价二元八角。到家,知珏人往濬儿所,同过东方观昆剧矣。予入书巢写复业熊。有顷,珏人归。

报载要闻:国府颁《人口普查条例》。公证制度展期二年。回国侨民委员会组织成立。渝市府奉令疏散人口。粤南克复芦苞、大塘。襄西劲旅向荆、当大路推进。涡阳西北寇被截击。击落寇机残骸中搜获重要文件。古利赞扬我国政治建设计划。沪美侨五百人最近期内离沪,美领署发言人表示,并不撤退美防军。纳税会函工部局,通知华董委人选。荷轮奉令停航,集中菲岛。澳洲战时内阁开会,商应付太平洋局势。意、西谈话结束,弗朗哥返国。意属西助攻直布罗陀一事已遭拒绝。南首相及外长访德。保否认德机入境。在日英、美侨民纷纷撤退。寇亟图南进,竭意联络苏联(有考虑撤销反共协定之说)。泰国声明保证对英友谊。

2月16日(正月廿一日　乙未)**星期**

阴雨。

危坐书巢写前两日日记。复嘉源,劝其耐守,勿见异思迁。午小饮,饭后钞《观古堂书目》。入夜又小饮。业熊书来,托士敭为之办服务证件。

报载要闻:粤南克芦苞后乘胜续克斗门、国泰圩等地。晋西北我军猛攻犯寇,寇日伤亡数千人。沔阳、当阳一带之寇均被击退。古利在渝考察财政报告,并与当局商讨各问题(并闻访周恩来)。工部局赞成华董委连任。荷轮仍开航,芝巴德轮暂准在沪卸货。煤气今日起加价。沪西发来斯夜总会昨有开枪案,死伤西人八名。美董卡纳退休后,遗缺由明思德接充。美众院外委会通过关岛设防经费。德、南谈话告终,南首相返国报告,表示无意参加轴心。伦敦证实英伞兵降落意境。驻英郭大使谈日本终将攻犯菲列宾及澳洲。日驻美大使野村呈递国书。日庞大预算通过贵族院。希军展开新攻势,意军七千被俘。泰、越谈判陷于僵局。

2月17日(正月廿二日　丙申)**星期一**

阴,微雨时作。上午五四,下午五五。

依时入馆工作。接绍虞十一日书,寄《学林》文《竟陵诗论》。为坚吾拟呈复经济部商标局文,即送去。允中交契约来,兑取稿费三百二十元去。梦岩电话告我,寅福已有信寄到,正在金华教育登记处任事。为之大慰。晚归小饮。饮后听书自遣,十时寝。

报载要闻:豫南信阳西北地区在激战中,罗山附近残寇即将肃清。晋汾南发生剧战。陪都各界积极劝募战时公债。教部学术审议会举行第二次全体会议。国际局势瞬息万变,沪投机商上周内损失一万万元。荷轮芝巴德号卸货后仍将载客南驶。美侨积极准备外董竞选。昨晨五福楼发生血案,清帮段涤尘被枪击,未殊。西区捐税问题传有一度接洽。赫尔与英、澳、荷使会商远东局势。美总统向野村明言,美对华深切关怀。美最高国防机关生产管理处开始工作。英在新加坡海口敷设水雷。荷使宣称如受日攻击,决与一战。苏联共党大会昨开幕。传德拟以阿境土地诱南国参加轴心。罗国废止铁卫团。寇方传英军集中泰、缅边境。

2月18日(正月廿三日　丁酉)**星期二**

阴雨,间以微霰,午后大雨,薄暮止。上午五二,下午五四。

依时入馆办事。读马夷初《从中国文字的原始说到今后研究文字的方法》,并为施标识,备付《学林》,从莲僧之请也。接仲融书,告移寓,并托代向文学集林社支取王西彦稿费。夜归小饮。

报载要闻:新生活运动七周年纪念,蒋广播演说。林主席设茶会招待古利。渝各界举行出钱慰劳竞赛会。粤南猛攻淡水,寇感不支,将溃窜。鄂西进迫沙市城郊。晋军在石门峪截击行寇。崇明南部之寇突向北开。东行沪宁车在苏州东被炸。工部局决定扩充万国商团。英大使馆重申沦陷区撤侨令。美商两银行取消支票存户,阻止套取美金。虹口拉夫风炽。伪海员工会主委彭伯威昨被刺重伤。英、美共同防卫远东前哨,日如攻击新加坡,必联合对付。罗国在黑海敷设水雷。驻罗英使表示,德军确集结保国边境。西班牙、葡萄牙遭遇空前飓风。里比亚英军迅速推进,将直趋的黎波里。意军反攻,损失甚巨。美全国发动供给英国食物。

2 月 19 日(正月廿四日　戊戌　辰正三刻三分雨水)**星期三**

阴雨。上午五六,下午五九。

依时入馆办事。续标马夷初文。接圣陶九日成都发四十八号书,复我卅八号信,告已迁入新居,其老母虽经跋涉,弥见康健,甚慰。股息通知仍未到,属再询。复仲融。买梨膏两瓶,二元四角。买中华本陶菊隐著《近代轶闻》、《新语林》各一册,一元四角三分。晚归小饮。

报载要闻:新生活运动七周年纪念,蒋向中外广播。古利在渝考察告一段落。粤斗门已无寇踪,我军续克黄杨山、赤坎两据点。启东方面展开流动战。寇图在桐城以东汤家沟登陆未遂。沪上英、美银行对美圆支票户将结束(法币收支照常办理),法币价格益坚挺。英、美在沪各团体协助撤侨。沪美当局否认撤退华北驻军。华乐饭店(赌窟)稽查被刺殒命(名卢鼎),南市大小赌窟昨突全部停闭。寇如进犯新加坡、荷印,美舰队即开远东。土耳其、保加利亚成立互不侵犯条约。苏与寇在莫斯科重开商务谈判。德、意海军会谈。美参院激烈辩论参战问题。中、美平准基金合作条约不久即可缔结。泰、越和平谈判中断。英军事观察家谈,日南进匪易。

2 月 20 日(正月廿五日　己亥)**星期四**

晴。上午五九,下午五八。

清晨入馆,宿雨沾途,履袜尽湿,到馆后借袜易之始克安坐。为《学林》校两文。为济昌电汇四百元(在滇升水一成,可得四百四十元),电费五元四角(昨日其母先来敦托,晚间致觉又至,备述内地摩擦之烈,济昌恐不容于联大,或将避地,故需款孔亟如是)。

致诚之,送《古史辨》校样。致红蕉,转圣陶来信。学林社送绍虞稿费六十元来(即为代存)。晚归小饮。

报载要闻:古利工作顺利,已电告美总统,并偕詹森飞成都。我军一度冲入广州。同蒲路南段有激战。英、美四大银行停发外汇储户存息。美舰甲蒙号载瓜代新兵到沪,舰即返国。苏州河北拉夫猖獗,华壮丁绝迹。寇兵枪杀负米幼童。前获大拐案首犯判处徒刑十五年。美总统宣布在两洋设防御区,并颁防卫海空之海军前哨令,禁外机外轮擅入防线。大批澳军抵新加坡。传德对希提通牒,促令与意议和(但德希双方均否认)。英海相广播,英仍握地中海主动地位。美当局讨论海军交替计划。美金融家哈利曼将赴英促进防务工作。寇方否认泰、越谈判停顿。

2月21日(正月廿六日　庚子)星期五

阴,大雾,旋开晴。上午六〇,下午五八。

依时入馆办事。接守和书(由钱存训转),属将送美陈列之书即送由存训代寄。写信与芷、汉(备明日附号信去),属探吴济昌近情,并告以昨日电汇之故。买文明本孙耀编《中华民国史料》三册,二元九角六分。买水笔六枝,二元另一分。勖初来约,允中将于廿四日请午饭。晚归小饮。组青及葆贞在,组青夜饭后去,葆贞则留宿焉,翌日将送往汪家云。

报载要闻:全国主计及粮食两会议昨在渝同时开幕。包头寇二千进犯新民堡,被击溃。晋军向晋城活跃。苏北滨江地区又有流动战(李长江倒戈投伪后所致)。工部局副总办奈许发表对租界临别赠言。南洋日侨撤退过沪。少数美教士准备返国。伪储备银行昨被人掷中手榴弹。美众院通过关岛设防案。英重申对巴尔干态度。寇方力图缓和英、美,正式向英建议,愿调停欧战。苏共党大会讨论经济发展计划。保首相向国会宣称,决不侵犯他国。传南斯拉夫亦将与保签订互不侵犯之约。阿比西尼亚军队占领丹奇拉重镇。法派飞行人员抵越。

2月22日(正月廿七日　辛丑)**星期六**

晴。上午六〇,下午五九。

依时入馆办事。编发通讯录总辛第八号。致丕绳,托假《正风》半月刊,备钞《辛亥以来藏书纪事诗》(伦明著)。付本周饭金二元六角。复圣陶,编四十一号,告代支股息存折上,并告信中诗词决令清华辑录。午饮永兴昌,与洗人、雪村及村表弟骆君俱。午后为介绍仲盐领证贩丝事,作函与梦九,托为道地。晚归小饮。

报载要闻:豫南克明港。鄂中克资福寺。沙市寇增援南犯,未逞。苏北寇犯兴化,激战未已。胡文虎由仰光飞抵重庆。晋军袭击长治寇机场。沪美侨今日庆祝华盛顿诞辰。电力公司筹设新电厂。法工董局成立经济委员会。寇在租界北区拉夫,情势益趋严重。英侨下周推选工部局候选董事。沪统税只运入内地境界即行补征。囤户仍把持米市。南进趑趄声中,沪寇发表言论,竟谓英、美破坏现状。英、美派飞机至远东,增防新加坡。美轰炸机七十架运华。英外相艾登偕总参谋长抵埃及,检讨中东战局。德军开入西班牙。澳首相抵伦敦。传罗、保边境多瑙河上德军架设浮桥。苏共党大会闭幕。传苏、日经济合作原则上已成立协定。松冈否认建议调停欧战。苏联物品尽量运华。华军二千开抵泰、缅边境。传日向泰、越提出最近通牒。

夜立斋来长谈,托仍向振铎洽袁氏藏札,并另出手册一添兜之。移时乃去。

2月23日(正月廿八日　壬寅)**星期**

阴,旋细雨,竟日未休。上午五九,下午五八。

晨入书巢补日记。大椿偕何天行来见,托向中华教育文化基金董事会代请补助金。予觌面难却,许明日作书送诚之转交之,效否不问也。午微饮。饭后钞《观古堂书目》。濬儿来,还代购西贡米钱。今晚适值七九消寒会,因留夜饭而去。

报载要闻:豫南军清除铁道以西之寇。镇海口外寇舰向要塞开炮。沙市岑河口之寇进犯被击退,寇司令早坂负重伤。中条山我军攻入夏县寇阵地。宜昌有炮战。寇机袭滇,被击落一架。中美文化协会招待古利、詹森。沪市米价反常,民生恶化。马立斯新村血案,医师沈健安夫妇受伤。美将派舰队增防新加坡。越督召开会议,讨论应付时局。英在地中海中部敷设水雷。贝当拒绝意要求。艾登等开始会商军事,传或将赴土谈话。传保境各地发生反政府示威。美正考虑援希。

2月24日(正月廿九日　癸卯)**星期一**

阴,午后开霁,晚又细雨。上午五六,下午五八。

依时入馆办事。为何天行作函介绍,即致书诚之托转之。复绍虞,告《学林》稿费已代存。濬华米账还讫,再找八十七元九角。午,允中、勖初来,同往永兴昌饭,允为售稿感予,坚请吃饭,予却之不获,特主小饮以酬之。起潜书来,送还颉刚稿一件。存训书来,送到《图书季刊》新四卷一、二两期各五十册,托代售。夜小饮,饮后入书巢随手缮帑。

报载要闻:襄西我军转向沙市进攻。沁阳寇分路进犯,均经击退。我空军轰炸运城寇据地。彭泽寇偷渡太白湖,被击沉四船。寇机昨又炸滇缅路。宋子文在美演说,全文寄沪。寇在沪杭线拉夫,集中永安纱厂。米蠹为害,当局限令密查拘办。日商三通书局昨有炸弹爆发。美舰前哨演习将达关岛。澳洲加紧进行应付侵略。法政府拒绝日本调解泰、越纠纷案。罗、保境内有军事行动。英以轰炸机百五十架转售中国。苏否认促成土、保协定。阿比西尼亚境英军攻势顺利,占领重要据点。德宣称击沉悬挂美旗之加拿大商轮(在印度洋上)。美将彻查其事。

2月25日(正月三十日 甲辰)**星期二**

阴,午后放晴。上午五七,下午五八。

依时入馆办事。复守和,送开明战后出版及沪上出版界节略,并送陈列美国宣传之书两册,即致书存训托转,且商代售北平图书馆刊物事。致诚之,询肖甫住址,并取校样。兼送《学报》抽印单行本,并托代转宽正、丕绳(各五十份)。致泉澄,亦送《学报》抽印本,且告改排费已出齐鲁账。致贯吾,送应缴新书七种,托转北平图书馆。抱经堂伙友金檀来,送到《隶辨》等多种,尚有未交割者,须明日续送云。硕民来,还我代购文选费五元。坐移时去。晚归小饮。葆真来,在汪家嫌事烦,已辞归云。夜入书巢记日记。

报载要闻:包头寇两度南犯,均经击溃,我收复王爱台、新民堡两据点。鄂南进击羊楼司,击毙寇联队长大津。豫南克跑马岭等处。赣北攻克新塘铺。全国主计会议会员谒林主席,林致训。英大使由渝飞港。柯立芝轮今日到沪,明晨将载美侨千馀离去。沪西赌窟展期停闭,特警亦将展期成立。法租界昨日午后突施严重戒备。国医丁仲英被绑。暨大训导主任吴秀幸免。美租军案本周可通过。德对保军事已近完成。保京德人殴美公使。墨索里尼演说,承认意军损失重大。英外相与土代表在开罗会谈,土外长表示外交政策不变。希脱拉演说,三四日间将发动海战。寇外相松冈劝英人让出大洋洲。东京谈判滞缓,泰、越停战协定虽展期,但皆准备继续应战。

2月26日(二月大建辛卯初一日　乙巳)**星期三**

阴霾,夜雨。上午五八,下午六〇。

依时入馆办事。接芷、汉十九日书(汉信编列五十七号),知此间八日、十日去信俱已到,以信函逾重未及复云。抱经堂伙友金君续送康刻《玉海》(内有二本以浙局配)一百二十本,《骈体正宗》六本,《晚笑堂画传》两本,《隶辨》八本,蒋瑞藻辑《新古文辞类纂》卅四本,《近代碑帖大观》八本来,除收退前购《姓氏谱》外,找付四十二元二角。纯嘉为我购到《西太后外纪》及《避难日记》各一册,计七角八分。晚归小饮。

报载要闻:全国粮食会议及主计会议均闭幕。英大使寇尔夫妇由渝飞港,将来沪。鄂南分路进击通山,寇全线崩溃。空军总司令谈空军即将参加反攻。平汉路正面,我军前锋直逼长台关。赣北军迫近瑞昌城郊。晋军猛攻夏县附近据点。工部局设新委员会,研究开辟税源。各方注意民食,竭力转捩米价。杨树浦附近,寇兵两次遇狙击。米业代表谒工部局当道,请疏通洋米米源。沪杭路被炸。英、美联合警告日本,勿犯新加坡及荷印。苏联暗示不干涉巴尔干。苏联最高议会昨揭幕。保国英侨撤退。法阁改组就绪,设置法德经济事务总代表。

2月27日(二月初二日　丙午)**星期四**

浓雾,旋化烟雨。上午五八,下午六〇。

依时入馆办事。午与洗人、曙先饮永兴昌。丕绳来言,鸿英图书馆所藏《正风》半月刊不全,询前属代钞之《辛亥以来藏书纪事诗》进行否。即属停钞。为《学林》看鞠侯《民国以来之中国公路建设》稿。接诚之书,知宾四丁内艰。晚归小饮。

报载要闻:寇机昨袭昆明,投弹甚多。新乡机场击毁寇机两架。粤军收复淡水附近黄沙、破庙两据点。鄂中仙、沔一带反攻获胜。寇强渡抚河,被我军围击。桃林附近,寇股受挫。考试院通令定期举行高等及普通检定考试。胡文虎捐款二百万元,救济伤兵难民。古利今日离渝返美。大批美侨撤离上海。谢晋元勖青年报国。米市场已有国货应市(前两日有市无货,今出)。项培上校昨离沪返英,重入行伍。签名慰问英国运动,各界纷起响应。美参院通过在太平洋设防经费。众院通过扩充沿岸海军根据地经费。艾登偕狄尔抵土京,商巴尔干局势。德军突开里比亚境,已与英军接触。苏联预算案提交最高议会。英军占领意属索谋里兰白拉伐港。澳洲代总理宣称,决迎击侵略。寇向泰、越提折衷办法,劝越割地,法已拒绝。泰国、马来边界,英军备战。

2月28日(二月初三日　丁未)**星期五**

阴,风急有声,夜细雨。上午五九,下午同。

依时入馆办事。续看鞠侯稿毕,仅上半篇,即送还莲僧。校《北平图书馆馆藏碑目》。致颉刚,告丛书进行状,并附致宾四,唁其丧母。乃乾来,出手辑《宋长兴施氏父子事迹》一册示予,属阅定,并代转振铎。晚归小饮。

报载要闻:鲁北各处歼寇二千馀人。鄂军袭江陵县城。寇在赤湾、鸭头咀登陆,被击退。法大使戈思默由津赴平。上海煤斤短缺,电力供给将有问题。三百万元铜块昨已提交寇方。美国学校教职员将撤退。复兴公债贴现付款。美新主力舰将竣工,五月可编队。美总统召集会议,讨论租军案实施法。英军占领摩加狄许并东地中海意属加斯台洛里索岛,铲除意国海上空军根据地。驻英美使韦南特飞欧。英驻苏大使飞土耳其与艾登会。苏、罗签订商约。寇方迫胁泰、越接受建议,越督德古召开军政长官会议。

3月1日(二月初四日　戊申)星期六

晨晴,旋阴,寒甚,有冰。上午五六,下午五八。

依时入馆办事。编发总辛九号通讯录。复芷、汉。校毕《碑目》一批,致书贯吾送覆校。付本周饭金二月六角。夜饮柏丞所,到纪堂、予同、振铎、鞠侯、调孚、雪村、莲僧及予,凡十人。东华以赶译书稿未到。十时许散,步以归。

报载要闻:海南岛已完成为寇海军根据地。广州附近,寇调动甚剧。襄陵西北,寇遭痛击。汉宜路寇惨败。深圳迤北发生血战。国府令奖马步青捐资兴学。军政部举行全国陆军经理会议。沪美银行今日起,结束美金支票存款,以后对外币储蓄将收手续费。工部局请英大使疏通运煤船只。日侨一批自马尼剌撤退过沪。新加坡日侨自动撤退。贝当决定拒绝日本调停建议,越、泰谈判已临最后关头(寇大量海军南进,迫越接受要求)。英军在意属依里特里亚境内连占两镇(基尔密特及那克发)。英、土谈话极为圆满,艾登即将离土。驻保英使表示,德如侵保,英必轰炸,保国将沦为战区。西班牙废王阿尔丰琐在罗马逝世。

3月2日(二月初五日 己酉)**星期**

晴。上午五六,下午五八。

晨入书巢,补记四日来日记。十时许硕民来。十一时三十分圣南来,濬儿来。饭后硕民去,圣南则偕诸儿游新城隍庙,四时许归,圣南旋去。盈儿患百日咳,今午珏人挈之就诊朱子云。据云无妨,惟非十剂药不能祛此病也。笙伯来。晚饭后去。秾若来,询其子济昌有无信息。予宽慰再三,抵暮辞去。手装旧书两册,加题记焉。

报载要闻:国民参政会开幕。中央银行奉令继续维持汇市。财政部电各省市调整禁止出口物品种类。鄂南续克据点黄土岭。赣北攻入沈家铺。古利今日离港飞美。工部局发动将节减用电。女青年会托儿所开幕。外币存入国家银行,政府保障本息。米评会研讨抑低限价。美国总会出售,多数会员反对。维希对日屈服,接受越、泰调停案。保加入三国盟约,费洛夫抵维也纳签订议定书。土发表公报,英、土意见一致。英派军增防马来、缅甸。寇廷仍派畑俊六复任侵华总司令,西尾寿造调回。

3月3日(二月初六日 庚戌)**星期一**

晴。上午五八,下午同。

依时入馆办事。抱经堂送道光刻《癸巳类稿》一部来,计八本,价六元四角。纯嘉为予买得商务本《明诗纪事》十册,价七元六角(此书原定价三元,因循未即购,今照改价五元,再加五加三,虽打折扣,已付巨数),为于在春在抱经堂购得《韵典》一册,计三元。致乃乾,告所辑稿已转振铎。致予同,告订米事停顿。傍晚小饮。

报载要闻:土公使谒蒋。平陆西南激战。豫南猛袭长台关。津浦路沧县南铁轨被破坏。平汉路长沙市寇股被袭击。沪西特警传将于十日成立。西商会请联美公司辟港、沪航空线。法租界电流供给暂不限制。德军开入保国,机械部队及飞机已抵保京。德机且侵入南国领空。英王躬迎美使韦南特。驻日法使亨利访松冈,对越南事提出复文,允将老挝、柬埔寨区一部分土地割与泰国。苏联最高议会闭幕。

3月4日(二月初七日 辛亥)星期二

晴寒。上午五五,下午五八。

依时入馆办事。看《南社纪略》。抱经堂又送龙刻《方舆纪要》六十八本及原刻《赏奇轩四种》四本来,共付价三十五元。接祖璋青田来书,托催《植物图鉴》再版,并约编新标准《初中博物教本》。夜归,举行八九消寒会。

报载要闻:第二届参政会连开三次会议,会员提询问案多起。赣鄱阳,浙海门、温州等处并遭寇机侵袭。襄西两路进迫沙市。渝、康、兰、桂间互通无线电话。寇舰百馀艘经福州洋南驶。工部局开小组会议,讨论电流供给问题(本市燃料目前尚无虞匮乏)。米号业焦虑民食,请求日供万包。在华美以美会教士尚未准备撤退。伪储备银行秘书被同事枪击。德军五十万开入保境,其先锋队已逼近希腊界。土国采取戒备,海峡敷设水雷。保国已将边境封锁。英外相偕陆空将领飞抵雅典。南首相、外长谒摄政会谈。法接受日建议后,泰、越和议将继续举行。日在泰国储存大量军火。

3月5日(二月初八日　壬子)**星期三**

晴寒。上午五六,下午六〇。

依时入馆办事。致莲僧,告陈文可用,请先计字数致酬,文仍送来代加标点。复祖璋,约即动手编《博物》。接迪康二月九日来信,告已入盐务机关,仍乞写信与胡宪生。夜归小饮。

报载要闻:参政会四次会议,何应钦、孔祥熙报告军政及财政。蒋招待劝募战债有关人员。豫南克复长台关。赣东收复让溪港。传寇方集中飞机四百架于宜昌,又顿重兵于越南东京。下月起,国人入缅须用护照。传中央银行将在重庆恢复外汇买卖。寇尔昨抵沪,否认中、英有军事协定(寇方造谣,将藉为南进口实耳)。公共租界高等法院第二分院院长徐维震昨被暴徒绑去。工董会今日讨论核减电流办法(纱厂因节省电流,已实行减工)。米市情势愈趋恶劣。苏联致牒保国,声明对德军入保不能赞同。土耳其表示御侮决心(德专使抵土)。传南摄政接晤德外长。美总统下令冻结保国在美资金。美名流发起组织援华联合团体。

3月6日(二月初九日　癸丑　辰初初刻三分惊蛰)**星期四**

晨雨,旋止,午后放晴。上午六一,下午六三。

依时入馆办事。看蔚南《中国陶瓷总说》(昨日书来,托投《学林》)。即致莲僧,属登《学林》。接圣陶二月廿一日所发四十九号书,复予卅九号信,即将附笺致红蕉。午,秋生来,洗人、雪村本为予生日约饮同华楼,遂邀秋生与俱。夜归吃面,仲弟、淑侄及濬儿俱在,欢然共饮,八时许始各归去。

报载要闻:蒋为劝募战债发表告全国同胞书。参政会开第五次会议,开始讨论重要提案,并决议废除纳金缓役办法。北海、电白一带发生激战。新墙河隔岸炮战。寇机袭长沙。粤海寇船水兵在广海、阳江登陆。中国江防部队炮击寇舰成绩甚佳。平汉路正面我已抵达信阳迤北。新加坡等处日侨又一批撤退过沪。米、煤昨又飞涨,全市人心震撼。英大使与英总领昨举行会议。徐维震被绑后法院照常办公。伪方人员在东方饭店开枪互哄。德使巴本谒土总统,呈希脱拉函件。土正考虑答复。英、希谈话结束,艾登将返埃及。罗首相抵维也纳,与戈林会谈(罗逊王由西班牙逃入葡萄牙)。英、保断绝国交。美总统颁令扩大禁运物品种类。美与墨西哥会商联防。重光葵忽向英相保证,日本不拟攻击英国任何领土。

3 月 7 日(二月初十日　甲寅)**星期五**

晴。上午六二,下午同。

依时入馆办事。盈儿咳嗽服朱医药后已渐见减轻,昨晚又忽转剧,今晨即属金才往朱子云处挂号(诊金二元五角),将号票送家,预属珏人伴往再诊。致贯吾,取校样。复蔚南。起潜书来,询印事。接炳生十七日来信,告寅福在青年招待处任指导,不久即将赴渝受训云。即于午后三时四十分离馆,步往梦岩所面告一切,坚拉小饮,遂留。晚七时,梦岩且送予同归。坐谈有顷始别去。盈儿夜咳加剧,心甚难安。医云无妨,须连吃数剂。

报载要闻:参政会昨开六次会议,王云五等临时动议,对共党参政员不出席表示遗憾(摩擦日烈,无可讳言)。蒋招待全体参政员。晋南张茅大道西侧击退寇兵。赣北克复南昌东南之高湖田等据点。寇又封锁华南海岸,并在雷州登陆,新会附近战剧。北海附近亦有混战。英、美决维护在华权益,委人代管说无稽。工部局对减少电流供给量公布临时办法。经济部再令沪市各业,资金速内移。美国务卿赫尔重申远东政策不变。英军一师在希腊登陆。魏刚返维希报告非洲局势。阿比西尼亚军队攻入布尔耶城。

3月8日(二月十一日　乙卯)**星期六**

晴。上午六二,下午六三。

依时入馆办事。编发总辛十号通讯录。复谢炳生。复训迪康,勿躁进,胡宪生予不识其人,无由作函相介。复圣陶,编四十二号。校毕《碑目》一批,作函备送贯吾。付本周饭金二元六角。付二月分家用电费十元七角四分。晚归小饮。知盈咳已稍稀,甚慰。

报载要闻:参政会开七次会,通过设置大会宣言起草委员会。寇犯阳江县城,龙涛附近发生激战,我援军开抵雷州半岛,大举反攻。赣北我军进抵安义城郊。皖南克复长村。犯湘北彭山等处之寇已被击退。晋南冲入夏县寇阵地。郭云观代理高二分院院长。昨晨闹市同孚路发生抢米案。土耳其大军调集西部边境。希腊表示决不屈辱求和。艾登抵开罗,晤南非首相。英否认对南提最后通牒(南当局表示务保守独立)。美国会通过拨款建造军舰三百馀艘。美要求意停闭领馆两处。泰、越谈判已作结束。

3月9日(二月十二日　丙辰)**星期**

晨阴微雨,旋晴。入夜又细雨。上午六二,下午六五。

晨入书巢补周来日记,至十时始毕。十一时,珏人偕予过丏尊所,丏夫人六十生辰。同人公宴,计口派分。凡到克斋、洗人、绍先、梦痕、曙先、淦卿、志行、调孚、清臣、絜如夫妇、雪村夫妇暨予夫妇十五分。饭后即归,已二时矣。随手繙帑,奄忽遂已至夕。夜小饮。饮后出外散步,以值细雨而归。仍入书巢钞《观古堂书目》,九时始罢,就寝。

报载要闻:蒋在参政会第八次会中发表对共党问题演说(两不相容已趋尖锐化)。空军飞粤西南轰炸,昨晨十时克复电白。宜昌对岸发生激战。瑶湖东岸我军前进。滁县、全椒一带激战未已。重庆买卖外汇并不影响上海地位。冯玉祥夫人对苏广播。庇亚士轮今晚抵沪,美侨一部撤退,驻沪麦令斯队司令贝克奉调回国。北区马路小工怠工,要求增加工作。苏轮修理竣事后即将驶往菲列宾。罗斯福代表哈立勋赴英。英履行对土义务,准备派舰入黑海(苏已默许)。南斯拉夫决严守中立。苏否认向罗要求海军根据地。伊拉克外长在埃与艾登会谈。松冈对美记者宣称准备往访德、意。

3月10日(二月十三日　丁巳)星期一

阴晴倏变,燠湿兼臻,南风甚劲有声。夜半大雷雨。上午六六,下午六九。

依时入馆办事。为乃乾《宋长兴施氏父子事迹考》加标点。接汉二月廿七日五十八号书,芷廿六晚附书,告奔避空袭状,并告济昌近况尚安,电汇之款已面交之(谓于警报声中展转寻访,始于廿六晚遇见之,似不满)。因即致函致觉告慰,并属转达宾若夫人。振铎电话来,即以立斋所托事询之,据云至多加百元(合前还价共六百元),因作书送立斋。复起潜。致予同,送上海食粮合作协会定米单去,俾自向该会接洽。付丏夫人寿分十四元(予与珏人各任一分)。晚归,悦之夫妇在,备言幽若去后不堪状,予厌闻其事,避入书巢读李慈铭《与某绝交书》。入夜,闻其去,乃下楼小饮。饮后入书巢记日记。

报载要闻:参政会昨开九、十两次会议,通过本年度对内对外重要方针,并选出驻会参政员。空军轰炸宜昌踞寇。皖北克复古河。粤省克复水东、阳江、北海。滇缅铁路工程加紧进行。上海日用必需品存底极充足。工部局英董候选人不再改选。霞飞路底前中央造币厂屋内所储大批铜块被寇方攫去。滃洲饭店内三人被绑。当局严饬拘究投机米蠹。美更易驻沪军事长官,并不放弃上海权益。美技师为我国发明新型武器。美参院通过租借案。德、南将签互不侵犯约。德致牒希腊,压迫对意媾和。传苏军调集黑海区域。

3月11日(二月十四日　戊午)**星期二**

上午五八,下午六〇。风雨驰骤,飞霰横集,午后大雪,薄暮又放晴。

依时入馆办事。发辛一号布告,明日孙中山逝世纪念放假一天。为乃乾文施标点。致道始(先有电话来,知近患感冒),送傅耕莘公费叁百元去。致诚之,商改投《学林》一文之题目,并送《古史辨》校样去。晚归,闻老太太在,与儿媳淘气,予劝慰之,因与共饮。夜饭后去。

报载要闻:参政会闭幕,发表宣言拥护抗建国策(蒋任主席并致词)。赣北克武定。粤西我军进抵台山附近。宜昌方面我军三路进展。鲁东日照之寇被诱受创。统一、金长等五种公债抽签还本。巨量洋米陆续运沪,米价昨稍回跌(大涨小回头,依然奸商操纵之也)。两租界当局研讨抑平日用物品价格。沪西"特警总署"定十五日成立。槟榔路一铁厂主被绑。美总统邀各要人会商准备实施租借案,将设最高机关增速战具之运出。并将采取有效行动援助中、英、希。德军云集希边,希已在萨朗尼加以西设防。土耳其续采战时准备。德、南互不侵犯约发生波折。苏、南将发联合宣言。泰、越合约即将签字。

3月12日(二月十五日 己未)星期三

晴和。上午六一,下午六〇。

今日孙中山逝世纪念,休息在家。与同儿重整书巢,盖书籍日益充积,几无隙地可容,不得不相度地位再加紧凑也。开始录存架书,将重治《庋架随录》,以后有暇,即就架录目。饭后组青来。钞《观古堂书目》。四时许,铭堂夫妇来。询悉苏州近况。入夜与铭堂饮。九时,组青偕铭堂去,大姊留。

报载要闻:孙中山逝世纪念及庆祝精神总动员两周年纪念,蒋莅席演讲。粤南克复台山、海康。赣北迭克观音阁等据点,迫近湖口。晋省侯马附近激战甚烈。赣湘新公路已完工通车。前失事中航机残骸在湘发见。上海美侨妇孺百馀人返国。法公董局通告,燃料缺乏,节减电力。工部局与各方洽定,又拟于十五午夜起,拨快时计一小时,名为实行日光节约运动(上年施行后引起不便甚多,今仍悍然径行,无谓)。米蠹作祟,米价复涨(当局并未采取严峻制裁)。德、南互不侵犯约仍搁浅中,德渐感不耐。封锁食粮问题,英、法发生争执。美将再让军舰与英。寇方调停泰、越案,昨在东京签字。松冈启程赴欧。美参院核准国防补充预算。

3月13日(二月十六日 庚申)星期四

阴雨。上午六〇,下午五九。

依时入馆办事。午与洗人、雪村及纸商包光裕共饮于永兴昌。午后返馆，幼雄、克斋俱在，为稿事与洗、村洽，如欲而去。本约铭堂四时前晤开明，大氐天雨，未能出，四时半散，犹未见来，乃径归。九九消寒之会圆满。夜小饮。

报载要闻：全国农林会议在渝开幕。粤南冲破广海寇阵地。同蒲路沿线仍在激战中。赣北我军沿修河两岸前进。粤汉北段攻克阳新站。工部局将延专家研究电力分配问题（日光节约运动难推行尽利）。英、美三大火油公司将被迫停业。美租军案众院覆议通过。总统签字后军器即运往英国。辛克莱报告英空军战迹。驻保英使伦特尔抵土，行李中炸弹爆发，死伤二十三人，伦特尔无恙。传德对南提最后通牒，南国已否认其事。越南法人对东京所定条约表示愤慨。

3月14日（二月十七日　辛酉）**星期五**

大雾，对面不辨形，旋豁霁，朗照终日。上午六〇，下午六二。

依时入馆办事。致张季易，送还《疑年录汇编补遗》稿本，属再补后连《汇编》刻本送来发排。（日前季易见过，面洽其事，谓尚有千许人可增，且只求出书后取上百册，馀不望他报。）因即飞函颉刚告此事，并询彼此订约手续。致贯吾，告代估《国学论文索引五编》印价，并取回校样（人回，校样仍未附到）。午后道始来，出怡府旧笺三种属转致振铎，并以其一赠予。因即作函备送去，调孚见之，自任携去，即交托之。晚归，振铎适在，遂告知此事，长谈达暮。夜与锦珊饮。八时后去。买陈氏止咳膏一张（价二元），为盈贴用，果见松舒，咳亦渐稀。

报载要闻：农林行政会议开幕。鄂南克复通城。赣北克复武定，进逼修水。宜昌两岸寇退却。粤南续向斗山进展。空军轰炸海南岛榆林港寇舰。晋、豫边区冲入天井关。工部局专家委员会研究电力分配。工业界切望公允。英国对现在上海贸易地位深感不满。米价飞涨，每石国米竟达一百三十元，各界盼当局实施惩处法令。罗斯福要求国会通过巨款，扩张军备。邱吉尔对租军案表感忱。墨索里尼在阿尔巴尼亚督战，结果仍未得逞。德并奥三周年纪念，希脱拉抵林兹演说，极意夸张。德以新牒文致南斯拉夫，胁提要求。

3 月 15 日(二月十八日　壬戌)星期六

晴，日下颇暖。上午六一，下午六六。

依时入馆办事。编发通讯录总辛十一号。校《滇南碑传集》。复芷汉，仍属时探济昌消息见告。致四十三号于圣陶，告托划朱东润君之一千元已于今日由其代表取去（折上支五百，又预支版税五百付与之）。付本周饭金二元五角（本周起又加价为每餐五角，十二日放假扣除，故实付此数）。第三批订米昨日出到，予属送米，而当事者谓先取到公司存放，然后再为分配。今日傍晚，金才来言，霞飞坊索、顾、章米共六包已送去。予询前属，却言未曾接到关照。予事前先说，谓须缓分，今忽突然分好送出而竟蒙予不送，其为捣鬼，显而易见，不禁大愤，即与经手人交涉，并令金才明日送三包到家。夜五时在同华楼举行酒会，到廉逊、绍先、曙先、世璟、洗人、雪村、予及村表弟骆长友，共八人。摊费四元五角。席终，廉逊自告奋勇，下次酒会愿在其家举行。因各预交五元，存备支用。七时许归，大姊、文权、濬儿及珏人等正在打牌，因入书巢闲坐，回思日间送米事犹有馀怒也。

报载要闻：寇机两次袭川，被击落六架。宜昌对岸寇分三路西犯,均被我军击溃,乘胜克复平善坝。鄂南一部兵力迫近崇阳。晋军夺回西桑池。皖南、赣北迭获胜利。英领电请英政府发放船只,运煤来沪。今日午夜起,工部局决拨快时钟一小时(伪市府且通令推行,其意可想)。租界当局捕获米侩。(窃钩之流之填刀头者,巨蠹何尝损及毫发哉!)昨晨两小时内连发血案三起,俱系伪员及帮匪之类。英商昌兴公司宣布停航太平洋班。美核准海军年费三十四万万馀元。希军开始取攻势。英空军击落意机十四架。传德对南提出五项要求,南决严守中立,力抗纳粹压迫。美冻结匈国资金。古利谒罗斯福,报告聘华经过。英国宣布红海敷设水雷。

3 月 16 日(二月十九日　癸亥)**星期**

阴霾,入夜雨。上午六五,下午同。

竟日未出,就架录目。锦珊来接大姊,因濬儿邀大姊过饭,珏人遂伴之去,锦珊先归,约饭后径送大姊归灿庭所。硕民、圣南来,饭后二时去。米三包饭后由金才送到。同儿往省仲弟,复儿昨即往濬儿所,今日晚饭后,珏挈复归,同亦归。夜小饮。

报载要闻:售华美机百架,内四十架已运抵某地。宜昌南岸各路之寇开始总退却。我全线总攻,传寇已退出宜昌。寇方扩展福建海岸封锁线(因我又收复平潭、南日两岛)。中国新闻学会在渝成立。赣北克武溪市。鄂南、湘北我军续进。全市存米百馀万包,大批洋米又陆续运沪(米价竞抬,显系投机者操纵)。法商水电公司公布减电办法。逸园联甲球赛昨发生流血惨剧。沪西界外巡捕职务明晨开始撤销。英大使寇尔定月底离沪。美援英战具首批已启运。德、南仍在谈判中,南态度极坚决,不容德获根据地。罗内阁进行改组。罗斯福宣称决增加对华援助,现按程序顺利进行。

阿境意军增援反攻,又告失败。

3 月 17 日(二月二十日　甲子)**星期一**

晨笼雾如烟,午后开晴。上午六五,下午同。

依时入馆办事。校毕《滇南碑传集》一批。续校《史记地名考》。及暮,毕一批。散馆后与德斋、丐尊、洗人同饮富春楼。盖德斋电约者。点膳甚精,至八时乃散,仍步归。

报载要闻:晋东南克复陵川。粤南克复广海。皖北克复无为。鄂西我军继续进展,寇众渡江北退。彭泽附近连日激战。东流附近寇舰触水雷沉没。经济部指定粮食等物品禁囤积居奇。两租界节电办法仍在广泛研究中。沪西特警今晨开始接岗。寇方又排挤外商航运。赫尔接见英、法大使,商粮食接济问题。尼罗河一带英军云集。德追悼阵亡将士,希脱拉演说,暗示德将助同盟国攻英。

3 月 18 日(二月廿一日　乙丑)**星期二**

晴。上午六四,下午六八。

依时入馆办事。看马夷初《从中国文字的原始说到今后研究的方法》续稿。前日送米三包,询明共价二百另三元四角一分(先付六十元不计),又送力二元四角。每包八角,合计二百另五元八角一分。(昨预支薪水应付之。约定分六期扣清。)晚散馆,就家小饮。

报载要闻:皖东含山、和县方面均有进展,已克复巢县东关。晋东南克复横岭关。宜昌寇机四架被我空军轰毁。鄂中我军向仙桃猛进。寇机袭东川。新闻学会理监事就职发表宣言。上海电力公司昨招待新闻界,解释节电之必要。两租界筹商制裁米蠹。伪方工运人员胡兆麟昨在虞洽卿路被枪杀。美将实行护航,务使英获得战具。美太平洋军舰突访问纽西兰。英军收复英属索谋里兰首邑巴比拉。英机轰炸意船,沉之,齐亚诺之妻几罹其难。土耳其定期演习伞兵。

3月19日(二月廿二日 丙寅)星期三

晴。上午六七,下午七二。

依时入馆办事。致诚之,询李镜池《易学五书》下落及催问《中国通史》下册稿,并取校样(校样取到)。致贯吾,取校件(仍以本人不在未取到)。致存训,问《图书季刊》旧有各期有存书否,如有,即送来,俾应门市见询者,并重申馆中刊物总经售之约。致绍虞,托代抄《辛亥以来藏书纪事诗》,并托代购书籍。鞠侯来,为介冼人,借予二百金。为《学林》看魏如晦(即阿英)《辛亥革命书录》稿。此稿网罗甚富,足存一代掌故,惟收及定期刊物似不当仅以书录为名,爰为易称《辛亥革命文献征存》,即送回莲僧,属商取作者同意。晚归,知法租界电车、公共汽车均罢工,公共租界之公共汽车亦然。所照常行驶者惟公共租界之电车耳,想不久亦必同样出此也。予往返徒步,久习为常,固无所感苦;特嚣张日甚,终非地方之福则大可虑已。濬华电话,三外孙均咳嗽,而女佣又病倒,属将新媛连夜送去,以佐晨夕。晚归小饮,即与珏人言之,夜饭后遣行,即命静甥伴往。移时归报,顯、颉尚好,预稍甚。

报载要闻:蒋谈,美如立即援华,我军便可开始反攻。粤西江克复陈涌、罗坑等地。苏省攻克灌云、高淳。翼城东南克复松树掌高地。五原以东克复重要据点。奉新发生巷战。寇机十八架分两批袭渝。行政院会议通过《田赋改征实物办法暂行条例》。被困汉口之三外轮(参看前日排抑外商航行)已获释。工部局本届新董事,英、日谈判维持现状。工董会今日讨论民食问题(米价飞涨,工潮又趋严重)。限制电流供给,全市用户分十大类。美总统签署第四次国防补助费案(关岛设防包含其中)。传德潜艇驶美领海,美将与德绝交,再予英以海上援助。英报披露,护航船开抵希腊,英军随于希登陆。意将洛伦音尼在东非阵亡。日北海道煤矿爆炸。传苏联曾致牒南国,劝勿加入三国同盟。

3月20日[①](辛巳岁二月廿三日　丁卯)**星期四**

晴煦。上午六八,下午七二。

依时入馆办事。为马夷初文施标点。晚归小饮。夜坐书巢翻字帖,九时就卧。

报载要闻:中条山全线反攻,克复瓦舍村等地,残寇完全溃退。赣北乘胜进向瑞昌。鄂南克通城后渡新墙河前进。惠阳登陆之寇被击退。法租界发生公共交通工潮,英商公共汽车亦波及,但英商公共汽车当晚即返工(昨日)。工董局决定改善米市。虞洽卿离沪赴港,在各报揭登启事,剖白购米并非囤米。寇方承认磋商局董年选。一品香发生离奇血案,两旅客为友所杀,凶手从容脱去。美舰一队访问澳洲,并在大西洋举行潜艇演习。赫尔在众院宣称援助中国抵抗侵略。传德对希将绝交。土总统复函送达柏林。英大批轰炸机袭击德国各海港。阿比西尼亚英军占领杰格奇加。

3月21日(二月廿四日　戊辰　辰正初刻九分春分)**星期五**

晴煦如昨。上午七一,下午七三。夜风起如吼。

①底本为:“苏亭日记第二卷”。原注:“重光大荒落如月碧庄。”

晨八时,洗人来(昨约与丏、村谈),为支付版税及组织驻外总办事处加强分支机关管制事作讨论,有所决定,即于廿八日召集董事会解决之。到馆已十时三十分馀。接宾四九日复书,寄回《史记地名考》改正文,并告《国史大纲》已再函港友催寄矣。接诚之复书,谓《通史》下册尚未写一字,《学报》有稿无多,须下星一后来晤商云。致贯吾,取回校样(凡三取始来)。晚归小饮,闻老太太在,因与共酌,询悉云斋尚无信来。夜饭后去。濬儿电话,预孙已经朱子云诊过,谓系百日咳,且防出痧子。闻之甚虑。

报载要闻:赣北展开猛烈反攻,左翼已予寇重创。华中前线四处发生战事。临汾以西我军夜袭。下涌登陆之寇被击退,粤沿海肃清。中央研究院会同教育部发起全国学术会议。今日淞沪地方纪念(国民革命军北伐抵此之日)。公仓会议决定购买八万包。法商电车、公共汽车仍停驶。工部局核准节减自来火消费量。远东运输煤斤,英领设法维持。郭大使在英演说,中国军力增高,总反攻将提前。英、土两国外长在居比路岛再商欧局。美众院通过租借军备案经费七十万万元(用于援助中、英、希)。美首批运英军火船传被击沉。希军攻入丹贝里尼(即泰比里尼)。

3月22日(二月廿五日 己巳)星期六

阴霾竟日,又转寒,夜起风,雨。上午七〇,下午六八。

依时入馆办事。编发每周通讯录总辛十二号。复宾四,寄《史记地名考》清样。看《国史大纲》。晚归小饮。珏人已看过预孙,谓未必出痧子,既就诊朱子云,且服药再说。其家旧女佣刘珍复来,因携新妇归此云。夜饭后道始携宗鲁、宗瀛来,就商《无锡乡贤遗书》编印例,因与雪村共谈。良久乃去。

报载要闻:蒋电谢美总统援华伟大表示。国民党八中全会行将开幕。中央最高设计机关编制战时党政三年计划及战后建设五年计划。孔祥熙谈国共问题即可解决。晋南克复二据点。无为之寇被击退。石浦洋面寇舰驶东门岛发炮。前枣阳县长郭雪萍因贪污处枪决。英、美日侨向领团建议,展期选举工董。法商电车工潮谈判渐趋接近。工部局昨正式公告,现存食米无虞短绌。伪员楼天权昨晨在新闸路遭枪决。今晨霞飞路白赛仲路农民银行宿舍遭暴徒闯入开枪,死五人,伤七人。(极斯菲尔路中行别业今晨三时遭伪方掩捕所住行员七十馀人,未及见报。)美参院通过两洋海军经费(将建造六万五千吨大战舰五艘)。苏联对土耳其已提确切保证(土耳其外长向内阁报告会晤艾登经过)。南内阁会商对德折衷办法,传其当局将赴德(与德缔结协定)。英、美对援助中国事件保持密切接触。

3月23日(二月廿六日　庚午)**星期**

阴雨有风。上午六七,下午六六。

竟日未出,就架录书,至四时半,尚馀一大部分未毕,须稍缓再录矣。夜小饮。

报载要闻:政府决定发行建筑滇缅铁路公债美金一千万元。包头东南攻克重要据点。赣锦河两岸我大举进攻。中、英谈判援华平准金用途。沪农行职员宿舍血案及中行别业行员一百九十馀人被掳案(已证实被扣在极司非而路七十六号,李士群且宣言报复处置云),实破上海暗杀、绑架之纪录。租界既熟视无睹,沦地更讹为当然,可愤可叹,何以加兹。英商电汽车工人悬未解决之条件,今已谈判停妥(法商电汽车工潮则成僵局,最近恐无通车希望)。

美众院通过国防补充费(计四十亿元)。德国万吨舰两艘在大西洋活动。德、匈谈话已告毕。伊克拉外相宣称,英、伊加紧合作。南阁员三人因反对纵容德国,提出辞职。

3月24日(二月廿七日　辛未)星期一

晴,转寒。上午六五,下午六一。

依时入馆办事。通函在沪各董监,定于廿七日下午开董事会。今日起,解散包饭。丏尊适来,因与洗人、丏尊共试金隆街之永茂昌(久耳其名,未曾一试)。饮次,慰元来,益见熟习(人摊费二元三角),一时廿分始返馆。午后看宾四《国史大纲》。晚归小饮。(天气突变,颇觉招凉。)

报载要闻:中国农民经济研究会举行二届年会。蒋电罗斯福,申明中国继续抗战。赣北克复高安西南灰埠等据点,城郊发生激战。淮南路北段克双枣树。寇机六架空袭藕池。工部局发表本年度总预算。展期选举工董,领团今日可决定。韩国钧传在海安尽节(不胜寇迫,吞金自尽)。苏、土将发表文告,重申双方友好关系(苏保证不妨碍土国之举动)。南国人民反对倾向轴心,曾发生示威运动。传罗斯福将晤温特莎。红军在西伯利亚、基辅两区操演。中、澳将互派公使。中国军事考察团抵印度。

3月25日(二月廿八日　壬申)星期二

晴,仍觉寒气料峭。上午六〇,下午六一。

依时入馆办事。看宾四《国史大纲》。泉澄来,送到《同治东华录人口考正》稿,属转《齐鲁学报》。午饭用生煎馒头十枚(计三角)。接雪舟电报,即代转道始,硕民来,托代购欧书《九成宫》,散馆时同出。到家,稌若在,告济昌或已东行,仍托芷芬照料云云。入暮去。夜小饮。

报载要闻:蒋招待苏联大使作郊游。教部定明日召开专科名词审查会议。赣高安附近战事猛烈,锦江南岸残寇肃清。晋南太行山一带复有激战。沙市大火。寇机十架袭赣。寇又在粤大鹏湾登陆。浙军奇袭长兴。豫南炮击信阳寇阵。昨日本市伪方又逞暴行,中央银行分行及办事处均有炸弹爆裂,凡死八人,伤卅七人(中国农行亦有同样事件,惟发觉早,未肇祸)。领事团核准工董之选举展期一周举行。法商电车工潮本可解决,忽起变化。英军集中希、南边境。南当局将赴维也纳签订盟约。美大批食粮及巨型机运英。东非英军加紧包围阿京。松冈过莫斯科赴柏林。

3月26日(二月廿九日　癸酉)**星期三**

晴,寒气稍杀。上午六一,下午六七。

晨作书与洗、村,陈两事:一组织问题,二薪给问题。依时到馆。仍看钱《史纲》。诚之来,洽《学报》稿件,并送到数稿。硕民来,取欧帖去。午饭吃烧饼,计二角半。同儿来,散馆后与同归。夜小饮。

报载要闻:赣北血战五日,寇伤亡五千。浙、皖边境克复泗安。粤东南海丰附近登陆之寇遭痛击。安庆方面我军克复练潭。中、中、交、农四行决仍维沪市整个金融,不撤退(惟中央及中农已因炸弹案而宣告暂停营业)。美侨反对日董增额。法商电汽车今复工。洋米续到十万包。煤价飞涨(每担十二元)。苏、土宣言,保证互不侵犯。南国在维也纳订约,正式加盟轴心。北非意司令格拉齐亚尼辞职。美参院通过实施租军经费案。苏联远东总司令易人。

3月27日(二月三十日　甲戌)**星期四**

晴。上午六二,下午六六。

依时入馆办事。仍看《国史大纲》。致诚之,取《吕览集解》稿。接陈绳甫函,询《管子集注》稿下落。午与村、洗饮永茂昌,摊费两元。四时许,开董事会,到丏尊、洗人、雪村、达君、守宪、五良、道始。议决在桂林设立驻外总办事处。重行调整薪给。仍支股息三厘。并补发前三年各三厘(已支四厘,应补五厘)。即夕共饮于正兴馆,七时乃散。道始邀雪村及予过其家,看所得乡邦遗著,并电约乃乾来会。纵谈至十时许始归。

报载要闻:赣北克高安、上高。绥西克新城。汕头之寇犯潮阳。蒋夫妇宴周恩来夫妇。财政部正式表示四行在沪决不撤退(中央、中农即将复业)。比大使赴港转渝。古利报告初次披露,美总统声明为中国后盾。南国各地开会,反对投靠轴心。苏、土宣言,美表满意。哈立法克斯演说,阐明英和战目标。德封锁冰岛(以德认划入战区故)。松冈昨抵柏林。美租借大西洋根据地,今日在英签约。

3月28日(三月小建壬辰初一日　乙亥)**星期五**

阴,午后雨,入夜加甚。上午六二,下午同。

依时入馆办事。整理董会纪录。编发通讯录总辛十三号。附语洗人书中,询芷芬何又无信。送聿修夫人赙仪四元。午饭以冷葱油饼五枚充,用二角五分。致诚之,转绳甫信。道始电话,谓《清代征献类编》八册已由荣氏取到。因即饬学骥往取,顺送回家。午后四时,振铎来,因与之同车赴柏丞约,先过霞飞坊接雪村,调孚、士敭、清儿附乘焉。在席者东华、予同、纪堂、振铎、颂久、调孚、莲僧、雪村、予及柏丞十人，鞠侯以疾未至。谈至十时，原车送归，以急雨，自弄口下车趋以入门，仍不免沾湿也。

报载要闻：苏、浙边境克复合溪、张渚、林城桥，并冲入溧阳城。包头南克复史家营子。赣北我军开入高安城，向南昌进逼。信阳附近有激战。贵池以西，我军夜袭。英、美、日三总领讨论工部局董事选举问题。工部局特别会，详商疏通米运办法。各煤球厂工人联合罢工。南斯拉夫政变，摄政保禄亲王出亡，幼主彼得秉政，成立新阁，西摩维志任首相。希脱拉接见松冈，开始会谈。在美德侨撤退。美总统签署七十万万元之租借经费案。英地中海舰队准备行动。寇又向越南提新要求。

3月29日（三月初二日　丙子）星期六

阴霾，有风。上午六一，下午六〇。

今日黄花岗纪念，放假一天。午祀先，盖清明节届矣。濬儿来饭，饭后即去。文权旋来，打牌。重腾书架，务求安置，前此庋阁颇有轻重不胜之感，故今乘假又一移动之。夜与文权饮，谈甚畅。八时许，复儿随之去，顺省三孙。约翌日归。

报载要闻：中央通电慰问救济黄花岗烈士家属。赣北寇三路进犯，两路已击败。赣东北香口附近寇舰触雷沉没。平汉线攻入平靖关寇踞阵地。桂省产棉激增。上海存米达百六十万包，民食无虞匮乏。美赌棍（俗号吃角子老虎大王）就逮。工部局负责租船向仰光运米。乐群中学校长陶广川昨被捕。德要求南国表明对盟约态度。英、美租借根据地协定签字。东非英军攻占柯仑及哈拉尔。美国欢迎南国变更政权，允给以有效援助。英李顿爵士著文促各界援华。

3月30日(三月初三日　丁丑)**星期**

晴。上午五八,下午五九。

竟日未出,就架录目,已粗毕,都计见书才九千五百卅七本耳。午前洗人来,因邀雪村及其表弟长友共饮予所。饭后与洗谈人事分配及调整薪给诸端。接到芷芬、汉儿信,并转介泉信。今日为汪兆铭伪府还都周年,两租界严施戒备。夜未饮,小坐便就卧。

报载要闻:锦江两岸残寇已全歼。闻喜北有寇西犯,未获逞。浙西进攻长兴。粤军袭击广九路附近地带。沪各方对工董名额意见尚未一致(盛传将增加名额)。怡和沪港线航轮下月将再加价。煤厂六家今晨复工。驻南德使遭群众侮辱。德将抗议反德行动。罗首相要求修改维也纳决议案(不愿割土)。地中海发生海战,意战舰一艘被毁。传日在越南获得特权。

3月31日(三月初四日　戊寅)**星期一**

晴。上午五九,下午六一。

依时入馆办事。接绍虞二十五日复书,告《辛亥以来藏书纪事诗》已属胥代抄,馀需之书亦已属文奎堂照寄去。接圣陶二十日发五十号书,复告此间寄去四十一、二号书已到,托向红蕉说知,代买衣料送夏师母寿礼。即以此信转致红蕉。接仲融书,送所著诗剧《苏格拉底之死》来。贯吾来洽,谓《国学论文索引五编》之版权愿移赠开明,惟望出书云云。予许以再商,少坐便去。校《北平图书馆藏碑目》。夜归小饮。

报载要闻:赣北克复奉新。苏南克复溧阳。粤省府再令各县废除苛捐杂税。潮阳西北一带有剧烈战事。工董问题,今日可由领事团决定(传美、日将各增一人)。霞飞路血案,盛植人被刺。沪市巨室献金,独捐二十万元。美驻华新大使高斯定下月初来华。松冈赴罗马。苏联电贺南国新政府。南国德侨定期撤退。南传意已起革命,墨索里尼被杀,但未证实。英印陆空军续开新加坡增防。东非英军占领狄里达华,已控制通阿京铁路线。

4月1日(三月初五日 己卯)星期二

晴。上午六二,下午六六。

依时入馆办事。仍校《碑目》。昨接肖甫书,托代询《禹贡》存书货账诸事,因即属纯嘉为之办理。晚归小饮。

报载要闻:国民党五届八中全会已于三月廿四日在渝开幕,蒋致词。绥西克柴磴台。赣北克奉新后正进围馀寇。法大使馆参事彭古在渝访各长官。滇缅铁路正分段入手兴筑。工董名额仍未谈妥,选举再展期。中央、中农、苏农三银行复业。银联会通告减低存款利息。德货轮赖摩西斯号潜离上海,闻即将改装为剽袭船。捷川轮在闽海遭海盗骑劫。美政府扣押德、意及丹麦船只。英舰搜查法轮,北非炮台发炮轰击,因起冲突。维希向英抗议。德限南表明态度,奥、南边境封锁。艾登抵雅典,再度会议。意舰五艘在地中海被英击沉。

4月2日(三月初六日 庚辰)星期三

晴,朝日韬光,近午乃朗。上午六五,下午六八。

依时入馆办事,将所拟调整人事及酌加薪给大要交冼人。续校《碑目》。复仲融,谢赠诗剧。致达君,送还前托鉴定之佛经散页。

据振铎言,此为明洪武中所刻《藏经》,世称南藏者也,但并不珍罕云。遂以其言转告之。四时许廉逊来,适雪村亦在,因约共饮于永茂昌,为撇兰之戏,予拈得最多份,出五元。八时许归,知乃乾来访,承留赠所辑《苍雪大师行年考略》四册。予即分赠洗、村各一册。

报载要闻:赣北奉新、高安间残寇大致肃清,寇三大队长被击毙。彭泽以南克白云庵。包头南黄河一带连日激战。寇兵车在晋南解县西被炸。英已同意拨款赶筑滇缅铁路。费利溥发表谈话,英、美、日领事成立协定,已变更局董名额,竟悍然改动租界行政机构。传工部局决定统制米市(米粮评价委员会突告解散)。大中通讯社被暴徒投弹。德、意向美抗议扣船。古巴亦扣意轮。停泊南美之德、意货船,惧扣自焚。传德将对南提最后通牒,南境德侨开始撤退。南国京城架设高射炮,封闭学校,疏散妇孺。苏联封闭驻挪使馆。

4月3日(三月初七日　辛巳)**星期四**

晴。上午六六,下午六九。

依时入馆办事。致丕绳,托查钞关于《马氏文通》两文。午与村、洗饮永茂昌,谈予所提意见,大致可决。午后硕民来。晚归小饮。

报载要闻:八中全会闭幕,决定吴铁城任中执会秘书(叶楚伧辞职),郭泰祺任外交部长(王宠惠改任国防最高会议秘书,驻英大使将以顾维钧继任),行政院添设粮食、贸易两部(原有粮食管理委员会及国际贸易委员会均撤销),柳亚子开除党籍(以言论袒新四军故)。粤军克潮阳西郊一带高地。南洋闽籍华侨联名控告陈仪,政府已特组委员会驰赴闽省查办。晋东南我军袭击阴城镇。

寇机昨炸辰阳。意船康铁佛田号传将潜驶日本。退职军官四人同遭寇方捕去。英军攻占依里特里亚首邑阿斯玛拉。希王接见艾登。墨西哥、阿根廷、秘鲁、委内瑞拉、厄瓜多等国均各扣留德、意船只。英远东军总司令朴芳飞马尼刺会晤美司令赫德。美继续看管法国商轮。美总统阅视古利报告后,分配巨额经费,实施援助民主国家。

4月4日(三月初八日　壬午)**星期五**

晴,晨曾微雨洒尘,夜半雷电以风,大雨。上午六六,下午七一。

依时入馆办事。看《国史大纲》。接红蕉电话,告代购送夏衣料共一百另八元七角,即于午后为圣陶取款送去。(交美亚账房茅店月转。)允言来,少谈即行。晚归小饮。

报载要闻:蒋夫妇宴全体中委。全国合作会议开幕。比大使纪佑穆抵渝。赣北我军又获胜仗。今日庆祝儿童节,全市学校皆有举动。纳税华人反对变更工董名额,因此事须经中国政府批准,不能任由领事支配也。法租界当局研究节电办法,确定三项原则。法公董局翻译董枢昨被人刺杀。西报对上海局势表示焦虑。英、美在菲举行军事会议。美决拒绝释放船只,德、意又二次抗议。传南军集中阿、南边境。匈总理戴莱基自杀。德外交人员撤离南国。美工人冲突,发生流血惨剧。东非英军占领梅苏。里比亚德、意军攻克阿克达比亚城。

4月5日(三月初九日　癸未　午正一刻七分清明)**星期六**

风雨交扇,继之以霰,寒甚。上午六七,下午六三。

依时入馆办事。编发通讯录总辛十四号。送纯嘉婚礼六元（与清华合十元），还士敭代购铝制饭匣四元。扣还米钱三十元八角一分。三月十四日为予与珏人结缡三十周年纪念，特交三十元与珏人，备届时自办肴馔，藉与诸儿女共图一欢。致贯吾，送《碑目》校样及洽商《国学论文索引五编》印行事，并催问代售刊物下落。致诚之，询陈绳甫、李镜池稿件下落。复介泉（仍由芷芬转）。复芷、汉。复圣陶，告夏礼已办出。列第四十四号。午与村、洗饮永茂昌，续谈调整薪给事。晚归仍小饮。

报载要闻：赣军向西山万寿宫挺进。粤东军迫近潮阳城。八中全会通过之三年建设计划大纲发表。合作会议举行二次大会。国民滑翔总会成立。（蒋电陈立夫等推进。）沪米栈存底日增，民食愈见充沛。（然奸商仍不放手。）税制不平等，当局建议补救。美正研究没收轴心国船只。（已要求意国召回武官。）英机炸沉德巨舰两艘。马却克就南国副总理。匈外长任总理。里比亚英军放弃班加齐。德军机械化部队集南国边境。南国宣布京城为不设防区。

4月6日（三月初十日　甲申）**星期**

晴，峭冷。上午六一，下午同。

竟日未出。午后丏尊、允言、硕民来，畅谈。丏尊移时去。允、硕垂暮乃行。夜小饮。

报载要闻：赣北克复祥符观、西山、万寿宫。包头滩上之寇不久即可肃清。郭泰祺将取道美国，返就外长新职。沪公共租界变更工董会组织，将提纳税人会讨论。昨日清明，为民族扫墓节，全市各界默祭先烈。自由法人领袖爱高昨突被捕，押送外滩法舰。

美总统接见古利,商援华步骤。南国军队动员,在边境布置阵地。(南阁开紧急会议。)伊拉克政变。英军占领阿比西尼亚要城阿杜华。松冈离德赴苏。赫尔驳复德国抗议。

4 月 7 日(三月十一日　乙酉)**星期一**

晴。上午六〇,下午六一。

依时入馆办事。付三月分家用电费十元二角五分。接诚之函,复告陈、李两稿俱已送沈子玄校阅。致贯吾,借《文心雕龙注》与之,并送应缴图书四种,托转北平图书馆。午与村、洗饮永茂昌,极欢。(付账六元四角。)发还从前折扣薪水事已有眉目,将俟董事会提议。晚归,仍小饮。

报载要闻:粤东攻克陆丰及坪山。赣北安义方面进克宋埠。鄂中收复周家矶,向潜江进击。横岭关炮战。空军阵容增强。何应钦对美广播。辽宁省政研究会在渝成立。变更工董名额,按照三项步骤进行,纳税会可望通过。沪游资内移日增。爱高被捕后,自由法人极为愤慨,决继续奋斗。四家搬场汽车公司司机罢工。巴尔干大战爆发,德军进犯希、南两国。苏、南缔结互不侵犯条约。德机轰炸南国京城。土耳其发表宣言(力持自卫)。东非英军占领阿京。

4 月 8 日(三月十二日　丙戌)**星期二**

阴雨,午后加甚,抵暮不辍。上午六一,下午六三。

依时入馆办事。接芷芬、汉华三月三十日所发六十一号书,知龙孙出痧子。买《书法精论》一册,二元四角。晚冒雨归,小饮。

报载要闻:赣北向南昌进攻。粤东克复汕尾。闽省府公布公务员退休办法。英、美、日、德工董候选人竟全推出。上海证券公司购进美国总会大厦。中、交两行被绑职员,今可偿赎出绑。工部局租船运米事已有眉目。愚园路捕匪大格斗。德军进犯希、南遭遇顿挫。(德官方宣称冲破两国边境防御。)土军集中保、希边境。(德保证不威胁土耳其。)赫尔表示尽速接济希、南。希王发表告民众书。南机分炸罗、保、匈等地。英、澳、纽西兰军队抵希助战。

4月9日(三月十三日　丁亥)**星期三**

晴,夜雨。上午六二,下午六七。

依时入馆办事。见报,知昨日寇机袭昆明市区,损失颇重,殊深系念。十一时半,接滇处昨晚七时十分所发电:"均安。"为之稍慰。校乃乾所辑《宋长兴施氏父子事迹考》。看鞠侯《公路史略》续稿。致觉见过,约星期午饭功德林。晚归小饮。

报载要闻:粤东迭克碣石、乌坎、梅陇等据点。赣北两路进击,分别攻克滩溪、张公渡。寇机袭滇,在市区投弹延烧。行政院会议通过财部设立管理田赋筹备委员会。陈光甫将任贸易部长。妇女代表大会在渝开幕。沪特区两法院奉令施用新禁烟治毒法。爱高被逮案,法当局说明,谓煽水兵潜逃。已准家属接见。美国总会出售事,反对者颇多,将于明日投票决定。气候暴变,上周居民死亡率突破纪录(凡死一千二百八十二人)。南军占领意境阜姆、柴拉及阿尔巴尼亚境斯柯泰里。希、保前线德军攻入希境,希军退出色雷斯区,土、希联络隔断。英机轰炸保京。英、匈绝交。苏联斥责保国,不应让德军入境。北非德、意军占特尔那。英财长在下院提出本届预算。

4月10日(三月十四日　戊子)星期四

晴不甚朗,午风翳,暮豁亮。上午六四,下午六七。

依时入馆办事。看毕鞠侯续稿。致丕绳,送还代钞费用五元八角。整理薪给事,用通启发表。自四月一日起,凡薪水在五十元以上不满百元者,加生活津贴五成;百元以上不满百五十元者,四成;百五十元以上不满二百元者,三成半;二百元以上者三成。栈司概加二十元。原支月贴仍旧。又布告重定办事时间。自十四日起,门市及庶务、货务人员,每日上午八时至下午六时,星期日下午一时至六时。其他人员,每日上午八时至十二时,下午另时三十分至四时三十分。覆看容肇祖《明代思想史》清样一批,内容极无足珍,不识颉刚何以滥收之也。今日为予与珏人结缡三十周年纪念,治馔家宴,诸儿及文权、顯孙、士敭俱与焉。

报载要闻:赣北安义附近据点均收复,安义城旦夕可下。鄂中克复潜江。浙北攻海盐,收复长川坝。南浔路寇兵车一列被炸毁。豫东太康寇犯洪山庙,未逞。绥军克复黑河。晋军袭击高平踞寇外围。工部局公布组织临时董事会,推出外董人选。(闻不须票选即定,各方当然反对。)海关受寇籍税司把持,对机械五金等物禁止运往南方口岸。寇宪兵两名在虹口大连湾路遭枪杀。煤球厂停供现货,造成燃料恐慌。德军攻入希境萨洛尼加及南境尼许、斯柯伯勒,巴尔干大震。(传保军集中土边,美总统电南王,美将迅速援南。)英占东非玛萨华。艾登返英。美总统请国会授权没收德、意被扣船只。(美副总统演说,美权利如被侵,决计准备应战云。)美、英、荷代表在马尼剌开秘密会议。

4月11日(三月十五日　己丑)**星期五**

晴。上午六六,下午六八。

依时入馆办事。校《滇南碑传集》。午与洗人、雪村饮永茂昌,谈士敭、清华结婚事,决在动身赴桂前举行。晚归小饮,乃乾来。谈至八时许乃去。

报载要闻:粤军克陆丰,围海丰。监察院举行会议。国府明令特任郭泰祺为外交部长。虹口寇特务部被人持械攻入。法租界华格臬路枪杀日人尾村及韩人许富云。(闻为贩毒案。)统一丙种公债抽签还本。王胜之(同愈)七日作古,年八十七。全美助华总会成立,筹募五百万元。美驻华大使高斯定期来华。民生公司新轮已完成十五艘。英相邱吉尔在下院报告战局。苏对巴尔干将作惊人行动。希军自阿尔巴尼亚境撤退。德军已占南、希六城,南军正力抗三面压迫。意将召回驻美大使。里比亚英军坚守杜白鲁克。

4月12日(三月十六日　庚寅)**星期六**

阴,午后微雨,入夜转甚,迄旦不休。上午六八,下午七二。

依时入馆办事。编发每周通讯录总辛十五号。续校《滇南碑传集》。绍虞寄调孚一书,附花旗银行汇票五百元,属转予,察其意,似乎中又有与予同字之人为伪所忌,遂误会转接耳。因即致书径复,请其解释此疑。复芷、汉,告敭、清将结婚。接诚之书,转钟云父意见。晚归小饮。

报载要闻:皖北克复寿县。财部设立日用品专卖局。全国粮食管理局改为粮食部,卢作孚任部长。沪租界限制电力消耗将作严峻处置。米商将有大批洋米成交。爱高案调查结束,即将进行初审。美与丹麦签约,接管格林兰。匈军侵入南境,占领苏博蒂萨。德军开入南国札格勒布城,克罗特省宣布独立。土国疏散斯丹埠居民。北非英军三将领失踪。德、苏煤油协定签字。

4月13日(三月十七日　辛卯)**星期**

晴。上午六七,下午六八。

晨入书巢记日记。十一时,走赴致觉功德林之约。比到,已将亭午,致觉与聿修俱在。有顷,勖初亦至,于是四人共饭。致觉信佛,不具酒,遂徒哺蔬笋。食已复进茶,二时许始散,予已里急,行至成都路,本欲过道始,竟不能耐,遽归。入门,即奔厕泻,道始之约坐废矣。只索钞《观古堂书目》。傍晚,濬儿、文权见过,因留夜饭,与共小饮。七时许,伊等因赴友看电影约,予亦少坐便寝。

报载要闻:虞洽卿已抵重庆。寇机袭滇,慈善机构遭恙。郭新外长广播,告别英人。财部设置地政统一筹委会。襄河南岸战事激烈。赣北迫近安义。粤东反攻海丰。金山嘴过江(渡杭州湾至馀姚)帆船失事,死二百许人。沪法领事否认变更公董局现状(当地颇传将加德籍董事故。)三万吨煤斤运抵沪。美商汽油一千馀吨遭寇方扣留没收。生活日艰,工潮迭作。外籍会计师建议改良捐税制度。英德两军已在希境正式接触,英空军轰炸德军。南生力军发动反攻,南总理广播表示决不气沮。德、意互电贺会师。美轮复航红海。土边保军撤退。(土耳其已宣布戒严。)松冈定今日由苏返日。近卫又故布和平谣言,否认南进。

4月14日(三月十八日　壬辰)**星期一**

晴。上午六六,下午同。

依时入馆办事。贯吾复到,校样亦送来。复诚之。清儿与士勷结婚期,已择定五月一日,不用俗礼,晚六时在聚丰园会饮而已。夜归小饮。

报载要闻:大洪山麓展开激战,我军乘胜迫近洋梓。赣北安义城郊战事仍剧。皖北分路猛攻安庆。寇机袭宁海。绥境黄河南岸已无寇踪。租界当局密查米蠹,决令限期出笼。水木作罢工,一万馀人参加。爱高昨解越南。德军攻入南都。南军占领阿尔巴尼亚海口都拉索。希军击溃德军。苏联斥责匈牙利乘危侵入南斯拉夫。松冈昨在莫斯科签订《苏日中立协定》。里比亚德、意军占领巴狄亚。丹麦否认《格林兰协定》。

4月15日(三月十九日　癸巳)**星期二**

晴。上午六七,下午七四。

依时入馆办事。续校《滇南碑传集》。本约今晚过访道始,以适值酒会,致书改于明日午后四时往晤。笙伯来,出翼之书交予,知悦之在周庄被游击队所扣,托予致书岷原担保。(岷原居乡不问事,或可为力,但十馀年不通信矣。)即作书复之,并另作一函与岷原,属附致之。散馆后与洗人往廉逊所,出席酒会。到雪村、曙先、绍先、世璟、俊生,共八人。俊生久不与会,今偶临,甚欣盼其健康之回复,乃见面之后大失望,气色之坏与先前顿若两人,精神亦大衰,深为切虑也。九时许散归。

报载要闻:王外长宣告,苏、日共同宣言之关于中国者绝对无效。赣北克雷王殿等据点。钟祥以北青峰山发生激战。成都昨有轻微地震。变更工部局组织,关系英、美权益甚巨。寇方在法租界捕去四华人。第一特院检察官寓所突来怪客,图绑未成。英军续抵希腊,北部德军被击退,战局渐见稳定。邱吉尔广播,勉励南人坚持,谓英、美必为后盾。埃及边境激战,索伦港已陷落。一部分英军仍坚守里比亚境杜白鲁克。

4月16日(三月二十日　甲午)**星期三**

晴。上午七一,下午七五。

依时入馆办事。发柬请洗人证婚,请调孚介绍,为清儿结婚也。看《宇宙风》。看宾四《国史大纲》。四时许,过道始谈,告以清婚及董会应提发还同人欠薪事。薄暮归,小饮。

报载要闻:绛县东南攻克东桑池等地。粤南寇调动甚忙。浙海寇舰向穿山开炮。行政院会议通过川省三十年度行政计划及设立贵阳市。上海市民对工部局华董问题有严正表示。寇方又在福开森路捕去王姓十人。极司非而路大火。纳税外侨明日举行年会。传苏联驻沪领署将于本月恢复。赫尔声明,苏、日协定不影响美国既定政策。希军放弃阿尔巴尼亚境柯里柴。传北非英军将退出沙漠区。德军拟进攻巴勒斯坦。

4月17日(三月廿一日　乙未)**星期四**

晴。上午七四,下午七九。

依时入馆办事。鉴平见访,知近在仲达所任家庭教师。午与洗人饮碧壶轩,尝其五角炒盆四个,遇慰元。付账五元六角五分。诚之来访,适出饮未遇,调孚代洽。乃乾电话,欲借余绍宋《书画书录解题》。晚归小饮。

报载要闻:粤军克将军山后前锋迫抵潮阳城郊。驻墨公使程天固履新。运输统制局贵阳检查长张万湘舞弊枪决。寇机炸衡阳。孟禄由菲抵港。徐寄庼在港发表谈话,对工部局华董问题否认非法改选。中国银行高级职员两人被人枪击,一死,一重伤。杨树浦怡和纱厂工人暴动。美总统首次宣布,决立即具体援华。德占希境拉里苏拉山隘,突破英、希中央阵线,并占南境萨拉叶伏。保军开入色雷斯,宣布对南绝交。苏、德边境德增筑防线。

4月18日(三月廿二日 丙申)**星期五**

晴,午后风作。上午七六,下午七二。

依时入馆办事。看《宇宙风》。昨诚之来,未晤,今作书答之,即本调孚所洽意。致乃乾,假《书画书录解题》与之。续校《滇南碑传集》。看毕宾四《国史大纲》。至佩析理犀利,断事中肯。晚归小饮。

报载要闻:苏联正式答复,不变援华政策。比大使纪佑穆宴请王外长。汕尾再度克复。大洪山南麓战事激烈。沁阳城南寇股中伏。赣北清扫高安附近战场。寇舰一艘在粤海触雷沉没。绍兴重陷。寇方又宣布扩大海岸封锁线。纳税外人年会各项议案如设置临时董事会案及加税案等竟全通过。中、中、交、农四行暂停营业。特一法院刑庭长冯世德寓被歹徒投弹。寇宪兵会同伪方接收华人纳税会,被阻。《大美晚报》工头朱长海被刺。美方轧查,在华投资三万万七千万美元。中美协定(以战具援华)本周内可签字。南军由海道调希作战。希境西马其顿区德军未获进展。北非英海军轰击加普索炮台。贝当制止调回法舰。(达尔朗拟调驻非法舰助德。)美国宣布匈牙利为侵略国。伦敦又遭空前大轰炸,德机投弹十万枚。

4月19日(三月廿三日　丁酉)**星期六**

晴,遭冷。上午七六,下午七二。

依时入馆办事。编发通讯总辛十六号。扣还米款三十五元。校《史记地名考》。午与村、洗饮永茂昌。村为清、歘婚事分告晓先、圣陶、云彬,予附名表意而已。接李镜池函,催问《易学五书》下落。晚避筵,与洗人往永兴昌小饮。

报载要闻:王外长在参政会驻会委员会报告苏、日协定问题。钱江南岸战事再起,绍兴城郊激战甚烈。(坎门登陆之寇被击退。)粤东再克汕尾。阳城、沁水道中,寇汽车队被击。纳税华人会再电工部局,假名选举,依法无效。四行短期内复业,调剂金融。工部局函各业公会,制止物品非法涨价。法公董局核准电费加价。卢英保镖与探捕格斗,死二,伤一。元彰首饰号被劫,损失二十万元。中、美平准基金协定将签字。郭泰祺离英飞美。希境战局严重。德称南军投降,解除武装。北非德、意攻势停顿。英机狂炸柏林中心。

4月20日(三月廿四日　戊戌　戌初三刻二分谷雨)**星期**

晨雷雨甚剧,午后晴,突热。上午七一,下午七六。

晨坐雨,记日记。十时许雨止,十一时出,步至振铎所,赴午饮之约。道始来,旋去。食时凡九人,主人外,有家璧、予同、调孚、宛春、济之、文祺、郝君(暨大同事,扬州人,未悉其名字也)及予。食前后饱看铎近得秘籍,最称名贵者为南宋秘阁写本《太宗实录》五册。二时许归,途遇硕民,立谈有顷,即折回,偕行至西摩路,伊归校,予则径往濬儿所。至则珏人已率复、盈两儿在,因舒衣小坐。

至夜,雪村夫妇及骜、清、静、漱、同亦到,盖昨为濬儿三十初度,本约聚饮其家,以纯嘉还席,遂改期今晚也。闻老太太不速而至,因共与此席。予以连日多饮,胃纳遂衰,盛筵当前,竟不能下箸,诚堪自叹矣。七时许,予与雪村先归,馀人则九时后始返。

报载要闻:王外长声明,不同意沪设临时董事会及变更地皮章程。工部局四华董问题,外部正向英、美交涉。绍兴陷落证实。赣北克宋埠。晋军袭击夏县东北各据点。国民教育经费计划委员会成立。米市暗盘更猖獗。美总统批准援华案,机械用品即启运。希境德军已冲至塞萨莱平原。英军开抵伊拉克。希首相柯里齐斯突告逝世。(传系自杀。)保军开入所占南、希领土。法退出国联。德、意两巨头又将会谈。

4 月 21 日(三月廿五日　己亥)**星期一**

大风撼户,沙霾降天。上午七四,下午七一。

依时入馆办事。续校《史记地名考》一批,接校《滇南碑传集》。接翼之书,即复谢来仪,并邀吃喜酒。赔贴金才失窃草纸一捆,计九元。晚归小饮。

报载要闻:陈诚纵谈苏、日中立协定不能影响我自力作战。闽江南北又起激战。寇在浙东石浦、镇海登陆。寇机在越南北圻投弹。四行拨款四万万元办理各省农贷。顾大使将赴里斯本晤郭外长后赴英新任。传工部局董事会提议,又将变更地皮章程附则,取消每年选举旧制。寇方又在法租界捕人。希腊成立军事内阁,希王乔治自兼总理。境内希军及澳、纽军反攻。德特使抵近东活动。德将领在行营贺希脱拉生辰。美、加积极增强北太平洋防务。加境德俘掘地道脱逃。

4月22日(三月廿六日　庚子)**星期二**

晴,还冷。上午六一,下午六四。

依时入馆办事。复李镜池,《易学五书》由诚之托沈子玄校订中。索非为予买得《字辨补遗》一册,三角。世璟上午来,硕民下午来,均为送礼。接汉儿六十二号信及芷芬十二夜所寄信,告当地被炸情形,济昌寻不着。晚归小饮。

报载要闻:浙东沿海展开激战,我军收复海门、玉环。赣北收复乾州街。梁定一发明重油气化器。港讯,寇在华南积极布置南进,寇舰集中海面五十馀艘。电力公司订新办法,用电超过限度,六倍收费。米价昨又激涨。厉鼎模被枪杀。英海相陈述大西洋战局。德军攻占希境拉里柴,希将迁都。希王广播,奋斗到底。美、加发布宣言,全部资源援英。

4月23日(三月廿七日　辛丑)**星期三**

晴。上午六二,下午六五。

依时入馆办事。接仲融友通知,仲融定于廿六日结婚。文奎堂寄到《翁文恭公军机处日记》两部,《北京人文科学研究所藏书目录续编》一部,盖属绍虞代购者,惟未开价目。致颉刚,询前书下落,慰问其夫人病,并告清婚。附寄《史记地名考》清样一批属致宾四。晚归小饮。

报载要闻:闽、浙沿海战争,全国赈委会拨款办急赈。福州沦陷。行政院会议通过实施战时经济管制四项原则。朱家骅等为詹森饯行。寇机炸湄江功果吊桥。重庆、宝鸡间开驶直达客车。顾维钧使英已得英廷同意,魏道明将接驻维希。工部局行政暂由旧董会负责。米市毫无约束,贴费节升。商务印书馆总支店怠工。匪徒图绑特一法院两法官,均未逞。昨晨南市忽见紧张,禁止居民入租界。法租界水电附加费将大增。德军深入希中部,攻陷拉米亚(距雅典九十哩),并占领萨摩德拉斯岛。南王出亡耶路撒冷。德、意商划巴尔干新界。美、英、荷对于远东防务成立非正式谅解。美派兵至菲列宾。罗斯福将访加拿大。松冈返抵东京。

4月24日(三月廿八日 壬寅)**星期四**

晴。上午六七,下午七一。

依时入馆办事。看陈青之《中国教育史》。晚归小饮。

报载要闻:温州、福州城郊均有激战。犯天台之寇已击退。闽江南岸我军向长乐挺进。大洪山东麓,寇分两路北犯。寇机袭湘、浙各地。中、美平准基金协定传昨晨已签字。四号恢复同业收解。工部局实行统制食米采销办法。(香港专员来沪商定按月供给沪民食。)意海军扣留南货轮(上海事)。法租界水电费增价,月内实行。商务印书馆工潮在僵持中。天津路联易银行昨遭人投弹并放枪。希王离雅典,迁都克里地岛。伊披鲁斯一部希军降德。德又展开外交攻势,对法、西施压力。(西班牙不允德假道攻直布罗陀。)古利向美总统提两项重要建议:稳定中国法币及管制滇缅路。美建立强大陆军,准备作战。

4月25日(三月廿九日 癸卯)**星期五**

上午七一,下午七〇。昨夜半后大雨达旦,今晨仍雨,终日阴霾。

依时入馆办事。校马夷初《中国文字之源流与研究方法之新倾向》,及徐蔚南《中国陶瓷总说》。致绍虞,告文奎堂书已寄到,再托购《章氏丛书续编》及闵尔昌《碑传集补》,并声明两地使币有上落,应照算贴水。笙伯电话,约派人取套鞋,因作字条令学骥往取,即属送归。梦岩夫人来送礼。晚在家小饮。

报载要闻:诸暨寇伤亡四千,向富阳者已受挫。我军连克横山市、王家井、牌头镇等处。闽省正展开扇形反攻。金华击落寇机。国府拨款百万救济粤东灾荒。中、美协定展期签字。孤军营谢晋元被叛兵四名刺死。亚尔培路血案,法商电车工会人被刺。意攫南船后,英或将予以报复。柯立芝轮今晚离沪,美侨继续撤退。四行并未设立联合办事处。德、意发表马其顿、伊披鲁斯两区希军停战协定。南王在耶路撒冷组新政府,向英保证继续奋斗。北非英军展开攻势,地中海英舰队炮轰的黎波里。美、加交飞机千架与英国。大队美军抵菲岛。

4月26日(四月大建癸巳初一日　甲辰)**星期六**

晴。上午七〇,下午六八。

依时入馆办事。编发每周通讯总辛十七号。致道始,送文奎堂代寄书去,并为估价印《相人日记抄》。(昨晚来寓畅谈,托代估,故顺及之耳。)复芷、汉,告清等将于婚后由港取道广湾入桂。午刻,公司请香港代办分庄主任徐少眉,假座民乐园,到少眉、柏堂、子澄、曙先、雪村、洗人、索非及予凡八人。晚归小饮。

报载要闻:国府公布《公务员内外互调条例》。晋南中条山中稷王山获胜。诸暨附近续获胜仗。闽江南岸收复福清县城。蒋手令特恤谢晋元五万元,并通电各军表示悼念。(中央驻沪最高当局派员勖勉孤军将士。)寇船至同安海面窥探。凯自威离沪返英。租界又将实施联防,戒备五月治安。法商水电及公用车辆明日起均加价。四行准备下周复业。美当局集议,将采重要行动。(赫尔警告美人对英勿悲观。)德称攻陷塞马披里山隘。德否认对土要求控制海峡。郭大使已抵纽约,发表谈话。阿比西尼亚境英军攻台西。

4月27日(四月初二日 乙巳)**星期**

晴。上午六七,下午六八。

竟日未出。午后洗人、克斋、硕民、圣南、怀之、笙伯先后来。洗人、克斋少坐便去。硕、怀两父子俱晚饭后去。

报载要闻:浙东克台州,向黄岩挺进。犯大洪山之寇已击退,寇伤亡四千五百馀人,我克客店坡。渝市米荒严重,当局运米救济。美总统长子詹姆士由菲抵港。兰州、广元间开驶直达通车。我空军轰炸机显威华南。米价日昂,工部局直接采运港米,售予零售米号,以资平抑。虹口发生炸弹案,中、日人十馀受伤。维护沪市金融,四行明日复业。日抗议意扣南轮。中英、中美平准基金协定在美京签字。罗斯福宣布扩大中立巡逻。德占希属棱诺斯岛。英军退出雅典。南军抵达中东。

4月28日(四月初三日丙午)**星期一**

昙。上午七一,下午七三。

依时入馆办事。续校《滇南碑传集》。致仲融,道昨日不能赴晋隆与筵之歉。看陈青之《中国教育史》。晚归小饮。

报载要闻:浙省先后攻入萧山、武康两城,克复黄岩,并分路进向长兴。诸暨方面,分三路追击。永嘉方面,克复梅奥。豫省通许以南,收复王营等处。闽省克复长乐县。寇机轰炸昆明。詹姆士定明日飞重庆。四行沪分行今日复业。法租界垃圾工人怠工。被扣南轮将释放,意兵即可撤退。德军开入雅典,保军开入马其顿。德伞兵占领哥林斯地峡。希总司令巴巴戈斯辞职。土总统前往斯麦那。南非首相广播,评论战局。德拟在地中海东西两路进攻。

4 月 29 日(四月初四日　丁未)星期二

晴。上午七一,下午七三。

依时入馆办事。手订歘、清结婚仪节,柬请索非司仪。道始函来,属代复唐蔚老,即拟稿复之。夜归小饮。锦珊、家英父女自苏来,家英止予家。

报载要闻:浙赣路北段,寇攻势大挫。蒋夫人对英广播。中英、中美稳定外汇基金处管理员已内定。郭大使抵华盛顿。重庆筹备盛大欢迎詹姆士。晋西北我军进击金罗镇。孤军营谢晋元今日盖棺,连日往吊者达七万馀人。《中美日报》协理闻天声被刺,受重伤。德和药行主高志云被刺殒命。工部撤销粮食限价,市价猛涨。邱吉尔重申作战决心。北非德、意军侵入埃及。英军攻陷阿境意据点狄赛。意军占领希属考尔孚岛。布立特呼吁美民众对华作有效援助。

4 月 30 日(四月初五日　戊申)星期三

晴。上午七三,下午七六。

依时入馆办事。午与洗人、雪村饮永茂昌,定明日喜用绍酒,令配送。哲生来,秾若来,均亲送礼。夜在家小饮。

报载要闻:诸暨东北枫桥镇之寇已肃清。我军反攻馀姚。寇机四十四架在川东投弹。詹姆士抵渝谒蒋。行政院通过《违反粮食管理暂行治罪条例》。经济部饬沪市资金内移。米价逐日飞涨。美组中国国防供应公司。郭大使在美京会见各要人。美各方主张用美舰为英护航。北非埃及索伦港陷入德、意军手。英、美、荷合作保卫运输路线。

5月1日(四月初六日 己酉)**星期四**

晴暖。上午七五,下午七九。

今日世界劳动纪念节,照章放假。即定是日为清儿结婚。两家合假聚丰园为礼堂,予与雪村十一时即往,在彼午饭。午后亲友陆续至,至六时,就席。初拟即席宣示婚礼,而道始坚主必有仪式,乃临时设案,由索非赞礼,洗人证婚,调孚夫妇及予与雪村莅席行礼,礼成就坐,凡十六桌。地窄几无以容,殊歉。酬酢至九时许始各归。归后不无兴奋,十二时后始入睡。

报载要闻:永嘉城在我军控制中。王外长欢饯美大使詹森。詹姆士由渝飞蓉观光。临海、黄岩地区已无寇踪。皖南沿江各地连日有激战。晋军收复关村。上海工界庆祝劳动节。《华美晚报》经理朱作同被刺殒命。工部局临时董事会今日悍然开成立会。谢晋元夫人电孤军营,请留纪念遗物。德军万二千人在芬兰亚波港登陆。苏联下令,禁军用品过境。郭外长在美谒见罗斯福,中、美合作会谈,结果圆满。美拟于必要时派舰驶入战区。艾登宣布英军退出希境经过。(英军六万已有四分之三安全撤退。)传美舰开入新加坡,援助英海军。

5月2日(四月初七日 庚戌)**星期五**

晴热异常,午后阴,起风,旋见雨,突凉,入夜增剧,雨转甚,彻旦未休。上午七七,下午六八。

依时入馆办事。诚之来洽,《学报》稿续交一篇。接绍虞廿七日书,告已寄近作及代钞《辛亥以来藏书纪事诗》来,并说明前此汇款以过慎所致,并无误会。得此涣然冰释矣。午间与洗人、调孚共饮永茂昌,用七元一角。接汉儿十一晚写六十三号书及廿二日写六十四号书,并芷芬廿三日书。知逃警固苦,大小尚平安,惟此间去信亦沿途耽延不少耳。散馆后,柏丞放车来接,因与调孚偕登,先过予同、纪堂、颂久送至柏所,然后再折回霞飞坊,迓雪村,予顺便添衣,六时,同到柏所。是会凡到九人,振铎、鞠侯缺席。七时开饮,八时三刻罢,复纵谈至十时许乃归。雨正甚,幸车中疾过,不之感也。前遇郝君,询诸予同,悉名昺衡,字立权。

报载要闻(《申》、《新》诸报俱休刊):军委会发言人谈,寇犯闽、浙沿海,已证明无法结束对华战事。诸暨击落寇机一架。军事续有进展,并向甬、瓯猛攻。外部声明,不承认工部局临时董事会之设置。工部局定购港米,首批已起运来沪。美参院外委会否决禁止护航议案。邱吉尔在下院报告英军退出希腊经过。北非德、意军攻杜白鲁克甚急。苏联红军五一大检阅。日报又提所谓世界和平条款(谓只有英、美、法、日、苏五国有发言权,意国只能次系于德)。

5月3日(四月初八日　辛亥)星期六

阴雨,午后渐霁,薄暮放晴。上午七六,下午七二。

依时入馆办事。编发每周通讯录总辛十八号。绍虞所寄各件到。校毕《滇南碑传集》一批,续校元胎《明代思想史》。喜用账结出,约用一千四百元。除收仪物外,应贴四百馀元(购物与清者不计)。晚归,锦珊在,因共小饮,未几,文权来,参席焉。濬儿及顯、预、颉三孙俱先在。夜饭后,锦珊、文权、颉孙去,濬等留。家英同行入桂事,已商得眉目,或可果行。

报载要闻:浙军三路进攻诸暨南关。淮阳南葛楼、熊楼均克复。英大使寇尔返渝。中、英合作发展公司缴纳资金已达半数。中、美平准基金会委美籍委员已推定。工部局临时董事会正副总董已推出(李德尔为总董),各常设委员会人选亦发表。(悍然进行,竟无奈之何。)谢晋元追悼会本定五四举行,因环境欠顺,展期矣。特一院女书记官周静家暨其夫张澹如同被绑架。采办洋米,两租界同时举行。美驻华新大使高斯定期来沪。公共汽车公司声请再度加价。英内阁局部改组。希境英军撤完。困守杜白鲁克之英军外围防线已被突破。伊拉克拒英军继续登陆,双方局势突紧。传伊已向英提最后通牒。苏联陆长五一节发表文告,严防侵略。德对护航之答复,谓凡入战区者一概袭击。

5月4日(四月初九日　壬子)**星期**

晴。上午七二,下午七六。

竟日未出,人来甚夥,无可作事,惟以其间看毕伦明《辛亥以来藏书纪事诗》,并随手点正讹字耳。文权、濬儿、允言、云章母子、贝月芳小姐、修妹先后来,夜饭后散去。与允言谈甚惬,而云章迓其母归,复如初,甚慰也。叫菜十元,大不给,物直之昂可叹已。

报载要闻:浙东先后克复温州及海门。寇机六十七架分批袭渝。詹姆士离渝赴埃及。经济部电令沪市奖助纱布内运。上海青年庆祝青年节。港米售价决定,每石最高不得逾百十元。(现市高至石米一百四十八元矣。)国药涨价。英、伊发生战事,伊军攻击哈巴尼耶英机场。(传伊破坏输油管,且向德乞援。)孙纳演说,西班牙立场不变。杜白鲁克新防线英军击退德军。美国实施日夜工作制。美报主张参战。日本军政首脑举行重要会议。

5月5日(四月初十日　癸丑)星期一

阴。上午七六,下午同。入夜大雨。

依时入馆办事。为家瑛入川事电询济群。校马夷初文。续看元胎《明代思想史》。予同来,取版税。午与歘、清饮永茂昌,用五元一角。夜与洗、村饮廉逊所。谈至九时,雨中乘车归。支薪津半月,计一百六十元五角,扣缴所得税三元八角,扣还米款三十五元。

报载要闻:浙东克复温州后乘胜追击,围攻瑞安。南昌东南武溪市收复。陪都举行庆祝青年大会。詹姆士飞抵仰光。美政府建议我国增加资源。港政府决行食米专营权。今日全市悬旗庆祝革命政府成立纪念。法租界垃圾工人发生斗殴。港米门市无限制,将准许自由购买。(因米蠹谣传港米只许购三日粮,意图失信,故当局有此声明。)沪西特警要求平等待遇。英、伊战事扩大,英军进攻报达。(巴斯拉伊军亦遭逐退。)德召集国会,希脱拉发表演说。威尔基力主实行护航。菲列宾、新加坡间开办新航空线。美船廿六艘载战具抵苏彝士运河。

5月6日(四月十一日　甲寅　卯正二刻二分立夏)星期二

阴雨。上午七五,下午七四。

依时入馆办事。续校《滇南碑传集》。宾四所赠《国史大纲》今日甫由香港沈仲章寄到三部,因即分函诚之、伯云,各致一部,而自留其一。接蔚南书,属校《学林》、《石刻图像拓本丛话》一稿。

阅后即转致莲僧。午过饭仲弟所,为联友社演《家》事有洽。(索非昨有信去,仲弟来,适饮廉所,未晤,今特过谈。)道始来洽,印行《无锡先哲遗书目》已说定。立夏应景称体重,得一百二十五磅,较去年轻三磅矣。夜与洗、村过东亚酒楼赴耕莘约,道始、少眉、伯堂、启堂、鉴堂、秋生父子、索非与俱。十时归。洗、村等留打牌,想彻夜也。

报载要闻:浙东续克瑞安,飞云江两岸肃清。中条山西段我军获胜。中国新闻学会开理监事联席会议。食米限价,港、沪两地联合统制。(定十日实行。)煤球、面粉仍被囤户把持。春茧无法开秤,丝厂停缫。美军事团启程来华。伊空军大部遭英摧毁。(传伊首相飞德,伊前摄政请人民驱逐叛党。)罗斯福演说,美准备再度奋斗。(意谓将参加世界二次大战。)美将以粮食为外交武器。松冈谈话,美、德倘开战,日将对美作战。德机炸北爱尔兰首邑发斯特甚剧。英大使许阁森访土外长。

5月7日(四月十二日 乙卯)星期三

阴,旋昙。上午七二,下午七三。

依时入馆办事。接朱东润(世溱)乐山寄书,属投《学林》、《中国传叙文学之过去及将来》一文,看后即转莲僧。午与洗、村饮永茂昌。归途过访少眉,知明晨即启碇赴港矣。抵馆未久,少眉来辞行。晚归仍小饮。

报载要闻:浙东直逼诸暨城郊,复松门。浙西一度攻入馀杭。粤东甲子墟正在激战。西南各省保证以粮食运输。港米本月中旬可发售。北苏州路两日兵被狙击。工部局公共事业委员会明日召集会议。郭外长再晤赫尔。法、日缔结越南商务协定。英、伊拒绝土耳其调停。

5月8日(四月十三日　丙辰)星期四

阴,旋转晴,入夜大雷雨。上午七三,下午七七。

依时入馆办事。泉澄来访,介其友任善铭稿投《齐鲁学报》,即为转致诚之。炳生书来,即为梦岩付还寅福所支五十元。付四月分家用电费七元另三分。看毕陈青之《中国教育史》,极佩卓见。文权、濬儿来,雷阵起乃去。漱儿夜课归,值雷雨,沾湿甚。晚小饮。

报载要闻:浙东完成反攻布置,猛攻诸暨。粤东连日激战,克复甲子港。寇机廿八架轰炸陕西各地。行政院决议,任命顾维钧为驻英大使,魏道明为驻法大使。广东设立粮食督导处。首批港米五万包十二日可到沪,法公董局购米计划亦完成。法租界清洁工潮昨开始谈判。沪、温电报已通。美总统轮恢复双程航行。史汀生演说,美海军应即出动助英。美参议员柏氏主张对轴心国作战。史太林自任苏联人民委员会主席。美对苏重申禁令,禁止军火机械出口。阿皇塞拉西凯旋回京。

5月9日(四月十四日　丁巳)星期五

阴雨。上午七六,下午七四。

依时入馆办事。续校马夷初文。怡和明生轮准十四日开,洗人等一行七人已托中和购定船位矣。夜归小饮。

报载要闻:浙军全线均有进展。美大使詹森在渝宴中枢各长官。孔祥熙宴美作家。鄂、豫边境战事将有新发展。晋西军反攻汾城。美机四百架援华。美侨民意测验结果,认上海可保中立。

法公董局采办越米,定每月两万馀吨。法租界清洁工人昨晨复工。美总统轮取消横滨航程。美国会讨论护航问题。英下院通过信任政府案。法、德成立沦陷区开放协定。美众院授权总统征发外国商轮。英否认再度封锁缅甸路(日来寇方播此谣)。泰、越和约今日正式签字。传苏联或将助德参战。

5月10日(四月十五日 戊午)**星期六**

雨。上午七四,下午七三。

依时入馆办事。编发每周通讯录总辛十九号。致芷、汉,告歔、清婚礼及伊等行期。(已定十四日乘怡和明生轮赴港,暂由广州湾入桂。)致圣陶(编四五十五号),告歔、清结婚及代取版税存折上。复晓先,告歔、清结婚及将入桂,并告将代带单夹衣衫设法转筑。午与洗、村饮永茂昌。散馆后与洗人、瑞卿、惠民、士歔同归。是晚雪村治馔为洗等饯行,并会亲,兼邀廉逊作陪,予夫妇、文权、濬华、静鹤皆与焉。饮后,分席打牌,予与雪村纵谈。十一时乃散,就寝。静鹤同班生五人,与之约为姊妹,昨日来谒,珏人为治面分啖焉。因记其行次如下:屠淑贞(二十岁),李菊珍,毛佩霞(俱十九岁),王蕙芬(十八岁),屠淑英(十七岁)。

报载要闻:晋南、豫北之寇分路会犯垣曲。寇机昨又袭炸昆明及重庆。驻英、驻法大使更调已由国府明令发表。国府明令褒扬谢晋元,并追赠陆军少将。福开森演说,称上海前途无量。港米可准期抵埠,严禁转口出境。美驻华新大使高斯定下周抵沪。美总统俟准备就绪,将下令护航。(召集百万人入伍。)美财长宣布平准基金有裨法币稳定。伊拉克军退守新阵地。苏联否认红军调防西陲。越、泰和约昨在东京签字。

5 月 11 日(四月十六日　己未)**星期**

晴。上午七二,下午七三。

晨入书巢,为云彬作《国学常识》总要,并作书一通,即交士敫带桂面递。静甥同班生五人为静即将去桂,坚要结成异姓姊妹,联袂来谒,请求题名。予为序齿写帖,各执一通。一刘令珩(即静甥),二屠令莹(原名淑贞),三李令璋(原名菊珍),四毛令珮(原名佩霞),五王令璨(原名蕙芬),六屠令玥(原名淑英)。硕民、文权、濬儿、顯孙、怀之等午后来。硕民先去,馀均晚饭后去。叔琴三女荷芷今日出阁,珏人挈漱儿往贺,其礼堂在三马路新半斋。

报载要闻:寇机昨又袭渝。晋、豫边境发生大战。浙东收复象山县城。襄河两岸在激战中。窦纳畅游内地归沪,大誉中国进步迅捷。港米今日到埠,民食已有保障。苏州河中舢板百馀艘昨遭寇方凿沉(为有人从舢板上向北岸寇卒放枪故)。临时工董会下周又将集会。香港实行统制进口。美航委会宣布增加对华航运。寇廷与荷印订结石油协定。美政府拘捕意侨百馀人。英机三五百架猛袭德境。澳总理与美总统商海军合作。

5 月 12 日(四月十七日　庚申)**星期一**

雨,转冷。上午七二,下午六八。

依时入馆办事。接业熊来书,甚忻静甥之能同往。顺托筹款代购纸货带去,则不达甚,当复书喻之。船票已购定,为官舱,每位一百二十元,犹托中和面情也。四时开十五次董事会,到丏尊、洗人、雪村、道始、守宪、五良,通过总办事处组织及办事规程。丏尊书面辞编所职,经众挽留,即转蓬,且允接受前存米薪矣。(前托圣陶函劝,复书乃以有洁癖为言,今忽出此,甚奇,岂前所认为不洁者今竟一变而为净财乎!)嗣经提议发还同人战时折扣薪水,决议查明照发。夜在会宾楼为洗人等一行饯道,除出席董监及调孚、孑如、索非、均正、志行与予均到外,绍先、曙先亦来参加。计两席,每分收五元,馀由公司贴补。此宴本邀同船赴港者俱与,乃家英终席犹未见到沪之息,瑞卿则以他宴未到。八时散,雨中急归,大为家英耽愁,比到家,则锦珊在,谓傍晚始偕大姊及家英抵沪,恐予不放心,特来相告,其母女现住灿庭所云。胸次为之大舒,因与纵谈,良久而去。予亦就卧。

报载要闻:垣曲、济源城郊激战未已。浙东诸暨近郊仍在激战中。蒋夫妇宴别詹森。美政府续发表禁运物品种类。英海空军猛攻班加齐港。德机群彻夜狂炸伦敦。德机自十二列岛出发,将在叙利亚登陆。苏、德关系渐趋紧张。

5月13日(四月十八日　辛酉)**星期二**

阴,旋昙,午后晴。上午六九,下午七〇。

依时入馆办事。作书喻业熊,交士敭带去。为曙先购烟送洗人。仲融派女友来借书,即付去。代绍虞收到《学林》稿费二百十元及所垫书款邮费十五元三角七分。午与曙先请洗人在老半斋小饮,雪村作陪,摊费八元四角。接汉儿五日发六十五号书及芷芬四日书,告芷患红眼兼遇贼偷,且逃警甚苦。颇为纳闷。晚归,修妹、濬儿、锦珊、大姊、灿庭、家英、圣南俱在,悦之夫人及笙伯亦来。悦夫人与笙伯即去,馀俱在此晚饭。饭已,钱石仙来访,初面无多谈,稍坐辞去。是夕欢甚,深夜犹有声。(大姊母女留此。锦珊拟交家英旅费千元,予先收五百。)

报载要闻:寇机昨袭昆明。晋、豫边境力阻寇渡河企图。中苏航机在阿拉木图至莫斯科间恢复通航。詹森定明日离渝。我军事代表抵达新加坡。福州米奇贵,每日饿死数百人。港米二批亦到埠,将限制购量。美新大使高斯明日可抵沪。中汇银行门首傅品圭遭狙击。伦敦英国会被炸,损失重大。英、美在南洋大增军备。澳舰在印度洋截获德剽袭船两艘。苏联与伊拉克树立外交关系。美援华军需材料第一批已起运。

5月14日(四月十九日　壬戌)星期三

晴。上午七〇,下午七二。

依时入馆办事。看马夷初文下篇。午与洗、村、索、调、瑞饮同华楼,饭毕返馆,坐待成行。士敭、清华午前到馆辞行,临歧觉有千言万语,反感凄然无可说,勉勖珍重而已。坚吾来托事。三时,洗人行,送至楼下门口,竟未到埠,盖不欲增怅惘也。致诚之,送《古史辨》末批校样。晚归,锦珊、濬、漱、润、滋、湜诸儿方送清儿看其开船归,不免嗟嘘,而珏人虽未去埠,两眶犹红,未便再谈,因即呼酒与锦珊对饮,藉为排遣。是夜,大姊与濬儿留。

报载要闻:晋、豫边境战事益烈。鄂中远安方面,我军恢复原阵地。粤东江有激战,寇图窥惠州。闽军进抵东湖。浙东反攻诸暨,乘胜北进。别支一度冲入馀姚。中、澳交换使节,外部发表公告。国府公布《违犯粮食管理治罪暂行条例》,囤米五千石以上者处死刑。港米即日发售,贡米已经起运。高斯抵埠。老闸捕房督察长尤阿根被刺。静安寺前伪方保镖与美防兵及探捕开枪互轰,死两人,伤多人。德国社党要人赫斯出亡英国,乘机在格拉斯哥降落。美不拟接受调停地位,将进一步援华。出口限制将扩至菲岛。

5月15日(四月二十日　癸亥)星期四

初阴,旋晴。上午七一,下午七〇。

依时入馆办事。公函所得税处催批示,即致道始托稔友转达。坚吾来,先为改定文字两段持去。复东润,告《学林》稿费九十元送到,已函其家托便人来取。复绍虞,代存稿费诸事,并谢钞惠《辛亥以来藏书纪事诗》。今日酒会在同华楼举行,到廉逊、绍先、雪村、丏尊及予六人,摊费六元。丏尊今晨看雪村,表示接受存薪,并进一步要求照洗、珊例补足馀数。公司当无不可,丏遂欣然,故今日之会自动加入,且今后或将续到也。七时散归。

报载要闻:詹森由渝飞港,高斯亦于今晨赴港,将转渝履新。中条山连日战亟。鄂北战事中心渐移至大洪山。诸暨以南寇遭打击。寇方宣布已陷惠州。港米周末发售,每人限购二斗。英大使寇尔致英侨公开书发布。沪杭车在笕桥被炸。德宣布红海为战区。德、土进行外交谈话。达尔朗出席维希阁议,报告法、德谈判经过。德纳粹领袖会议,表示继续作战决心。土耳其调停英、伊战事。地中海上海空军激战,英舰三十馀艘参加。

5月16日(四月廿一日　甲子)星期五

晨雨,旋霁。上午七一,下午七二。

依时入馆办事。致鞠侯,托改订傅编《教本》。人还,携到所改《气象学讲话》稿。诚之来,属送泉澄稿费百元、任君稿费五十五元。即为作函送泉澄。(收据未及取,俟再往。)公布《驻外总办事处办事规程》,并通函各处知照。为马文施标点。为坚吾拟声复商标局文,即作函送去。午间雪村与予同饭同华楼,摊费二元五角。晚归小饮。遇悦之,少谈即去。

报载要闻:晋南我军坚守中条山。粤军收复花县。浙东难民救济会在港成立。鄂中迭克要地。福州外围激战,我军控制连江。美大使在港传有重要会议。美陆战队新司令霍华德同高斯一船来,昨接事,定于明日检阅部属。英外长保证援助中国维护独立,并阐述伊拉克近状。德军伪装标识,在叙利亚降落。美大批飞行堡垒抵夏威夷。赫尔接见苏联大使,谈贸易事件。

5月17日(四月廿二日　乙丑)**星期六**

阴霾。上午七一,下午七〇。夜月色好。

依时入馆办事。编发每周通讯录总辛二十号。致雪山,送洗等行。代洗复联棠。复炳生,告寅福支款已还讫。复迪康,勉之。复芷、汉,告洗、清等已行,并慰红眼速痊。致圣陶四十六号书,告《国文讲义》版税已代分别划出,并告清行后我家近状。旋即接五日来五十一号书,声明暂缓再复。季易来,洽《疑年录汇编》拟分正编、补遗、外编三部出版。许其稿到照办。晚归小饮。夜看近代碑帖。

报载要闻:鄂中迭获胜利。晋南血战结果,寇渡河计划未逞。寇机多架,昨晨分三批袭渝。中、美平准基金协定实施顺利。工部局公布节电专委会报告书,限制电力供给仍采临时办法。港米陆续出栈,今晨开始零售。公共汽车与电车下月又将加价。德军技术人员用飞机载抵叙利亚,英空军猛炸叙利亚机场。法、德合作具体化,美总统提警告,美、法邦交已濒断绝。北非英军反攻,克复索伦。寇廷又表示拒绝第三国调停中、日战事。

5月18日(四月廿三日　丙寅)**星期**

朗晴。上午七〇,下午七四。

晨兴即入书巢补记一周来日记,近午始毕。午后,硕民及怀之父子来。向晚,硕民、怀之先后去,筀伯则夜饭后去。夜小饮。

报载要闻:浙军冲入馀姚。寇机百架炸洛阳。高斯抵港。晋、豫边境连日激战,黄河南岸我军厚集兵力。枣阳踞寇被迫退出。彭泽方面发生激战。美航空家(菲空军司令克莱奇特)抵渝。美国海外贸易周,今日起在沪隆重举行。沪宁、沪杭线炸车案迭有发生,寇竟拟在苏州迤东架设电网。港米昨已发售,米价逐渐下泻。全美各地举行中国周。美国表示决心保持海上自由。英机轰炸叙利亚事,法驻叙官员虽抗议,但维希政府并不认为侵略行为。德军在北非重占索伦。法在美船只被扣。苏联在南美所购货物被美扣留。

5月19日(四月廿四日　丁卯)**星期一**

晨阴,旋昙,午后晴。上午七四,下午七五。

依时入馆办事。接港电(昨晚到),知洗人等一行已于十八日到。为孑如致书红蕉,托为其侄家驭道地,盖拟投考美亚绸厂也。泉澄及任君收据取到,即函致诚之。(诚之先已来返《古史辨》校样,时尚未取来,故然。)续为夷初文施标点。绍虞所投《学林》稿《桐城派之文论》已由社中送到稿费二百三十元。夜与雪村被邀饮道始所,与君毅及其友刘君共。(酒及圆菜由予与雪村出,共摊费六元。)九时许始归。咖啡甚佳,抵家,馀芬犹留舌本也。付五、六两月房捐五十四元。

报载要闻:中、苏谈判顺利进行。鄂北收复枣阳。赣北收复石门街。寇机昨又袭重庆,并分三批袭湘。诸暨南犯之寇已被击退。米、煤均已跌价,民生有昭苏之望。商务印书馆工潮僵化。(资方坚主大裁员。)美总统呼请民众反抗轴心包围。伊拉克战事紧张,英、德陆空军已接触。苏联注视局势发展,准备应变。美大捕外侨。

5月20日(四月廿五日　戊辰)**星期二**

晴。上午七五,下午七九。

依时入馆办事。续校马文毕。接鞠侯书,送还改好《教本》。续校容元胎《明代思想史》。扣还四次米款三十五元。越然来,谈云五悛横状,直令人发指。乃乾电话询金家凤身世,知有勾搭,劝加慎。晚归小饮。珏人以思念清儿,连日身体大受影响。

报载要闻:盛传美、日将缔远东协定,调停中、日战事。政府发表声明,万无屈理。寇机袭陕西西安、渭南。浙、闽各地仍有激战。周恩来声明,否认国共军队摩擦,发生冲突。昨日上海全市宣传汽车禁声运动。十六路无轨电车走火,死伤乘客二十七人。两租界交互电车昨因斗殴停驶。赫尔宣布两大国策,并声称决设法保障,使英能获得供给。东非意军崩溃,阿比西尼亚总督奥斯泰向英投降。法、德重开谈判。英空军续炸叙利亚。

5月21日(四月廿六日　己巳　戌初二刻十四分小满)**星期三**

阴。上午七八,下午七九。

依时入馆办事。致诚之,送《古史辨》第七册版税约去。复鞠侯,谢修改《教本》,并为开明致酬五十元。校《明代思想史》一批毕,续校《滇南碑传集》。晚归小饮。

报载要闻:垣曲东北中条山战事仍烈,寇伤亡数千人。浙东克复诸暨南傅宅市等两据点。湘、鄂、赣军展开攻势。寇机七十五架昨晨由鄂袭川。《正言报》复刊,其馆职员姜意诚被绑。证券大楼前赵赓甫遭枪杀。竟成造纸厂主王叔贤(一亭之子)被架。港米足供全市需要,购买可无限制。(米号不售港米,工部局决严厉处分。)各报揭穿寇方所倡和平建议,意在求得喘息机会。德大批伞兵突袭克里特岛。(有一部分被歼。)美将设平民防务局。伊境英军大举进攻,突破伊军防线。美国会通过菲岛出口统制案。西班牙内阁彻底改组。英、法因叙利亚假道问题已开始冲突。

5月22日(四月廿七日　庚午)星期四

晴。转暖。上午七八,下午八二。

依时入馆办事。看《清儒学案·潜研学案》。仲融派人送还前借各书。乃乾来,仍询家风家世,微露觊觎中央图书馆所购各书意。予力讽勿为奸谋所中。晚归小饮。

报载要闻:浙军克复诸暨。粤军围攻惠阳、博罗。枣阳寇南退,我军追击。寇机袭成都,被击落一架。行政院决议作战军人子女免费入学,并通过粮食部组织法。中、美各团体庆祝中、美贸易周。煤斤开始跌价。米号出售港米如掺杂碎米,即吊销营业执照。震旦大学将举行法国医学展览。德军继续降落克里特。冰岛宣布脱离丹麦。土传叙利亚各铁路已由德接管。叙利亚当局要求英领离境。英舰集中北大西洋。美警告维希,许德使用叙利亚机场实超过休战协定范围。寇方否认向美建议,调停中、日战事。

5 月 23 日(四月廿八日　辛未)星期五

晴,突热。上午八〇,下午八六。

依时入馆办事。作书备寄勷、清。道始电索所编目录,即作函送还之。午与丏、村饮永兴昌,摊费二元八角。晚归小饮。

报载要闻:粤东克复惠阳。豫北一度攻入淇县。黄河沿岸时有炮战。寇机分袭川、陕、甘,在兰州被击落一架。高斯抵渝。诸暨我军继续北进。国府公布《滇缅铁路金公债条例》。美驻华海军当局庆祝航务节。(宣布决不撤退驻沪防军。)节电建议,准用户提异议。克里特战事剧烈,英军三度反攻,德伞兵仍继续降落。美海长史汀生主张废止中立法,商船驶战区。艾登对法警告。英重摩托化部队开伊拉克增援。

5 月 24 日(四月廿九日　壬申)星期六

晴热。上午八二,下午八六。

依时入馆办事。编发每周通讯录总辛廿一号。接洗人十八日港发旅字一号书,家中亦接清儿同时所发书。知暂住六国饭店,途中平安之至。快慰极矣。复洗人,即寄桂,昨写寄勷、清书附焉。致芷、汉,告清等行踪。分致滇、湘、金、韶四处,复告洗等行程,并寄滇中和联运提单。晚归小饮。啖火腿糯米饭,腴甚。

报载要闻:八路军进攻踞寇,中条山将展开大战。鄂境克复环潭,富河南岸肃清。新任美大使高斯拜会王外长。诸暨西北残寇向萧山退却。粤东续向博罗猛攻。寇机再扰陕、甘各地。重庆严防寇伞兵。美政府对缅滇路公债特许在美发行。第三批港米二万包到沪。英侨团体庆祝帝国纪念。美侨团体欢送中国留学生。克里特英战斗机撤退，德伞兵占玛勒米机场。美众院海委会通过设立特殊舰队。维希协理达朗演说，谓德并未要索法舰队。

5月25日（四月三十日　癸酉）**星期**

昙热，向晚阴，有风。上午八二，下午八〇。

晨入书巢补记一周来日记。文权、濬儿全家来，盘桓竟日，夜饭后去。午后钞《观古堂书目》，看《悦心集》，并乘兴录数则。夜小饮。

报载要闻：浙东克馀姚及临浦，乘胜向萧山推进。皖中克柘皋。鄂北军进迫随县。粤东克博罗。中条山我军转进外线，向寇反包围。寇机袭洛，被击落二架。高斯定明日呈递国书。美驻沪第四联队卸任司令贝克离沪返国。法公董局准备售米，组织进口委员会。寇宪兵二名（桦岛、菊池）在南市被枪杀，又塞路大索。上海银行高级职员庄孟文父子被绑。克里特英舰大捷，德偷渡军全覆，浮尸蔽海。岛上除玛勒米机场外，已无德伞兵踪迹。意王遇刺未中。叙利亚法军投英。罗斯福对大西洋战事将发重要言论，决保卫西半球。寇廷驻英大使重光被召述职。

5月26日（五月大建甲午初一日　甲戌）**星期一**

晨雨，向午霁，午后晴。上午七九，下午七六。

依时入馆办事。校诚之《秦汉史》。振铎寄存开明之《清实录》一百廿二函送到。与调孚、振甫整理上架，随手翻阅。偶见光绪三十四年德宗升遐事，明载帝先逝，越日大殓毕，孝钦后亦逝，当日即大殓。世传孝钦实先死，李莲英辈惮帝日后修怨，故潜谋加弑，匿孝钦丧，假以施令，遂得立溥仪缵统云云。今按《实录》，似可信，不然，孝钦素重排场,左右亦必铺张,何以死后当日即殓,曾不若民间一老妇,子孙犹为之陈尸沾恋耶!可见先死之说有因,不能久匿,故赶与德宗同日殓也。向来青阁取到宣统二年刻《藏书纪事诗》七卷,凡六册。(叶鞠裳晚岁自定本,较江刻灵鹣阁本有异。)道始来馆,匆匆即行。托向振铎购《顾氏画谱》。今日家中断酒,意欲戒饮,故不唤肆中送。予屡矢戒酒,终以持之不坚而废,尝自恨进德无方。今偶涉此机,当稍执定以自觇进境也。晚饭后入书巢闲翻,并记日记。

报载要闻:中条山麓开始反攻,沁水以北战事激烈,寇将后退。鄂北克随县外围两据点,正猛攻城垣。浙军北进,迫近萧山。兰州以西有空战,击落寇机二架。川北亦堕其两架。法租界贡米五万包抵沪。工部局定后日发行公债九百万元。股票商刘继武被绑。南市为大索事已入封锁状态。(法租界铁门仍紧闭。)驶远东线荷轮三艘被英军留用。格林兰英、德海战,英最大战舰荷特号沉没,德舰俾斯麦号亦受伤。夏威夷举行海陆空军大演习。克里特战事仍在进行中。英对伊军事受大水影响。

5月27日(五月初二日　乙亥)星期二

晴,旋昙。上午七六,下午七八。

依时入馆办事。续校《秦汉史》,毕一批,即作书送诚之。接绍虞廿二日书,知代开明所购《章氏丛书续编》及闵尔昌《碑传集补》已属文奎堂寄出,并商《学文示例》可否在暑假开学时赶及出版。致振铎,为道始及己购《顾氏画谱》。饭后即由金才取送到家。莲僧送张长弓稿属覆审,谓振铎意,不宜刊入杂志,当刻印单行云。予即复告,可径函绍虞商决。硕民来还《新理学》及《新事论》。《学林》送到本月编辑费三十元。付永茂昌酒账五元二角四分。丕绳来,询颉刚有无消息,并催《古史辨》第七册出版。晚归,即饭。饭后翻阅《顾氏画谱》。十时就寝。

报载要闻:美新大使高斯觐见林主席,呈递国书。汾南我军反攻,同蒲路侧亦有鏖战。浙东反攻萧山、柯桥、绍兴。鄂北猛攻随县。中、英五百万镑借款不日签字。南市仍遭寇方封锁,居民生活发生问题。济南轮在宁波洋面遇风,误驶触礁,幸未沉,搭客已由苏州轮拯载返沪。英商公共汽车又图增加票价。美记者史蒂尔环游南海返沪,称英、荷、澳已建立坚强防线。希王抵埃及,发表告人民书,重申必胜信念。克里特首邑干尼亚以西,德军曾攻入英阵。伊拉克政府瓦解,重要领袖准备出亡。威尔基大声疾呼援助中国。林语堂在纽约讲演《中国民族之力量》。东非残馀意军千人投降。德对美船载军需品赴英,认作战争行为。美总统正起草炉边谈话,将有惊人消息。

5月28日(五月初三日　丙子)**星期三**

晴燥。上午七六,下午八四。

依时入馆办事。续校《滇南碑传集》一批。续校《史记地名考》。翻《宣统政纪》。给馆役节费七元(金才四元,华绅二元,学骥一元)。托纯嘉买中华本《吴佩孚传》,费币一元四角。夜饭后即披览之。濬儿挈顯、预两孙来,夜饭后去。

报载要闻:晋东南开始反攻,中条山之寇被我分段截击。浙东克上虞(廿四日陷落)。福州西北雪峰山大捷。寇机又袭川、陕、甘。行政院会议,决任俞鸿钧为财部政次,顾翊群代理财部常次。王外长宴高斯。沪西特警侦缉队班长印占卿昨午在爱文义路温州路被枪杀。各杂粮行着手承销贡米,售价已决定。法租界规定节制电力办法。英籍青年多名入伍,返国效命。英海军重大胜利,击沉德战舰俾士麦号。克里特德伞兵续有降落,恶战正酣,英、德军互有得失。代勒拉表示,反对英在北爱强迫征兵。寇兵在越没收海防美货。

5月29日(五月初四日　丁丑)星期四

晴,风急。上午八〇,下午八四。

依时入馆办事。续校《史记地名考》。朱东润家派其戚金君来,持予所寄通知,凭取《学林》稿费九十元去。复绍虞,告托买之《章氏丛书续编》及《碑传集补》已由文奎堂邮到,代款三十一元一角一分已为收存。散馆归,知何摩什(天行)来访,并馈枇杷两篓。未之晤,怅甚。

报载要闻:重庆八十八团体取销登记。王外长赞许美总统广播。(罗斯福宣布紧急状态存在,此后总统将为战事获得大权。)高斯谒蒋。王法勤在蓉逝世。平汉、平绥各路,我军同时出击。寇方谣传国府拟迁康定。粤东寇向石龙退。闽大湖我军乘胜追击。湘北寇图进犯,已被击退。沪报界电谢桂文化界,决秉初衷奋斗。工部局新公债昨已认销结束。法公董局对贡米实行采销统制。(工部局严禁平粉掺杂出售。)米号职工昨起怠工。克里特战事严重,德军占干尼亚。东地中海英舰沉失六艘。德舰队司令鲁特金在俾斯麦舰殉难。法向美保证,决不以舰队移让于德。英国公布德舰又被击沉一艘。

5月30日(五月初五日　戊寅)星期五

昙。上午七九,下午八三。

依时入馆办事。接洗人廿一日港发旅字二号书(昨晚到),并附觙、清书,知须于廿七、八日始离港赴广湾也。作书谢何摩什馈物。散馆归,濬儿方奉珏人自共舞台看《白蛇传》返,携酒两瓶飨予,遂开饮。允言见过,同儿陪去打电话,即径去。战时折扣薪水今日已算还,共得二千二百五十三元九角,前欠丛书橱尾数一百元,前年借支一百五十元及最近米款尾数七十元悉还讫,宿逋一清。

报载要闻:武汉一带寇已集中八万人,企图西犯。宋子文辞中国防御联盟会长。工部局核准水电费七月一日起再增价。今日各界沉痛纪念"五卅"。米商订购贡米已达一万馀吨。美联侨民在沪建俱乐部。意派兵在克里特登陆。拉狄摩等地亦有战事。德称已控制苏达湾。埃边德军东进受阻。英机炸西非法属地却尼斯港口。德又向美警告,谓必击沉驶英之美船。美总统核准菲岛出口统制案,并声明无意修改中立法。

5月31日(五月初六日　己卯)**星期六**

初阴,旋晴。上午七九,下午八二。

依时入馆办事。编发每周通讯录总辛廿二号。为沛霖、均正撰词贺人,并为写屏。复洗人来旅二号信,仍寄桂林。寄各办事处信。致芷、汉,诘何以久无信来。致觙、清,告近况。连接颉刚二十、廿二日信,复予前去各信,并寄稿件来,谓华西、齐鲁、金陵三大学合办《汇刊》,即属予在沪主持其事。道始电话见告,昨访振铎,忽遭挡驾,殊生气,请评论。予以其间必有误会,力为说喻。散馆时特过道始,冀面解之,乃夫妇偕出,未得晤,废然而返。夜仍小饮,馀酒未尽也。

报载要闻:晋军分向长子、高平、沁水、翼城、浮山扫荡。湘、鄂边克复雁岭。合川盛大庆祝献机命名礼。寇机昨又袭湘、桂、赣各地。在美侨胞捐款已达一万万元。租界当局制止米粮外运,实行米粮登记。美侨纪念追思节。意军在克里特东部登陆,德称占领干地亚,英虽有援军开到,而腹背受敌,局势殊混沌。传英军司令弗莱堡在克里特图逃,堕机殒命。艾登演说战后计划。美训练英飞行员。赫尔声明美对日政策不变。

6月1日(五月初七日　庚辰)**星期**

晴。上午八二,下午八四。

晨在书巢理架,振甫见过,送予汗衫、袜子等,至不安,旋去,假《新学伪经考》等去。丏尊来,邀往其家午饮,道始来,家人促回,晤悉特来谢步(今日下午二时本约往访,即由此罢),振铎已有电话道歉,并经予解释,居然冰释矣,甚慰。知予在丏所饭,即去,予亦遂出。午后三时返,记日记。笙伯来,留之吃夜饭,不肯,旋去。夜小饮,啖自裹馄饨。幽若自朱家角来,止宿予家,平白地又添一事矣。

报载要闻:蒋电勖全国节约储蓄。何应钦谈中、英、美命运互相联系。大批美空军来华投效。晋境沁河沿岸激战甚烈。垣曲以西之寇大部已被击退。寇机袭桂。苏嘉路我军取攻势。闽北山区仍有争夺战。邮政管理局昨晨发生巨劫案,抢去现款二百五十万元。美总统轮四艘被征用说未证实。沪市生活费,五月仍较四月为高。英军迫近报达,伊拉克首相逃伊朗,伊军向英要求休战。德援军续抵克里特。英否认弗莱堡殒命。美征用商轮十三艘。松冈宣称日必忠于轴心,日、美关系难改善。

6月2日(五月初八日　辛巳)星期一

晴暖。上午七九,下午八五。

依时入馆办事。接洗人昨发电,知今日离港赴广州湾。为公司及比邻各家草函复泰利公司,拒绝加租。接绍虞五月廿七日信,寄《学文示例》上册一部分稿来。即缮契约复寄之。泉澄来,转交颉刚所寄《汇刊》稿半篇。复颉刚,告三稿已收到,详询《汇刊》情形,并与印所接洽条件。晚归仍小饮,馀酒尽矣。

报载要闻:闽境克复大湖、朱公。晋南同蒲路战事激烈。寇机袭渝,并袭吉安。美援华团体扩大组织,增加效能。沪寇兵车驶入美军防区,不服检查,遭扣。寇警在南市大捕日赌徒。米商展转售卖港米,企图私运出口。中、美换文,保证公正平等合作。德、意军已在克里特会师,英军开始撤退,一万五千人已抵埃及。英、伊休战协定签字,英军开入报达。

6月3日(五月初九日　壬午)星期二

晴暖。上午八一,下午八五。

依时入馆办事。续校《史记地名考》,毕一批。接圣陶五月廿二日蓉发五十二号书,复予四十五号者。属送还红蕉代送礼款廿四元。(语气伤感,大非昔比,甚奇。)即作书取款致红蕉,顺询前为孑如侄道地事有无下文。仲川使来,托代支颂皋及其本人应得之股息。并为陈万里、潘介泉、吴缉熙三户换取新股票,即为照办。(潘、吴股利已分寄滇蜀,陈利亦带去。)午,秋生来,予与雪村同其至同华楼小饮。村并约其乡人王、范二君与俱。午后电告振铎,立斋曾来,袁氏手札六百金肯售矣,请约时地面洽之。订于五日下午三时在开明会晤。因作书知照立斋。晚归,啖面。悦之来,与幽若寻闹,予不欲见,入书巢避之。夜看《宋词三百首笺》。

报载要闻:蒋颁六三禁烟纪念训词。晋东南太行山麓激战。寇机昨又袭渝,英大使馆及法领事馆俱炸损。福州西北续克官源里。宜兴蜀山发生遭遇战。湘警备司令公告,厉行节约办法。国府明令褒扬朱庆澜长子朱榕殉国。邮局被劫巨案已由寇方宪兵在施高塔路日浪人家破获,人赃并得。沪宁车在唯亭东被炸毁,交通中梗十五小时。菜市路血案,电车司机、卖票在对弈时被人枪杀毙命。工部局二批港米开始订购。美总统轮两艘美政府决征用。各洋行承销洋米,抛售六千馀顿。希脱拉、墨索里尼又在勃伦纳山隘会晤。英军悉数退出克里特岛。伊拉克摄政返抵报达,幼王并未出国。传德军运抵叙利亚,叙方宣布戒严。美国会一致拥护美国远东和平政策。

6月4日(五月初十日　癸未)星期三

晴。上午八〇,下午八五。

依时入馆办事。接颉刚续寄稿信两件。接宾四廿三函,属将《史记地名考》暂缓付印(仍有改动)。接冼人廿七日港发旅三号函,告将乘大宝石轮去广州湾,并告大公续约一年。接芷芬廿五信及汉儿廿五发六十七号书,告日为警报所困,无法作事,信遂少,顺寄龙龙照片底子,请在沪晒印。(六十六号未到,明遗失一信矣。)接清儿、士敫廿七港发信,附静鹤信,告在港起居状,惟愁淹留日久,费用太大耳。为村书联挽寿孝天。为《学林》看鞠侯《公路建设》续稿。晚归稍憩即饭。夜看《通鉴》,与严《补正》对照。

报载要闻:晋省战事剧烈,延至中部。绥西两军隔河对战。寇在闽长乐登陆。中国自造汽车第一辆完成。传美大批军需品输运来华。高斯分访孙科、徐谟。陪都举行禁毒纪念会。行政院决议，任陆林祥为福建建设厅长，何辑五为贵阳市市长。沪米市价续跌。邮局劫案赃款全部追获。伪宣传部职员王钰森被枪杀。二批港米今日全市出售。德、意会商，对地中海继续行动，并拟有瓜分希腊计划（会议达五小时之久）。美众院通过授权总统任命特别海军中将。希腊内阁辞职。魏刚返维希。印军精锐开抵缅甸增防。美飞行人员投效中国，寇方认为不友好态度。美财长宣称不冻结德、日存款。

6月5日（五月十一日　甲申）星期四

晨阴欲雨，旋晴。午后雷阵，抵暮止。夜星月灿然。上午八三，下午八〇。

依时入馆办事。为《学林》看胡朴安《从文字学上考见中国古代之声韵与言语》稿。吕鉴平来，赠所撰《中国近百年史读本》。还讫谦豫节账七元二角，顺唤酒两瓶，以连日不饮，大便不畅故。诚之送还校样并契约，即致函丕绳，送存一份，并告顾、钱近状。振铎约张祖南交割袁札，张来而郑不至，废然去。致季易，转告齐大收印《疑年录汇编》，将来小双寂庵刻板时仍许专用。（出书时即以二百部为赠，不另取版税。）晚归小饮。

报载要闻：美飞行人员及飞机分批来华。绥西我军分路进击。南昌附近克复万寿宫。北平附近击败踞寇，平、保间铁路被截断。寇机袭株州、吉安等处。太行山麓战事猛烈展开。苏联依旧助华。蒋欢宴高斯。蓉、雅航空开航。沪银业同业汇划普遍疏通。米价有大跌势。劳勃生路绑架未遂，绑匪开枪拒捕。近东局势愈紧，英将攻叙利亚,德称决助法抵英。德废皇威廉二世在荷兰杜恩逝世。美接收英航运(将派船行驶英国航线)。伊境英军占领摩苏尔(油站、油井均无恙)。驻英美海军随员自杀。河内美商栈货被寇方没收。美宣称远东紧张局势未解前,不采妥协政策。

6月6日[①](辛巳岁五月十二日　乙酉　巳正三刻十分芒种)**星期五**

晴爽。上午八〇,下午八二。

依时入馆办事。鉴平来,托开示小学生课外进修书。诚之来,交到颉刚所寄《汇刊》稿三篇。电询振铎,昨何以失约,据答实已遗忘,改约于十六日下午三时再与祖南洽之。因即致函祖南改约。看冒广生《四声钩沉》,毕之。续看胡朴安《从文字学上考见中国古代之声韵与言语》稿。晚归小饮。夜看《楹联丛话》。

报载要闻:豫北攻入新乡西北红口镇。我军期待秋季大反攻。赣北获胜。包头附近克复据点。沁河南岸剧战,我军进击同蒲线。徐州附近寇兵车被炸。盐业银行董事兼总稽核张伯驹、约翰大学注册课主任施肇康被绑。柯立芝总统轮已被征发,此次来沪系最后一次客运。租界当局管制逐步加严,米商潮受约束。德军不断潜入叙利亚,英海陆空军亦包围叙境,集中待命。埃及宣布对叙断绝贸易。荷外长访美总统,商东印度防务。美使访贝当,促宣布法国政策。美铁路大王詹姆斯逝世。美驻英大使韦南特返国,携有重要报告。美扩充航运,建商轮二百艘。

6月7日(五月十三日　丙戌)**星期六**

入霉,晴暖。上午八〇,下午八六。

①底本为:"苏亭日记第三卷"。原注:"辛巳五月几望容叟。"

依时入馆办事。编发通讯录总辛廿三号。颉刚续寄到《汇刊》稿件。寄洗人三号信,复旅三号信,告此间近状。寄芷、汉,复六十七号来信,告龙龙照相底片收到,中间遗失六十六号一信(附去漱信六十七号)。寄驭、清三号信,复三号来信,告汉处已接来信。寄圣陶四十八号信,复五十二号来信,告所托事均已办。季易来,交到《疑年录汇编》刻本一部,《补遗》稿本一部,将付排印。晚归,静鹤之同学七人在,未几辞去。龙龙照片已印出,貌绝类予,甚喜外孙之能衍统也。夜小饮。看《花间集评注》。

报载要闻:中、英五百万镑出口信用借款协定在英签字。寇机前夜袭重庆,防空洞内窒死妇孺七百人。邮政总局将发行节建纪念邮票。晋南我军利用优势地形作战。黄河两岸有新措置。绥军向包头推进。寇股集中汉口,企图再攻湖南。国民参政会驻委会开第七次会议。沪邮局劫案犯,寇方将组军事法庭审讯。上海医院防痨治疗器械被伪市府强攫以去。团体购买港米,须填报请求书。驻沪美军领袖霍德华上校欢宴华北美军官佐。美、法关系严重,赫尔警告维希。美陆军预算百万万元国会正求通过。德军控制叙利亚重要机场。德空军猛袭埃及亚历山大港。法各属地大员齐集维希,参加内阁重要会议。荷印对日复文已交出,芳泽认为不满。松冈进行两面外交(一面企图阻止美国参战,一面竭力避免自己参战)。

6月8日(五月十四日　丁亥)**星期**

阴晴忽变,午后起阵未果,闷热。上午八一,下午八六。

晨入书巢记日记。午过丐所饮,盖与雪村、淦卿、克斋、叔含、曙先醵分(五元一人),为丐庆生日也。饭后归休。薄暮又往,晚饮而后归。

报载要闻:绥西克复卧羊台。寇机袭渝,刘峙等为疏于设备致窒死多命案,予以革职留任处分。(寇机昨又袭渝。)浙东克复象山城。太行山麓战事,我军完成任务。美航空代表团离渝。法租界订米,不日运沪,平价出售。俞鸿钧对沪广播。节建委会劝各界推行节储。隆昌公司经理申克明被人击毙。上海医院肺病设备仍遭继续搬走。青年会热烈推进社会服务工作。国际外科医师会邀请中国参加。收回沪、港游资,将采募债办法。罗斯福、赫尔均声明美远东政策不变,绝未有与日缔互不侵约之拟议。克里浦斯返国述职,将报告苏对德东进之态度。英释波海三国海员。南非军抵中东。维希发表文告,答复赫尔言论。荷印答复日本,坚持经济独立政策。寇在泰京搜购废铁。

6月9日(五月十五日　戊子)星期一

阴霾。上午八三,下午同。

依时入馆办事。接一日港来洗人旅四号信及清儿四号书,知旅中起居状甚适,默计此刻正在烈日下竹轿中,情况当感痛苦耳。致季易,录齐大来书副本与之,并告调查所得纸号地址等事。致诚之,告《学报》第二期尚缺稿三万六千字。致鉴平,开告小学生课外读物。致贯吾,催取《馆藏碑目》序文,并顺缴新书五种属转馆存储。付五月分家用电费七元七角八分。廉逊来,看洗人来信,并托代打沅陵电报。续看胡文毕。接校《秦汉史》。晚归小饮。夜看《诗人玉屑》。

报载要闻:晋东南太行山续有激战。青岛外围我军发动游击战,先后毙寇千五百馀。闽省收复白沙、江洋、官源里,围攻福州。

越南所存中、美物品，寇方竟擅自运去。鄂南山区有战事。汾河北岸迭起激战。沪各煤公司直接租轮，长期运煤。客帮购米有限，本市供应充沛。美援华救济事业团体进行募捐。英军会同自由法军（所谓协约军）进攻叙利亚、利巴嫩。美与西半球法属地成立协定，保证不危害美利益。美舰巡逻丁尼克以监视其履行。魏刚返北非。美陆军部准备接管工厂。阿比西尼亚境，英军攻陷阿巴尔蒂。寇廷研究应付荷印方案。福克斯谈美决以充分军需品运华。

6 月 10 日（五月十六日　己丑）**星期二**

阴，傍晚雨，入夜加甚，有风，彻旦未休。上午八二，下午八一。

依时入馆办事。致廉逊，送还电报馀款。校《秦汉史》。诚之来，交丕绳一文，欲缀诸《古史辨》第七册之后。晚归欲饮，而金才竟未为送到谦豫唤酒讯，遂缺望未获果愿，颇恚。入夜右邻有新丧其妇者，适值五七之期，延僧作佛事，钟鼓之音通宵不绝，而群雏哭母，声尤凄厉可恫，坐是失寐，竟涉遐想。惫甚。

报载要闻：闽军一度冲入福州郊外南台。晋南军攻入解县西关。郭外长飞抵马尼剌。日蚀观测委员会组观测队。绥西寇渡河被阻。浙东、皖南，我军均得手。寇机袭长沙。工部局派大批探捕侦查平米掺杂。法租界公董局修订行政章程。劳神父路捕、盗格斗，生擒两盗。攻叙协约军占领狄拉及泰尔，向大马色推进。德伞兵传被逮，法则称英舰兵登陆被俘。美陆次演说，对德战争迫在眉睫。德废皇在杜恩举行葬仪。

6 月 11 日（五月十七日　庚寅）**星期三**

晨雨，旋晴，即阴，北风厉，傍晚又雨，即霁。上午八三，下午八一。

依时入馆办事。校容元胎《明代思想史》,插校《滇南碑传集》一批。致诚之,送《秦汉史》清样及续校样,并退回丕绳文,告《古史辨》已发印,不及追加矣。振铎三时许来,谈有顷去。晚归小饮。夜入书巢记日记。

报载要闻:晋军猛攻同蒲路。绥西军反攻萨拉齐与安北一带。浙东军向绍兴挺进。湘、鄂边境有激战。行政院经济会议通过防旱增产紧急措置办法三项。英大使寇尔飞港公干。法大使戈思默昨由平飞抵沪。统一电政公债抽签。工部局今日讨论增加职员薪给。四总统轮应征,仅属调遣性质。殴辱《大陆报》记者之意人讯明判罪。大宗西贡米昨由法轮运沪。协约军三路分攻叙利亚贝鲁特、大马色。德击沉南大西洋美运船。墨索里尼发布参战周年演说。美军接管北美飞机工厂。南斯拉夫古城,大量军火爆炸,死四五千。

6月12日(五月十八日　辛卯)星期四

晴。上午八〇,下午八三。

依时入馆办事。校马夷初《中国文字之源流与研究方法之新倾向续》稿。复看容元胎《明代思想史》排样,毕一批。翻《清文宗实录》末函。晚归小饮。

报载要闻:绥西军克高粱台,再袭乌兰忽洞。宜昌对岸击落寇机一架。寇机五十二架袭重庆外围。中条山外围战事猛烈展开。工部局布告严禁米号非法行为。公用车再增票价尚待研究。昨晨有日人七名忽赴特一法院,未果阑入。三井理事工部局董事塙雄太郎寓所(金神父路)发生炸弹爆裂案。香港添设大船坞,增加商运船只。英于下院演说，报告战况。英外次白特勒重行声明，放弃在华领判权。英海军在叙登陆，英、法已发生海战。巴勒斯坦海发港首次遭德机轰炸。一万八千万镑之原料由美运中、英两国。传美将以飞行堡垒输华。日决定中止对荷印经济谈判。

6月13日(五月十九日　壬辰)**星期五**

阴。上午八一，下午同。

依时入馆办事。校毕夷初文。午前十一时接洗人昨晚九时郁林来电，告真(十一)到，元(十三)行。是今日已由郁首途，日即平顺之境矣。接汉儿六月四日付邮之六十八号书并芷芬书，知连日为夜袭警报所苦，中和提单已收到。元翼来，出梦岩扇面一页属书。道始来取股息，并托代购《顾氏画谱》。晚归小饮。

报载要闻：绥西军分三路包抄包头。晋、豫十八集团军破坏寇兵交通线。保定附近寇兵车中地雷。皖南青阳以东发生激战。寇机昨又袭渝及衡阳、恩施等地。重庆当局改良防空设备。沪公共租界设立土地金融处，发行土地债券。工部局续办仰光敏觉米。公共租界电车再加价已核准。警务处长包文少校荣获英皇勋章。罗斯福首次向国会报告援助中、英情形。叙利亚沿海激战，英军迫贝鲁特，大马色已闻炮声。驻苏英使抵伦敦。传德军一万人开抵芬兰。东非英军占阿萨白港。寇与荷印谈判决裂。

6月14日(五月二十日　癸巳)**星期六**

阴，晚晴。上午八一，下午七九。

依时入馆办事。编发通讯录总辛廿四号。寄芷、汉七十八号书。寄洗人四号书。寄歘、清四号书。分致渝、蓉、金、湘各处主任洽事。接绍虞八日书,托换股票并取股息。(因代取到股息五十二元八角。)致道始,送还代打电报馀款。史叔同来,五年未见矣,谈别后流转事及浙馆图书措置情形甚悉。晚归,参加酒会于雪村所,到廉逊、丏尊、曙先、绍先、克斋等凡七人。摊费五元。

报载要闻:中国新战斗机首次出现于陪都,迎击寇机。我骑兵迫包头西郊。皖南克复桥头杨。成都轻微地震。教部边疆教育委员会圆满结束。全国财政会议明日在渝举行。澳门葡轮运煤救济煤荒。香港接济沪市米粮将改用敏觉米。法籍律师达商(近任伪方顾问)被人狙击殒命。工部局职员加薪案尚在审议中。约翰大学校长卜舫济昨返美。德击沉美轮罗宾摩尔号一案,美将强硬对付。协约军包围叙三大城,大马色近郊激战。法军主力北溃。英、北爱、加拿大、澳洲、纽西兰、南非、比利时、捷克、希腊、卢森堡、挪威、波兰、南斯拉夫及自由法军之代表在伦敦开会,发表联合宣言,决计抵抗侵略,奋斗到底。

6 月 15 日(五月廿一日　甲午)**星期**

晴,间有云翳。上午七九,下午同。

晨入书巢记日记,并为梦岩书扇。午后硕民来,四时去。薄暮,调孚来,因就牌局中拉起雪村,同赴柏丞之约。晤子敦于座,邀与共饮。振铎、予同、东华、莲僧及增美之弟与焉。纪堂、颂久、鞠侯则未至。九时半归。

报载要闻:寇机昨又三批袭渝。施肇基赴美。内蒙郡王谒林主席。太岳区我军袭击寇方交通线。京杭国道破坏卅馀里。苏北淮运船闸被寇破坏。两租界西区突然严密戒备。公共汽车公司否认售与日商。凯自威在美计划调整远东航业。汪、周、林诸逆乘八幡丸赴日乞怜。美以十万万元军火供给中国。苏联证实德军东移,谓非对苏,并否认德曾向苏提领土、经济等要求。英机击中德袖珍舰。大马色命运在英、法谈判中(一说协约军已占领大马色)。赫尔再度谴责维希政府。德官方重申宣言,对任何赴英军需船决予击沉。

6月16日(五月廿二日　乙未)星期一

晴,午后阴,曾微雨,深夜大雨迄旦。上午七八,下午八〇。

依时入馆办事。致振铎,送六十五元去,为道始购《顾氏画谱》,并取支票六百元,备代付袁氏藏札之价。致梦岩,送所写扇面去。诚之来,送到《汇刊》稿件并交还校样。午后致道始,送《画谱》去。复绍虞,告股息已代存,新股票即寄与之。复宾四,寄《史记地名考》清样,并述《国史大纲》读后感。附致颉刚,催询《汇刊》方面应与科学公司接洽之条件。得圣陶七日发五十三号书,复予去书四十六号者,附寄一词《忆家园榴花》,悱恻不堪卒读,可想近来心情之劣。甚念其身体健康也。晚归小饮。

报载要闻:苏北我军攻占淮安新城、夹城。晋南激战,永乐失而复得。湘、鄂边连日激战。寇机昨又袭渝,美陆军武官公署几全毁。寇舰百馀艘集中浙江海面。荷印谈判破裂后西报论寇方步骤,谓轻进必失败。英、美贷款与华后,平准基金剧增。沪全市各界节电后,电力消耗减少。两租界西区堆置沙包,加强防卫。美下令冻结德、意及欧洲沦陷诸国资金。纽约港将埋置水雷。维希拒绝英提叙境停战建议。北欧德军调动,瑞典已在领海布防,切实戒备。英军占领贝纳。苏、德边界互驻重兵,将有重要发展。美决募款一万万元救济中国。

6 月 17 日(五月廿三日　丙申)星期二

晨雨旋止,忽现日,继又雷作。午又晴,即阴,又阵雨。上午七九,下午同。

依时入馆办事。致振铎,送袁氏藏札去,盖昨日祖南来交割,已代为点收矣。致子敦,送所假东华之于新吾《尚书新证》去。于氏从形体方面取证于金文,兼及甲文,颇多创获,可谓衍王静安《古史新证》之绪。若能更繇声韵方面致力,所得宜益宏也。续校《滇南碑传集》。晚归小饮。

报载要闻:晋北克复忻县四围重要据点。鄂南向崇阳挺进。寇机袭梁山。中央电台变更广播时间。工部局昨开会,讨论职员加薪问题。美国总统轮七艘,昨晨正式宣布征用,另派航轮十二艘维持航运。寇方检举浪人之横行不法者四十七名即押解回国。攻叙协约军包围大马色。意相下令冻结美侨资产。英驱逐舰裘赛号触水雷沉没。英、美向日抗议寇机在华炸毁外侨财产。荷印人民议会讨论对华贸易改善问题。

6 月 18 日(五月廿四日　丁酉)星期三

晴阴间作。上午七九,下午八〇。

依时入馆办事。致道始,托再催直税处批答。校毕《滇南碑传集》一批。接贯吾复书,知《馆藏碑目》序尚未寄到。《国学论文索引五集》之版权决赠与开明。石莼见过,仍托在允言所设法教课。看邹渭三《榆关纪事》,述辛丑和约成立后联军苛虐横暴状,令人发指气逆。晚归小饮。

报载要闻:全国财政会议开会,林、蒋亲临致训。行政院会议,决任熊斌为陕主席，蒋鼎文免。绥西再克卧羊台。皖南我军获胜。中、缅边界勘定即将由外部公布签订条款。英大使寇尔由港返渝。美空军武官抵菲，转港赴渝。签约国外交代表竟批准修改地皮章程附则。工部局警务处日籍副处长赤木亲之昨遭枪击殒命。米店伙售米短少斤量判罪，不准易科罚金。美照会德方封闭德领署及纳粹机关。英军围攻大马色，投降谈判停顿。北非战事又趋激烈，英猛攻索伦。日、荷谈判正式宣告破裂。德军二百万集结德、苏边境。

6月19日（五月廿五日 戊戌）星期四

晴。上午七九，下午八一。

依时入馆办事。予同电话约下星一在清华同学会吃夜饭，并托代取股息。即为办妥，作函送去。接翼之十七信，告怀之近状并为自己谋迁调。即复书告无能为力。翻《清同治实录》。振铎电话约星期日饭其家，并托向祖南索收条。即致函立斋转知之。接清六日赤坎信。阳生为我购杭州茶叶一斤，计四元。晚归小饮。

报载要闻：中、缅划界事件，中、英昨在渝换文。鄂南通城南犯之寇已被击退回南林桥。今秋实行粮食管制。崇明耆绅王清穆逝世。昨晨虹口公园内定时炸弹爆裂，二华人被炸伤。自来水工人昨全体复工。柯立芝轮兼程到沪，今晚即转棹回国。西贡米启运来沪（即法租界所定之平价米）。杨格继任港督。德对美抗议封闭领署，美下令严防德侨潜逃。北非索伦展开坦克车战。叙境协约军越西桐北进，英军占领大马色附近丛山。

6月20日（五月廿六日 己亥）星期五

晴热，深夜雨。上午八〇，下午八六。

依时入馆办事。晨接洗桂林电，知昨日上午已安抵桂垣。电系十九十二时十分发，当晚七时即到，予则今晨始见。校绍虞《学文示例》一批。祖南收条送到，即作函转振铎。致诚之，续送《秦汉史》清样。致灿庭，告家英已安抵桂林。散馆归，接敭十日陆川片。晚小饮。

报载要闻：中、英滇缅南段划界及共同开采炉房矿区两种换文内容公布。合肥寇被击退。晋南攻克永乐各阵地，进攻解县。粤军进攻福和。平准基金会已开始办公。中央拨巨款救济浙东灾民。贝谛鏖路港沪无线电堆栈大批材料被寇方搬走。商务印书馆工潮调解成立。工部局港米八万包月底可到，但囤户复蠢动，米价又忽涨起。德、土签订友好条约，土外长声明不变更现有义务。美拒绝德抗议，准备遣德领出境。索伦坦克车战，英失败，撤退。英劝大马色守将邓兹投降。英禁船只驶芬兰，并截留芬船三艘。寇舰结集南驶，将对荷印作威胁。

6月21日(五月廿七日　庚子)星期六

阴，闷热，午后曾雨。上午八五，下午八四。

依时入馆办事。接存训书，告金大《汇刊》用费二千元已到，属具收条往取。致洗人五号书。致敭、清五号书。致芷、汉七十九号书。分致炳生、世泽。复圣陶，编四十九号，即函雨岩属转去。晚归小饮。

报载要闻：鄂南寇续向通山退走。寇机昨又分袭川、鄂，并扰陕、甘。王外长举行茶会，告别僚属。渝市粮食问题严重性已轻减。浙海寇舰陆续南驶。美政府派各路专家来华。公共汽车增价，工部局已通过。法院昨鞫讯行刺谢晋元之凶犯。沪存米达一百八十万包。荷印允将油田七十万英亩让与寇方。德、意宣布封闭美国领署(并及沦陷诸国境)。德、苏冲突之谣愈炽,传德提出重大要求。芬兰召集壮丁入伍。英军对大马色、贝鲁特续施压力,企图释戈投降。

6月22日(五月廿八日 辛丑 寅初三刻五分夏至)**星期**

阴雨,午后晴。上午八二,下午八〇。

晨入书巢记日记。写字一页。十一时赴振铎约。座有济之、剑三、东华、家璧、健吾、调孚,午后三时乃散归。钞《观古堂书目》,毕史部簿录类目录之属。薄暮卧看《有正味斋文》。徐起小酌。周氏表嫂及表侄女自浒关乡间来,不见垂六七年矣,询悉诸戚家均好,曹氏义坤表兄则客冬已化去云。

报载要闻:苏嘉路寇兵车触地雷。湘北克复板桥。沙埠潭之寇被击退。寇机再袭恩施。全国财政会议昨开第三次大会,福克斯发表演说,阐述平准会之责任。工部局发表职员加给津贴临时办法。杜绝贴水治本办法为统一流通筹码。传美轮被征用后先派两轮接航。苏、芬边境苏军演习。德军在罗马尼亚设司令部。德机集波兰等地。德、苏新协定谈判在进行中。(传德向苏要求让远东舰队,俾与日本联合在太平洋活动。)美总统咨国会,严斥德国暴行。美封锁意领署。美统制煤油出口。英军炮轰大马色。

6月23日(五月廿九日 壬寅)**星期一**

昙,午后晴。上午七九,下午八一。

依时入馆办事。校《史记地名考》一批。续校《滇南碑传集》。科学公司黄叔园来洽《汇刊》印行事。属先开估价单副本来再核。接芷、汉十一日发六十九号信。晚与雪村、调孚共赴予同清华同学会之约，晤巴小泉、曹未风、郝立权、胡宛春、杜纪堂、郑西谛、孙贵定。予同介小泉谈地理教科事，颇得要领。晚饮后至九时始散归。

报载要闻：蒋颁官吏十戒。平准基金会商讨工作计划。国防最高会议核准救济上海律师办法。桐油车试验成功。鄂南寇又遭痛击败退。潼关方面黄河两岸有炮战。寇机四十四架昨袭川、康。民丰轮在巴东爆裂汽锅，起火沉没，乘客死伤者百人。上月分上海对外贸易出超，开历年纪录。盐业银行庶务陆佩文被司阍捕孟先武枪杀。工部局港米相继运沪，无中断之虞。德对苏宣战，率芬兰、罗马尼亚军队侵入苏境。意亦宣布对苏开战。英军占领大马色，维希军队退郊外。英要求法属索谋里兰表明立场。美陆长史汀生宣布组织陆军航空团。美派十二轮接航远东，航程保守秘密。

6月24日(五月三十日　癸卯)**星期二**

晴阴间施。上午八一，下午八二。

依时入馆办事。续校《滇南碑传集》一批。为《学林》校徐蔚南《石刻图像拓本丛话》。致振铎，送来薰阁所寄《延绥地里图》一册去。(绢本彩色画，地名俱用小红纸揭标，图上不写字，当系明代官本《九边地里图》之一，必尚有馀册寄来耳。)晚归小饮。

报载要闻：中央研究院物理研究所自造显微镜。鄂南通山之寇被击败退，横石潭已肃清。寇机五十二架分袭川、康、陕、甘各地。寇运输舰四十馀艘开往海南岛。福州城郊连日有接触。潜江附近发生激战。彭泽寇南犯被击退。道清路寇火车在狮子营被炸。工部局暂停出售远期洋米，防止米蠹囤积把持。邮局巨劫案之赃款已交还。德、苏交战后，沪人士极感兴奋。《大美晚报》副经理李骏英昨遭暗杀。德军四路进攻苏联，红军指挥部公报重创德军。德、苏双方兵力共四百万人,战况自波罗的海迄黑海。苏船五艘被击沉,罗军占莱尼,苏机炸东普鲁士,德机袭敖德萨。寇廷讨论对苏、德政策,暂取观望态度。

6月25日(六月小建乙未初一日　甲辰　始霉)**星期三**

午后大雨沾足,檐瀑如注。上午八二,下午八一。

依时入馆办事。接仲融函,托为其戚王西彦向《文字集林》取稿费。接予同函,介《学生月刊》来总经售。经与索非洽商,以种种为难情形告,因即复书婉却之。为道始撰《翁仲渊手写读史论略跋》。散馆归,接士敭七日廉江来片。夜小饮。

报载要闻:鄂炮兵轰击宜昌寇机场,毁机十三架。全国财政会议闭幕。行政院会议讨论欧战局势。全国内政会议将于十一月间召开。兰州击落寇机两架。闽军夜袭福州,一度突入寇阵。平准基金委员将赴各地考察。旅沪苏侨电史太林拥护抗战。洋行平米照常供售,米价续降。虞洽卿发动组织企业公司,开发西北。芬兰忽宣布中立。立陶宛宣布独立。德军突破苏据点,苏军反攻获胜,俘德军五千人。美副国务卿威尔斯正式谴责德国侵苏。克里浦斯返任。苏赞同英派遣军事经济团赴苏。

6月26日(六月初二日　乙巳)**星期四**

阴雨,道途阻水。上午八一,下午七九。

晨为阻水故,绕道辣斐德路走入馆,依时办事。慰元来,为建初取股息,知渠已辞去商务矣。致道始,送代撰跋文去,并催所得税回批。致振铎,送去来薰阁续到书七包。复仲融,送代取王西彦稿费五十元去。接吕锦珊廿五日来信。接士敭九日良甲来片。晚归小饮。

报载要闻:全国财政会议发表宣言,拥护当局训示各点。南昌附近战剧,各路寇均被击退。滇县市参议会着手筹备。经济部采金局举行贷款。贵池寇南犯被击退。施肇基抵美京。美在远东实行征发七大总统轮。苏侨筹募战事基金。上海与海参崴间航业已受限制。旅沪美侨筹备庆祝开国纪念。公共汽车再加价,工部局已核准。罗斯福宣布决予苏联各种援助。(美财部下令解冻苏资金。)苏、德全线血战。波兰境战车队酣斗,苏击沉德潜艇。(苏讯,全线均获胜利。德讯,深入乌克兰百馀哩,且夸言六周内可解决。)英国会辩论对苏、土态度。寇廷开军政联席会议,讨论外交政策,仍秘延无所决。

6月27日(六月初三日　丙午)**星期五**

细雨延绵,霉气滋物。上午七八,下午同。

依时入馆办事。接硕民昨发信,告今日返苏,附来圣南一信,属寄墨林。诚之来洽稿,未有决定。道始电告,所得税回批决可于短期内取到。适国光排样(《无锡先哲遗书目》)送到,即作函转去。致绍虞,告《学文示例》由予负责签印,并托介绍范大成投考燕大。(燕大报名须有本校教职员介绍,故代为转介。)晚归小饮。

报载要闻:劝募战债委会在渝举行报告成绩大会。郭泰祺抵昆明。中央接管田赋,决于本年度一律实行。江南袭击宜兴南路之寇。上海学生总会发表《告全国青年书》。工部局对节电办法已作适当修改。洋米昨到七万包,公仓米决平售。福克斯来沪,视察沪市经济。美对苏、德战事不拟引用中立法。(美军火可直运海参崴。)芬兰为德胁,复向苏宣战。瑞典允德假道攻苏。德军分八路进攻苏联。苏公报克复比利米斯。西伯利亚路线中断,德贸易大受打击。

6月28日(六月初四日　丁未)**星期六**

阴霾竟日,细雨时作。夜有星。上午七九,下午八一。

依时入馆办事。致炳生。致祥麟,附致济群、碧霞。致甫琴。致雨岩,附转圣南信与圣陶。致镜波。致芷、汉(八十号)。致颙、清(六号)。致洗人(六号)。有薛荣鑫者来,告发虹口有人私翻《开明英文读本》,愿领捉,由索非与洽,请君毅偕同往榆林路巡捕房报告。未得要领,恐又走风吹散矣。此等事无法办彻底,遇到不能不理,至此亦遂听之斯可耳。道始来,洽排印琐事,旋去。谓所得税回批本约今日送来,下周内必可取到云。晚归小饮。

报载要闻:郭泰祺由昆明飞抵重庆。王世杰否认中、英、美缔结军事同盟说。黔省定番等四县改定名称。鄂西击毙寇众二百馀人。福克斯抵沪,召集金融家讨研上海金融状况。行刺谢晋元之叛兵四名判处死刑。沪德商自下月起缩短营业时间。美总统轮排定续航班期。驻美苏大使访威尔斯,进行重要谈话。苏机猛炸罗境油田区。比萨拉比亚德军被击退。匈牙利对苏宣战。西班牙派志愿兵助德。苏斥芬违反和约。德、苏坦克车队在明斯克大战。苏、罗均有迁都说。寇方指定商行十九家,经理对越出口贸易。

6月29日(六月初五日　戊申)**星期**

晴。上午八五,下午八七。

浒关乡亲自廿二之晚到此后阻雨不能归,今日始去,淹留一星期矣。晨入书巢记日记。午后钞《观古堂书目》。竟日未出。夜小饮。

报载要闻:郭泰祺谒蒋请训。港新绥公司拟献机一中队。西安、宁夏间无线电话开放。寇机两批袭川。福克斯与上海金融界继续商讨稳定外汇。工部局发表面粉存底充厚,民食可无虞。德在沪购贮货物,传即将贬价出售。万国商团美队员主张扩充实力。德、意侨居荷印之妇孺全部撤退,过沪赴日。美拉狄摩将膺聘来华任政治顾问。中区苏军后撤,放弃沙莱、维尔那。德猛攻明斯克。苏军强渡多瑙河。甘茂林脱逃。美参院通过空前庞大陆军预算。英军事使节团抵莫斯科。

6月30日(六月初六日　己酉)星期一

晴热。上午八五,下午九〇。

依时入馆办事。元翼来,代梦岩送到红蛋六枚,盖梦岩之女寅华已于昨夜初举一雄也。发布调整薪给各函及供膳办法,定七月一日实行。接诚之函,托为丕绳分送《古史辨》。接甫琴函,告为送货事正往来长、衡间。接芷芬二十函及汉儿十九日所写七十号书。接洗人二十日桂林信,备述长途跋涉辛苦诸状。亮寰来,托代售《程瑶笙画集》。晚归小饮。

报载要闻:寇机昨袭渝,英大使馆全毁,职员受伤多人。鲁西南我军袭击城武。宜昌对岸我军获利。我国重建空军运动正积极进行中。(美飞行人员到达昆明。)潼关、风陵渡一带有炮战。寇舰犯神泉不逞,退回汕头。首批公仓米抵沪。银行业办理半年结算。法公董局平价贡米下月中全市出售。美航务会管辖之新货轮抵沪。苏、德坦克搏斗,双方出动四千辆。明斯克区激战愈烈。传德战车队司令被击毙。美政府要求国会宣布紧急状态。英、美会商苏联局势。

7月1日(六月初七日　庚戌)**星期二**

晴热。上午八五,下午九〇。

依时入馆办事。是日起,公司又供膳。接绍虞廿七来函,告将托戴小姐来支款。致鞠侯,询史叔同住址。起潜来,以《版本图录》见示。丕绳来,洽印《春秋史》。幽若往震渊所,将筹备返苏。夜归小饮。

报载要闻:外交部长郭泰祺、粮食部长徐堪等宣誓就职。国防最高委员会秘书长王宠惠亦视事。飓风进袭香港。寇机昨又猛炸渝西郊。贵池南青山麓发生遭遇战。英援华会积极进行普编运动,定七七节展开。寇方又在法租界捕去两人。各业市场休假两日。法捕房严惩米蠹,吊销营业执照。德、芬军进攻苏北部,战已三日,仍在混战中。德称占领勒伏夫城并波境要镇林堡。波兰前总统巴德留斯基在纽约病逝。维希对苏绝交,亚尔巴尼亚对苏宣战。英内阁有重要更动。美颁新法令,限制外人入境。

7月2日(六月初八日　辛亥)**星期三**

昙,时加阴翳。上午八六,下午八九。

依时入馆办事。季易来,洽改稿件,即去。校《学文示例》。为令珮之兄购龙门翻版西书五种,托纯嘉去,较便宜,亦费三十五元另二分,近日书价之贵可想。晚归小饮。

报载要闻:外交部训令驻德、意两国使节撤退,宣言与彼两国绝交。(德、意竟承认南京伪组织。)何辑五宣誓就贵阳市长职。郭外长谈决作战到底。袭渝寇机被击落。粤南收复江门外围重要据点。川省田赋归中央接管。美医药会派员驻渝。工商业实行提存特别准备。太古码头两帮工人械斗。昨枪杀案两起。苏联组成国防委会,决定抗战到底。近卫表示,愿与美修好。苏重申对土友谊。北冰洋至黑海全线,苏、德两军死战。寇对苏、德战事将发表文告。

7月3日(六月初九日　壬子)**星期四**

阴,时雨,晚晴。上午八九,下午同。

是日复儿生日,午晚均面。依时入馆办事。致道始,送书签样子及陈告捉翻版停顿各事。致起潜,送还《图录》,申赞佩。校《学文示例》。接鞠侯复书,告叔同尚未晤及,顺索《文字集林》。晚归小饮。幽若夜来,言明早行。

报载要闻:渝隧道窒息案负责长官受处分。蒋电勉各地防空服务人员。闽省调整粮食管理机构。闽军克复龙田。玉环洋面寇舰,派兵在坎门登陆。美国名作家抵沪,谈苏、德作战因素。法、苏断绝外交关系,沪市当无反响。两米轮因飓风,延期到沪。芝罘路大火毙人,损失甚巨。松冈阐明日本外交政策,仍多模棱之谈。德称攻陷里加、鲁斯克。苏坦克队反攻,德在鲁芝克区被阻。芬兰湾登陆德军失败。叙利亚战事将结束,中东英军总司令易人。(华维尔调任印度驻军总司令,印司令爱莱克与之对调任事。)

7月4日(六月初十日　癸丑)**星期五**

晴,时有阴翳。上午八五,下午八九。

幽若晨行,谓先过震渊,将于六日之晨返苏矣。依时入馆办事。续校《学文示例》。致振铎,取还《小腆纪传》及带回代售《顾氏画谱》八部。哲生遣其女大男来,续支稿费一百元。致颉刚,告与科学公司接洽情形,催即详复,并汇印费,以便赶紧进行《汇刊》事。顺附宾四《史记地名考》清样一批。(科学黄叔园今日送估价单来,须四千馀元。)晚归小饮。

报载要闻:林主席电美总统,祝贺美国国庆纪念。浙省玉环坎门镇克复。中、美平准基金协定展期一年。傅秉常任外次。(徐谟将出为驻澳公使。)晋汾南连日激战。皖南夜袭东流鲍龙山,毁寇仓库。英、美决心维护上海租界原状。先施人寿保险部职员张重誉遭枪杀。电话公司电气工人罢工。工部局编订最近物价。史太林广播,述抗战决心,并援助欧洲被蹂躏人民。德三路进攻,苏否认明斯克失陷。美国促美洲各国接受乌拉圭建议,实行合作。英使节团在苏进行重要谈判。叙境英军攻陷巴尔米拉。日境苏侨撤退。

7月5日(六月十一日　甲寅)**星期六**

晴热。上午八六,下午九〇。

依时入馆办事。翻版事榆林路捕房延不肯办,而薛荣鑫则旦夕来缠,厌苦极矣。今日捕房人竟传言要钱,因由雪村属君毅与之接洽,许于破获后酬以五百元(薛已许其千五百元),始允即办,但阳生等赶到捕房,又托言礼拜六,须下礼拜一再办云云。黑暗如此,复有何言。予始终认为不理尚得中道,殊不必徒为纷纭也。致存训,取到金大先到之《汇刊》印费二千元。付谦豫六月分酒账廿一元二角四分(十二瓶)。致诚之,复告所询,并送《古史辨》十部去(八部已代为分头致送)。致洗人七号信。致敭、清七号信。复芷、汉信,编八十一号。复甫琴。致镜波、炳生。仲弟来馆,告淑侄病，喘急可危。散馆后，即告珏人。珏人于晚饭后往视，返云已渐平，盖暍热积食所致，非肺炎也。濬儿、顯、预两孙来，共与晚饭后去，顯孙留。

报载要闻：郭外长向英广播。寇机袭川、滇。外部电令驻德、意领馆人员撤退回国。考试院定期举行司法官临时考试。各省设立田赋管理处。上海美侨昨隆重举行开国纪念祝典。福克斯对维持汇率商定妥善办法。梅白格路一华捕利用在岗手枪，闯入人家枪杀三人，身亦畏罪自戕。天明绸厂经理刘庆一被绑。二期港米售价未定，公仓米今日到沪。美记者谈新嘉坡防务巩固。德军三路总攻，深入苏境。苏生力军增援，将有空前大战。波境大风雪，德军受阻。美陆军成立反抗坦克车队。维希发言人称，对华态度不变。

7月6日(六月十二日　乙卯)星期

晴，奇热。上午八七，下午九三。

清晨入书巢记日记。濬儿早挈预孙来。文权继至。午后热甚，文权在雪村所打牌，濬先归。晚饭后，权挈顯、预两孙去。宏官午后来，晚饭后去，知怀之仍将在苏就事。夜小饮。热难就枕，竟夕浴汗。夜接歘、清上月廿四日发桂一号详函，备知途中辛苦，到后又骤难服习，深用寄念。

报载要闻：中枢各重要长官定期发表特别广播。司法院长居正谈，七七起，废止各国领事裁判权。全国公路运输划归军会管理。寇机又袭川。寇在闽诏安湾宫汛强行登陆，正激战中。绥西寇遭遇重创。驻港签证处停发赴德、意护照。明日为抗战四周年纪念，沪各界停止娱乐，默数创痛。五外轮进口，首批公仓米抵埠者十六万包。豆米杂粮业栈司昨联合罢工。英国为纪念中国抗建四周年,即于七七节展开援华运动。法公董局法籍人员奉命效忠维希。罗斯福广播,重申维护自由决心,必要时不惜牺牲。苏、德战事,德未获进展。苏方宣布德军死伤已达七十万人。(德军强渡贝莱齐那河,被击退。)攻叙协约军再占重要据点。阿比西尼亚境残馀意军向英接洽投降。泰、越和约换文。

7月7日(六月十三日　丙辰　亥初一刻十一分小暑)**星期一**

昙热,入夜雷雨。上午八八,下午九四。

依时入馆办事。接颉刚上月廿一日渝发书,告《汇刊》编印详情。因电约科学黄叔园来洽,定明日订约付款。接洗人上月廿四日续信,附士敭信。为丕绳办出分寄《古史辨》第七册。饭后往中美取眼镜,即以第二副交之,属改配镜片之下光。(上月三十之晨,眼镜为室内棕绷倒下所击中,几遭危殆,当日即改戴第二副,即以破折之镜往中美托修,至是往取。)越然来还书,谈商务近状,云五专横,群小播弄,言之历历在目矣。(拔可不安求去,菊生推波助澜。)晚归小饮。

报载要闻:蒋发表告友邦书,言作战四足年,军事形势益为巩固。寇机廿七架袭渝,又袭昆明工厂。宁波附近,我军活跃。传满、蒙发生冲突。沪市水电加价,自本月起实行。米、煤、杂粮、日用品开始下跌。华商已购入之德货拟由温州内运。山海关路发生血案。苏军三度反攻,痛击德钳形行动。德军后方,苏游击队活跃。传英、苏订立经济协定。艾登演说,尽力援苏。传寇廷御前会议,决定对德、苏持观望政策。英、美密切注意德国攫取法国殖民地。

7 月 8 日(六月十四日　丁巳)**星期二**

昙热。上午八八,下午九三。

依时入馆办事。接绍虞三日信,知即寄《语文通论》稿来。午后黄如文来,谓绍虞属其就稿改正讹字,正谈洽间,此稿递到,遂如黄意改正。黄去,即复书绍虞告之。接维文书,转来伯樵六月廿六日港信。致振铎,送来薰阁书三包去。校《学文示例》。致颉刚,告已与科学订约,发稿付排,先付二千元,续款请即汇来。接瑞安陈绳甫书,托代购寄《文心雕龙注》。柏丞电话,属向雪村言,寄语曙先,勿干预校方辞退教员事。(董任坚、苏大雨约满不续,而方、戚、周等与之钩连,务与校方为难,知章比方,故托转劝。)其实方既不受人劝,章亦无能为力,甚且推波助澜,决不会代校方立言也。等于白说而已。晚归小饮。

报载要闻:蒋发表告全国军民书。郭外长对美广播。各地举行抗建四周年大会。蒋顾问拉狄摩昨由美乘飞机来华。昨日南市又遭封锁,寇宪兵司令部及沪杭路轨一段被炸。虹口华德路暗杀案,一日人受伤。工部局洋米售价,每石提高六元。南美洲秘鲁与厄瓜多发生边衅。苏军取攻势,德军被迫南退。苏、德海军在波罗的海交绥。意万吨巡舰一艘被英击沉。叙境协约军进攻贝鲁特。传希脱拉要求日本攻苏。荷印德、意侨民六百馀人撤退,转航赴日。

7 月 9 日(六月十五日　戊午)**星期三**

晴热。上午八九,下午九四。

依时入馆办事。寄《语文通论》版税契约与绍虞。复绳甫,告

《文心雕龙注》已售缺，无由代寄。致鞠侯，复告洗人行踪，并送《文学集林》五辑一本去。莲僧电告，十二晚在柏丞家集会，顺议《学林》编稿问题。致立斋，送查获翻版通讯稿，托在《申》、《新》各报发表（虹口翻版昨已由榆树路捕房抄获二千馀本，车送法院，人已远飏，未起诉，所耗已二千馀金），聊示打草惊蛇耳。晚归小饮。

报载要闻：寇机前昨袭渝，英大使馆中弹全毁；寇尔住宅受重损。闽江南岸克宏路。蒋表示无论寇南进或北攻，我决发动总反攻。翁文灏检讨经济建设。寇机袭滇，击落一架。工部局竟又核准公共汽车及电车于十四日起再涨价。批亚士轮末次航程明日抵沪，即将直返美国。美宣布接防冰岛。苏联军事代表抵英。苏各线反攻得手，德被迫取守势。美洲各国将设法阻止秘、厄作战。

7月10日（六月十六日　己未　出霉）**星期四**

昙热。上午八九，下午九三。

依时入馆办事。校马夷初《中国文字之源流与研究方法之新倾向》下篇。晚归小饮。

报载要闻：中枢举行国民革命军北伐誓师十五周年纪念。行政院会议，决任彭昭贤兼陕西民政厅长，又决褒扬沪农行殉难行员。经济委员会决定自由市场汇率。德、意外交人员即将离渝。中、菲筹设新航空线。财政部颁行统税新率。赣军冲入小洪山寇阵地。汾河两岸仍有激战。渝城头岩石崩坠，下滚入嘉陵江，毁屋数十幢，死伤居民二百五十馀人。顾维钧在英首次发表演说。复兴公债在沪抽签。平准会英、美会员先后赴港，闻在港有重要会议。明斯克东北，苏反攻获捷。李维诺夫广播，请英国共同抗德。英相宣布叙要求休战。罗马尼亚产油中心被苏机炸毁。苏、波将会商改善两国关系。

7月11日(六月十七日　庚申)**星期五**

阴,时有阵雨。上午八九,下午八四。

依时入馆办事。接齐大刘校长书铭七月二日书,询《学报》、丛书等进行成绩。续校马文毕。接贯吾书,属在《滇南碑传集》里封后面加印红字三行。旋得电话,即告照办。接校《学文示例》。晚归小饮。

报载要闻:蒋在三民主义青年团三周年纪念会致训。郭外长向全国广播。外部宣布,中、罗断绝邦交。拉狄摩飞抵檀香山。陆费逵九日在港逝世。社会部颁行示范县农会实施办法。贵池寇出犯被击退。襄西连日激战。寇机昨分三批袭渝。比大使纪穆佑抵沪。沪宁路飞快车又被炸,伤乘客二百人。英下院注视沪市米煤供应。安利洋行机器南运,在吴淞口被寇方扣留。市场米价续跌。美积极维持大西洋通路,已下令必要时对敌舰开火。苏、德各线酣战,歼灭德军一师。英接济苏战具,会商扩大海空合作。英促维希军退出贝鲁特。德、意新国界协定在柏林签字。

7月12日(六月十八日　辛酉)**星期六**

大雨,途中又见积潦。上午八一,下午八〇。

依时入馆办事。复书铭,详告经手各书进行状,并属将前寄颉刚各信速拆阅,或即转渝。致冼人、雪山,编列第八号。复歇、清,八号。致芷、汉,不列号。分致甫琴、镜波、炳生、祥麟、雨岩,洽各该处事务。晚六时在柏丞所集饮,九时许归,往返俱由何车送迎。晤振铎、予同、莲僧、颂久、纪堂、东华诸人,谈方等捣乱情形至可笑,予觉过度优容所致,独章不语,中有所偏袒耳。

报载要闻:郭外长谈美总统允尽量援我,秋季我决总反攻。粤东南黄岗城寇出犯闽边诏安,被击退,我军乘胜追击。参政会举行会议。顾大使觐英王,呈递国书。工部局调整职员津贴,重定永久办法。沙逊谈远东局势,谓日本不敢向美挑战。沪市存米达二百万包。苏、德战事转寂(德铁甲师亟须休养云)。苏加紧动员,备续战。维希考虑答复英、叙休战条件。法舰十六艘传向土投降。

7月13日(六月十九日　壬戌)**星期**

阴霾,时有细雨。上午七九,下午同。夜凉如水,豪雨达旦。

晨入书巢补日记。十时,道始来,就商苏州买房事究否定夺。予劝其决定购入,终较储法币为有益也。因被拉过其家,复偕同至四马路拍发电报,然后同车返予家,同进饺子以当午餐。适文权全家在,共谈至二时乃去。予复入书巢补日记,至三时始毕。接钞《观古堂书目》,至五时。接硕民昨发函,转附圣南与濬、漱信。夜小饮。权等于晚饭后归去。

报载要闻:某军事家谈国际局势,谓寇必攻苏,板垣任朝鲜屯军司令即其先声。(某军事家大氏为杨杰,结论谓苏联必获胜利。)闽、粤边攻克黄岗城。汉口法租界寇浪人与越捕冲突。政府投资一万万元发展川、康钢铁业。(估计桐油生产年值七万万元。)赣北夜袭湖口。滇境德、意侨民准备撤退。寇舰扣留广东轮案(即安利机件)英总领提出交涉。各民主国代表追悼波兰故总统。公共租界电车、公共汽车明日起实行增价。美按察使海尔密克昨突离沪返美。叙利亚颁停战令,邓资进行谈判。苏联最高指挥部改组,委伏罗希洛夫等三员分任三区总指挥,动员八百万人。

英聘大批美专家在英从事重要工作。罗斯福续向国会要求海军经费。

7 月 14 日(六月二十日　癸亥)**星期一**

霁,大风。上午七七,下午同。

依时入馆工作。看马夷初《说命》。道始电话托选文三十篇供其儿女暑中诵习,即选得活页文选十九篇,作函送致之。复硕民。复锦珊。致振铎,送北平来书七包去。接校容元胎《明代思想史》。午后往中美取眼镜(付六元),天适濛雨,急于归馆,鞋已透湿。仓卒不及细检,右面下光竟误配,甚懊恼,只得俟再往一行矣。接芷芬六月廿九信并汉儿同日发六十二号信。晚归小饮。

报载要闻:海军部长陈绍宽宣布,去岁水雷轰沉寇船八十一艘。魏道明飞港赴维希履任。江西北部收复靖安。太湖以西苏、浙边区我军近极活跃。中共发表宣言,重申抗建决心。法今日民主纪念,沪法侨奉命停止庆祝。传平准会在港会议结束,决维持沪市黑汇。英、苏缔结协定,共同抵抗德国,不单独议和。苏、德再度激战,德称突破史太林防线。叙利亚休战协定,维希代表签字。美保证不占葡国属岛。

7 月 15 日(六月廿一日　甲子)**星期二**

晴,大凉。上午七六,下午七七。

依时入馆办事。续校《明代思想史》。雪村未到馆,入克斋家打牌矣。中华书局陆费伯鸿将在港开会追悼,明日有人赴港,开明应有表示,而村偏未来,因为开明撰一联:“创业卅年,比踪民国;归真九日,痛失斗山。”又为村撰一联:“化鹤共兴哀,仰望士林留教泽;骑鲸当有憾,应期家祭告肤功。”饭后书之,属索非亲送中华,俾携港致奠。重往中美,属修正镜光,并配太阳镜一副,约下星期一往取。接洗人七日信,告子良已于二日客死柳州,身后萧条,闻之恻然。接诚之书,送《学报》第二期稿,属速排,并托代印格纸。散馆后,与廉逊偕赴克斋所,参与酒会,至则牌局尚未完,候久乃得食,已失酒会原旨;变质决无趣味,果终局为之不欢。到廉逊、丐尊、克斋父子、雪村、曙先及予,又别一赌友严姓。为食后续赌计,惟恐饮啖之不速已,而席间丐、曙复大骂暨大及振铎,实难入耳。以是,草草求罢,即与廉逊引归(伴送归,而后返)。付酒会份金七元。抵家后接清儿七日发二号信,详尽明澈,诸儿俱为感动已。予因以益念之,殊不舍任其远离也。(不为敭前途计,本不允其远引也。)就卧后反覆思忖,又益以变质酒会之馀愤,遂尔不寐。

报载要闻:英承诺废弃在华治外法权,昨在陪都举行换文。粤岸东边寇踪已肃清。赣北克靖安后又连克塘坪等据点。中央纪念周,白崇禧报告军训概况。川省改用新法造盐。鄂南克螺山。伪方企图攫夺申新纱厂,美兵已驻厂保护。(凶焰已挫,将无疾行。)电话公司劳资双方接受调解。苏竭力抵抗德军,克复西部两城。邱吉尔广播,即将扩大轰炸德国。中、英、美、苏反侵略阵线益具体化。传戈林因反对侵苏,被禁于集中营。

7月16日(六月廿二日　乙丑)星期三

昙,夜半后雨。上午七七,下午七八。

依时入馆办事。校毕《明代思想史》一批,接校《史记地名考》卷七,亦毕之。为夷初《说命》施标点。致丕绳,属转托柳存仁觅寄《北大四十周年纪念论文集》。道始来,属为《无锡先哲遗书目》

后代撰跋语。剑三送我字条一幅。晚归小饮。

报载要闻:行政院议,准中央大学校长罗家伦辞职,以顾孟馀继其任。又以魏道明出使,任蒋廷黻代理行政院秘书长。何军部长广播四年来作战经过。内政部地价申报处正式成立。赣北袭击小坳。电话公司电气部工人复工。英决停止供给日轮燃料食品。经济部严令取缔沪商囤积粮食。波罗的海苏舰奏捷,德舰廿馀艘受伤或沉没。苏联赴英军事团返国报告。叙停战协定成立后维希军将撤返,沪民主国联合会电特戈尔致敬。美政府要求国会拨款增建远东根据地。苏境中区战剧,苏军渡河反攻,逐退德军十八哩。戈林被禁后,凡反对与苏开战者均已去职。

7 月 17 日(六月廿三日　丙寅)**星期四**

阴,时见细雨。上午七七,下午七九。

依时入馆办事。为《说命》加标点毕。接看傅东华《汉语声纽转变之定律》。斐云、振铎来,与雪村及予商印斐云《校辑宋金元佚书》事。午饭后去。(一家春叫来便餐,甚少而贵。)晚归小饮。

报载要闻:郭外长表示,中国决不屈和。(谓即使美国出任调停,亦不议和,可见美与寇确有妥协之可能焉。)中、澳互派使节,人选已互相同意。中国农民银行总经理叶琢堂在美逝世。杨云史(圻)在港病逝。华中前线高级将领开军事会议。关吉玉等飞蓉,商田赋改征实物。经济、社会两部颁布《非常时期工商业及团体管制办法》。立法委员罗运炎在沪西被绑。寇方在大沪饭店捕去七华人。静安寺路捕房一西捕白昼在大华路遭枪杀。法租界平价米已到。燃料售价下跌。英总领事广播,勖勉全沪英侨。德攻势无进展(预定计划未就,损失相当重大),苏军展开反攻,列宁格勒方面德军西溃。维希发表叙利亚停战条约内容(协约军已开入贝鲁特)。美政府要求国会展长兵役期限。寇近卫内阁突提总辞职。菲岛两海湾敷设水雷。英远东军总司令谈,准备应付事变。

7 月 18 日(六月廿四日　丁卯)**星期五**

时雨时晴,夜甚雨。上午八〇,下午八四。

还霉返闷,殊不适。依时入馆办事。接存训书,谓守和赴美之行作罢,前征陈列之《师石山房丛书》及《新元史》可以取回,望持凭向李照亭一取。午后致函照亭,即取回。续校《滇南碑传集》,毕一批。虹口破获翻版案经季康之疏通,决与和解,即将所拟悔过书稿及当事者登报道歉稿送道始核阅,约明日晨取回。晚归小饮。

报载要闻:国府公布《姓名使用限制条例》。徐州、宜昌等处寇军需纷纷撤退。重庆召开重要会议,讨论国际问题。寇机空袭老河口。长子西犯之寇被击退。工部局开会讨论煤气公司自动减价。伪方督察秦杰在白利南路被枪击。"八一三"、"九一八"两纪念日将临,两租界预筹戒备措施。开滦公司将运煤来沪,接济电力公司。近卫三度组阁,重光葵或将继松冈洋右任外长。苏德将成拉锯战,斯摩伦斯克区有战事。苏当局改组政治宣传机构。英军接收贝鲁特行政权。

7 月 19 日(六月廿五日　戊辰)**星期六**

阴雨,傍晚放晴,夜又微雨,旋止,星光烂然。上午八三,下午八四。

依时入馆办事。复诚之,告《齐鲁学报》第二期已付排,代印格纸已好,连锌板送还之。定廿一日晚在四马路万利酒楼宴请斐云、贯吾、存训、照亭、起潜、景郑、振铎,即为分发请柬,并顺将应缴北平图书馆新书送贯吾转。复芷、汉,列八十三号。寄世泽、镜波、甫琴、祥麟、雨岩、炳生、联棠,分别答复及洽事。接祥麟来函即复。寄洗人九号书。寄觑、清九号书。翻版人史孟邻、王高清介刘季康、夏广隆、周文夔来签悔过书,先约君毅来莅。君毅以四时至,史等直至五时始来,谈妥已将六时。急行归,家中已过晚饭,仍从容小饮。就卧后为邻猫打架所扰,失眠三小时,甚苦。

报载要闻:各地踞寇最近均将撤退。寇机廿七架昨又袭渝。晋南我军进击得手,辉县寇败退。皖省克三丈口。三期节储总额达四万万元。纳税华人会办事处被伪方强占。罗运炎被解江宁。煤气公司核减附加费。近卫新阁组成,丰田任外长,陆海长仍旧,事实上只去一松冈耳。美总统召海军顾问商讨远东局势。苏境四主要阵线,苏、德各增援,战况剧烈。霍甫金列席英阁议。苏、捷签订协定。苏重申对日友谊。

7月20日(六月廿六日　己巳)**星期**

晴。上午八〇,下午八一。

晨入书巢补记日记,十时大椿来,谈悉近在合中进出口行任会计,移时去。复入书巢补记,直至午后二时始毕。嗣为道始撰《无锡先哲遗书目跋文》一首。傍晚,濬家全来,夜饭后去。予仍小饮。

报载要闻:外部发言人招待记者,纵论寇阁形势,渐及驳斥军事同盟谣言。拉狄摩飞抵重庆。国、共军队又起摩擦。大股踞寇撤离山西。外部停闭驻丹使馆。绍兴附近,我军袭击太平店。沁阳寇仓库被焚毁。美陆军航空团长飞渝,训练我国机师。江海关发表上半年度出超逾六亿元。工部局总办费利溥赴日,包文亦将离沪。沪市存米逾二百万包,月终且有巨额洋米到埠。平准会商定维持沪市外汇原则。苏、德战事侧重中部。德方宣称占领斯摩伦斯克。波总理演说苏、波关系。寇阁采纳军人建议,进行战时内阁任务。近卫、丰田声明日政策不变。英任命特来古柏为新加坡总督。美国务卿宣布将扩大出口统制。

7月21日(六月廿七日　庚午　初伏)**星期一**

晴。上午七九,下午八〇。

依时入馆办事。接绍虞十八日书,寄还《语文通论》契约。接芷芬十日书,汉儿十日发七十二号书。以雨故,警报稍稀云。接诚之书,属送《学报》中之英文稿一篇与陆云伯。以检出作函致云伯。致道始,送办理翻版案公费五百元,并附代撰跋文。接洗人十二日书,歞、清俱无附信。极念清儿体弱,或又为病所困欤。夜在万利宴斐云、贯吾、存训、起潜、景郑、振铎,雪村与予具名,调孚陪(照亭以病未到)。八时散归。

报载要闻:蒋首次接见拉狄摩。中央希望共党仍一致团结。广济东北发生激战。繁昌西南我军进击。闽江两岸均有激战。寇对华将取守势。美红会赈麦今运抵沪。外滩一带房地产多数酝酿出售。商务印书馆今日复业(停顿已数日矣)。史太林任苏联国防委员长。美密苏里大学新闻院长马丁逝世。维希协理达朗接见日大使。(又有阴谋贼害远东。)美政府要求国会授权征发私人产业。美外交界料日本将提早废弃苏、日协定。苏海空军联合击沉德舰十一艘。玻利维亚破获纳粹阴谋。

7月22日(六月廿八日 辛未)**星期二**

晴。上午八〇,下午八三。

依时入馆办事。校《秦汉史》。代绍虞收到《学林》稿费卅六元(文为《中国文字型与语言型的文学之演变》)。晚归小饮。

报载要闻:拉狄摩谒郭外长,力言美行政部官吏均切望国共合作。晋南克复永济、虞乡等地。鄂东克复广济。福清附近仍有激战。行政院核准汉航政局改组事宜。伪军队长王德周被狙击,立殒。又猪肠商人夫妇同被暗杀(当系仇杀)。寇方在仁智里大肆搜索。马勒轮装机件出口,遭寇方扣留。时令不正,二十日中路毙千五百馀人。德进展迟缓,苏歼灭德炮兵两营。苏政府局部改组。英阁员亦有更动(古柏调任新加坡总督)。英相电迎希王赴英。西贡发见怪飞机(当系寇机窥伺)。南非日侨撤退。德、保军集中土边,谋夺鞑靼尼尔。寇新阁与最高统帅部举行联合会议。

7月23日(六月廿九日 壬申 未正三刻十分大暑)**星期三**

昙,时飘细雨。上午八一,下午八四。

依时入馆办事。昨日馆中新购入缩印本《四部丛刊》四百四十册,今日督理上架。续校《秦汉史》。接丕绳书,复告《北大四十周年纪念论文集》已函托存仁设法,顺询《国史大纲》开明有存售否。(如有,延国与宽正俱要。)付七、八两月房捐五十四元。复绍虞,告契约已收存。《学林》稿费卅六元亦代存。斐云来,切商印行《校辑宋金元佚书》事。允即估价议约。晚归小饮。

报载要闻:蒋电贺史太林兼任国防委员长。英国对德、意承认伪组织事表示严正立场。(中、英双方在陪都互用照会发表)。行政院通过徐谟任驻澳公使,给予大使待遇。陈光甫、福克斯由港飞抵渝。华北踞寇调赴满边。皖、豫我军皆获胜利。丰县我军袭击许口。工部局今日开会,讨论征收特种营业税案。(破坏我税制,不容有此。)宝大祥绸布庄被人置弹警告。(大贩仇货。)全美助华会捐款超过百万美金。米铺自动贬低平米售价。德机二百馀架首次袭莫斯科。苏军仍坚守斯摩伦斯克。美对英贷款四万万二千万美金。美总统展长兵役咨文,痛陈时局危机,要求延长一年。英、美、荷印对越南禁运汽油。寇将向缅甸路线取攻势。日本暴风雨为灾,东京毁屋一万二千宅。

7月24日(闰六月初一日　癸酉)**星期四**

丑初雷雨,至辰末始稍杀,积潦盈途。上午八四,下午同。

晨起不能出门,延至八时始强行,展转涉水乃得到馆,窘甚。傍晚归,水犹未退,附廿二公共汽车,勉挤乃达。上海租界市政日窳,而征收日增,是殆末运将终之兆乎?入馆后续校《秦汉史》。坚吾约饭杏花楼,赴之,晤刘季康、朱明诗及曹、陆两君(俱世界同人)。为商标事又遭驳回,托再呈复。允下星期内为之。购二妙丸三两,又增价矣(原价每两六角,今增至一元矣)。接芷芬十六日书,汉儿十六日发七十三号书,悉济昌已去腾冲任教,并知已有信径寄其家属矣,为之大慰。斐云书来,寄到《馆藏碑目跋》。即交调孚速排,俾了一事。夜仍小饮。

报载要闻:全国节储金额已超过四万万元。晋南寇出犯,被击退。赣北、鄂南连日出击,均奏捷。军委会发言人解释国共事件。平准会在港讨论统制沪、港投机问题。云溪东北铁桥被炸毁。苏北我军进袭泰县城郊。自来火自动减价,工部局会议已通过。寇轮航期已不公布。(除赴长崎外,拒绝售票。)工部局洋米又到一万包。寇领署拒签外人赴日护照。寇向维希提出对越要求,正扭捏中。乌克兰苏军阵线东移。莫斯科又遭空袭。美将购苏原料,抵付在美所购战具。英、美成立协定,应付远东局势。

7月25日(闰六月初二日　甲戌)星期五

阴霾,潦未尽退。入夜又雨。上午八三,下午八五。

依时入馆办事。续校《秦汉史》。诚之来,洽云伯稿件,并送还代印格纸费十八元。复丕绳,告《国史大纲》开明并无代售。夜饮蜀腴饭店,盖开明与世界公请商务新经理鲍庆林、李伯嘉也。鲍因病未到,凡到伯嘉、冰严、仲康、季康、明诗、索非、调孚、高谊、雪村及予十人。此店以设备贵(有冷气装置),物奇昂,百元一席,远不逮万利之六十元,而种种外费亦几及倍云。八时三刻散,已雨,乘高谊汽车以归。

报载要闻:寇在潮阳西南海门对岸登陆,被痛击。由皖北洋河北犯之寇已被包围。垣曲西南白浪渡之寇向南岸开炮。国府定期发行粮食国库券。黄河水利委员长孔祥榕在西安逝世。乌盟西公旗召开旗务会议。南洋华侨捐献滑翔机百架。美医药助华会捐赠大量疫苗。法大使戈思默前日飞平。闸北宝山路日商机房被人搬走大批材料。外籍赴日旅客登轮时被阻回(但寇领署否认限制外人赴日)。南华线英轮客票涨价。维希又对寇屈膝,允许占领越南南部。斯摩伦斯克区苏、德仍在激战中。(德自承进展迟缓,苏公布歼德摩托军一团。)苏军事团员返英。英、美议定联合计划,对寇实施经济制裁。美海军准备完成实施远东政策。

7月26日(闰六月初三日　乙亥)**星期六**

阴雨,竟日霉象,至感不适。上午八三,下午同。

晨入馆遇雨,履袜尽透,恚甚。寄歙、清十号书,备述相念之殷。并附去致业熊、静鹤信,属婚礼务期撙节,兼询家英行止。寄芷、汉八十四号书,复告近状。接圣陶八日寄五十五号书,复此间去信四十九号者,即复以五十号书询五十四号来书是否寄失,抑此号误编也。寄洗人十号书,详陈一周来公私近况。寄晓先,询士信夫人带去衣包收到未(附筑处托转)。分致雪舟、祥麟、镜波、世泽、炳生,洽公事。晚归小饮。珏人因日来气候失常,饮食不无欠慎,致患腹泻,体软疲思睡。

报载要闻:外部对寇侵越南事发表声明。闽省攻克东张。粤中收复杨梅等处。寇在天津禁止猪鬃出口。稷山出犯之寇被击破。工部局暂时不致开征营业税。两外轮运到面粉四十万包。德籍犹太人与白俄冲突,受伤者约五十人。美发表强硬声明,斥责日本侵越。斯摩伦斯克区德援军被歼。美众院度支会提八十亿新经费案。

7月27日(闰六月初四日　丙子)**星期**

阴,近午雨,旋止,曾露日,复阴。上午八〇,下午八二。

晨入书巢补作日记。十一时毕,少须,即饭。饭后钞《观古堂藏书目》,毕史部,续钞子部序例及儒家类目,四时始罢。组青、锦祥来。谈苏州及朱家角近事,知悦之又将就朱家角监公堂事。傍晚,宾若夫人来,知济昌确在腾冲,亦有信抵家矣,少坐便行。夜未饮(谦豫未送故)。

报载要闻:外部发言人对英、美冻结寇资金表示满意。国民参政驻会委员举行十次例会。我增强滇、桂边境防务。彭泽以南我军进袭。驻美胡大使与威尔斯会谈。沪市英、美银行停止付给外汇。英大使馆对寇扣勒外轮货物案发表声明。工部局英董米契尔辞职。爱而考克路一寇兵被狙击。寇方长江商轮停售客票。英、美、加同时宣布冻结日本资金,英且通知日外省,废止英、日间各项商约。(日亦以冻结英、美资金为报复。)苏派代表团赴美,商购军火。苏揭发德侵土文件。越南与日签联防协定。

7月28日(闰六月初五日　丁丑)**星期一**

阴雨。上午八三,下午八〇。

依时入馆工作。接清儿十六日发四号书。斐云来洽。仍校《秦汉史》。付煤球半吨一百五十元。使人去陆云伯处取回稿件。附来一信,属转诚之,因作书与诚之,顺送校样一批去。复起潜,谢为《汇刊》题签。为《学林》看季伯康《三国裴注音例》,即致书莲僧,示可用。致颉刚催汇款并商两事。附《史记地名考》清样与宾四,仍寄刘书铭转。接歇、清十六发三号信,静十三发二号信。晚归小饮。

报载要闻:缅甸使命团飞渝。寇机一〇八架分袭川省各地,另六架袭洛阳。寇在鲁省日照东北王家堆登陆。苏联使馆在渝发行报纸。潮阳西南之寇已击退。潜江之寇企图渡河未逞。顾大使与英外部加紧联络。沪宁货车触雷炸毁。法租界水电电车、公共汽车下月一日起一律增价。申新九厂经理吴增裕父子被寇方捕去。沪西土山湾寇哨兵昨晚被人枪击。美在菲设立远东军司令部。苏军反攻获胜,击溃德军两师。苏代表团抵美,已与威尔斯等会晤。

秘鲁、厄瓜多停战。美制大批飞船将加入荷印空军。日、越新协定实施,寇兵已侵入西贡。

7月29日(闰六月初六日　戊寅)**星期二**

晴。上午八〇,下午八六。

依时入馆办事。赶校《学文示例》。道始来洽。晚归小饮。

报载要闻:孔祥熙向美广播,重申抗战决心。渝地德、意两大使馆正式封闭。寇机五批昨再袭川,我机起飞截击,击落两架。寇传如与苏战,我必发兵援苏(官方却否认其事)。粤沦陷区踞寇大批撤退。江海关昨发表通告,擅禁八种货物出口。工部局变更地皮章程,签约国竟悍然批准。美、英冻结寇资金后,各市场俱起激剧反应。处理我国对外贸易详细办法,外商银行正在协议中,即将公布。昨晨三井碻雄住宅及伟大祥棉布庄俱有炸弹爆发(均在法租界)。寇方宣布冻结英资产。霍甫金在英广播,援助中、英、苏。苏、德战事侧重中、南两区。(德称中区战事已结束。)传德、保军四十万集土边。美海军准备完成,足以应付两洋事变。(传美舰队已驶远东,准备作军事封锁。)

7月30日(闰六月初七日　己卯)**星期三**

凌晨大雾,旋晴,近午阴,午后畅晴。上午八三,下午八六。

依时入馆办事。续校《学文示例》,毕一批。予同电告,《俄国革命史》款八元已代开明付出,因即作函出账还之。午后续校《秦汉史》。晚归小饮。

报载要闻:行政院通过《省粮政局组织大纲》。寇机又分三批袭渝新市区。蒋拨款救济蓉市难民。长江两岸及赣北之寇均准备撤退。湘北我军夜袭白羊坡。连江中岩山寇股中地雷。沪美商银行奉令实施资金冻结办法。寇方加紧统制输出品，海关扩大禁运范围竟增至十一种。华北日领署通告，冻结英、美资金。工部局工程处工头朱承山昨被绑。哈里克斯访威尔斯商远东局势。荷印废止对日石油协定。苏军各路猛烈反攻，德攻势失败。美众议院通过国防经费。英财部亦发训令冻结华人在英资金。

7 月 31 日（闰六月初八日　庚辰　中伏）**星期四**

晨仍有雾，午前微雨，午后晴，转热。上午八四，下午八六。

依时入馆办事。续校《秦汉史》，粗毕一批（尚待复看），插校《学文示例》。午后为坚吾重弄文件，移时始交去。付谦豫本月酒账廿一元六角。付先施火腿十元。接清儿七月廿日发五号信。接济群七月十九日渝发信。晚归小饮。

报载要闻：寇机又袭渝，美国驻舰尾系小汽艇被炸沉。苏使馆附近落弹多枚。青岛踞寇进占亚细亚火油栈。粤中之寇准备南进。江海关擅禁商品出口增至十五类，惟棉纱一项以与寇方有利，则又解禁矣。沪宁、沪杭两路车辆集中江宁，班次减少。进出口商正当需要可依法声请外汇。老闸捕房探员陈志洪昨被枪杀。香港限制过境妇孺登岸。艾登在下院声责日本侵越。霍甫金由英飞抵莫斯科。苏、波公约在英签字。英警告伊朗，不能允德人继续入境。荷印如至极紧迫状态时，决将油井油厂破坏。印度冻结中国资金。

8 月 1 日（闰六月初九日　辛巳）**星期五**

晴热，入夜尤闷。上午八四，下午八八。

依时入馆办事。校毕《学文示例》全部。续校《滇南碑传集》。午后灿庭来,送到八百元,找付家英旅费,旋辞去。查此次旅桂,人摊一千二百八十元一角二分,应俟细账到后再算还馀尾十九元八角八分。晚归小饮。

报载要闻:郭外长在中英文化协会演说,谓中、英、美更密切合作,必当首先击败日本。宜昌踞寇向东北进犯,已被击退,我军攻克长岭冈、五金山。沪英商银行奉令实施冻结资金,存款现金均封存,较美商尤严厉。旅沪荷侨准备撤退。寇在沦陷区派兵监视英、美商业。(华北英、印、荷兰资金统被冻结,占青岛亚细亚油栈即其一例。北平外侨粮食购买且将形成问题,有不继匮绝之说,故皆大起恐慌。)怡和、太古、渣华三公司轮船华南班客票、水脚均加价。法租界水电及公用车辆加价,今日已实施,约加百分之五十。一般负担陡重,不知何以善其后也。霍甫金晤史太林,商援苏问题。艾登在下院报告苏、波协定。炸损美艇案,丰田向美道歉。伊朗复照,英认为不满。传寇又向泰国提要求。英、苏空军联合袭击挪威。美仍希望日本脱离轴心。(无怪绥靖妥协之说甚嚣尘上。)

8月2日(闰六月初十日 壬午)**星期六**

晴热,竟夕浴汗。上午八五,下午九〇。

依时入馆办事。校毕《滇南碑传集》一批。又校《学文示例》编例及序目。寄芷、汉八十五号信。寄歙、清十一号信。寄洗人十一号信。寄雪舟、祥麟、镜波、炳生,分洽各事。所得税回件取到,费尽人力及时日,仅获一纸空洞语,官厅之为物,诚蠹丛矣。人民宛转其下,奈何不憔悴以死乎。晚归小饮。

报载要闻:寇将在华撤退四十万人分赴南洋及东北备战。渝妇女慰劳总会举行四周年大会。华南踞寇对货物往来加以限制。中、英密切合作,维持远东发展。香港宣布管理外汇新条例,法币在限额内仍可照常汇沪。兆丰公园门前昨晚炸弹爆发,死伤十馀人,掷弹者立殉。南市封锁。两租界特别戒严,均为伪方提灯庆祝所谓八国承认伪府而起。(此事本与尼姑生子相仿,而偏欲分发红蛋,是诚无耻之尤耳。)美总统接见哈立法克斯,讨论远东局势。日、泰成立经济协定,泰贷日一千万元。(日更向泰提军事合作要求。)美援苏积极进行(总统接见代表)。斯摩伦斯克区德军被迫退却。美创设国防经济会,副总统任委员。

8 月 3 日(闰六月十一日　癸未)**星期**

晴热。上午八九,下午九三。

清晨入书巢,补周来日记,至十一时始毕,热甚。午后,文权来,笙伯来。傍晚,濬儿来。俱夜饭后去。薄暮,予仍小饮。

报载要闻:郭外长招待中外记者纵谈国际局势(反对绥靖日本)。湘、滇、黔田赋管理处均告成立。粤南舰寇在广州湾西营海面登陆。粤行政会议开幕。华中踞寇作大规模撤退。(恐系诡谲宣传。)华北各地被阻外侨均不克返沪。香港列入英镑集团,沪、港对汇将受影响。图图拉事件,日向美司令道歉。虹口两日商烟厂工人罢工。法租界禁止苏联广播。美总统下令禁止汽油输出西半球以外之侵略国。寇向泰要求独占贸易并军事根据地。斯摩伦斯克区德军一师被歼。美援苏将不适用租借案。英与芬宣布绝交。美海军接管檀岛海岸防御。美对英贷款已付一万万元。美军备程序费达十万万元。

8月4日(闰六月十二日　甲申)**星期一**

晴热。上午八七,下午九一。

依时入馆办事。复看前校《秦汉史》。宛春以所著刻本《霜红词》见贻,由调孚转来。谦豫酒未送来,晚归空候,至感不快。

报载要闻:广湾西营登陆之寇败退回舰。粤东克复潮阳。徐谟定十日飞港,转澳履任。缅甸观光团飞返。湘北我军在岳阳外围施行破坏工作。寇机昨分批袭湘。救国公债决抽签还本。两租界当局计划抑平米价。万国商团组防空队。上海贸易遭受限制,美商有严正表示。法商水电公司发生加薪纠纷。美军在西海岸举行大演习。美加强菲岛实力,派军官前往服务。乌克兰境德军采新攻势。苏焚毁德坦克车三百辆。霍甫金离苏。寇众囤聚越、泰边境,泰国局势严重。美致牒维希,斥责与德、日合作。美对日已采取有力行动。

8月5日(闰六月十三日　乙酉)**星期二**

晴热。上午八六,下午九二。

依时入馆办事。为《学林》看张怀民《读荀小识》。看毕《秦汉史》一批,函送诚之。接衡、桂昨日下午四时电,各报平安,显见当地受炸之烈。为季廉方《三国裴注音例》施标点,徇莲僧之请也。谦豫酒今晨去催,谓今日必送。乃晚归候用,迄不至,恚甚。因属同儿在虞永兴购酒一元饮之,味恶殊难下咽。勉尽一杯,而谦豫酒至,盖原送熟伙已辞歇,另易生手,遂致探索耽误耳。再酌一杯,聊慰枯吻。

报载要闻:郭外长在中枢纪念周报告国际情势。由宜昌北犯之寇被击退。许地山在港逝世。(比较宗教哲学家之硕果,今已矣。)龙云谈最近日本动向。华中各路寇酋将在江宁召集军事会议。寇机昨袭湘、桂。豫北、晋南各有小接触。英政府电令沪三银行办理外汇供给。法租界内破获两非法税收机关(伪方所得税、营业税征收处)。法电工人罢工,界内公共车辆完全停顿。澳首相宣布英将派舰队驻太平洋。寇海军在越南康澜湾布防。乌克兰激战,德国窥敖德萨。英、苏将在北冰洋联合作战。霍甫金抵英。地中海意巡舰一艘中英方鱼雷。

8 月 6 日(闰六月十四日　丙戌)**星期三**

晴热。上午八七,下午九一。

依时入馆办事。校胡朴安《从文字学上考见中国之声韵与言语》。复伯樵九龙(由维文转来之信已旬日矣)。接芷芬上月廿九日信,汉儿事忙,附言而已。晚归小饮。

报载要闻:行政院决议,任命高阳为广西大学校长,并请明令褒扬叶琢堂,又通过救济难民办法。陪都德、意使馆改为比、澳使馆。宜昌东北出犯之寇正迎击中。财部统一税收机关,决推行至各市县。寇机轰炸延安。美政府照会沪中、中、交、农四行,委托经营外汇。太古顺天轮突驶新加坡。美孚油船遭寇方扣留。法租界有轨电车一部分被探捕监迫驶出。美决全力援苏,苏、美商约延长一年。乌克兰大战侧重基辅方面。波、苏海军占领芬兰五岛。维希再向美保证,不割军事根据地与德、意。英印军续开新加坡增防。寇众蚁聚西贡。英舰队在暹罗湾出现。美众院通过庞大赋税案。

8月7日(闰六月十五日　丁亥)**星期四**

晴,有风甚劲,午后阴合。上午八七,下午八八。

依时入馆办事。续校胡文。买二妙丸三两及鲜生地,共二元八角一分。晚归小饮。

报载要闻:行政院经济会议决由四川总处年拨六千万元,奖掖各重要生产事业。鄂中克复浩子口(前由宜昌犯郝穴之寇已被击退)。寇机袭陕、甘、赣各省。皖南沿江有激战。美实施冻结令详细办法已到沪。四行供给外汇办法由财部命令颁布。法电工潮解决,今晨各车辆已恢复行驶。八仙桥宝大祥棉布庄被炸,伤五人。美将援助中、苏、荷印战机四五百架(向加拿大转购应用)。艾登表示英对日侵泰立场。苏、德北线激战,德精锐受创。阿特里在下院报告战局。美军火首批已启运往苏。传美总统出海垂钓,实将与英首相作会晤。

8月8日(闰六月十六日　戊子　辰初一刻七分立秋)**星期五**

飓作,暴风疾雨,道路泛滥。上午八六,下午八三。

依时入馆办事。晨往犹乘电车,晚归与雪村、孑如、均正、索非合雇汽车以行,否则滞裳矣。看《蓟汉昌言》。予同电托支版税二百元,作书备明晨送去。夜小饮。虽苦风雨,转凉甚快也。

报载要闻:宜昌对岸攻克余家铺、易家坪等据点。寇众陆续抵越后,我军在滇已有准备。张学良患盲肠炎。兰州发生大规模空战,我空军大显雄威云。浙西我军猛攻长兴。长江水势猛涨,突破三十年来纪录。上海租界商人声请外汇须经政府核准(由中、交两行供给)。烟台撤退外侨,今日可抵沪。英、美决采联合军事措置,应付泰国恶劣局势。(照会泰,速采坚决立场。一面严正表示,日不得任意侵入。)捷、波军事团抵苏,组织军队。艾登在下院论苏、德战事。泰戈尔逝世。罗斯福仍遨游海上,美要人有续往者。美、苏交换牒文。叙利亚各部分将由协约军占领。

8月9日(闰六月十七日　己丑)星期六

阴雨,风犹未息,午后时晴时细雨。上午八二,下午八三。

依时入馆办事。文权约今晚过饮其家,因阻水却之。付七月分家用电费五元另六分。付昨归汽车摊费一元一角。寄歇、清十二号书。寄复芷、汉八十六号书。寄洗人十二号书。分致各处主任,寄所得税证件照片,备应付。晚归小饮。

报载要闻:宜昌寇三路西犯,均被击退。我军向沙市猛攻。寇机又袭渝及湘、赣等地。中、英合作保卫滇缅路,我劲旅增防滇边。东流进犯之寇三路均被击退。豫军攻入王庄。美大批棉布运华。飓昨掠沪过,风雨竟日,全市大水泛滥。电力公司将实施节电新办法。两租界为"八一三"期近,昨起特别戒备。乌克兰苏、德战局胶着,双方坦克车一度激战。(苏否认所谓史太林防线。)美油船四艘移交苏联。泰国表示保卫疆土决心。意相次子堕机丧生。

8月10日(闰六月十八日　庚寅　末伏)星期

晴,有风习习,颇有秋意。上午八二,下午八七。

晨入书巢补日记,较三日之暑,不啻易季,伏案甚快,十时已毕之矣。午后闲翻架书。夜小饮。

报载要闻:宜昌东北我军连获大捷,寇伤亡五千馀。大批寇机又迭扰重庆(廿四小时内五次)。高级军官在滇监视国防布置。(政府否认中、英成立军事协定。)荷兰、瑞士在沪侨民开始撤退。统甲公债昨晨抽签。中华日报馆炸弹爆发,房屋全毁。(足见疾恶之烈。)英、美决心维护在沪权益。美孚油轮汽油二千馀桶被寇方没收。美按察署副执行官铁德尔庞突遭拘押。黑海方面激战,德图围敖德萨。苏空军两度袭柏林。叙利亚英军扣留邓兹。魏刚返维希。泰国宣称必要时不辞一战。赫尔答复寇方所谓受包围说,谓守法国家必不致被包围,如被包围,实属咎由自取。传罗斯福、邱吉尔秘密会谈,史太林亦参加。

8 月 11 日(闰六月十九日　辛卯)**星期一**

晴热。上午八五,下午八九。

依时入馆办事。续校胡朴安《从文字学上考见中国古代之声韵与言语》。曙先来,知已辞暨大教职。晚归小饮。

报载要闻:蒋夫妇茶会招待英、美、苏外交人员及外国记者。闽永安击落寇机一架。大风雨袭渝成灾。郝穴附近有激战。寇机袭昆明、西安、咸阳、宝鸡等地。南昌东北克复据点。寇在东四省边境增兵。通城前线我军袭大沙坪。救国公债首次抽签。沪市物价又激涨,两租界当局谋设法抑平。芝巴德轮昨启碇,荷侨附轮撤退。V 字(胜利)运动已扩展至上海。又一飓风向沪疾进中。哈立法克斯谒赫尔,商远东局势。乌克兰区苏、德两军相持中。美传德军假道西班牙入非洲,将窥法属达加尔。远东情势紧张,澳准备动员六十万。美中型轰炸机数百架开始运苏。德对苏闪电攻势失败,又改计谋攻土耳其。泰阁开特别会议应付当前危局。

8 月 12 日(闰六月二十日　壬辰)星期二

晴热,遏塞奇闷,午后大点雨,旋止。上午八六,下午八八。

依时入馆办事。致绍虞,告《学文示例》及《语文通论》均将出版。晚归小饮。

报载要闻:蒋电唁泰戈尔家属。王世杰招待记者,否认我军开入缅境。豫游击队由郑州渡河发动反攻。晋游击队向同蒲线推进。鄂西克复郝穴。我战斗机在成都上空与寇机九架作战,尝击落寇机一架。政府拨款交平准基金会,实行稳定沪市法币。法租界限制食油市价及米价。中国银行规定办法,处理未了结外汇。澳内阁开紧急会议。美注视维希局势,如允德利用根据地,即与断绝邦交。南北两线德军稍获进展。斯拉夫民族在苏开代表大会。美在太平洋岸举行军事大演习。泰国发出严肃警告。传英、美两巨头已商决在远东联合行动。马来日侨开始撤退。

8 月 13 日(闰六月廿一日　癸巳)星期三

晴,有风。上午八五,下午八八。

清晨入馆,以沪战四周年纪念,沿途戒严,自老北门下车后竟路路阻断,沿外滩始入公共租界,甚窘。但不一刻均正来馆,已全撤除矣。致道始,附去致所得税处填送一甲报告表三份之公函一件,仍托代为转去。接允中无锡来函,即复。致良才,托续保火险,以接得太平洋保险公司通知,知原保期于本月十五日届满,且拟增加保额为五千元也。斐云来,知守和已由港来沪,前谈印行《校辑宋金元佚书》事可即定局,正就此间所拟两办法中择一签定云。同时交来董作宾所撰《甲骨文研究》,商为印行。晚归小饮。

报载要闻:蒋发表“八一三”四周年日告全国军民书。陕省府主席熊斌等宣誓就职。张冲在渝病殁。鄂西我军反攻,寇步退。信阳、随县间寇骑兵被围。沪美侨一部分拟附轮撤退。赫尔表示美远东政策不变,否认对日绥靖。英驻日大使克莱琪访问丰田。德军在苏全线进攻,苏军正猛烈抵抗中。达尔朗权力日扩,将兼握兵柄。魏刚返北非。美、英会商制止日本南进。英、苏空军联合作战,柏林再遭空袭。英、美对法关系日形紧张,势将绝交。

8 月 14 日(闰六日廿二日　甲午)**星期四**

晴,有风。上午八五,下午八七。

依时入馆办事。接洗人八月一日信及处总四号信,知此间八、九两号信俱到矣。接联棠、炳生、士竑信,知雪山已返桂,甫琴赴惠阳。惟清、汉俱无信,甚念。晚归小饮。

报载要闻:寇机又袭渝,报人招待所被炸毁。昆明又遭寇机空袭。太湖南岸游击队克复新塍镇。鄂西我军迭克白鹭湖周围重要据点。昨晨发生三炸弹案,沪西特警分署办公室炸毁。平准会美帮办来沪,加强冻结措施。挪威总领事馆及英情报处,寇方竟通知迁让。租界当局进行评订物价。英、美对土提保证,倘遇攻击,决为后援。乌克兰战事,德称进抵黑海。维希内阁改组(将被迫参加轴心),达尔朗果兼长国防。美众院通过展长兵役案。澳洲内阁对战局作重大决定。美将占领法属马丁尼克岛等地。越南南部全被寇占。

8 月 15 日(闰六月廿三日　乙未)**星期五**

晴,午后阴,闷热。上午八四,下午八六。

依时入馆办事。八时许,四马路中央捕房门前发生枪击案,探捕追逐匪徒,双方开枪达三十馀响,行人奔避,情形甚为紊乱,适雪村未至,颇为萦念。不五分钟,扬扬来,事已平,咸为称幸。事后调查,五洲药房、中华书局、中英药房之橱窗大玻璃均受弹击穿。被刺者为九江路和成银行经理嵇鲲生,当场殒命。巡捕一死一伤,凶徒擒获两人,一已受伤甚重,路人遭流弹伤者达九人之多云。今日起,总店实行改价,并通函各分处限于九月一日起照改定新价实售。致诚之,送校样,取回前送之样。带回刘重熙序文一篇。接丕绳书,告柳存仁复称《北大四十周年刊》无法取到。并询宾四《史记地名考》中之楚、吴、越地名有无特异之见。斐云来,言已择定先付两万元,印出售至十分之七时,提还作基金之办法,属为缮约四份,便送签订云云。谈有顷,辞去。是夕本有酒会,以畏见丏、曙之使酒骂座,托故辞去,过饮濬儿所,珏人先已在彼,晚饭后同归。

报载要闻:府令修正《惩治偷漏关税暂行条例》,施行期间再延长一年。各地纪念第二届中国空军节。鄂中各路乘胜向寇追击。寇机再袭重庆,并及襄阳、永安。晋军袭攻夏县、安邑。苏州前日发现炸弹。沪市各华商银行限今日起轧平外汇。工部局总巡包文赴美。福利面包厂失慎。赵主教路破获大毒窟。柯立芝轮改今日出口。罗斯福、邱吉尔会晤事揭晓,共同宣布重要政策八项原则。乌克兰局势紧张,德称包围敖得萨。苏军撤离斯摩伦斯克。寇阁不管部大臣平沼骐一郎在寓被刺。美运接济品八十万吨来华。英、美、澳、加举行远东局势会议。

8月16日(闰六月廿四日　丙申)**星期六**

晴,热。上午八四,下午九〇。

依时入馆办事。寄洗人十三号信。附寄覈、清十三号信。寄芷、汉八十七号信。又通函各处，分寄结单及更正《蛤藻集》定价。调孚病，韵锵亦病，出版方面几于停顿。契约缮就，即函送斐云。守和来访，述感忱，并言两万元后日即可送来。本周买《香屑集》、《金石学》、《郑成功》等三书，计五元馀。散馆后，往赴东华约，径至其巨泼来斯路一八九弄寓所，至则增美、曙先、雪村及东华正在打牌，别无他客。俟牌毕就饮已七时。谈次，知柏丞授意东华，特为设筵挽留曙先耳。予无所置辞，与东华夫人闲话而已。九时乃归。

报载要闻：晋军克孝义。寇机又袭昆明。由潜江南犯之寇被击退。黔省银行开幕。宜昌、郝穴之役，我军获重大战果。寇机械兵四队开往东北四省。南洋华侨捐款救济伦敦被灾难民。香港日侨因受冻结影响，全部回国。航空司令部发表空战结果。美新任商务参赞抵沪，谈决心维护在华利益。工部局港米又提高售价（每石加八元，合为一百廿四元）。各银行未了外汇已轧平。狄楚青昨在沪寓逝世。英禁止一切货物输日。比凡勃鲁克抵华盛顿，讨论军火供应问题。苏军放弃基辅东南布格河畔两城。但否认德占敖德萨。大批澳军抵新加坡。

8月17日（闰六月廿五日　丁酉）**星期**

晴，午后转阴，闷热甚，傍晚大雷雨。上午八七，下午九二。

清晨入书巢作日记，以较上星期日为热，数起拭汗，直至正午乃写毕。饭后无法宁坐，挥扇浴汗而已。薄暮，雷声作，以有柏丞约，匆匆与雪村趋赴之，至则众宾毕集，盖群争雨隙也。甫坐定而雨至。七时入坐饮，掣电至终席乃已。予同约予在暨大任课，意甚切至。予惧体力弗胜,复恐纠入是非门,谢之。深夜归,室内犹闷热难当也。

报载要闻:鄂北我军进袭随县城。蒋拨款奖励渝防空人员。西康临时参议会举行第二次大会。宜昌寇北犯,被我军击退。豫南信阳寇出犯,被击败,死伤二千馀。公共租界营业税将分两级征收(明日将开会讨论)。稳定上海汇市,采取积极办法。汉成洋行经理郑祖荫被绑。昨日血案两起(一在派克路,一在平凉路)。英、美、苏决定在莫斯科举行会议(罗斯福、邱吉尔联名电史太林建议所致)。美总统返华盛顿。乌克兰战事剧烈,苏军准备坚守尼伯河工业区。苏联、波兰签订军事协定。

8月18日(闰六月廿六日　戊戌)**星期一**

晴热,闷甚,午前阴,微雨,午后雷阵,未畅。上午八七,下午八六。

依时入馆办事。调孚、韵锵仍未至,据振甫言,调孚曾以气管支破裂,吐血杯许,甚念之,即属金才往探省,归报血已止,可安卧已。散馆时,又属振甫过韵锵视其疾。接洗人十日书,告空警状。接汉儿七十四号书(八日)及芷芬十日信。哲生来闲谈。付续保火险费十元另八角(保额五千)。晚归小饮。

报载要闻:郭外长对罗、邱宣言发表声明,深赞八项原则。鄂南克资福寺、周家矶。澄海寇图偷渡未逞。寇机袭老河口。晋军夜袭夏县南郊。南昌东南发生激战。传蒋将赴莫斯科。财部通饬海关,调整贸易。沪宁路安亭附近,火车又出轨。美驻沪海军官员更动,并不撤退防军。大舞台经理范恒德被刺重伤。奢侈品及非必要品一律禁止进口。外籍经济家阿勒斯警告囤货商。罗斯福昨报告海上会议经过,并与赫尔晤商远东问题。苏联筹备三强会议(定下月举行)。乌克兰大战继续中,德称占尼柯莱夫。日本拒绝美轮载侨回国。第三批寇兵开抵越南(前后已达十万人)。英使用飞行堡垒轰炸布列斯特。

8 月 19 日(闰六月廿七日　己亥)**星期二**

昙热,午有雷,午后大风雨,积潦。上午八五,下午八四。

依时入馆办事。致调孚候病,兼询出版进行事宜。午后复去一书。接清儿十日发八号书。(六、七两号未见,想已寄失矣。)校《语文通论》。蔚南书来,投《上海金石录》稿于《学林》,附上海通志馆景印《弘治上海志》两部,一赠予,一属转致振铎云。与孑如等合乘汽车涉潦归。晚归小饮。

报载要闻:政府发言人(蒋廷黻)招待记者,宣布外汇管理委员会成立。徐谟偕随员飞港,转澳履新。鄂中各路我军均有进展。平准基金会举行首次会议。寇机连日袭闽,昨又猛袭昆明。信阳西北寇被击退。平准会决维持上海汇市,通知外商十四银行办理。外商四大公寓全体侍役罢工。南洋日侨搭霞飞轮撤沪。罗斯福、赫尔会谈结果,制止日本扩张势力。英、苏成立协定,贷苏一千万镑。乌克兰德军受挫。苏军退出尼柯莱夫等两城。英、苏致牒伊朗,警告勿亲轴心。邱吉尔乘舰安返英国。美扩大生产设备,对英、苏作更广大援助。

8 月 20 日(闰六月廿八日　庚子)**星期三**

阴,北风劲,午后又雨。上午八二,下午八三。

依时入馆办事。接绍虞十五日信,寄《史学》、《文学》两年报,并属送款五十七元与戴中褱女士。即为将款送出,并复告办出及代收书款六元。致莲僧,转蔚南稿。复蔚南,谢赠书,并告指赠振铎者已擅为捐入开明图书馆,请再予一部送振铎。接陈绳甫七月卅日复书,有在沪谋事意,予无法作答。校《史记地名考》。晚归小饮。

报载要闻:行政院会议通过任命冯钦哉为察省主席,并通过各省编制卅一年岁出概算要点。我军进攻南昌,克复鹭鹚口。寇机袭忠县,被击落一架。虞城东北我军收复刘集。孔祥熙兼外汇管理委员会委员长。鄂北一度冲入孝感。邮资将于九月一日起加价。当局扩大外汇审核机构,严密管理沪汇。工部局核准电力公司节电新办法(用电逾量,累进收费)。美添拨四巨轮加入远东航线。法租界警务处规定煤球另售价格。美总统与国会要人商讨国际局势。邱吉尔召开阁议。尼伯河边苏、德军激战。美总统签署军役法案。英、美成立运机协定。美向日交涉阻止撤侨事。爱沙尼亚方面苏军放弃金奇萨浦城。古巴京城发生炸弹案多起。

8月21日(闰六月廿九日　辛丑)**星期四**

阴雨,午后时露晴光。上午八二,下午八一。

依时入馆办事。予同又电话坚约任课,因作书切谢之。校《滇南碑传集》一批。续校《史记地名考》。守和、斐云来,洽印董彦堂《甲骨研究》,略有眉目。致调孚,询《汇刊》校样之处置。振铎来,告岭南大学电请移港教授,商行止。予劝其先向柏丞一谈,再定去留。晚归小饮。

报载要闻:胡大使访赫尔,致送照会,赞成罗、邱宣言。郭外长发布声明,中、丹断绝邦交。皖南、赣北迭克据点。程潜奉命启程赴莫斯科。上海中外银行九家,奉令结售新外汇。工部局修正营业税原案,将并入房捐征收。煤球厂竟狂抬售价。平准会决派英委霍尔来沪稳定新汇率。罗斯福返华府后首次发表谈话,将更尽力援助民主国。苏、德全线激战,德猛犯列宁城。美将改革国防机构。罗斯福次子及加拿大首相抵伦敦。

8月22日(闰六月三十日　壬寅)**星期五**

晨阴,午后晴,风紧。海关悬球示警。上午八一,下午八三。

依时入馆办事。看《史学年报》、《文学年报》。君立来谈,美亚有意延揽入厂。晚归小饮。

报载要闻:川、皖、黔各省丰收,米价暴跌。浙东克复绍兴东蛇山。晋西南进犯,遭我军分别击败。寇机由越北起飞,扰西南各省。四行联合办事处将实施申请外汇办法。明日起发售公仓暹罗米。各国在远东侨民分程撤退来沪。公和祥码头工人与探捕冲突。港政府下令扩大出口货禁运地域。苏联组成新军。中区戈美尔区苏、德恶战。伊朗局势紧张,传苏军调集伊朗边境,英亦将有行动。德机初袭冰岛,遭逐遁去。美与澳洲会商合作援华。荷印禁止军用物品输日。美报载罗、邱会谈已决定对日共同步骤。

8月23日(七月小建丙申初一日　癸卯　亥正初刻二分处暑)**星期六**

晴,风过解警,尾势拂拂而已。上午七九,下午八二。

依时入馆办事。寄洗人十四号信。寄歇、清十四号信。寄芷、汉八十八号信。分寄各办事处,洽告诸事。鞠侯来谈,散馆时同出。归家小饮,闻老太太一家及濬儿一家俱在,群稚纷扰,及晚饭后辞去始略宁。

报载要闻:外部人事将有更动。豫北我军进攻淇县,颇有斩获。寇机又袭川。我空军轰炸含山寇阵地。泰莱在沪奉命召开会议,商订法汇基本原则。美总领事否认召开领事团会议。霞飞轮昨抵沪,带来日侨二百八十人。沪美兵险费核减。罗斯福照会国会,报告海上会议经过,八项原则作为国策,重申反对以武力占人领土之旨。苏军撤出戈美尔。列宁格勒方面苏军集中三百万,力事保卫。德军无续进。哈立法克斯飞返伦敦。传英军开入伊朗。

8 月 24 日[①](辛巳岁七月初二日　甲辰)**星期**

晴朗,午后翳,向晚复晴。上午七九,下午八四。

晨入书巢补日记,昨日止,适尽第三卷。接清儿七日发第七号书,惟六号迄未到。组青来,晚饭后八时许去。夜仍小饮。

报载要闻:高考初试日期展至九月廿二日开始举行。寇机多架袭川,蓉市发生空战。美公路专家建议改良滇缅路运输计划。美总统决派军事使命团来华。沙市近郊我军突袭踞寇。平准会英委霍尔巴枢昨抵沪,商给汇具体办法。电力公司宣布再增收附加费。工部局洋米每石核减四元。美禁止一切物品输至远东。苏、德战事已入第三月,北区最烈,列宁格勒吃紧。南区敖德萨争夺战仍在进展中。英正考虑伊朗覆文。马尼剌湾宣告封锁。远东局势益见紧张。

8 月 25 日(七月初三日　乙巳)**星期一**

晴热。上午八三,下午八七。

①底本为:"苏亭日记第四卷"。原注:"辛巳新秋容叟自署。"

依时入馆办事。接颉刚六日、十三日两航信，俱涉三大〈学〉《汇刊》印校事，即作书转与调孚商之。守和来，董著《甲骨丛编》决接受出版。接绍虞十八日书。接迪康书。接清儿十三日发九号信。晚归小饮。

报载要闻：财部发言人谈外汇解封事宜。（外汇管理委员会日内即办公。）陈介返国抵港。政府否认程潜赴苏。湖口东南，我军袭击横山。崇阳进犯之寇全部击退。岳阳北螺山踞寇出犯，我军已予堵击。霍尔巴枢在英使馆召开金融会议。工部局小绞米跌四元，今日实行。工部局筹设咨询委员会。宁波四明银行迁沪，办理收付。郑家木桥聚兴银楼昨晨被劫巨额饰金，值二十馀万元。美红会对华救济工作积极进行。野村访赫尔会谈。苏向美定购战具，准备反守为攻。中路苏军一日克九村。北路德、芬军联合进攻，列宁格勒危急。英认伊朗覆文未能改善局势。美舆情不满缅甸续征华货过境税。

8月26日（七月初四日　丙午）**星期二**

昙，午后时露阳光。上午八六，下午八七。

依时入馆办事。布告明日孔诞放假。《甲骨丛编》契约缮就，函致斐云，属转守和签印。致调孚候病。函约红蕉来谈（下午至），为美亚、君立拉拢，有九分希望。予同又来电话邀任课，想必尚有周章也。寄歙、清，告六号来函迄未到。不列号。晚归小饮。

报载要闻：邱吉尔廿四夜广播，对日警告，谓正由美设法力谋和平解决。郭外长发表谈话示欢迎，谓非日本放弃侵略，民主国家不变立场。浙西进击富阳。寇犯晋西南祁王山，被我击退。寇机分袭湘、桂两省。寇在虹口实施保甲制，又有两日人被狙击，一死一伤。英商公共汽车罢工。中央银行奉令办理国内外汇资金解封。南京大戏院内一观客被寇方捕去。英、苏军队开入伊朗,消灭纳粹威胁。列宁格勒方面苏军猛烈反攻。乌克兰德军未得渡尼伯河。英、美对日谈判传有三要点:一,容许日本南进,只限经济行动,不许占有领土。二,承认日本在华特殊地位,但须依《九国公约》办理。三,如日本接受此两项,英、美当力谋解决中、日事变。美运汽油赴海参崴,日已决定暂时容忍。

8月27日(七月初五日　丁未)星期三

阴霾,微雨,下午又有雨。上午八四,下午同。

清儿五日发六号信今晨递到,先寄后到颠倒甚矣。综计尚无缺失,则亦大为引慰耳。竟日未出,看《唐宋名家词选》。夜小饮。

报载要闻:行政院通过任命刘建绪为闽主席(陈仪撤职),蔡孟坚为兰州市市长。孔祥熙发表谈话,美、日接洽,决不出卖中国。中央银行规定价格购买外汇之举。港华人汇额限制已撤销。寇机昨又炸陕西等处。赣北我军攻入何家山。沪各界悬旗庆祝孔诞。米价剧跌。平准会在港集议,泰莱、霍尔巴枢将赴港。菲岛二次撤退日侨抵沪。中一信托公司经理严成德被绑。沪自由法军领袖爱高已获释放。赫尔声明,美对日政策不变。(警告日本,如不停止武装进行,美对日决不妥协。)伊朗英军占领油站。苏军亦推进四十公里。苏、德继续鏖战,苏宣布退出诺伏格拉,仍固守列宁城。

8月28日(七月初六日　戊申)星期四

阴雨。上午八二,下午七九。

依时入馆办事。接圣陶十七日发五十七号书,复此去五十号者。然五十六号又未见，岂复遗落耶？接芷、汉十七日发不列号书，始悉饱受空袭之累，卒幸无恙。接蔚南查稿信，即转莲僧。盖《上海金石录》稿为茶役在脚踏车上遗失，遍寻无着，故先由社中写信径向蔚南乞取副本也。庸讵知来书所云并无副稿，言外颇露不快之感耶。寄中和二批提单与芷芬，顺先复寄芷、汉。接晓先书，告近状，并陈店务。校容元胎《明代思想史》末一批。致调孚，转圣、晓信与之。散馆归，予同在寓相候，仍坚约任课，并只求任教三小时。言词恳款，令人难拂。移时送之行，约明后日决定奉答。夜仍小饮。

报载要闻：中枢纪念孔诞。驻波公使王景岐在日内瓦逝世。徐谟由港赴澳履新。闽省克复福清。浙西攻入馀杭，浙东夜袭曹娥镇。寇机昨又袭湘。农贷总额近五万万元。虹口每晚戒严，禁华人出入。昨日两血案：一糖商郑泽南死；一油饼商沈维亚伤。公共汽车工人提出七项条件。寇方否认封锁租界。华记公寓内四华人被捕。汉得逊运舰载来美军填防。罗斯福宣布将派军事使命团来华，襄办战事需要。苏拒绝日抗议美油运苏。伊朗苏军占领大不里士等四要城。英、伊海战，伊海军大将阵亡，英军遂三路进攻。

8月29日(七月初七日　己酉)**星期五**

阴雨。上午七九，下午七七。

依时入馆办事。致予同，恳辞教课。致蔚南，为失稿事道歉。校《语文通论》。复看《明代思想史》。允中来。斐云来，董约解决。补助费八千元旋由存训电知，即令人往取回。道始来，托改文。接金大李小缘书，谢协助印校《汇刊》，并补寄照片三幅。今日予颇感不爽，而左下颊齿痛突作，竟难于开阖，夜饭前仍小饮。

入睡后发热畏寒，盖兼有感冒也。

报载要闻：中枢当局正式表示欢迎美军事使命团。我国承认在英成立之捷克新政府。越境法兵不法袭入粤省上义，外部已提严重抗议。苏省克复高淳。传我军定双十节向寇总反攻。晋西南稷王山区展开激战。重庆、上海、旧金山间昨互通无线电报。麦加利、花旗两银行总理赴港参加平准会议。寇方在沪郊积极建筑防御工事。公共汽车罢工工人殴伤西籍职员。工部局对重估地价决暂缓举行。赫尔表示坚主海上自由政策。伊朗新阁成立，决定停止抵抗，将与英、苏谈判。维希政府前协理赖伐尔在凡尔赛遇刺重伤。

8 月 30 日（七月初八日　庚戌）**星期六**

阴霾，时有细雨。上午七七，下午同。

晨强起，依时入馆办事。致调孚，告李小缘来信。接圣陶十六日发五十六号信，托提五百元交汇。即作五十一号复之，照今日汇市算，升水一百三十六馀，属即在蓉处支取。接鞠侯书，假傅编《地理》改订本。即复书检送之。复晓先，语多宽慰。寄芷、汉八十九号信。寄歇、清十五号信。寄冼人十五号信。分寄炳生、镜波、士竑、世泽、祥麟洽事。接蔚南复书，允再就卡片录存目，并拓印古玺两方见贻。晚归小饮。身热已退，齿痛亦减。

报载要闻：我国将与加拿大互派外交使节。中国访缅团飞抵仰光。福克斯由港飞马尼剌。浙省进逼杭州及象山。（东战场将展开全线攻击。）巩固平准基金，限制不急要货物在沪进口。英商公共汽车工潮解决。十四家外商银行昨停止黑汇交易。（美汇停止挂牌。）意国轻巡洋舰一艘突驶入吴淞口。野村谒罗斯福，递交近卫私函,并与赫尔会谈。日阁召开紧急会议。苏军退出尼伯河西工业区,炸毁大水闸。伊朗王下令停止抵抗,新首相发表和平政策。英、苏对伊谈判。

8月31日(七月初九日 辛亥)**星期**

晴,时有云翳。上午七八,下午七九。

昨夜,雪村之老母及在乡家属一行避难来,挤实一室,窘甚;予亦为喧阗所动,颇欠睡,今晨起,仍不见舒适也。补记廿七至昨日日记,九时半而毕。午饭后看顾中村《养小录》(《学海类编》本,原为河内杨氏所辑《食宪》,顾据以增删者),贤于《随园食单》远矣。向晚小饮。

报载要闻:东战场发生磁铁战,江南捷报频传。监利我军分路出击。晋南三角地带我军进展。寇机二百馀架分批袭川并扰陕。官方宣称,美、日谈判不损中国利益。工部局港米又跌价三元。今日荷侨庆祝女皇诞辰。公共汽车复工。平准会断然处置,黑汇将不复存在。意舰来沪,引起各方揣测。罗斯福定明日广播。三国会议,美首席代表派定(哈立曼即承代表团赴莫斯科)。德、意两酋在东线会谈四日。北路苏军反攻。伊朗境苏军逼近德黑兰。

9月1日(七月初十日 壬子)**星期一**

晴。上午七九,下午八三。

依时入馆办事。接清十九日发十号信。接洗人廿一日信。季易来,托估价印书并托代装册子。为君立写送人寿词。续看《明代思想史》。道始来,取所印《玉鉴堂藏无锡先哲遗书目》去。晚归小饮。

报载要闻:今日记者节,中央文化运动委员会电慰全国新闻界。福州西郊,我军进攻甚急。各战区前线连日获胜。寇机袭渝,益世报馆炸毁。外侨八百四十人由日撤退来沪。复兴、救国两公债开始付款。杂粮油饼公会布告严格执行食油限价。寇在沪四郊设电网。罗斯福广播,警告美人,独裁将逼美参战。赫尔谈,美、日会谈系试探性质。戈美尔区苏军反攻得手。敖得萨四周正在恶战。英、苏军在伊朗会师,伊军撤出油区。艾登阐述战后秩序,谓罗、邱宣言乃自由国家之宪章。

9月2日(七月十一日　癸丑)**星期二**

依时入馆办事。致莲僧,转蔚南函。斐云来,谓守和明日即赴港,《馆藏碑目》最好能赶出十二册俾带去。因属韵锵转催装作加紧赶办。午后二时即将样书十二册送去。复看《明代思想史》。接雪舟信。哲生来谈,移时去。晚归小饮,修妹在,晚饭后去。

报载要闻:孔祥熙在中枢纪念周报告最近国内外大事。王世杰招待新闻记者,发表谈话。东战场我军出击,续获进展。赣北寇进犯,被击退。寇机再袭重庆。平准会英委霍尔巴枢昨赴港。银行公会及四行尽量发兑辅币。澳驻沪贸易公署昨起停止办公。美茄斐尔轮昨离沪返美。罗斯福吁请美工人协助获取胜利。德军渡尼伯河失败,苏机炸毁浮桥。英、苏对伊朗进行谈判。美准外国注册船运油赴菲。苏外交官多人飞美。土总统发备战言论,东欧局势渐紧。

9月3日(七月十二日　甲寅)**星期三**

阴,急雨骤止。上午八〇,下午八四。

依时入馆办事。鞠侯来,再为暨大教课事劝驾,予恳切陈情,属为转谢予同好意,暂时决无法承此也。故人见爱如此,思之不觉感泣。叔同来,送话剧券五枚与予及雪村,予取其二,备令漱儿奉珏人一往观之。(剧为《清宫怨》,演清德宗与珍妃事,星期五在浦东大楼璇宫剧场演出。)校《滇南碑传集》及看《明代思想史》。付八月分谦豫酒账廿七元。晚归小饮。

报载要闻:行政院会议通过曾镕甫任驻缅代表,钱泰任外部常次。鄂南克复聂家河。沔阳寇出犯,被击退。晋南进攻获胜。兰州击落寇机多架。人民申请动支封存外汇资产暂行办法规定。沪汇市松长,物价趋跌。沪杭车又在石湖荡出轨。寇方连日在两租界捕去多人。古拔新村内并抄获军火。预防囤积操纵,限制汽油购用量。洋米昨到六万包。苏采取钳形运动,三路对德反攻。英、苏对伊谈判原则已妥协,苏军奉命停止前进。荷女皇广播。美劳动节罗斯福演说,决摧毁纳粹主义。

9月4日(七月十三日 乙卯)星期四

阴雨,午后霁。上午八三,下午同。

依时入馆办事。调孚来馆销假,精神尚佳,消瘦多矣。振甫亦病二日,今日同时销假。看《明代思想史》毕。致振铎,为道始送书。致允言,为圣陶转信。晚归小饮。

报载要闻:闽省克复福州、连江,续向马尾、长门疾进中。美军事团团员奥斯兰抵渝。(传美有飞行员二百人已抵渝。)访缅团在仰光受热烈招待。至德西南我军夜袭。寇机四架在山、陕吉县、宜川间投弹。麦加利银行奉令停止黑市买卖。美驻军长官声称决不撤退驻军。四大公寓职工复工。开滦矿务局拟停止供给平煤。义泰兴煤栈被人投弹警告。斯摩伦斯克区德军一部被歼。列宁格勒附近战剧。苏军宣布退出塔林。巴本离土。苏机飞越白令海，引起日本极度注意。泰国政府宣言，呼吁世界和平。赫尔向新闻记者称，美、日关系无新发展。

9月5日(七月十四日　丙辰)**星期五**

晴。上午八三，下午同。

依时入馆办事。连日右侧牙痛作，昨夜竟肿起，今日揽镜，右颧浮高发光，有茶杯大，开阖维艰，进食殊苦。致季易，送代装册子及告印书估价。振铎电约，明晚饮其家。晚归，仍小饮，啜粥。允言来，谓圣陶款缓日当送来。少坐便行。

报载要闻：闽省续克马尾、罗星塔。我国将与荷印交换使节。中国化学年会闭幕。粤西江我军一度冲入三水。浙西克牌头。经济部成立省营公司监理委员会。工部局会议竟通过明年一月起征收营业房屋特捐。沪各界电蒋祝捷。悦来南货店主龚芳来遭狙击。滞沪苏联货船一艘准备驶马尼剌。英、美使节团将赴莫斯科举行会议。列宁格勒大战，伏罗希洛夫亲临前线，外围战事在展开中。美已通知日本，美油船将过日领海驶往海参崴。

9月6日(七月十五日　丁巳)**星期六**

晴，午后阴，黄昏微雨。上午八一，下午八二。

依时入馆办事。寄圣陶五十二号书，告已晤允言，并代转其岳家杭州来信。分寄炳生、世泽、雪舟、镜波、士竑洽事。寄芷、汉九十号书。寄歇、清十六号书。寄洗人十六号书。黄如文过此返平，催询《学文示例》，因转属调孚促装作赶样书送大东，俾如文明晨携以行也。丕绳来，谈《春秋史》印校事，未几去。乃乾来，属为所撰《赵惠甫年谱》阅订有无舛讹。散馆时同出，予径乘车赴振铎约。至则斐云已在，继而家璧、以中、济之、予同、宛春、江清先后来集，共观铎新得《十竹斋画谱》原刻印本十六册，精雅古艳，诚观止矣。七时聚饮，八时许复共剧谈，甚惬洽。知暨大《四史》及《晋书》教课已由江清承乏，虽事非干己，亦得一旁慰也。九时许散归，与予同同行。

报载要闻：闽省续克长乐、海口等要地，赈委员拨款办理福州急赈。皖南克新河庄。郭外长在参政会报告国际情势。必需品供给外汇由平准会临时决定。美轮驶沪航线已有变更。南洋煤球厂昨被掷弹爆炸。悦来号主伤重殒命。本市存米查有二百馀万包。赫尔与胡大使举行重要会谈（赫尔保证决不放弃远东利益）。美运油船第一艘已安抵海参崴（日本事前咆哮，临时乃熟视而无睹）。美驱逐舰格里尔号在北大西洋遭潜艇袭击。列宁格勒展开血战。

9月7日（七月十六日　戊午）星期

阴霾，细雨时作。上午八〇，下午七九。

牙痛略平。晨入书巢记周来日记。以凉爽故，九时三刻即毕。饭后硕民来，谈移时去。钞《观古堂书目》。夜小饮。

报载要闻：国府规定河南省《非常时期违反粮食管理治罪暂行条例》实施区域。《大公报》总编辑张季鸾在渝病逝。福州我军出海追击，继续肃清各小岛。浙西克复安吉钱坑桥。彭泽附近仍有激战。由芮城北犯之寇已被击退。必需进口结汇办法已颁布，沪外商银行昨已遵办。汇丰银行运大宗角票来沪调剂市面。法公董局撤销米限价。东汉璧礼路日警官遭枪击。行刺谢晋元之凶犯一名改判无期徒刑。美国破获纳粹间谍网。美海空军搜索放雷潜艇。中路苏军反攻获捷。北路德军炮攻列宁城,苏军仍猛烈反攻。赫尔称,美总统对近卫函件即将答复。美、日谈话已停顿。美油船续抵海参崴。加拿大准备以军火原料供给中、苏。

9月8日(七月十七日　己未　己正一刻白露)星期一

阴,时有微雨。上午七九,下午同。

依时入馆办事。斐云来辞行,十日北上。宛春来,托购商务新印之《元明杂剧》。午后即作函饬金才送去。并为以中购储两部。晚归,接清一日来十二号信。小饮。

报载要闻:晋南闻喜之寇分股出犯,均败退。闽江水上交通恢复,米价大跌。粤南我军出击奏捷。豫军攻通许、开封。潮、汕、宁波等处踞寇准备撤退。中山大学教授罗香林发见孙中山族谱。外商各银行通知客户,为必需品结汇事,核准外汇倘被追回,由指定银行与进口商连环负责。银联准会订定统一票据交换办法。苏州河万裕北轮汽锅爆炸,肇生祸端。大中华橡胶厂总经理吴哲生被绑。日侨三百馀名由菲撤退,今日到沪。美、英、苏莫斯科会议,将讨论远东问题。德官方承认潜艇袭击美舰。列宁城以南德军被逐。德军增援,围攻益急。伊朗考虑英、苏覆牒,重要油井完全受英控制。

9月9日(七月十八日　庚申)星期二

雨。上午八〇,下午八二。

依时入馆办事。致莲僧,对李健吾《罗朗歌》表意见。看乃乾

《赵惠甫年谱》。复绍虞,寄《学文示例》三百九十册,托为开明图书馆购寄容希白近著《商周彝器通考》。晚归小饮。

报载要闻:政府对美、日谈话表示满意。访缅团返渝。港平准会举行会议,宣布英、美银行同意合作。赣北克宋埠。进侵太湖地区之寇已被击退。沪外商银行十四家奉令实行停止黑市买卖。怡和、太古轮又增票价。富源钱庄经理马月楼被绑。菲国会议员到沪考察贸易。罗斯福太夫人逝世,预定广播演说将展至星四举行。中路苏军反攻大捷。列宁城未受围,主要铁道仍在苏军之手。罗、匈龃龉尖锐化。英大批轰炸机运抵新加坡。寇内阁批准组织防空局。日人武藤鼓吹美、日谅解。

9月10日(七月十九日　辛酉)星期三

晴,近午即阴,夜大雨。上午八〇,下午八一。

依时入馆办事。续看《赵惠甫年谱》。维文来,言伯樵招之赴港,将改任他事。接绍虞五日片,催寄书。蔚南书来,寄《上海金石录存目》属转。晚归小饮。

报载要闻:英大使馆宣布,美租借法案规定运华货物在缅境内免征一切通过税。湘北、赣北均有激战。行政院通过财政收支系统实施办法。重庆大风雨成灾,塌屋,毁电线。平准会公布九月分经营外汇试行办法。中、交两行已筹议实行。工部局警务处日籍探目山口在槟榔路遭枪击。美侨商今日停业半天,追悼总统太夫人。寇方在法租界拉都路捕去一人。美货船钢海员号在红海被轴心飞机炸沉。苏中路克雅尔尼亚。北路列宁城坚强抵抗,德军取守势。英、加、挪三国军队在挪威斯毕茨柏根岛登陆。伊朗接受英、苏条件,将停闭轴心使馆。远东局势酝酿重大发展。传美、日谈判将有所决定。

9月11日(七月二十日　壬戌)**星期四**

阴雨。上午八〇,下午八一。

依时入馆办事。受学林社之托,为《罗朗歌》加按语。为乃乾《赵惠甫年谱》施标点。晚归小饮。

报载要闻:中枢举行孙中山蒙难纪念。行政院通过《战时食糖专卖暂行条例》。湘北桃林等地进犯之寇被我包围。彭泽方面我军恢复原阵地。霍金士、麦开由港出席平准会议返沪,召开金融会议。中、中、交、农四行昨奉令承办供汇。法舰两艘昨突由长江驶入淞口。美大批供应品经缅运华。美又一货船西沙号在冰岛附近被德击沉。邱吉尔在下院检讨战局。中路苏军迫近斯摩伦斯克。伊朗关闭轴心使馆。斯毕茨柏根岛英军撤退(破坏煤矿,带走居人)。赫尔与各专家会谈,美对日将作重大决定。

9月12日(七月廿一日　癸亥)**星期五**

阴雨,午后晴。上午七六,下午七七。

依时入馆办事。标点《赵惠甫年谱》毕。以中来谈,还代购《元明杂剧》款。重熙书来,送到闻在宥稿。哲生补送《少年世界史话》一章来。致贯吾,索《馆藏碑目》。硕民来,属代支商务股息。晚归小饮。

报载要闻:蒋对美记者谈话,重申作战到底决心。美大使访郭外长。湘北进犯之寇遭我军猛烈截击。象山自卫军克复茅洋、九顷。鄂北我军袭击张家湾。绥包寇兵车中地雷。租界当局设法遏制煤价上涨。美、印侨民各一批昨乘轮返国。江海关限制法币进口。英领偕工部局总董访美总领,有所洽谈。美总统召国会领袖商讨要政,并定今晚广播。赫尔否认美、日谈判妥协。大批英机抵苏。伊朗德意侨被捕。日本宣布成立国防总部,直隶天皇。苏、德中路前线坦克大会战,德军后撤。

9月13日(七月廿二日　甲子)**星期六**

阴霾,夜有微雨。上午七七,下午同。

依时入馆办事。勖初来,还前借之书,并告近状。见其气色甚好,绝不类病后形态,深为引慰。鞠侯偕毛无止(起)来,无止现在暨大任中国哲学教授,颇致企慕之忱,为之悬悚。谈次,鞠侯告予,蔚南《上海金石录》失稿已寻得,大为称庆。《北平图书馆馆藏碑目》由贯吾送到。寄芷、汉九十一号信(接七十六号来书,未及并复)。接圣陶二日寄五十八号信,为红蕉住屋说项。寄敭、清十七号信。寄洗人十七号信。分寄雪舟、炳生、祥麟、士竑洽事。散馆后过饮权、濬所,珏人以视预孙疾先在。晚饭后,珏人乘车先行。予曳杖缓步归。

报载要闻:全国一致拥护蒋奋战决心。湘北克大云山。赣北再克宋埠。寇在华容东北东弦口登陆,图窥石首。聂家河寇退回白螺矶。寇机又袭川。财部订定田赋催缴通则。中国向英镑集团区以借款采办货物。十六种商品特准由滇缅路进口。中央银行通知各行,实行修正结汇办法,取消银行保证。电力公司又要求征收煤斤附加费。沪、闽电报恢复。伪税警所长佘金波被枪杀。美总统广播演说,警告德、意,宣布实行海军护航。日国防总部成立后,日皇亲掌陆军大权。微窥用意,殆军阀假借傀儡,希图掩过下台。德、意利用保境攻苏,苏宣告与保断绝外交关系。苏极北区有新发展,列宁城危急,西郊已有巷战。伊朗德侨已移交英、苏。苏使访美总统,请予以更大援助。

9月14日(七月廿三日　乙丑)**星期**

晴。上午七七,下午同。

晨入书巢补周来日记,十时半而毕。午小饮,饭后写字三页。笙伯来,夜饭后去,知曾患病新痊,其父母在苏尚平安云。雪村侄女士宜挈雏归省,送予酒四瓶,予送觌仪十元报之。

报载要闻:湘北进犯之寇已完全击退,汅阳以南战甚烈。岳阳西北漳河口,寇又强行登陆。寇机昨扰陕、鄂各地,在晋南汾城西北被击落一架。粤南我军围攻江门。宋子文在美代蒋宴送赴华军事代表团。沪四行奉令策动游资内移。虹口区内寇水兵一名遭枪击。旅日外侨四十六名撤退抵沪。美侨今日乘总统轮回国者仅数十人。美商银行美汇存款不得售与进口商。寇方又在法国公园内捕去青年六人。各团体追悼王清穆(公议上私谥文恪)。美又一货船蒙他纳号(系美征用之丹麦船)在冰岛附近遭击沉。美舰三百艘开始搜寻射击。列宁城及基辅战事愈烈。哈立曼谈援苏问题。保阁开会,商答复苏抗议。

9月15日(七月廿四日　丙寅)**星期一**

晴,午后时有急雨。上午七七,下午七九。

依时入馆办事。致守和香港,寄万斯年《唐代文献丛考》契约。复圣陶来五十八号书,编五十三号。接燕大函催寄书,即复绍虞,告已寄出。寄祥麟,属代缴公司所得税于财政部,附去公函两件。是日例有酒会,适值雪村尊翁大祥,暂停。夜归小饮。

报载要闻:外汇管理委员会已宣告成立。经济部投资营办纸厂。湘北续克大云山南麓和尚庄等据点。华北踞寇进侵晋冀边区八路军。蒋制定急公好义奖章。蒋夫人以西康珍产熊猫赠美。中央银行订定国人资金解封申请支付原币办法。统一票据交换,今起实行。家庭工业社职员严筠孙等被寇方逮捕。金太子轮私驶温州,中途被扣。美驻苏大使威尔东过沪。赫尔称美、日谈话尚系试探性质。抵苏英机开始作战。德将希柏特阵亡。美国防程序将有发展,加速援助英、苏。美国海员宣布罢工。列宁城大雨不止,惟空战异常激烈。美又一商船在苏彝士被炸。

9 月 16 日(七月廿五日 丁卯)**星期二**

晴。上午七八,下午八〇。

依时入馆办事。校《滇南碑传集》一批。科学图书公司黄叔园屡约不来,致《汇刊》进行有障,而颉刚处迄不能复,甚恚。商人以延宕为惯技,吾辈当之鲜得适意矣。晚归,秾若在,告济昌已有信来,需寄衣服云。甫送出,而振甫至,因坚留共饮,夜饭而后去。濬儿来。珏人告予,今晨有无赖十许人敲门拥入,手持伪方公文,搵卖汪逆肖像之徽章。苦持良久,卒未之应,若辈悻悻而去,有明日再来之言。似此无耻横行,实堪发指,而法租界警务当局置若罔闻,尤令人愤懑难已。付九、十两月房捐五十四元。

报载要闻:鄂南克复通山城。驻澳公使徐谟定今日呈递国书。邮资加价,下月实行。美大使高斯访郭外长。美使节团一个月内来华。交通部在港设立航空货运稽核处。南浔路寇兵车被炸。豫北攻克温县。沪白俄首领伊凡诺夫遇刺毙命。大英轮船公司买办李述初被绑。电车卖票人推毙乘客(上海到处鬼魅,而电车公共汽车之卖票人为尤可恶,有时竟不能以人类目之)。美舰今日起实行奉令护航。苏军弃守克里曼赤克。列宁城外炮火甚烈。苏军克复三村。

9月17日(七月廿六日　戊辰)**星期三**

阴晴间作,午后晴。上午七九,下午八〇。

依时入馆办事。叔园来洽,仍无要领,须星六始有眉目。叔同来。晚归小饮。

报载要闻:湘北、鄂南连日激战。豫北袭击汲县。川省实行田赋改征实物。中常会议决扩大纪念“九一八”。军政部变更征兵办法。英大使离渝飞仰光转新加坡。沪各银行普遍减息。公仓外汇基金已获特准解封。沙逊大厦内华中电通公司(即倭强占前国际无线电台)炸弹爆发。澳驻沪商务专员赴新加坡。美总统向国会报告,援华程序依次实施。美、日协定说,传系寇方宣传。寇在韩北根据地屯集陆海空军。伊朗国王李查汗宣布退位(储君已即阼)。英代表团抵苏。德军对基辅图施钳形攻势。

9月18日(七月廿七日　己巳)**星期四**

晴。上午七八,下午七九。

依时入馆办事。为齐大续付科学公司一千元。接六日清寄十三号书。午与雪村、曙先饮永兴昌。用十二元。校《史记地名考》一批。乃乾来,借《古今别名索引》去,将修订所编《室名》、《别号》两索引,重印出版。晚归小饮。

报载要闻:蒋为“九一八”十周纪念广播演说,并发表告全国同胞书。高斯访郭外长,明确表示美国立场。湘、鄂、赣边境,我军续获战果。晋南克红凸村。蒋拨款扩充渝防空洞。我外交代表团抵仰光。沪电力公司下月起又将增收附加费。南京路两日人被人枪击。英商电车卖票人与西捕冲突,一度罢开。男女学生七人被法捕房拘去。美总统宣布新办法,迅速运出接济品。美海次谈德潜艇飞机迫近美海岸,战事将强加于美国。局势不改善,美决不松弛经济制裁。苏击退芬兰湾各岛德军。列宁城坦克大会战。保答复苏牒,否认反苏。开罗首次被炸,埃及向德抗议。

9月19日(七月廿八日　庚午)**星期五**

晴。上午七九,下午八三。

依时入馆办事。晨间途遇聿修,立谈有顷。致勖初,告有便人入渝。午后即来洽,属为其郎济华带大衣。校《秦汉史》。晚归小饮。珏人病,寒热时作。

报载要闻:渝各界扩大纪念,万福麟、李杜对收复东北四省发表谈话。湘北岳阳之寇再图出犯,我军正阻击中(犯三汊河者已击退,在白螺矶者已退回岳阳),大云山西南地区战事已告一段落。广州一日间发生炸弹案八起。沪五外商银行议决增收美汇佣金。兴业热水瓶厂协理陈长坤被枪杀。美轮腊克新号被江海关羁留。顾大使在伦敦演说,望英人勿忽视远东。中路苏军获捷。列宁城战况更烈。美诺克斯宣布将用各种方法护航。美拨一万万元供苏购战具。苏派定出席三国会议人选。英、苏军入伊京。瑞典军舰三艘发生神秘爆炸。

9月20日(七月廿九日　辛未)**星期六**

昙。上午七九,下午八〇。

依时入馆办事。坚吾来。致灿庭，送清抄来家英沪、桂间旅费清账，并找还馀款十九元八角七分。寄勰、清十八号信，附致业熊、静鹤，并属划款五十元聊佐喜用。又附寄勰、清俪影二帧分赠洗人、云彬。寄洗人十八号信，告周来近事，并敦请代予为业、静主婚。寄芷、汉九十二号信。寄晓先以勰、清俪景，附筑信去。通函各处，催报薪给所得税。致联棠，告血压测验计已代购存，觅便带港。晚归小饮。珏人稍好，惟中夜起，又感新凉，垂明又发热。

报载要闻：鄂南、湘北之寇增援进犯甚急，我军已予阻击，在临湘以北击落寇机一架。豫北反正部队攻入济源。皖南沿江多处发生战事。国府将发行三十年军需国债。积极开发新疆省。寇方向工部局提要求，竟欲变更租界警务机构。法租界将征收酒类营业税。三百馀年难逢之日全蚀，明午在沪可见。游资内移已逾八万万元。《中美日报》以阻障突告停刊。美总统咨国会，续拨租借案经费五十九亿元。基辅德军突破苏阵，攻抵城郊。美大批战机将运苏。寇军部方面表示强硬态度，美、日关系前途已呈悲观。日本海发见浮雷，寇廷向苏抗议。

9 月 21 日（八月小建丁酉初一日　壬申）**星期**

阴霾，时有细雨。上午七九，下午八〇。

晨入书巢作日记，十一时毕。濬来省母。午小饮。及时观日蚀，天偏障翳，大失望。想抱此憾者正夥颐也。幸一时后云豁微隙，适露缺日如月牙，缺处在左方，正如篆文月字。未几，月字渐阔，渐不成字而日光复圆矣。饭后写字两页。傍晚仍小饮。

报载要闻：湘北寇继续进犯，薛岳飞前方督战，我已完成防御部署，将展开歼灭战（营田登陆之寇已被阻遏）。蒋指定罗家伦等任分省党政考察团团长。食盐新税月内实行。教育部通令整顿学风(依然章士钊时代老调,而文章则更劣)。移民入缅事件已正式开始谈判。工部局拨款四百万元办理防水工作。美油船腊克斯昨获释启碇。(又一英轮被扣。)盗劫阍捕手枪,格毙一匪。德称已攻占基辅,英、美均未予证实。哈立曼在英谈,美接济品络绎运苏。英、美完成准备,防止太平洋危机。传南太平洋击沉德剽袭舰。赫尔表示,迅速增加对苏援助。

9月22日(八月初二日　癸酉)**星期一**

晴。上午七九,下午八〇。

依时入馆办事。校《秦汉史》。接绍虞十七日书,《学文示例》尚未寄到也。接汉儿九日发七十七号书,附芷芬九日书。晚归小饮。珏人热退,能行动矣。

报载要闻:寇强渡汨罗,战正剧。汨罗北克复关王桥,寇万馀众被击退。京钟路上一部分寇众被围。粤东江右岸我军发动新攻势。嘉兴、平湖间战事激烈。中央拨款四百万元救济浙东兵灾。蒋令渝市日用品重订合理价格。调整沪市外汇收效,进口货减二成馀。江海关颁布查验航运客货办法。四行续贷巨款发展后方工业。英轮安徽号载英侨离日。金陵酒家被置一炸弹,并附恐吓信。基辅巷战激烈。德称逼近亚速夫海,英、美以事态严重,加紧援助。保国宣布紧急状态,有向苏宣战势。波兰总理将赴苏视察波军。美将以长程轰炸机经阿拉斯加飞苏。泰相警告人民严守中立。

9月23日(八月初三日　甲戌　戌正二刻五分秋分)**星期二**

阴雨。上午七九,下午八〇。

依时入馆办事。续校《秦汉史》。致泉澄,寄《清代地理沿革表》十六册送之。起潜书来,告迁居,即复。乃乾书来,询前台湾巡抚邵友濂事迹,即复告之。晚归小饮。

报载要闻:汨罗南岸归义之寇被击退回对岸,我军收复新市。王世杰辟和平谣言。顾大使在英广播,请以军用品援华。中、港政府合作,封存港各银行法币存款。工部局总董李德尔劝界内人民共守秩序。上月间美、日贸易锐减。南京路又一日人被枪伤。刺马曼托夫主使犯移解寇方。美、日谈判已停顿。苏、日关系恶化。苏正式宣布退出基辅。希王抵英。叙利亚新阁成立。伊朗新阁组成,没收逊王财产。

9月24日(八月初四日　乙亥)**星期三**

阴雨。上午七六,下午七七。

依时入馆办事。续校《秦汉史》。致联棠,告血压计已托徐鉴堂带港交星群孙明心。致洗人十九号书,告有货一批交江南合记公司经后海径运金华。同时致炳生告明此事。绍虞代开明购寄之容庚《商周彝器通考》上下册到。书款一百另五元,邮费一元四角八分即代收存,并复书告之。晚归小饮。

报载要闻:湘北寇无进展。洞庭寇舰遭我空军击沉。粤南寇犯台山,遭我军痛击。行政院通过田赋问题两办法。工部局征收特别房捐,原则竟获通过。国货外销畅旺,各工厂努力生产。沪黑汇越轨行动减少。财部对禁入物品颁发商销购运特许证。卖票人推毙乘客案之伪证人昨提审。寇众百万开往东北,苏、日关系益紧。列宁城雨季开始,苏军两翼展开反攻。驻英苏使演说东线战局。英、美代表团抵莫斯科。美货船淡红星号在冰岛附近被击沉。

美总统晤国会领袖,商援助中、英、苏。

9月25日(八月初五日　丙子)**星期四**

晴。上午七五,下午八〇。

依时入馆办事。送还张祖南《薛母》册页。仍校《秦汉史》,毕一批,即作函送诚之。适肖甫信来,即并前稿一件送请核定。续校《史记地名考·鲁地名》一卷,毕之。致勖初,送还大衣,告赴渝便人以乘机,限带行李,故却此。晚归小饮。珏人体虽稍好,而精神大为不愉,盖缘小婢心南昨日为其母呼去遣嫁,相随垂十月,甚伶俐可喜,一旦引去,殊难为怀耳。湫儿亦与之善,不以婢待,临行为共摄一景留念云。

报载要闻:湘北空军轰炸汨罗两岸,瓮江寇受重创。晋南克响水、翼城,同蒲路东侧寇被惩。寇机三架飞渝,未投弹。江海关徇寇要求,禁阻沪货出口。运香港物品加重征税。法公董局竟又核准界内水电加价。东方旅舍内捕去廿馀人。出口货结汇报运,准领取汇率差额。洋米十万包一周间可到沪。警务处搜查中区里弄。美总统宣布美商轮将全部武装。协约国会议,拥护罗、邱宣言。列宁城苏军击退德军七英里。土传保军北调。特戈尔组自由法国国民委员会。

9月26日(八月初六日　丁丑)**星期五**

晴。上午七七,下午八三。

依时入馆办事。接颉刚十日书,洽《汇刊》印行事,并告周内赴渝,不即返蓉。接清儿十二日发十四号书,知家英已于十一日乘机飞渝。平安送达,了一心事,亦大佳也。寄宾四《史记地名考》

清样四函,附复小缘一笺,即托加封饬送。并告日前曾设法托邮局稔友寄出书籍五册,希先洽。晚归小饮。

报载要闻:湘北营田登陆之寇被击退,但寇别道增援,窥长沙。粤四邑战事移三埠。绍兴一度克柯桥。韶关、南雄地震。郭外长宴苏大使。九中全会定十一月举行。渝各界公祭张季鸾。荷兰政府派白雷格任驻华公使。工部局决征营业房屋特别捐百分之八,明年一月实行。《中美日报》副刊编辑张若谷前日被捕,已移送虹口寇方。沪货运自由区被禁(寇方订定统制物资移动办法),经济战序幕展开。英侨召集年会,讨论煤价、房租及售票舞弊等问题。协约国通过经济方案,调整供应品。德军窥克里米亚。敖德萨战事转剧。列宁城方面演争夺战。苏舰二十艘开抵海参崴。美总统将于下周请求国会修改中立法。美海军部请拨款武装商船。华维尔晤邱吉尔后由英返印。

9月27日(八月初七日　戊寅)**星期六**

阴雨绵延,入夜尤甚,彻旦未息。上午七九,下午七八。

依时入馆办事。濬儿来馆,托划廿元贺业熊、静鹤婚礼。因作十九号函寄歇、清代办,并复告近状。寄洗人二十号书。寄芷、汉九十四号书。分寄炳生、雪舟、镜波、士竑、世泽,洽各事。晚归小饮。珏人又患神经痛,买凡拉蒙片十片疗之(价四元二角)。

报载要闻:湘北展开剧烈战,长沙危急。浙东克复溪口。国府公布《营业税法》,令派出席国际劳工大会各代表,明令褒扬张炽章(季鸾),拨款协助民营工矿业。战区设总支店各业分征所得税办法颁布。工部局又决议征收两种牌照税。汽油限制分配,后日实行。推跣乘客项东川之电车卖票人王万祥判处无期徒刑。德对克里米亚开始进攻。莫斯科上空展开惊人空战。苏任李维诺夫代表出席三国会议。英、美接济土国战具,已有大批英机运到。美参院讨论修改中立法(有人提出废止)。

9月28日(八月初八日　己卯)**星期**

阴霾,时雨。上午七六,下午七七。

晨承昨晚欠寐(十一时醒后至四时后始朦胧)之累,精神大委顿。八时入书巢作日记,至十一时乃毕。午小饮。饭后读《通鉴》,尽三卷。向晚小饮。女缝工叶周氏挈其女桂卿来,承心南之乏,年十七矣。珏人留试之。

报载要闻:湘北连克重要据点,寇后方交通切断,长沙外围战局已好转。苏、浙、皖、赣四省开始反攻。英经济代表团将来华。滑翔总会理事会开第二次会议。外商银行连日会商改善汇市办法。英在沪商业决不撤退。太古岳州轮失火。经济部特准禁运货品运沪。传英驻远东特使特夫古柏将莅沪视察。列宁城德新攻势失败。克里米亚在激战中,苏军动员所有飞机保卫此半岛。苏承认自由法国国民委员会。哈立法克斯返美。美货船十四艘下水。美举行新兵演习。美、日妥协已难期望。英援华会请美总统对美、日谈判声明态度。

9月29日(八月初九日　庚辰)**星期一**

晴。上午七四,下午七七。

依时入馆办事。接宾四十八日书。接汉儿十七日发七十八号书。接清儿十四日发十五号书。傍晚归,又接十七日歇、清所寄十六号书各一通。歇书详悉端委,清书依恋恳挚,读之有如觌面,反勾起离愁不浅也。夜小饮。

报载要闻:长沙秩序如恒,外围全线在血战中。浙东我军进袭绍兴。赣北彭泽方面我军分路出击,迭克据点。苏、浙边境我军续向长兴攻击。平准会颁发国币存款转换港币申请办法。蒋主持警官学校毕业典礼。昆明市各团体欢迎美红会代表。特夫古柏来沪说渐盛,英侨已筹备欢迎。三大油公司实施汽油限额分配。典业商人费子怡被绑。前青岛市府职员遭寇方逮捕。克里米亚苏、德续战中。史太林及各要员举行会议。英警告芬兰,勿继续侵苏。英国重行检讨远东、近东政策。捷克局势不稳,德正警戒中。中东自由法军司令宣布叙利亚独立。越南踞寇擅捕人民案,维希对日提抗议。

9月30日(八月初十日　辛巳)星期二

晴。上午七六,下午七八。

依时入馆办事。江清来,托购致《元明杂剧》。即为设法到两部,仍照特价九折。明日起又须增价三成,此举可谓巧极。寄详信复颉刚(重庆小龙坎),催速汇款应付《汇刊》事。诚之来,交到《中国通史》下册稿。致冼人廿一号,寄大成公提货信,属派员赴蘇章迎提。附寄觙、清二十号书,告十五、十六号信俱悉。续校《秦汉史》。付来青阁《藏书纪事诗》账十四元。晚归小饮。

报载要闻:长沙外围寇便衣队完全消灭,我生力军六十万开往,湘北寇众十万已陷重围。寇机袭韶关,清远发生激战。闽南渡海袭击厦门。皖南进攻湾沚。外商银行派代表赴港,陈述结汇意见,表示拥护中政府政策。法租界水电各费明日起又决加价。莫斯科三国会议开始,史太林接见英、美代表。列宁城苏军反攻,突破德军三道防线。捷克骚动,德宣布六处戒严。华维尔抵伊朗,商高加索防务,并讨论英、苏在伊联防。美总统召集两院领袖,商重要问题。

10月1日(八月十一日　壬午)**星期三**

晴。上午七七,下午八〇。

依时入馆办事。接济群九月二十日书,告家英已安抵重庆。致道始,送《先哲遗书目》印费账单。致江清,送《元明杂剧》发票去。接圣陶九月十九日发五十九号书,托代汇五十元至杭州下祖庙巷胡老太太(其外姑),并属代送红蕉家礼物。附告满子又患瘤症入院割治,幸不一时即接本日电报,谓昨已病愈出院矣。(即将信函电报俱送丏尊。)接清儿九月廿一日寄十七号书,汇廿元与其母。晚归小饮。

报载要闻:湘北克复芦林潭,长沙外围击毙寇师团长两名。粤南克复三埠、台山。行政院通过县各级民意机关设立步骤。英、美两财政专家由美启程来华。沪踞寇调动甚忙,事实证明我军仍固守长沙。二期公仓米定十一日起发售,每担一百十元。三国会议组六委员会讨论各项问题。英美代表再晤史太林,保证援苏决心。莫斯科降雪,德攻势已告停顿。特夫古柏访问印度,华维尔飞报达,英、苏已在中东结成坚强阵线。罗斯福与赫尔商讨商船武装问题。

10月2日(八月十二日　癸未)**星期四**

晴。上午七七,下午七八。

依时入馆办事。接绍虞九月廿七日书,寄到《学文示例》下册稿,知上册快递之书今尚未至,甚诧。已属查。为圣陶转出红蕉信,并代汇杭州五十元。校毕《秦汉史》一批,送诚之,取回前样。续校《史记地名考》第十一卷。晚归小饮。锦珊自苏来,送河鳗四尾,烹此下酒。

报载要闻:湘北展开大歼灭战,被围之寇五万全部动摇,长沙稳定。陪都建立周年纪念,各界热烈庆祝。清远克复。沁河南岸展开激战。行政院通过地价申报办法大纲。财政部公布开始运用平准基金。英政府提五万镑备充中国救灾基金。越境滇越铁路被匪搜劫。美商影片公司代表赴港接洽供汇问题。太古、怡和船票又加价。纶华染织厂经理吴柏年被绑。外商谋节燃料,倡导连续办公制(即上午八时至下午一时,不分两班,故亦称一班制。午饭时间须在一时后)。邱吉尔在下院演说,英、美竭力援苏。三国会议昨开大会。苏军退出波尔泰伐。传罗国总理辞职。诺克斯主张英、美缔立完全军盟。美舰护送接济品来华。

10 月 3 日(八月十三日　甲申)星期五

晴。上午七七,下午八一。

依时入馆办事。送《辛亥以来藏书纪事诗》与振铎(昨日电话告假者)。复绍虞,告快件单据号次,属就近查询。《示例》下册稿已发排。午与丏、村饮永兴昌,用十元。付谦豫九月酒账廿五元九角二分。给馆役七元(顾四,任二,沈一云)。复宾四,寄《史记地名考》清样第十卷。晚归小饮。

报载要闻:湘北空前大捷,寇全部总退却。我空军轰炸宜昌寇司令部。白庙之寇渡河潜逃,我军收复清远。南昌东北寇退却。公仓米开始登记。英商哈惠氏造船厂经理庄志宸被绑。兴昌米号账房张志良被枪杀。泰国船被扣,迫令卸货。三国会议圆满闭幕,英、美代表发布文告,供给苏一切需要,莫洛托夫演说致谢。芬国会商讨对英复文。美常备军开抵冰岛。捷军五十万助苏作战。美海长谈美国策在击败希脱拉及其同盟。

10月4日(八月十四日　乙酉)**星期六**

晴。上午七九,下午八三。

依时入馆办事。接歘、清九月廿五日发十八号书。致以中,送《元明杂剧》两部去。复寄圣陶五十四号书,慰问兼告知所属各事当照办。复寄芷、汉九十四号书。复寄歘、清廿一号书。复寄洗人廿二号书。分致雪舟、士竑、世泽、镜波、炳生、联棠,例洽各事。午间就楼上同人醵金卅元叫马泳记厨房菜庆中秋,兼志长沙大捷之喜。曙先适来,遂参加。计人摊费三元五角。(酒自备。)晚归小饮。

报载要闻:湘北追击汨罗两岸残寇。薛岳发表战果,寇死伤八万馀。开封附近寇强渡新老黄河。赣北寇退箬溪。粤省克复大泽。格拉第(美国助理国务卿)抵渝。租界当局密查奸商操纵纱价。英商会反对采用连续办公制。传平准会减供外汇,沪商请宽放限额。马勒轮舵工水手争取工作,浦面发生纷扰。哈同夫人罗迦陵昨逝世(七十八岁)。传美将放弃对日谅解,谈判渐成僵局。美发动集巨款援助中国。美议员要求调查日人之反美活动。英、美对远东问题在马尼剌集会(朴芳已抵菲)。希脱拉发表演说,预言击败苏联。乌克兰德军窥卡科夫。斯泰拉雅罗萨区苏军反攻得手。澳相法登辞职。

10月5日(八月十五日　丙戌)**星期**

晴。上午八〇,下午八四。

今日中秋,又值星期,休假在家。晨七时入书巢记日记,十时毕。钞《观古堂藏书目》。午小饮。午后硕民来,移时去。晚小饮,笙伯适至。夜饭后,漱、润、滋三儿步月至濬儿家,笙伯与俱。九时许,三儿返。

报载要闻:湘北克复新墙河各渡口,寇归路已完全断绝。渝派员招待外宾,参观战绩。寇分三路犯郑州,战事紧急。冀、晋、察边区激战四十日,我军攻克据点多处。粤省克复芦苞。闽省收复两岛。美经济专员格拉第与财政部官员会议。香港将举行三国财政会议。美医药代表团将来华。沪新闻界电蒋祝捷。本月分结汇仍照上月办法。今冬燃料不乏,煤荒可除。当局决制止食油涨风。外滩杂粮油饼交易所门前发见手榴弹(民众对油侩之警告)。赴港入境新办法,改用现金百元担保。乌克兰战局紧张,德攻卡科夫,并窥寇斯克。列宁城苏军局部进展。英美对苏讨论宗教自由。日、波断绝邦交。又一美船怀特号在大西洋巴西附近被击沉。

10月6日(八月十六日　丁亥)**星期一**

晴热。上午八二,下午八五。

依时入馆办事。续校《滇南碑传集》。晚归小饮。

报载要闻:湘北续克金井,长沙、平江间已无寇踪。郑州外围战亟。晋东南境,寇猛烈进犯。粤南收复芦苞后续克据点。美军事代表团抵港,蒋派员赴港欢迎。郭外长定双十节招待外宾。财、经两部再促沪游资内移。工部局代总巡否认包文有辞职说。各银行办理信托存款。虹口日商堆栈昨晨失火。布特尼发动大反攻,牵制克里米亚德攻势,苏、德战局已入极紧张阶段。美将再度提高国防经费。赫尔对怀特号击沉事斥德为海盗行为,目无法纪。马尼剌军事会议继续进行。野村又访赫尔。

10 月 7 日(八月初七日　戊子)**星期二**

晴。上午八一,下午八〇。

依时入馆办事。致江清,送《元明杂剧》两部及馀款一元去。接圣陶九月廿六日发六十号书,告满子病况,剖检结果,乃系胎儿,缝治后可望平顺安产云。看《潜研堂集》。晚归,锦珊在,因与共饮,并将代撰颂词交之,八时乃辞去。日内即将返苏云。

报载要闻:汨罗两岸寇肃清,湘北战事将结束。郑州失陷,我军在城郊集援反攻。中央将另征战时消费税。教部通令各级学校均应如期上课(有缺须补足)。郭外长欢迎美代表团,发表谈话,谓民主阵线于经济、军事今更趋合作。格拉第抵港。沪各商业银行创办重庆比期存款。美教士抵沪谈,美对于华人奋战事表同情。棉纱栈单货霉烂,港帮要求退货。瑞丰人造丝号主俞瑞麟被枪杀。虹口发生盗劫,日兵被盗击毙。苏军局部获胜,乌克兰苏军展开侧击。苏当局阐明宗教自由问题。英、德互换俘虏,定今日实行。捷京前市长遭德枪决。马尼剌会议结束,朴芳返新加坡。澳洲工党内阁名单发表。美参院赞成商船武装建议。

10 月 8 日(八月十八日　己丑)**星期三**

晴。上午七七,下午八〇。

依时入馆办事。接诚之书,送还校样,并介绍姚姓学生为印刷学徒。接芷、汉九月卅日发七十九号书。看《通鉴》。晚归小饮。

报载要闻:鄂西我军攻入宜昌,正巷战中。湘阴以上地区寇迹肃清。郑州郊外仍在激战。南昌以南战事又趋激烈。格拉第与福克斯俱由渝抵港,出席中、英、美三国财政会议。法使戈斯默赴平。柯立芝轮载美侨一批返国。工部局宣布明年元旦起,开征营业房屋特捐。沪光大戏院昨晚发见炸弹。同昌祥铜锡号经理王翰卿遭枪杀。儿童救济会发起,双十节募捐百万元救济难童。德军在苏中区发动攻势,丁莫生柯正施反攻。英、德中止交换俘虏。德、罗舰船集保国港口。日对北海道及库页岛派兵增防。英、美在远东合作,决以全力援华。澳新阁员宣誓就职。美、日谈判无进展,如日不能约束军人,终将决裂。

10月9日(八月十九日　庚寅　丑初二刻十二分寒露)**星期四**

晴。上午七六,下午七八。

依时入馆办事。复诚之,告印刷工极吃重,如不嫌苦,当代介绍。顺送绍虞近著两种及《明代思想史》。致起潜,送书与诚之同。致乃乾,送绍虞赠书。致贯吾,为开明代缴新书于国立北平图书馆。看《通鉴》,至十三卷止。晚归小饮。

报载要闻:宜昌四郊据点俱克复,传沙市亦告收复。空军在湘获重大战果。郑州增援反攻,已迫城郊。晋南收复汾河各渡口。江岸炮兵击沉寇舰。政府否认和平妥协。古巴政府定今日为救济中国日,郭外长去电致谢。香港三国会议,筹稳定法币方策。传江海关于今日起,禁阻一切物资出口。申请外汇手续扩展至十八项。各市场昨一致起剧烈跌风。附逆流氓程亨昌(即飞龙阿根)在沪青路遇刺殒命。三泰旅馆发生血案,贩货旅客被杀。苏动员全部实力应付中区战事。芬对英覆牒,仍继续侵苏。美租军预算已交众院。白宫二次会议,商讨中立法。聂梅雅抵菲。

10 月 10 日(八月二十日　辛卯)**星期五**

晨曦,旋即阴,午前后略开霁。上午七七,下午七九。

昨日静甥在桂与业熊结婚,此间无举动。今日卅度双十节,放假在家。晨入书巢作日记,八时半毕。今日雪村为其三儿士敢冠,治酒相邀,予与珏人赴之,过午乃得食。读《通鉴》,止十四卷。为振甫点校《古人论文大义》。文权、濬儿亦来与雪村之宴,在予家晚饭而后归。晚仍小饮。

报载要闻:我军在宜昌市区激战。郑州外围在我军控制下,豫、鄂部队正发动大反攻。江海关突禁棉织品出口(寇方实早有此策划)。南市一寇兵昨被枪伤(闻终毙),交通又封锁。美按署泰脱鲍盗卖公物罪判徒刑二年。美众院讨论租军案,决扩大援华。苏中区德攻势略进展,苏军撤离奥莱尔车站。英、美、荷协定,禁油输日。美宣告明秋当以大批飞机运华。若杉已抵美京,美、日谈话仍停顿。

10 月 11 日(八月廿一日　壬辰)**星期六**

阴,旋开霁,夜雷电大雨。上午七八,下午八二。

依时入馆办事。接绍虞六日书,《学文示例》上册犹未到。恚甚。接起潜复书。寄洗人廿三号书。寄歔、清廿二号书。寄芷、汉九十五号书。寄圣陶五十五号书。分致雪舟、祥麟、镜波、士竑、炳生、世泽洽事。看《通鉴》,止十五卷。晚归小饮。

报载要闻:陪都热烈庆祝双十节,林主席以下均致辞。鄂西攻克宜昌,收复南津关,猛攻当阳。岳阳、临湘在猛攻中。《申报》、《新闻报》仍蹈旧习,今日休刊。爱多亚路无赖揠卖伪方旗帜,大犯众怒,殴伤两人。苏中区战事炽烈,苏军坚守维亚慈玛。传史太林亲飞前线。英、美赴苏代表团返抵英伦。美、日谈判再度失败,两国关系恶化。

10月12日(八月廿二日　癸巳)星期

阴雨,旋霁。上午七八,下午七七。

予结邻非伍,楼上下均纵博淫昏,每逢假日,尤且卜夜继昼,捕房屡罚示儆,不了悛,耐守积年,蕴恶已极。迩日克忠呼类招党,连夜聚赌,昨夜过一时犹不止,恨甚,珏人因上楼斥之。忍无可忍,亦不能顾惜面子矣。今日顯孙生日,珏人挈润、湜两儿往吃面。硕民、圣南来。红蕉、绍铭来。校《古人论文大义》讹字毕。饭后读《通鉴》,止十七卷。夜小饮。

报载要闻:鄂西昨日收复宜昌,并包围当阳。陪都举行盛大茶会,招待各国大使。(英大使寇尔已返抵渝。)湘北我军越新墙河,迫近岳阳东郊。苏、皖边境水阳镇发生激战。浙省府举行全省行政会议。美军事代表团抵渝。沪市米煤等四项续许供汇。法捕房督察沈金书遭枪击。浦东一寇兵被杀。日小轮一艘(名平丸)在淞口外遇浪,溺毙数十人。本月分棉花结汇已在慎重考虑。美众院通过租军法案经费。德军对莫斯科取钳形攻势。英将依照租借法供苏战具。巴拿马新总统就职。美、日谈判不绝如缕。

10月13日(八月廿三日　甲午)星期一

晴。上午七二,下午同。

依时入馆办事。华西协合大学汇到《汇刊》印费二千元。致诚之,续送《秦汉史》清样。接燕大国文学系公函,催询《学文示例》,因作书复告经过,并复绍虞。晚归小饮。

报载要闻:湘、鄂我军分路包抄汉口、岳阳。荆、沙方面寇阵地迭被击破。中牟寇进犯未逞。郑州西犯之寇遭遇挫折。河津方面连日激战。绍兴寇再犯平水。胡世泽启程回国。中央电令沪各业,督促资金内移。江海关发表上半年全国进出口货税收(入口三万四千七百馀万关金,出口五万八千六百馀万法币)。张若谷又被解往虹口。工部局再度布告,防范恐怖行动。切面业请愿要求平售面粉。沪寄英伦邮件在大西洋沉没。德攻莫斯科愈烈,苏劲旅增援(维亚慈玛区苏军已退新阵地)。英人纷请政府对德加速行动。国际青年大会在英举行。美、日撤侨协定成立,日决派三邮船驶美撤侨。美海军在格林兰发见纳粹电台。

10月14日(八月廿四日　乙未)**星期二**

晴,转凉。上午七一,下午七三。

依时入馆办事。看《通鉴》,止十九卷。晚归小饮。夜饭后,石莼来,为湖帆洽印《悫斋诗集》事。接贯吾书,告办事处已赁定震旦大学图书馆二〇八号。

报载要闻:薛岳宣称我军已开始总反攻。湘北续克桃林、篢口、西塘。岳阳、临湘踞寇被围。宜昌我军以寇施毒气残害民众,自动退出。武、汉紧急,踞寇电东京乞援。豫军袭击中牟。英、美财政经济代表团在港公毕,即赴渝。美军事代表团团长马格鲁德少将及英大使寇尔访问郭外长。沪投机商搜购美金票,黑市空前狂涨。纱布被禁出口后,迄无准运关单。虚设汇康钱庄(一日即倒)诈欺取财,四犯就逮。请愿抑平粉价已邀工部局核准。苏军撤离白林斯克。英供应大臣比凡勃鲁克广播三国会议结果。意舰队渡地中海被英鱼雷击中。朴芳飞澳。荷印总司令彭绍德堕机殒命。

10月15日(八月廿五日　丙申)星期三

晴。上午七一,下午七三。

依时入馆办事。接勬、清一日发十九号书,告静鹤婚礼已代送出。看《通鉴》,止廿一卷。夜在永茂昌举行酒会,廉逊、绍先、雪村及予四人耳,人摊费五元不足,在日来物价为大便宜矣。

报载要闻:汉宜公路我军获致战果。绥远我军进击安北。鄂北西犯之寇被击退。平汉路侧袭攻孝感车站。皖南我军进袭黑龙山。王世杰否认中、美矿产协定。军委会运输统制局改组完成。外交部增设人事司,次长钱泰任司长。财政部取缔未经核准之银行、钱庄。黑市趋松。棉花进口,近期内可获得外汇。蒲柏路纸栈发见炸弹,伤两人。寇在虹口区内突加戒备。两租界会同筹设大规模乞丐居留所。苏军退出维亚慈玛区,德图向莫斯科突进,莫斯科附近赶筑防御工事。美当局申明战具不断运苏。日、葡缔结航空协定。若杉访晤威尔斯。美国务卿及陆海两长请国会修改中立法。荷印总司令即由总参谋浦埃顿代理。

10月16日(八月廿六日　丁酉)星期四

晴。上午七一,下午七四。

依时入馆办事。调孚又病,午后作书候之。复贯吾。看《通鉴》,止廿三卷。晚归小饮。

报载要闻:豫北攻克十里堡,一度攻入郑州市区。绍兴进犯之寇被击退回,收复平水镇。外籍记者抵桂,报告长沙胜利经过。蒋夫人赴前线劳军。西报建议工部局,速行抑制物价。南洋煤球厂经理被绑。国米涌到,米价续跌。美三总统轮改名将军号。又一日宪兵在浦东被击。昨夜白赛仲路绑匪与警捕格斗,法捕及肉票、匪徒共死四人。(嗣悉肉票为中国银行襄理前扬州分行经理汪季高。)寇廷海陆人员更动。其调查团中心赴泰(纳粹党员在泰活动)。美、日谈判渐成僵局(拉狄摩尔在昆明声称,美决不牺牲中国),美舰作战时准备。德图由北路围莫斯科,苏调三军团增援。加里宁战事激烈。邱吉尔在下院答复国人请求,不愿陈述苏战局。

10月17日(八月廿七日　戊戌)星期五

晴。上午七三,下午七八。

依时入馆办事。为《学林》重校《论语之研究》。晚归小饮。

报载要闻:鄂军袭潜江奏捷,围攻鸦雀岭,完全控制汉、宜间水陆交通。赣北我军袭击赣江东岸之寇。山东省主席沈鸿烈抵重庆,将转任他职。英、美财政经济代表团代表昨抵重庆。孙科在港宣称,寇将对我发动新攻势。工部局滥加职员津贴,又拟征收两种新税。两租界会同组织煤球评价委员会。杨树浦一日兵被刺。沪商汇渝五十万元转发湘北将士。电力公司呈准停止出租电具。英商公共汽车为节省汽油,调整行驶路线。寇内阁昨又总辞职,近卫仍奉命暂摄政务。寇在越南行使警权。澳洲战时内阁召集会议。德三面进攻莫斯科,突破苏阵线数点。哈立曼返美。美众院外交委员会昨通过修改中立法案(批准武装商船)。

10 月 18 日(八月廿七日　己亥)**星期六**

晴。上午七六,下午七三。

依时入馆办事。致翼之,附漱儿上怀之书。寄芷、汉九十六号书。寄圣陶五十六号书。寄洗人廿四号书。寄歇、清廿三号书,附漱等廿二号书。分寄雪舟、炳生、世泽、祥麟、联棠、镜波。晚归,途遇文杰夫妇,因过其家小坐。旋归小饮。

报载要闻:郑州近郊攻克五里堡。浙东反攻,克复百官。英、美财政经济代表团招待记者,阐述来华任务。罗文干在粤逝世。工部局决设统制物价机关。法公董局规定煤球售价。戈登路上炸弹爆发,寇方车辆几及祸。大公职校一学生被寇方捕去。东条英机(近卫内阁陆相,急进侵略领袖)奉命组阁。白宫召开紧急会议。美船奉令驶离中、日领海。(沪总统轮公司即迁马尼剌。)冰岛附近又一美船中鱼雷。苏、德血战,各国使节撤离莫斯科。

10 月 19 日(八月廿九日　庚子)**星期**

晴。上午七二,下午七五。

晨入书巢记日记,十时乃毕。十一时往莲花寺吊俊生夫人,致奠分六元。所遇商务故旧甚众,因午饭焉。饭后归,过成都路口茂丰买酒两瓶,计一斤装,每瓶价一元三角。(还瓶除三角,实一元耳。)绍先之介也。幽若偕震渊夫人及其子女来,珏人伴游顾家宅花园。硕民来。红蕉来。(以上俱傍晚去。)组青、葆贞、濬儿、顯孙来,夜饭后去。晚仍小饮。看《通鉴》,止廿四卷。

报载要闻:豫北克张庄街。浙东一度冲入慈溪。绥远突破大树湾。国民党九中全会及国民参政会定下月举行。郭外长发表谈话,谓日将攻苏。华侨汇款归国,由中央银行集中办理。滇黔考察团抵筑。工部局对面粉将实施采销制。法租界设小组会管理物价。晓光中学十学生被寇方捕去。美总统轮公司否认停航远东(但东来之轮已折回檀岛)。东条宣布寇阁名单。美众院通过武装商船案。苏克复奥莱尔,承认放弃敖德萨。中、英、美大使离开莫斯科。中、英、美、荷会商太平洋联合防御策略。

10月20日(九月大建戊戌初一日　辛丑)**星期一**

昙,旋晴。上午七三,下午七六。

依时入馆办事。接绍虞十三日片,托购《元明杂剧》。又接十五日片,告《示例》上册之寄国文系者已收到,惟寄彼本人之五包则未到。(想可陆续收得。)接敭、清七日来廿号信,告近状,兼及熊、鹤婚礼筹备各事。致湖帆,告代估印价。散馆时石莼又为此事来,即以国光原估单与之。夜归小饮。

报载要闻:江陵沙洋之寇南犯,我军迎战甚烈。荥泽我军进击霸王庄。沪宁路沿线我军极形活跃。豫省展开募债运动。我国与利比亚交换批准友好条约。外部增强仰光总领事馆机构。澳驻华公使定今日抵渝。请求外汇未批准者平准会允再考虑。格拉第遄返旧金山,筹划沪、美航线。美油轮将于周末运沪黄色汽油一百万介仑。伪社会局专员王正延(冒儒堂之名显非善类)在南方被枪击。若杉向美接洽,希图重开谈判。美反日情绪增强,恐难见效果。美参院今日审查商船武装案。威尔基演说,痛斥轴心国。大西洋美舰队大举搜索潜艇。顿纳兹盆地战事激烈。传苏军克复加里宁。驻日英使将访东条,阐明英国态度。罗马尼亚兼并敖德萨。德、意侨民将离阿富汗。

10月21日(九月初二日　壬寅)星期二

阴,转晴。上午七三,下午七五。

依时入馆办事。守宪来,谈良久,去。校钟云父《水经注校补初稿》卷一。看《通鉴》,止廿七卷。起潜来。馆役为我买蟹五只(三尖两圆),重二斤二两,计八元五角。晚归小饮,初持螯。

报载要闻:鄂南克复化港。郑州方面,我军攻石佛得手。马占山组织挺进军。财次俞鸿钧报告经济会谈结果,各国意见一致,平准会将稳定沪市法币。正当用途仍准给汇。中央将设专部掌管土地行政。工程师学会第十届年会今日在筑开幕。驻沪租界美军奉令在防区内协力防止暴行。工部局拟具统制物价方案,呈领团审核。达得南轮失慎,焚烧两小时。英远东各地已完成战时措施,准备随时应付事变。(纽丝纶决与英、美合作。)史太林宣布莫斯科已入被围状态,下令严加保卫。加里宁区苏军反攻。英工人要求政府在欧西另辟第二战场(俾援救苏联)。寇阁新海长岛田作恫吓广播(寇在东北四省屯军在卅师团以上)。美、日谈判日内将重开。美注视远东局势之发展。

10月22日(九月初三日　癸卯)星期三

阴霾竟日。上午七四,下午七五。

依时入馆办事。看《通鉴》,止卅一卷。致丕绳,送《春秋史》校样。致宾四,送《史记地名考》清样(第十一卷),并洽《汇刊》汇款事。接绍虞十六日片,属《示例》下册即排。即复,代寄《语文通论》四十册(附发票),苏州款已汇出。接翼之信,复告近况。接季易片,催询《疑年录汇编》开印。晚归小饮。

报载要闻:皖省我军攻击安庆外围。黄河铁桥之寇分三路犯广武。汾南寇进犯,被我军击退。中缅运输局办理滇、缅运输事宜。福克斯等由渝飞港。政府同意捷克派遣驻华公使。在华踞寇调动频繁,我军准备一切,应付新攻势。工部局请平准会核给粉麦外汇。米蠹竟在市场抛售公仓米。《中美日报》编辑王锦荃被绑(寇伪所为)。南市又杀一日人,驻沪美海军否认将军轮已加武装。方单地征税案,领事法庭已判决应征。(工部局又将征收交易所营业税。)艾登接见顾大使,商讨日、苏局势。美总统下令加紧援苏。美议员提议完全废止中立法。乌克兰苏军退出塔报罗格。苏政府一部分已迁库璧希夫,莫斯科附近正阻止德军前进。德称占领史太林城。

10月23日(九月初四日　甲辰)**星期四**

昙,午后雨。上午七六,下午同。

依时入馆办事。为《学林》看胡朴安《儒道墨三家学说之缘起与完成及其变迁》稿。复季易。接洗人十三日书,告参加熊、鹤婚礼情形。寄昌群、晋生,送《周易古经今注》契约。接怀之信。接嘉源信。晚归小饮。

报载要闻:中、英、美三国经济及金融会议将在香港赓续举行。美军事代表团续来华。行政院决议,合并美、英、法、比四国庚款机关。我国青年百馀人送美受空军训练。沙市附近发生激战(岑河口之寇南犯被阻)。豫北我军猛攻新乡、郑州。杭、嘉、湖地区我军向吴兴一带进击。西藏西郊匪徒横行(藏政府派兵往剿)。工部局管理物价计划,领事团即将核准(面粉可望获得外汇)。美经济专家柯克兰由港启程来沪。陈光甫对上海汇市有变动说郑重否认。美商船三艘业已武装。先施公司门口发见手榴弹。史太林在中路督战,摩迦斯克苏军迁新阵地。南路德军取守势。英政府拒绝实现第二战场。英与墨西哥正式复交。美参院外交委员会审查中立法。美船三艘又在大西洋遭击沉。

10月24日(九月初五日　乙巳　寅正二刻六分霜降)星期五

晴,午后阴,傍晚雨。上午七六,下午八〇。

依时入馆办事。续看胡稿。接清儿十二日发廿一号信,知予寄十九号九日到,二十号十日到,详告熊、鹤婚礼。晚归小饮。

报载要闻:中、英信用借款通过,在伦敦成立委员会,执行协定。钱泰被任外部常次。比大使纪佑穆飞渝。卢世钧发明木气灯。广武西南区寇遭围歼。郝穴附近战事激烈。赣北寇犯靖安受挫。沪各团体请制裁房屋加租。各界组慰劳团赴湘北前线劳军,寒衣代金捐献数逾百万。工部局财委会通过发行防水公债四百万元。《密勒氏评论报》鲍威尔昨晚被人投弹,受虚惊。英商拥护管理物价建议,组进口协会。马霍路撞车,六人受伤。援苏物品自下周二起变更航线(不由太平洋到海参崴,改由波士顿直渡大西洋,从白海亚尔干日尔港进口),英、美将联合护送。丁莫生柯调他职,齐胡柯夫指挥中路战事。美、英、荷、澳合作,达决定阶段。赫尔抨击德海上恐怖政策。

10月25日(九月初六日　丙午)星期六

晴,午后暴风雨,即止。上午七九,下午同。

依时入馆办事。寄歗、清廿四号信。寄芷、汉九十七号信。寄洗人廿五号信,鸣谢代主业熊、静鹤婚礼。分寄炳生、世泽、联棠,复洽各事。鞠侯来,散馆时与雪村、调孚、鞠侯同赴柏丞约。《学林》编辑十一人俱到。九时许归,濬儿在,知珏人突患肠胃炎,呕泻不止,先请索非来诊,继召濬,后又电请克明,甫服药,在昏睡中。予本被酒,为此扰攘,乃得清醒。并知文权亦以斑疹伤寒今日入同仁医院云。幸权病势不甚重,而珏人无寒热,入睡后即平复也。

报载要闻:豫北克复广武。沙市附近克两据点。晋南收复清河镇。粤汉路南段之寇向南撤退。国内邮资加价,下月一日实行。平准会设昆明分会。港经济会议将改善上海法币局势。工部局管理物资办法,下周可公布。法租界电费下月起将酌减。杂粮交易所又被掷弹。预拟驶沪之美总统轮临时奉召折回。苏宣布政府迁往库璧希夫。史太林仍留莫斯科。丁莫生柯指挥南路。美参院通过新租军案。(变更援苏路线与远东局势无关。)艾登在下院谈,英决不与希脱拉谈判。朴芳谈远东局面,谓协约国防务增强。日召开临时国会。日、葡航空协定内容公布。

10月26日(九月初七日　丁未)**星期**

晴,西北风急。上午七四,下午七二。

珏人已渐平复。晨入书巢记日记。遣润儿往省文权疾。濬儿来省珏人。午食蟹二枚,小饮。饭后,梦岩夫妇来,坐谈移时乃去。据云周浦民物殷阜,不减承平时,亦畸形发展也。薄暮,小饮。

报载要闻:汉宜线克复郝穴。寇机分批袭赣。越境屯寇窥伺滇缅路。中委刘守中在三原逝世。比大使访郭外长。工程师学会十届年会闭幕(下届定在兰州举行)。美财政专家柯克兰昨由港抵沪。前任蒋委员长俄籍顾问因不愿横遭寇方逮捕,在寓开枪自杀。《大美报》主张制止物价高涨应组消费协会。工部局严禁米店拒售平米(供应绝无问题)。罗迦陵身后遗产争执愈烈。苏南路战局严重,罗斯托夫苏军略退。德称占卡科夫。敖德萨炸药发作,罗马尼亚占军司令及幕僚五十人同尽。贝当对德自请作质,妄冀希脱拉稍戢凶焰。英军进攻东非法属索谋里兰。英、澳会商保卫太平洋步骤。诺克斯宣称美、日冲突难免。(野村将返东京。)

10 月 27 日(九月初八日　戊申)星期一

晴,陡冷。上午六五,下午六七。

作书酬杜医师二十元。依时入馆办事。接颉刚十八日渝复书,告近兼四事(一,文史杂志,二,边疆学会,三为国立编译馆整理故籍,四在中央大学教课),齐大研究所名义仍兼,事实上切属宾四代理。予甚为其身体担虑也。接圣陶十六日蓉发六十一号书,知予去五十三、四号书俱达。即为转致红蕉。接芷、汉十九日滇发八十一号书,知予去九十三、四号书亦俱递到矣。看《通鉴》,止卅三卷。晚归小饮。珏人已起床。

报载要闻:郑州区寇众进犯,经我军击退。并乘胜克复广武。郝穴附近,寇已肃清。湘北袭击云溪车站。九中全会下月开幕。整理田赋筹委会今晨开幕。教部饬民教馆举办民众服务。银钱业提存办法已实施。沪租界管理物价新附则领事团即予核准,食油煤斤等将实行公卖。(拒售平米恶风未戢,亟待严厉彻查。)柯克兰访美官宪谈商。今日为美国国防节(即海军节),驻沪海军当局发表文告。总统罗斯福定晚间广播。美亚洲舰队突驶新加坡,并设置远东空军司令。莫斯科宣布戒严,大战即爆发。南路德攻势未逞。英、美斥德滥杀法人。意外长齐亚诺访德。伊朗与英、苏同盟,原则已接受。

10 月 28 日(九月初九日　己酉)星期二

晴。上午六五,下午七〇。

依时入馆办事。致诚之,取回赵肖甫稿。致丕绳,索回校样。校《滇南碑传集》一批。午与雪村、曙先饮同宝泰,价昂而品劣,食后头胀舌燥,真大上厥当矣。二时,与雪村往同仁医院访问文权,遇文杰及濬儿。夜应道始约,与雪村同往高长兴饮,坐有姜证禅、顾炳生、訾雨亭,道始兄弟偕至。自携肥蟹十七只,在酒楼仅用四荤盆(一羊羔,一酱牛肉,一酱鸭,一熏猪脑),及酒十六壶,付账竟达五十元;小账无多,侍役尚不甚高兴也。若并蟹计之,殆逾百元。日下物价之昂,竟不可想象矣。八时三刻归。

报载要闻:郭外长昨招待记者,发表谈话,寇在豫、粤两区将有新军事行动,促民治国注意。闽江口外,收复川石、浮江两岛。浙西杭嘉湖区游击队活跃,迭予寇以重创。寇机袭晋、陕,被击落一架。绥境蒙政会议定下月初举行。澳驻华新使(艾格尔斯登)今晨呈递国书。米号拒售平米,工部局决严惩。对煤球亦严禁居奇。柯克兰接见银行家。汇中银号经理黄雨斋被人枪击。信诚公司经理朱向荣昨被绑。罗斯福今晨广播,重申毁灭纳粹威胁政策。国际劳工会在纽约开幕。苏军在基辅预埋地雷,突然爆炸,全城被毁。一面退出史太林诺。美举行全国援苏大会。伦敦工人援苏示威。菲列宾纪念海军节。苏、日在边境一度冲突。寇在越南造机场。

10 月 29 日(九月初十日　庚戌)星期三

晴。上午六六,下午六九。

依时入馆办事。致丕绳，续送校样，仍催前样。午后丕绳来，说明不能快速之故。为金韵初取股息事，函复予同。晚归小饮。

报载要闻：鄂南克复老新口，寇退回沙岑。晋西寇增援进犯。浙东克复绍兴。豫北攻入荥泽。中航机一架失事，坠入九龙湾。行政院通过奖励资金内移办法。政府当局决继续维持沪市法币。柯克兰与外商银行家商外汇问题。（费利浦往访，亦商供给外汇。）工部局董事明思德谈，沪民食无虞匮乏。四川路昨午大火，日商堆栈焚毁。寇方连日在法租界捕去多人。卢家湾法捕房俄犯枪杀越捕。赫尔、诺克斯演说，力主废止中立法。（美参院开始辨论修正。）国际劳工大会推定各委会主席。德军逼近卡科夫，苏军退守新阵地。英、苏将联防高加索。

10月30日（九月十一日　辛亥）星期四

晴。上午六七，下午六九。

依时入馆办事。丏尊托复选南屏女中作文竞赛文卷。允于星期日为之。看秉农山《人类天演之脱节》。此稿早到学林社，且经多人看过，惜其于时事涉忌太多，不敢发表，今日送来，请予决定，遂从头细读之。晚归小饮，始尝雪村代买之酒（今日新开瓮）。夜饭后与雪村谈，良久乃各就寝。

报载要闻：美新租军案，总统罗斯福已签字。美将借用全球根据地，并请中、英解除贸易限制，是中、美、英三国已臻进一步合作之境。林主席接见聂梅雅。官方否认谈判和平。（近日又有苟和之谣。）豫北分路反攻郑州。鄂中进击李家埠。河津以西激战未已。晋西黄河东侧甚紧。国府公布非常时期捐款购债奖励条例。美防疟团抵滇。寇众二万开抵越南北圻，将在边境有所蠢动。波兰驻日大使闭馆抵沪,闻负有特殊使命。工部局召进口商行卅五家,讨论筹组协会。市场谣言渐息,各档米价回跌,米店恢复门售平米。卡科夫巷战中。苏援军开到,大规模反攻。德称攻破克里米亚孔道。英供应大臣比凡勃鲁克传将因病辞职(与邱吉尔政见不甚相合。)

10月31日(九月十二日　壬子)**星期五**

晴。上午六八,下午七三。

依时入馆办事。接圣陶十九日蓉发六十二号书,告近状,并言消瘦殊甚,形貌殆如东华矣。接宾四十七日蓉发书,复告所寄校样及《学报》等俱到,并告颉刚忙近状,似亦不甚以其好事为然也。接晴帆廿三日丽水来书,不接音尘几一年,得此甚喜,知近状尚善。虚舟已去赣,有专员之望。梦九赴金华,亦调善地云。接敭、清十九日桂来廿二号书。又廿一日来不列号书,知洗人已离桂赴衡转赣矣。雪村夫妇昨夜亦患肠胃炎,初未之知,今晨始悉。是以未到馆,幸即平复,晚归晤之,已如常矣。坚吾馈我肥蟹十枚,绍酒四瓶,酬我代撰文稿之劳。却之不可,即属阿四送归,夜送擘脐下酒,分惠家人,并怡然享之。

报载要闻:昨日蒋生日,以国难未举动。对外输出增加。交部召开电政会议。豫北攻克中牟附近据点七岗。荥泽寇数路进犯,均击退。晋西寇续进犯,我军正猛烈阻击。寇众集中越南北部,如日、美谈判失败,企图切断中、缅交通。工部局促进口商组织协会。对物价管理,下周将与法租界同时实施。(进口粮食与煤斤,平准会准给外汇。)新新公司屋顶新都茶室今晨大火。德剽袭舰供应船秘密来沪(由日本驶来)。英大使馆公告,劝英侨撤离。平价米昨到二万馀包。寇方又在法租界捕六人。莱贩夫妇同时被人枪杀。中路德军对都拉取新攻势。苏军退出卡科夫。苏、德空军互轰京城。土耳其总统发表演说。美参院激烈辩论武装商船案。诺克斯称,倘再击沉德潜艇,将不宣布。美在两洋设海空军根据地七十九处。

11月1日(九月十三日　癸丑)星期六

晴。上午七〇,下午七一。

依时入馆办事。寄勷、清廿五号书。寄芷、汉九十八号书。分寄雪舟、祥麟、镜波、炳生、世泽、声济,洽公事。付十月分谦豫酒账廿一元六角。诚之介葛召彤来,洽谈索引机事。夜公司宴请陈麟瑞、钱锺书、戚叔含、方曙先、王哲安,在万利酒楼治酒,雪村、调孚、沛霖与予往。筵价八十元,才抵战前十二元耳。并酒及小账计之,殆将百二十金。饮罢归,雪村、麟瑞、叔含、曙先兴作,强拉予同往八仙桥妓馆打茶围。直至十时始出,以曙先醉,送之上车,遂步以归,抵家已十一时许矣。劳顿周折,甚无谓也。

报载要闻:豫北攻入郑州,焚寇仓库。并袭击淇县高村车站。南昌西北我军袭击店前街。寇在晋西、越北增兵,显图进攻。国府组织给励委员会。拉狄摩尔返渝。美抗疟团抵昆明。工部局推代表李德尔等赴港,商供应充分外汇。公共租界将设立平米出售所两处。各加油站本月起,星期日停止供油。真茹筹建乞丐居留所,可收容一万人。莫斯科外围德又猛攻都拉,局势严重。美驱逐舰在冰岛西遭潜艇击沉。美、日谈话已陷于停顿。澳首相声明,决心抵抗任何侵略。

11月2日(九月十四日　甲寅)**星期**

阴霾,偶露阳光。上午七〇,下午七一。

晨为丐尊看文稿,选定次第已十时,乃送还之。午后本有乃乾约,以疲倦未赴,即作书道歉。看《通鉴》,止卅五卷。笙伯来,晚饭后去。夜仍小饮。复嘉源。

报载要闻:豫北克复郑州,中牟亦在围攻中。皖北克复怀远。湘北楼西湾之寇分退岳州。龙门山一带战事激烈。寇兵续抵越南南部,在越军事设备已完竣。中缅移民草案,外部在检讨中。各省经济作战处条例业经国防会议通过。川主席张群抵渝述职。宋子文访晤罗斯福。中央决定沪市及沦陷区工商业缴税奖惩办法。工部局英、美籍董事各一人代表赴港,会商管理物价。南斯拉夫泊沪货轮,竟被意海军强占。六路有轨电车售票人又推殴乘客。昨火警两处,毁屋三十馀幢,损失百馀万。德军抵都拉城郊。南路大雨,战事停顿。德四路进攻苏京,三路受阻。传苏要求英对匈、罗、芬宣战。美舰沉失案,美态度持重。德方攻击美海军,美人多主与德绝交。寇在台湾增加防空设备。

11月3日(九月十五日　乙卯)**星期一**

阴霾,午后数雨。上午五九,下午六七。

依时入馆办事。校朱东润《史记考索》。丕绳送校样一批来。接绍虞十月廿九日函,知《学文示例》俱寄到矣。为胡朴安一文加标点,徇《学林》之请也。晚归小饮。夜饭后少坐,即入书巢记日记。九时乃毕。

报载要闻:克复郑州后攻抵中牟城郊,京承亦有激战,荥泽寇已被包围。皖北分途出击,一路进迫合肥。中缅运输局成立。电政会议研讨各方提案。国际反侵略大会中国分会在渝召开年会。传寇将发动对滇军事。政府决尽量供给正当商业外汇。(平准会规定买卖外汇办法。)柯克兰、李德尔、明思德联袂赴港。华美药房主人徐朔荪之幼子砍毙胞兄。(此事出在旬日之前,用钱封锁新闻,昨今始暴露,亦奇案也。据闻贩毒起家,现拥资数十万云。)饼馒业公会通告同业,忍痛维持原价。洋米二十万包,棉花一万馀包,周内可运抵沪。公共租界警务处定期检阅给奖。租界当局重申前令,严禁米粮出境。克里米亚战局严重,德称已攻占首邑。中路苏军反攻,夺回加里宁城北据点。德发表文告,驳难罗斯福演词。诺克斯演说,已准备作战。德正企图驱使意、日对美作战。美、日形势已趋紧张。

11月4日(九月十六日　丙辰)星期二

晴。上午六七,下午六八。

依时入馆办事。续校《滇南碑传集》一批毕,全书仅馀目次及撰人姓氏未排进矣。回顾去年八月开排,时逾十五月,出版犹须时日,诚赧汗也。复绍虞。致廉逊,抄送代运地图费用账去。校蔚南《上海金石录》。晚归小饮。

报载要闻:郑州我军继续扫荡,攻克中牟,收复荥泽。汾南袭击寇据点。越境屯寇控制交通,向滇、桂边境移动。我滇缅路加强防御,军需品仍大量运入。蒋在南岳召集军事指挥会议。军委会宴澳公使,郭外长致词,王宣长发表谈话。英、美专家在渝商讨稳定沪市法币地位,结果圆满。沪协约国人民主张英应在欧另立新战场。强占南国货轮之意水兵已撤退。建设号挖泥船全体船员被寇方解职。工部局平米即日起每人限购一斗。从东印度驶出之邮轮即将抵沪。克里米亚苏军扼守新阵线。莫斯科战事已临严重关头。美中立法修正,明日可通过。美总统下令,所有海岸巡防队悉移归海军部管辖。荷印与日所订油约满期。日报纸抨击美国愈烈。中太平洋日舰不断活动。土耳其总统警告交战国家,严申中立。

11月5日(九月十七日　丁巳)**星期三**

晴。上午六七,下午七一。

依时入馆办事。校《上海金石录》。诚之为齐大划《汇刊》印费二千元来。为教本送审事拟呈稿八件,备寄渝处缮送。代张长弓收《学林》稿费九十元,存绍虞账上。还雪村绍酒款一坛,计六十七元。晚归小饮。六姨葆贞在。接歙、清廿一日发廿三号书各一通,诸儿均有。甚慰。

报载要闻:豫北收复旧荥泽后续克据点。豫南平汉路两侧均向寇攻击。河津我军颇有进展。精锐部队开滇、桂边,保卫滇缅公路。国府明令公布奖励医药技术条例。全国电政会议闭幕。白宝山在渝逝世。寇向葡要求共管澳门。沪领事团核准管理物价新附则。工部局平米续到三万馀包,但食粮价格仍飞涨。(有两米店剥削平民被捕房查获,送法院严办。)太古码头装卸工作昨晨曾一度停顿。苏、德中南两路仍在激战。美油船遇袭重创。美警告芬兰,对苏停战(苏曾建议对芬媾和,美正待芬答复)。美海空军司令抵菲就职。美、日谈判已中止。日议会特会开后将发动对华军事。

11月6日(九月十八日　戊午)星期四

昙。上午七〇,下午七二。

依时入馆办事。致硕民,转清与圣南信,顺索允言欠圣陶款。寄圣陶五十七号书,复来信六十一、二号。致济之,送依敏约稿。校乃乾《赵惠甫年谱》。予同来取版税。葆贞午后去。晚归小饮。

报载要闻:中牟、京水一带连日激战,旧荥泽北黄河桥已攻克。汝南寇出犯,被击退。晋西我军出击同蒲路。寇将进攻我西北、西南两大供应线,蒋已面授各将领应付机宜。王宣长招待外宾。工部局筹设麦粉平卖委员会,管理物价正迅速进行中。浚浦局巨型挖泥船建设号被寇方霸占,突离沪驶日。海宁路大火,毙三命。李德尔等抵港。德全力进攻莫斯科。克里米亚苏势危急。大西洋美舰痛击德潜艇。关岛美国人民奉令撤退。澳洲举行重要谈话。日派前驻德大使来栖飞美,协助举行谈话。日、葡同时否认要求共管澳门。

11月7日(九月十九日　己未)星期五

阴雨。上午七一,下午七〇。

依时入馆办事。续校《赵惠甫年谱》。代秦佩珩收《学林》稿费九十元,存绍虞账上。四时出,过访乃乾,谈《室名索引》重印让版权与开明事,顺假赵惠甫手写日记十册归。夜小饮。

报载要闻:豫中攻克汝南,收复驻马店、确山。犯上蔡、项城之寇均击退。寇机轰炸兰溪,并时时窥伺滇、桂边境。林主席电加里宁,祝贺苏联国庆。美军事代表团马格鲁德飞昆明,将视察战区。香港颁行关于法币限制条例。沪英侨成立委员会,协助制止投机。

苏侨庆祝革命纪念。银钱业公会声明,对擅自开业之行庄绝对不予维持。烟兑业制止市场代客买卖。昨有大批棉花、木材到沪。顾大使会晤艾登。苏联十月革命纪念,当局有广播。莫斯科外围苏阵线稳定,克复五处交通要点。李维诺夫将使美。古柏抵澳,商讨太平洋局势。赫尔表示对日不妥协。来栖今日抵港,即将转菲赴美,美并不重视其事。朝鲜海外日船一艘触雷沉没。

11 月 8 日(九月二十日　庚申　寅正一刻十二分立冬)**星期六**

晨雨,旋晴。上午七〇,下午同。

依时入馆办事。寄敭、清廿六号书(附漱林廿五号)。复晴帆。寄梦九(附金处转)。寄芷、汉九十九号书。寄圣陶五十八号书,告红蕉住房将有解决。硕民来,为允言还圣陶百元,即存入圣折。分寄炳生、镜波、雪舟、世泽、祥麟,洽各事。洗人度已到金,予于炳生函中附致候意而已,未专作书。付十月分家用电费十三元七角八分。晚归小饮。以值盈儿生日,举家啖面。

报载要闻:蒋对外籍记者发表谈话,阐述反侵略国已坚强团结。传越境踞寇进犯滇边。豫北克复韩垌,被围之寇后路已断。重庆苏大使馆举行茶会,庆祝革命纪念。外汇管理局修改结汇办法。工部局平米月获外汇四千万元,即供给廿五万包。局方与寇方商决,以渡边任警务副处长。徐达泉弑兄案昨开棺检验。罗斯福演说,重申援助中、英、苏决心。史太林广播,誓必摧毁纳粹。美贷苏十亿元。莫斯科外围苏军反攻。我国飞行员五十人在美练习军事飞行。来栖抵马尼剌。(美官方称,坚决拒绝有损中国之协定。)又一日船在日本海沉失。

11 月 9 日(九月廿一日　辛酉)**星期**

晴。上午七〇,下午七一。

余右背酸楚,自肩胛骨下起,渐延及于右臂,时起痉挛,则震越牵掣,至不能忍。夜卧尤时为掣醒,往往失寐。有时写字,竟若有人在肩上重抑或引肘下垂者然。如此已逾旬日,迄今未痊。今日入书巢记日记,强忍而后可。是殆所谓发节气,垂老之人恒不能免,亦只有听之而已。看赵惠甫日记,正洪、杨初平,卜居未定之时。笙伯来。红蕉来。晚小饮。

报载要闻:越南踞寇增至十馀万,我空军正准备应付。蒋宣称,中、日战争,中国将取得主动地位。毛泽东呼吁加紧团结,拥护国府。豫南续克正阳、新安店。河津之寇退回闻喜、运城。平准会将在沪设申请外汇初审机关。工部局今日开会,讨论粮食问题,表决管理物价实施办法。(小绞米下跌七元。)美总统轮公司拟派两轮驶沪。美参院通过修正中立法案,核准商船武装驶入战区。罗斯福令驻华海军陆战队准备立即撤退。莫斯科外围德攻势停顿。西北区苏军猛烈反攻。寇廷特使来栖飞檀岛转美。

11 月 10 日(九月廿二日　壬戌)**星期一**

晴。上午七二,下午七三。

依时入馆办事。接觐、清上月卅一日发廿四号书各一通。接芷、汉同日发八十二号书。接陆云伯书,即复。致乃乾,拟缓还《能静日记》。致季易,送《疑年录汇编》印样,商排列格式。廉逊来。梦岩来。丕绳来。覆看《物竞钩玄》。致绍虞,告代收张、秦稿费两笔,并催国文系书款。贯吾来,将到守和复书,寄还万斯年契约,并托估《西南文献丛编》印价。晚归小饮。夜饭后看《能静日记》。

报载要闻:豫军深入中牟,寇退信阳。晋南新绛克复古堆。各战区司令会商保卫滇缅路计划。滇、缅北段未定界,定明年元旦开始勘测。渝市囤积纸烟,已有处置办法。陪都举行张冲追悼会。蒋、孔两夫人向美广播,正式将熊猫赠美。沪两租界当局布告,严禁食粮操纵(洋米限价,每石不得高于一百卅元)。管理物价已初步实施。公共租界宵禁,本周内加严执行。美驻沪财政专员尼古尔森猝死。美白宫召开军事会议,商讨应付远东局势。英机猛袭德境各地。苏境全线通宵激战,莫斯科方面苏反攻得手,德军改取守势。国社党起事纪念,希脱拉发表演说,夸张对苏战绩。比凡勃鲁克演说,相信苏必胜利。

11 月 11 日(九月廿三日　癸亥)**星期二**

阴霾竟日,夜半雨。上午七一,下午七三。

依时入馆办事。饬金才送怀之长袍一袭,交澄德公司笙伯收。振铎电约明午饮其家。校《滇南碑传集》撰人传略。续校《秦汉史》。致觉来,约星期日上午饭觉林。季易来,洽定排印款式。寄歙、清廿七号书,附漱廿六、廿七号书,并致熊、鹤书。晚归小饮。夜看《能静居日记》。

报载要闻:中、英、美、荷成立对日协定。(蒋廷黻谈,寇最近企图,实袭希脱拉故智。)寇犯象山南区,被击退。我军进逼石浦。湖口江面寇舰迭被炸沉。赣北寇犯靖安。新绛我军续有进展。租界当局采严厉措施后(各囤米堆栈已由万国商团看守),米蠹大感恐慌。杂粮豆油等亦一致下跌。囤积液体燃料,严搜处罚。洋粉订购两批,决平价发售。法捕房公布食用品价格。邱吉尔演说,美、日如开战,英将于一小时内立向日宣战。美海军部着手武装商船。地中海意船十一艘被英击沉。克里米亚局势严重。德对莫斯科准备新攻势。罗斯福、史太林将图会晤。

11月12日(九月廿四日　甲子)星期三

晨阴,旋霁,午后翳如。上午七一,下午六九。

今日为孙中山诞辰放假。晨入书巢记日记,右臂仍酸。午赴振铎约,纵观其近得北宋本《白氏六帖》、南宋本《白孔六帖》、明钞校本《北堂书钞》、又一部书贾窜名《古唐类范》者(从来著录家以为别一书,实即《书钞》),而尤以宋本《宣和遗事》及元本《琵琶记》为希世瑰宝。大多出自士礼居而经由密韵楼或适园散出者也。聚散之不常如此,亦可悟一切执着之非是矣。逾午饮,同坐者周予同、王以中、王剑三、耿济之、李宝堂、暨大新教员王某(馨如,代孙大雨教英诗歌者)、其旧友在美贸易者高某(士圻)及予与主人,凡九人。中央图书馆沈某(仲章)后至,已饭罢矣。饭后复纵谈至四时半乃辞归。入夜仍小饮。

报载要闻:本日孙诞,各地皆举行盛大庆祝。攻中牟之军占孟庄,黄河铁桥方面克张垌。白崇禧勖广西军民与滇军协定防守边界。食盐专卖明年元旦实行。行政院通过刘师舜任驻加拿大公使。大批美机师、技术员明春将来华服务。沪市党部为孙诞发表告同胞书。进口协会定下周采取实际行动,制止渔利。两租界当局勒令各堆栈囤米出笼。(物价因以续见下跌。)工部局规定储藏危险物品办法。首批平价洋粉值二百万元,招商垫款承办。胡大使访美总统递蒋要函,商讨远东局势。昨欧战休战纪念,美总统演说,促国人具牺牲决心。李维诺夫兼苏外次。苏联暴风大雪,德军攻势停顿。中路德军渡纳拉河被击退。缅甸政府公报谓寇有攻滇趋势。传美总统将向来栖提六项重要程序。

11月13日[①](辛巳岁九月廿五日 乙丑)**星期四**

晴。上午六七,下午六八。

依时入馆办事。续校《秦汉史》。接容元胎四日香港书。晚归小饮。

报载要闻:杭嘉湖区我军冲入崇德。豫军迭获胜利。晋军猛击永济。糖、盐、烟、酒、茶、火柴六项,政府已定专卖。蒋欢宴胡文虎。寇如犯滇,英、美必切实援华。平准会允给沪市米、面、油、煤四项法定外汇,协助抑平物价。法租界抄获囤米七千馀包。罗迦陵昨葬爱俪园。美向胡大使保证,决不变更援华政策。邱吉尔在下院述说海上战争。芬兰答复美国,拒绝停战。美海长称,日破坏权利,美不能再事容忍。苏海长指挥克里米亚战事。

11月14日(九月廿六日 丙寅)**星期五**

晴。上午六五,下午六八。

依时入馆办事。致云伯,送还《通报》。续校《秦汉史》。勖初来谈。晚归小饮。夜看《能静日记》。

报载要闻:辅助中国统制外汇,英、美均实行新办法(英实行对华付款新办法,美财部修改中华在美资金管理章程)。越南踞寇准备完成,将进犯滇省。(如来犯,我空军即轰炸越南寇方之军事目标。)寇机飞闽侦伺,一架堕毁于德化。南昌以北,我军进攻获捷。

①底本为:“苏亭日记第五卷”。原注:“重光大荒落冬初容叟自署。”

粤省踞寇又封锁珠江。胡文虎谒林主席。美驻沪海军第四联队否认即将撤退。工部局今招待记者,宣布管理物价方案。核定日用品最高价格,决下星期一公布。(李德尔、明思德离港返沪。然必需品及禁入品给汇,须经特别商定。市民存米逾一月用量者两租界均限期报告登记。以是,米市场今起暂停交易,物价一致大跌。)英已完成远东军事准备。都拉苏军反攻。李维诺夫离苏飞美。法陆长洪齐格堕机罹难。美不愿放弃基本政策(修正中立法在众院遭遇困难)。来栖飞檀岛。日答复港政府,保证日兵不再犯境。

11月15日(九月廿七日　丁卯)**星期六**

晴。上午六六,下午六八。

依时入馆办事。校毕《秦汉史》一批,作书送诚之。致鞠侯,送旧邮票。寄圣陶五十九号书,告允言托硕民还来前假百元,已入折。寄芷、汉一百号书。寄勬、清廿八号书,慰问近日桂林遭炸。(昨接电云均安,以是推知之。)又寄雪舟、炳生、祥麟、世泽、声济,分洽各事。校《滇南碑传集》目录毕,于是全部校完。接校《史记地名考》十二卷。夜在馆举行酒会,啖蟹三枚(两圆一尖),摊费须八元馀,尚未付出。到绍先、俊生、云先、曙先、叔含、丏尊、雪村及予八人。淦卿后至。丏又使酒骂座,予亦乘酒折之。八时许散,雪村、绍先、俊生、淦卿过俊所打牌。予与丏尊、曙先、叔含顺道过前所至庄上一转,到家已十时矣。

报载要闻:皖南我军进攻东流附近老虎洞等处,斩获颇多。豫中中牟近郊仍有激战。寇机前日分袭湘、桂,在桂境堕毁二架。冯玉祥六十寿辰,僚属称庆,本人避乡间。郭外长宴比大使。中、英、美协议共同保卫滇缅路。沪进口商协会招待记者,宣布工作进行方针。两租界当局布告,今起禁止面粉无照移运,并闻会商收买洋米办法。(存米登记八十馀万包,不法商店已有多家被制罚。)杂粮公会今开会,讨论集体卖买。美众院通过修正中立法案,商船武装,四个月内可全部完成。罗斯福下令撤退驻华海军陆战队。英航空母舰王家方舟号在直布罗陀东触德雷被损,驶回修理,途中沉没。克里米亚德攻寇尔趣。李维诺夫等抵伊朗。

11月16日(九月廿八日　戊辰)星期

晴,煊。上午六七,下午七七。

晨入书巢记日记。九时,过丏尊,晤叔含,出梦九所赠青田牛角冻石一方属为一瑑。旋与丏、含同至亚尔培路古林一观书画、印谱、骨董、菊花等,移时乃归。午前设供祀先,预为下元时荐也。行礼后,属儿辈受福,余则赴致觉觉林之约。至则致觉携其小女先在,予同亦至。有顷,勖初至。又有顷,柏丞、振铎亦至。乃入坐纵谈,至乐。惜主人信佛,不设酒,未免不能尽兴耳。二时散,余乘柏丞车同归。看《能静日记》,尽二卷。入夜小饮。文权、濬儿来。饭后伊等打牌,牌毕乃去。余则仍入书巢看《能静日记》,又尽一卷。九时许归寝。

报载要闻:中、英、美协商结果,决共同保卫滇缅路(我军卅万人正摧毁滇越间交通)。豫北冲入中牟。浙西进迫富阳、馀杭。张群、杜镛抵渝。国际广播电台今晚对马来广播。寇机分批袭闽、浙、赣。(日前炸桂林机场,中航机一架受损。)江南我军袭击宜兴。美驻沪海军第四联队接到正式撤退命令。李德尔、明思德由港返抵沪。各银行拒绝划账,黑市将消灭。百物统制,规定最高价格,明日实行。物价继续大跌。(各米行会供洋米二万包,交米号另售。火柴限价。)苏军紧守寇尔趣。都拉德军被逐后退。法陆长洪齐格举行国葬。来栖抵美。缅甸首相乌索访赫尔。泰国最高统帅部宣告成立。日议会今日开幕。日政府修正征兵法规。

11月17日(九月廿九日　己巳)**星期一**

晴,燠,夜半大雷雨。上午七〇,下午七五。

依时入馆办事。接清儿二日发廿五号书,知余去廿二号书已到。续校《史记地名考》十二卷。为《学林》看蔚南《玺印总说》稿。接乃乾电话,谓《能静日记》其家不肯售,即将取回,属余速返所假。晚归小饮。饮后赶看《能静日记》,至十一时,倦眼难睁,乃罢。计借到第廿一至三十册,仅看完廿八册,明晨不得不还之矣。惠甫此时正营居虞山,复至江宁督幕,重伤曾涤生之候,所记多曾氏私人起居议论,颇可考见当时政局及吏治情形;宴谈之顷,亦殊流露民族意识,抨击清廷甚至;讥弹各疆吏,不稍假借,甚快。全豹未窥,终为憾事矣。

报载要闻:蒋警告缅人迅速准备。豫北攻入中牟后继续扫荡残寇。别枝进攻淇县,颇获战果。汾南猛攻寇据点。皖南东流以东发生激战。寇机又分袭湘、粤、赣各地。教部设置林主席奖学金。新加坡政府要员奉派飞渝考察。工部局调查全市应需之量,并决严禁私运面粉出境。李德尔、明思德今有重要报告。(伙食及药品三百馀种已规定最高售价,明日实施。)美军撤退后,英、美同意由万国商团接防。仙乐舞宫发生定时弹爆炸,一死两伤。加拿大军开抵香港。来栖抵华盛顿,美、日谈话开始进行。德攻苏正面已失败,苏军各路局势好转。(南路苏耶夫加城德军受创。)哈立曼飞英,继续办理接济英、苏。

11 月 18 日(九月三十日　庚午)**星期二**

拂晓仍有雷雨,旋转晴,地仍湿。上午七四,下午七八。

依时入馆办事。送还《能静日记》十册与乃乾。续看《玺印总说》。接校《秦汉史》。晚归小饮。饮后入书巢作日记。

报载要闻:第二届国民参政会第二次大会昨晨开幕,蒋亲临主席,重申国策决不容丝毫让步。下午首次会议,何、郭两部长报告军事、外交情形。湘北寇又进犯,被击退。两租界昨实行限制另售物品价格。(面粉产销统制已决定。堆栈囤米六十万包,昨起另售。)工部局邀集各方,商洽美军防区接防问题。(美军已得正式开拔令。)赫尔、来栖开始进行谈话。东条、东乡等在国会发表演说,语仍倔强。(但不能掩饰悲观。)苏不断反攻,中路局势好转。(德称攻入克里米亚寇尔趣。)德军受阻后赶筑堡垒,准备冬季作战。德商船一艘被美舰截获。

11 月 19 日(十月小建己亥初一日　辛未)**星期三**

大雾,旋开,午后阴,傍晚竟雨。上午七五,下午七四。

依时入馆办事。致维文香港。复元胎,告《明代思想史》已如属寄出。致绍虞,告燕大书款已汇到。旋接十四日来书,因并复之。接清儿八日来廿六号书。接汉儿十一日来八十三号书,划到卅元。致贯吾,附去复守和书,告白寿彝稿估价及《滇南碑传集》等进行状。复颉刚上月十八日书,畅论《汇刊》、《学报》诸事,并力劝节劳,勿揽事。致斐云,催书稿。续校《秦汉史》。晚归小饮。

报载要闻:国民参政会二次三次大会,聆取财政、交通、经济、社会四部报告。郭外长招待外籍记者,发表谈话。中牟西北寇企图渡河未逞。津美领通知日总领,撤退华北美陆战队。美专家技师离檀香山来华。工部局开会讨论美军防区接防问题。(美军去后不再来,以约定战后放弃领判权故。)平准会颁行供给商业外汇办法。工部局定,以后到米将进仓储藏,备不时之需。来栖、野村谒美总统。来栖与赫尔继续会谈。商船武装案已签署。苏援军集中路,德陷困境。苏驳斥芬致美复文。伊拉克宣告对日、法绝交。日议会通过议案,支持强硬外交政策。日调全部后备军入伍。日驻越陆空军向泰边移动。

11月20日(十月初二日　壬申)**星期四**

阴霾,午前初见雪,午后雨。上午七二,下午六九。

依时入馆办事。续校《秦汉史》一批毕,作书送诚之。连月窘迫,迭挪亏空,今日支薪竟不名一钱。向雪村言,暂支三百元以弥之。续为朴安《儒道墨三家学说之缘起与完成及其变迁》稿加标点。散馆后过仲弟,贺其五十初度,潄、湜两儿拜寿后已归去,修妹正在。未几,润、滋两儿亦到,拜寿后,即共食面。余则小饮。谈至八时三刻,乃挈润、滋归。

报载要闻:国民参政会昨开第四第五次大会,内政、粮食、教育、社会四部分别报告。缅甸一百十七城公民上书蒋,力谋彼此繁荣,造成亚洲永久和平。绥西发见煤矿。邮局解释拒绝妇女投考之理由。日方同意商团接管美防区,但要求增加日籍警员。大舞台发生炸弹案,多人受伤。美财部照会,特准浙江兴业、浙江实业、上海、广东、金城、华侨、东亚、中兴八银行经营外汇。胡大使会晤赫尔。来栖、野村与美谈话,仍未达正式决定阶段。莫斯科前线激战。中南两路德再发动新攻势。英将帅更动,参谋长狄尔卸职。

美陆军飞行队增加三十组。美煤矿工潮扩大,形势严重。传日北海道海滨发见苏制浮雷。

11 月 21 日(十月初三日　癸酉)**星期五**

阴寒有风,时见微雨,午前飞霰。上午六五,下午六三。

依时入馆办事。续为胡稿施标点。晚归小饮。

报载要闻:国民参政会续开会,教育、农林两部报告。大会决议电蒋致敬。张君劢等提案,促政府尽速召开国民大会,订定宪法。精锐部队源源入滇,保卫缅甸公路。南昌外围渡抚河进击奏捷。彭泽寇进犯筲箕港。中牟城内仍在巷战。常德发生黑死病。普陀路捕房接管美军防区一部。海关扩大禁运,税务司罗福德调任浚浦局。食油、面粉开始统制。商店拒售限价物品,各方盼当局查惩。白克路盗劫,枪杀事主。警匪格斗,盗死伤各一,流弹伤妇孺二名。美对远东立场坚定不移,古利将飞渝,保证美继续援华。英军在北非发动攻势,突入利比亚五十哩。法、德苟近日深,美向法提警告。魏刚请假离维希,传亦不直贝当所为。日议会发生波折,众议员宫泽被迫辞职,但大汉协赞会有十九人同情联辞。携贰可见。

11 月 22 日(十月初四日　甲戌)**星期六**

晴寒。上午六〇,下午同。

依时入馆办事。致晓先,附筑信去,询前寄歟、清俪景到否,并告近状。寄芷芬、汉华一百另一号书,复八十三号来信。寄士歟、清华廿九号书,复廿五、廿六号来信。寄总办事处沪祥廿七号信。分寄炳生、镜波、世泽,洽各事。晚与雪村同步归,小饮。以今日同儿生日,买糖果共赏。

报载要闻:国民参政会各组审委会开始审查提案。节储已达预定目标。陪都纪念防空节。南昌附近克复钱溪章。晋军攻击闻喜、新绛踞寇。滇、越边境我精锐部队布成强固阵地。寇海军在粤筑成空军根据地。美海军司令否认扬子江舰队即将撤退。麦迪孙总统轮抵沪,下星二载驻军赴菲。日轮由高昌庙运兵千名赴岳州。沪区邮资加价,下月一日实行。赫尔又晤日使节团,仍持固有立场。英大队海军开远东。北非利比亚区,英军进占莱齐。苏军退出寇尔趣。维希宣布撤销魏刚北非专员职务,美、法关系因以恶化。伊拉克对维希绝交。日议会闭幕。

11月23日(十月初五日　乙亥　丑初二刻八分小雪)**星期**

晨阴,旋晴,终霾,夜半大雨。上午六一,下午六二。

终日未出,开始重辑《廿五史参考书目》。午前圣南来,因与共饭。午后硕民来,谈悉吴粹伦先生已于昨日下午五时作古,甚惊悼也。三时许,硕、南父女偕去。同时君磐见过,谈商编撰《牧斋柳是剧本》及《吴佩孚传剧本》事,余苦外行,无以益之为憾耳。有顷辞去。入晚小饮。

报载要闻:鄂中克周家矶。豫北又冲入中牟城。汜水东北寇图渡河未逞。赣北袭击南昌外围。白崇禧视察桂南防务。国民参政会续开六次大会,通过整顿征兵练兵办法等案廿二件。蒋昨宴参政员。国府褒扬陆费逵。食盐专卖元旦实行。上海公共租界丙区防务决由警务处接管。美海军材料处随第四联队撤退。第二批另售物价表公布。米号三家遭人投弹开枪。美、日谈话暂停,赫尔与英、澳、荷印各使会商远东局势。英海军增防远东。北非坦克大战，德丧失极重。苏中南两路战局严重，莫斯科形势岌岌。贝当将会晤希脱拉。

11 月 24 日(十月初六日　丙子)**星期一**

阴雨。上午六二，下午六一。

依时入馆。迁办事处于二楼，栈房移楼下，三楼、楼下各部均集中办事。计划分两大部，里间为编造及计政人员治事所，外间为事务管理人员治事所，余即坐外间北窗，仍与三楼时同位。扰扰终日，仍未大定也。晚归小饮。

报载要闻：林主席在国府宴全体参政员。参政会续开审查会。猛冲中牟西关，毙寇颇众。黄河铁桥方面馀寇准备北撤。皖南东流以南连日激战。冀南濮阳东北迭克据点。晋南进击永济。第一批撤退美军，明日由沪赴菲。费利浦谈，管理物价决逐步实施。电车公司要求加价，工部局暂置不理。法捕房封闭违反限价商号五家。日传美长程轰炸机七架已运抵重庆。赫尔再晤日使。中、英、澳、荷对日发出警告。美宣布德拟开欧洲会议。苏力谋规复罗斯托夫。北非英军占领巴狄亚等地。

11 月 25 日(十月初七日　丁丑)**星期二**

晴。上午五九，下午六三。

依时入馆办事。致诚之，送《秦汉史》及《学报》校样。致泉澄，送《学报》校样并检还《沿革表》原样一纸。续为胡文施标点。办公处移坐已大定，因得从容治事。晚归小饮。

报载要闻：参政会昨开七次大会，通过要案廿馀件。国府明令公布修正财政部组织法。王宣长发表美、日谈话情形，谓日本并无悔祸之心。邮局停收寄法邮件。豫军夜袭中牟西关。首批撤退美军改于明日离沪赴菲。国米限价闻已内定(每石一百五十元)。二批物品限价,由捕房监督实行。工部局收买堆栈米粮,磋商已见接近。怡和、太古两班轮奉令尽先撤退英侨。美、日谈话停顿,来栖电东京请示。东条演说,谓日本已临空前危机。在越日军南移,将犯泰国。柏林举行反共公约国代表会议。德大军分路猛扑莫斯科。罗斯托夫西,苏军反攻大胜。(德、苏境二千哩阵线,均在激战中。)北非英军占领甘布特,分段围歼轴心军。(里比亚德、意军队截为四段。)

11 月 26 日(十月初八日　戊寅)星期三

晴,午后阴,傍晚雨。上午六二,下午六七。

依时入馆办事。仍为胡文标点,毕之。接勰十五日不列号书。校童丕绳《中国疆域沿革略》。晚归小饮。

报载要闻:参政会昨开八九两次大会,通过政府对内对外重要方针,促请民治。中共在延安开政委会。外部发言人斥日通讯社造谣。行政院决,改私立复旦大学为国立大学。瓯江口外有炮战。绍兴附近寇进犯,被击退。美将撤减驻长江巡逻舰。英撤侨轮明生号将驶烟台载妇孺来沪。昨晚三和楼菜馆有人放定时炸弹,爆发时幸未伤人。雅庐书场发生血案,许凯浦遭枪杀。虹口日商人木村正一被人击中一弹。美派军保护荷属圭亚那。英巡逻队在法海岸一度登陆。德军冒雪攻莫斯科,无进展,列宁区苏军反攻获胜。北非英军占领沃奇拉,主力战仍在莱齐。赫尔召开五强第二次会议。(传美、日已拟就局部协定方案。)德、意、日反共公约延长五年(柏林会议结果)。

11月27日(十月初九日　己卯)**星期四**

雨。上午六七,下午六五。

依时入馆办事。续校《秦汉史》。致东润,寄《史记考索》清样,复宾四,寄《史记地名考》清样,并附《汇刊》清样一批属转覆。顺告齐大刊物进行状。晚归小饮。

报载要闻:参政会十次大会,决议重申抗建国策,及收复失地决心。旋举行闭幕式,蒋亲临致词。随县寇北犯,未逞。巴达维亚华侨献金百万元。西贡日军擅捕华人,国府向法抗议。美军第一批今日乘轮撤去,捕房接管北区防务。工部局展开第二步行动,消灭抬价渔利。(续订面粉,稳定粉价。)白宫开紧急阁议,检讨远东局势。美军开抵圭亚那,并拟派军赴荷印。美派蒲立特任驻近东特使。美驻日大使馆劝美侨速撤。北非主力战转弛。莫斯科战事逼近内围线。泰官方广播,将放弃中立,以谋自卫,欢迎友邦协助。

11月28日(十月初十日　庚辰)**星期五**

晴。上午六一,下午五九。

依时入馆办事。校《秦汉史》。夜归,为珏人暖寿。明日为伊四十九岁初度,诸儿将为斋星官祝嘏。余故治酒薄设以寿之。幽若昨日来,特留明日吃面后再去。

报载要闻:参政会追悼陆费逵、张炽章、罗文干三故参政。郭外长会晤英、美大使。王宣长发表谈话,坚决反对绥靖日本。寇机一架在德化境内坠落,机内搜获重要图表。皖南沿江进行破坏战。于右任抵西安。寇仍有攻滇企图。美军第二批于今日提前启行,全部驶往菲岛。工部局严禁商店超越限价,谋强化统制,向领事团建议,再增加地皮章程附则。宋子文、胡适会晤罗斯福。赫尔致牒日特使来栖,重申美国基本立场。美军一万名续在圭亚那登陆。北非英坦克部队再展攻势,占领莱齐、哈米特。杜白鲁克英守军突围会师。叙利亚自由法军宣布黎巴嫩邦独立。

11 月 29 日(十月十一日　辛巳)**星期六**

阴。上午五八,下午六一。

依时入馆办事。接斐云廿六日复书,稿件下月可寄来。寄芷、汉一〇二号信。寄歇、清三十号信。分寄炳生、雪舟、镜波、祥麟、声济。午应坚吾之招,过饮其家。吃开坛酒,其夫人亲为治馔,甚腆。二人对酌,至二时许乃返馆。夜归为珏人寿,文权、濬儿、顯、预两孙,涵、淑两侄俱在,甚热闹,幽若为制面。所不足者,清、汉、静等不在足边耳。九时许,权等散去,独幽若、顯孙留。

报载要闻:参政会对各项问题拟具意见,呈请政府采纳。行政院经济会议讨论抑平物价办法。芝加哥侨胞献金七十六万元。中、埃政府商洽交换使节。英、美驻华军事代表离渝赴滇视察。皖东我军攻占珠龙街。工部局总董昨检阅警捕,颁给奖章,对接管美军防区事勖勉有加。日使野村再谒美总统,谈判已濒破裂。日阁会议讨论美来牒文。波总理赴苏。莫斯科两翼德军受苏军严重威胁。东非贡达意军向英投降。杜白鲁克英军西进,与纽西兰军会师。越南日军筑通滇边公路。泰首相谓日在越南加强驻军显对泰威胁。(已通过国防案。)

11 月 30 日(十月十二日　壬午)**星期**

阴雨。上午五九,下午六〇。

晨入书巢重编《廿五史参考书目》第二卷《汉书》之部，垂暮始毕。硕民书来，送到圣南复墨林信属转，并代制绒线小帽并送来。晚小饮。

报载要闻：美大使高思访晤郭外长。孙科由港飞返陪都。薛笃弼发表水利事业概况。政府与伊朗商妥互派使节。荆河沿岸攻克赵家台。寇机轰炸昆明附近。美航空员四百名即将加入我空军服务。美葛拉斯福少将率巡逻长江两炮舰驶菲列宾。工部局任命副总巡三员：一史密士，二渡正监，三五岛。日籍占其二，而渡正监尤擅权。法租界禁映苏联影片。朱葆三路、静安寺路两处大火，死伤二十许人。（闻均因囤积引火物品所诱起，皆白昼肇祸。）白宫召国防领袖商讨远东局势，态度坚定。哈立法克斯突返美京访晤赫尔。加里宁苏军反攻，解除德对北翼压力。莫斯科前线战事仍剧。里比亚英军又占据点，各路亦正在扫荡中。日在越南积极作军事行动。

12月1日（十月十三日　癸未）**星期一**

阴雨。上午五九，下午同。

依时入馆办事。接绍虞廿五日信，托划百元与戴中褎，并属为秦佩珩购《学文示例》，即以所存稿费九十元移付，即为照办。续校《秦汉史》，毕一批，作书送诚之。接校《学文示例》下册。晚归小饮。

报载要闻：中华自然科学社年会在渝开幕，蒋颁训词。被巨泽踞寇虏送平、宁之军长毕泽宇脱险抵渝，详报经过。大批驾驶员赴美受训练。飞鹰队保卫重庆及滇缅路。平汉路上寇铁甲车中地雷。赣北我军进迫彭泽城郊。浙东、皖南我军均出击得手。长江各日轮被征运兵赴越南。租界当局决逐步查禁超越限价商店,并谋彻底抑平煤价。(平准会开始办理沪正当煤商供汇。)东条发表宣言,不许第三国干涉,太平洋局势恶化,罗斯福遄返华府,英、美加紧准备战事。(大批英军增防仰光。)传日军即将由越攻泰(但寇仍狡赖)。南路苏军攻克罗斯托夫,史太林特电奖捷。北非坦克剧战。李维诺夫抵菲。

12月2日(十月十四日　甲申)星期二

阴,旋晴。上午六〇,下午六二。

依时入馆办事。校《学文示例》一批毕。续校《历代疆域沿革略》。允中来访,托调五日期票一纸(七百元),径以现款兑与之。晚归小饮。

报载要闻:政府公布新办法,便利提取存港法币。(财政部等三机关在港设小组会。)行政院秘书长蒋廷黻谈美、日如开战,中国亦将对日宣战。(目下战事已延续五年,在国际公法上固未正式宣战耳。)赣北南昌以东我军出击,摧毁寇方军事工程。粤东攻克汕尾。沪美商大通银行对客户存款声明不负风险。美总领署重申撤侨劝告。临时接奉紧急命令,英轮匆促南驶。法租界公共车辆昨突实行加价。(抑平物价声中有此种不祥举动,法人殆将没落。)朱葆三路火案,续有五人毙命。工部局组织专科严查私藏危险物品。沪西僭员吴云甫(即吴水宝)昨被寇方宪兵队查抄,运去贵重器物十三卡车(闻金条一项已可惊人),吴本人潜匿未获(羽党两人落网)。寇内阁特别会议,仍决继续对美谈判。赫尔已与寇代表来栖等赓谈。罗斯福召开战时内阁。英舰队驶远东,并新任总司令董率之。南路德军续溃,苏军克复塔根罗格。北非轴心军突围又告失败。贝当会晤戈林。新加坡宣布戒严。

12月3日(十月十五日　乙酉)星期三

阴霾。上午六二,下午同。

依时入馆办事。续校《历代疆域沿革略》,毕一批。复绍虞,告戴款及秦书俱办妥,并附戴收据去。寄圣陶六十号书,告江礼已代送(金腿两脚,九十元;寿糕一蒸,十元),适为百元,佳谶也。接校《史记考索》。晚归小饮。

报载要闻:慰劳总会通令全国,发动庆贺新军慰劳将士运动。行政院通过任命刘多荃为热河省主席。征购粮食决年内办竣。内政部召开全国内政会议。寇机袭粤南吴川,被击落两架。英侨六百人乘轮撤赴新加坡。美总领署昨个别劝告撤侨,仍发示维持在华权益。苏州河北租界将划设新区,归日籍区长管领,并增派三百人以益之。工部局进一步检讨管理物价。(平价面粉昨开始售每包四十元,闻将抑下至卅六元,但有限购额。)僭员唐生明寓被寇方搜查(唐与吴水宝系把兄弟),吴水宝潜逃未获。美、日谈话仍无结果。日阁举行常会。美总统与海军参谋长会商。英远东舰队开抵新加坡,重型舰威尔斯亲王号亦在队中。英印军抵仰光。南路苏军包抄德溃军,又进展五十公里。非洲轴心军突围,英失守莱齐及哈米特。贝当、戈林会谈,范围极为广泛。

12月4日(十月十六日　丙戌)星期四

阴霾。上午六三,下午六一。

依时入馆办事。续校《史记考索》。散馆后偕珏人及蒋吴兮同赴红蕉夫妇之招,在甘世东路北口大同福菜馆吃寿面,遇丏尊夫妇。八时许归,在雪村所晤曙先、麟瑞,谈至十时始就寝。

报载要闻:旅美侨胞领袖谭赞抵渝,渝各界举行欢迎大会。九中全会月内将举行。美运到车辆万馀,将在滇缅路服务。浙西我军进击武康、馀杭。皖南东流方面,我军夜袭。英轮奉召集中香港,太古、怡和两公司停售客票。苏州河北新警区之巡逻线已磋商就绪,即前嘉兴路、狄司威路两捕房之辖境。工部局禁止面粉移动出口。第三批物品限价公布。日民航机一架在广东淡水附近失踪。港督准汇丰银行总行迁设新加坡。英在马来增防。新加坡沿岸敷设水雷。英舰源源驶到(邱吉尔宣称,决应付东方)。中路苏军续获胜利。北非英军计划反攻。美总统质问日本增兵越南之理由。

12月5日(十月十七日　丁亥)星期五

晴。上午六一,下午同。

依时入馆办事。致起潜,介绍陈麟瑞到合众图书馆看书。致麟瑞,附起潜信去,并取《英语杂志》稿。校毕《史记考索》一批,接看振甫近著《章实斋之史学》稿。晚归小饮。

报载要闻:全国内政会议开幕。社会部、中宣部等商决明年元旦纪念办法。渝市捕获大批米油货物囤积犯。渝将设审核外汇机构。西藏代表飞渝,晋谒当局。美国援华物品已达最高比例。寇机昨炸陕西宝鸡。长江流域我军连续进袭寇阵地。广州踞寇一师团开往广九路,企胁香港。日轮停驶远东航线。沪埠中立国船只继续维持航运。工部局筹组经理华人必需品商人协会,即将决定限价。电力公司派员赴港要求增加供给外汇。中国银行襄理李祖莱(袭击银行案后夤缘入行任事者)因代吴水宝管理财产,遭寇方逮捕。赫尔重申解决远东问题之基本原则，痛斥日本。东京方面极度震惊。白宫召国会领袖续开会议。诺克斯宣布造舰成绩。亚速夫海北岸德军总溃退。德军攻列宁格勒失利。美宣布租借案适用于土耳其。泰国举行阁议，检讨远东局势。

12月6日（十月十八日　戊子）**星期六**

晴。上午五九，下午六〇。

依时入馆办事。寄劬、清卅一号书。寄芷、汉一〇三号书。寄宾四，又附去《汇刊》清样一批属代转。寄雪舟，洽公事。接晴帆复书，已迁调往永嘉矣。续校《史记地名考》。漱、润来馆，因与同归。夜小饮。

报载要闻：国府公布稽勋委员会组织章程。成都经济检察队破获囤积案多起。寇机袭衡阳、西安、南郑等地。工部局洋米昨到二万馀包。法邮大达商轮将载美侨离沪。（英美侨民今后撤退均须先至马尼剌，转轮登程。）轴心国人企图在沪会议。小学校长及殷富住民因囤积易燃液体被捕。来栖昨晤赫尔，面交覆文。对罗斯福质问增兵越南之答复已送出，对赫尔所提原则尚未答复，仍言愿继续谈判。南海寇舰突向南移动。英大批轰炸机抵新加坡。泰国会通过紧急议案，授权政府应变。东北边境之寇与苏防军又起小冲突。苏军南北两路均获胜。塔根罗格城郊正激战中。苏、波签订互助协定。

12月7日（十月十九日　己丑　戌正二刻十二分大雪）**星期**

晴。上午五八，下午六五。

竟日未出，亦无客来。闲翻架书，写字三页。本思续编《廿五史参考书目》,觉神情不属而罢。夜小饮。

报载要闻:内政会议举行二次大会,各省代表分别报告内政设施。军委会决议,军法处置囤积牟利人犯。英、美要员由渝飞仰光。寇尔飞蓉观光。晋南克复翟店镇。豫北又冲入中牟城内。津美军定期撤退。工部局将调查户口,实行分配物品。财政部取缔行庄囤货。购买米煤再度缩减限量。兴业热水瓶厂总经理张庆发遭枪杀。白宫公布越南增兵问题东京复文,对赫尔所提原则仍望东京速复。美众院通过新国防补充费。莫斯科南续克村落九十处。南路亦收复重要据点。英对芬、匈、罗宣战。澳洲召集紧急阁议。

12月8日(十月二十日　庚寅)**星期一**

上午六一,下午六五。拂晓旭烈,西宇垂虹。雨间雪即止,竟日溟濛。

黎明闻飞机盘旋声甚厉,以沪上常例,未之异。匆匆早饭已,仍步入馆,地润如膏,到馆履已湿透,盖出门时寓所附近固未雨也,大懊恼。甫坐定,振甫为余言,伊为炮声机枪声所惊醒,急起出视,正现虹下雪,继闻人言,浦江停泊之英、美炮舰已为日本飞机所击沉。且亲见日机散下传单,谓日已与英、美开战,即将开军队入公共租界云云。余始恍然事变已勃发矣。至九时,日军即开入苏州河南,分别占领英、美商公私产业,一时形势甚紧,但对华人甚客气,声言力维秩序(不违反日军意旨,均得一体保护云),确保治安。余等照常办事,恐各处同人悬念,拟电总处及香港告安,迄未能发出,惟有闷待而已。所有英美商报纸一律停闭,今日报纸以出版在事发之前尚得派送,明日起但有《新申报》等一系之报道及德人新发行之《政汇报》可看矣。消息既仅露片面,信史当俟诸异日,今后报载要闻惟有效尼山获麟耳。(今日能见者,仍录于后。)午后闻同业皆拟缩短办事时间,开明亦定于即时起每日上午迟开半小时,下午早收半小时。故四时即与雪村、索非步行归,沿途景象萧索,远非晨出时可比,两租界间亦有多处阻断交通,余等沿途挨问,始由郑家木桥缺口径行。口子守望日兵搜索车辆颇密,对行人甚宽弛,略望一眼而已。法租界如常,公共租界巡捕初有惊慌脱岗者,及余等归时,已一律复岗矣。夜仍小饮。与珏人默念在外儿女今后必难如常通信则不无难过耳。

报载要闻:内政会举行第四次大会,分组审查提案。战债推销已达六万万元。我军在西南边严加戒备。鄂东寇进犯广济受挫。皖南袭击寇阵。中牟踞寇将撤退。津英租界形势紧张。英侨铁浦顿在平遭日方拘捕。工部局将限囤户出售存货。两美轮中止驶沪,改在马尼剌卸货。英商祥泰木行停业。法国邮船公司经理在西贡被捕,由远东总代理人前往接充。罗斯福致函日皇,作弭战努力。美国务院宣布日舰向暹罗湾进发。特夫古柏召开远东会议。美扣留芬兰船只,但对芬、罗、匈仍维原有关系。莫斯科各线苏军反攻,强渡伏尔加河夺获据点。

12月9日(十月廿一日　辛卯)**星期二**

晴。上午六二,下午同。

依时入馆,与雪村、索非、均正、子如俱。两租界口交通已复,日军岗位撤去。昨拟电报仍发不出,即作函寄炳生,属由金华分电各处:"得沪讯,均安。"如此书可达,或可少减内地牵萦之苦也。道始昨曾见过,以早归未之晤,今日电话中略谈,知伊已决定撤除律师牌子。四时归,无聊,小饮。

12 月 10 日(十月廿二日　壬辰)**星期三**

晴不甚朗。上午六二,下午同。

依时入馆,通函在沪各董监,约明日下午二时在复轩开董事会。午与丏尊、雪村饮谦豫,摊费五元。陈麟瑞来,决定《英语杂志》暂停。莲僧来,决定《学林》暂停。晚归小饮。允言来,其校将停办矣。

12 月 11 日(十月廿三日　癸巳)**星期四**

晴。上午五六,下午五九。

依时入馆,处分杂事。硕民来,言日内即偕圣南返。下午开董事会,到丏尊、雪村、达君、道始、守宪、五良,对当前局面无法讨论,只定会计人员暂移于守宪家办事而已。傍晚将账簿等属人送守宪,余与孑如往视,入夜乃归,仍小饮。

12 月 12 日(十月廿四日　甲午)**星期五**

晴,间阴。上午五八,下午六二。

依时入馆,接管一部分银钱。盖出纳人员暂去,不得不代负此任也。君立来,略谈。晚归小饮。振铎寄一部分书籍于余,均为余素嗜览者,甚感之。铎视余犹昆弟,竟书遗嘱密付余,是其矢志甚坚,甚钦之,谨为缄存,绝未启视作何语。希冀备而不用也。予同有电话与雪村,告暨大恐即将出事。

12 月 13 日(十月廿五日　乙未)**星期六**

阴霾。上午五八,下午同。

依时入馆理事。写寄歙、清卅二号信,仍由金华转,告慰一切,并属转达滇、蓉各处遍告之。各银行大多开业,惟限制提存,每周每户只能提五百元。米煤大感压迫。米,每人限购二升,须挨立数小时始得之,且各米店大多飨人以闭门羹。煤,每人限购五十市斤,跑五六家均告售缺。煤油则涓滴无购处。汽车大减。马路交通红绿灯,法租界已停闭,公共租界恐亦即步后尘也。晚归小饮。漱石自苏来,带到怀之所赠羊糕,即以下酒。据谈苏州尚好,各家多有迁回者。小婢桂卿告欲归,珏人与余商,决遣之以省口食。大约明后日即行矣。

12 月 14 日(十月廿六日　丙申)**星期**

阴雨。上午五七,下午五六。

振铎所寄书,与同儿整理代庋存。午间又遣信来,赠旧墨两锭。楼上蒋氏今日搬,定明日成行返苏。丏尊、雪村见过,略谈,以即饭散去。午后漱、滋两儿闻人言,南市有煤油可购,姊弟即偕往探买,居然买到两斤馀,计七元。笙伯来,移时去。据云震渊家眷已于昨日由幽若伴送回苏矣。滋儿往省仲弟,知涵侄正将临盆,傍晚遣润儿探之,举一女,母子均安。大慰。红蕉来,振铎来,文权、濬儿来,哲生来。长谈。哲生饮雪村所,余则与蕉、铎、权小饮。蕉少饮即去,铎则于饭后偕哲生去。少选,权、濬乃归去。

12 月 15 日(十月廿七日　丁酉)**星期一**

阴霾,间露阳光。上午五六,下午五七。

依时入馆办事。接绍虞八日片,复余上月十九及本月三日去信。接冼人五日吉安发致雪山信。硕民、圣南来,即暂住余所,定明后日归,盖其校已决定停办矣。予同、振铎来,未晤。红蕉来,未晤。蒋氏去苏。桂卿辞归。乃乾来,谈良久去。《申报》、《新闻报》复刊。夜仍举行酒会,廉逊、俊生、绍先、雪村及余五人耳,即在同华楼小酌,摊费八元。饬人送预购绍酒三坛归,车力二元五角。幽若自苏来,住余家,为余带到酱鸭一只,羊糕一角。住余家,明后日仍须返苏云。

12 月 16 日(十月廿八日　戊戌)星期二

晴。上午五七,下午同。

依时入馆办事。据闻各银行今日起将无限制提存,乃遣人探问,每户每周仍只能提取五百元。市况可知。振铎晨来,余已入馆,未晤,雪村为余言。校《历代疆域沿革略》。硕民来馆,言未及晤允言,今晚仍宿余家,明日行。甫送出,允言来,具告之,彼即行,将追晤硕。晚归,硕民亦来,乃同小饮。饮后谈至九时许各就寝。

12 月 17 日(十月廿九日　己亥)星期三

晴。上午五七,下午六〇。

晨,硕民与余偕出,余到馆办事,彼乃同圣南返苏。续校《沿革略》,全部已毕。接十二日斐云片,告所辑宋元佚书以参考书无由取得,惟有从缓,推知北平图书馆必已被日人接收去矣。达轩遣人代买布匹来。接校《秦汉史》。晚归,开坛取饮,得坛口藏帖,知为余孝贞癸酉年造,甚香冽,得意之至。夜入书巢作日记。